Business Etiquette
Second Edition

商务礼仪

（第二版）

刘民英 ◎ 编著

复旦大学出版社

第二版序

去年春暖花开时节,接到出版社再版《商务礼仪》的建议,始惊觉,这本教材已经问世5年了。在这不长不短的时间里,《商务礼仪》加印了几次,教材得到了院校、政府机关、企事业单位、培训机构等各方人士的青睐,让一贯奉行"礼"的我深感欣慰。

其间,有学生和读者分享了他们学习后的体会,这极大地鼓舞了我。想我一介凡夫俗子,能通过为世人做一点点有益的传道解惑之事来提升自我价值,确是我的一件人生幸事。

其实,每个人都在零散地感知、体会着礼仪教育。我们从小就被父母、师长们要求坐姿、吃相以及待人接物等方面的言行举止需符合规范。随着成长,我们的眼界越来越开阔,接触的事物多了,需要适应的人际关系和职场礼仪要求也越来越繁杂。很多人会通过系统的礼仪学习来提高社交和职场能力,但也有些礼仪规范的觉悟会在我们的生活和工作经历中得以提升。记得2004年寒假去欧洲,飞机落地法国戴高乐机场。当乘客们有序地排成两队进入航站楼时,长长的队伍后面传来急切的呼喊:"谁的一个包放在座位下面忘记拿了?"听闻此,我也焦急地高声向队伍前面传话。这时,站在另一队与我平行的一位男士一脸嘲气地侧目对我说:"这里,是法国!"我当时就懵了,不过很快就反应过来他意之所指。虽然自觉当时事况急紧,但直到今天,每每想起此事,依然有难堪失礼之感。

礼仪是约定俗成的行为规范和准则,无巨细、轻重之分。虽说"世间最难揣测的,莫过于人心",但是"礼尚往来"并非虚言。几日前,看到一段所言极是之语:"我以为别人尊重我,是因为我很优秀;慢慢地我明白了,别人尊重我,是因为别人很优秀;优秀的人更懂得尊重别人,对人恭敬其实是在庄严你自己。"自然,这里所提及的"优秀"必是以人品为基础的。

  此次教材再版,除了勘订、删减、调整内容之外,又增加了许多新的案例、资料,以便能更好地诠释礼仪的方方面面。第二版教材更加注重礼仪知识的实用普及性、技能的可操作性、体系的完整性和系统性、内容的延续性。

  在教材第二版的编著过程中,参考、借鉴了大量国内外相关书籍、网络文献、图片、时事新闻报道等资料,再次向这些作者们表示诚挚的敬意。

  教材再版恰值2020年新冠肺炎肆虐,感谢复旦大学出版社的鼓励和支持,促使《商务礼仪》(第二版)得以顺利出版发行。感谢有书法大家风范的王联合老师不吝笔墨,题写了教材的封面书名。特别感谢第二版的编辑朱安奇老师,她带着年幼的女儿因探亲而困居湖北之时,依然尽心尽力地编辑教材书稿。

  感谢亲朋好友的鼎力相助。

  学礼、知礼、懂礼、习礼、用礼,"礼"行天下,岁月静好。

  序后,附上读者赠予《礼》诗一首,共勉。

礼

欲知礼字内涵,
欲懂礼字外延。
请看!
《商务礼仪》再版。
从礼仪的起源,
到行为的发展。
求职办公设宴,
风度举止谈判。
字字金玉良言,
句句合乎规范。
自此顿悟幡然,
令我受益匪浅。
礼仪!

国之形象体现，
个人修养凸显。
正能量的积淀，
和谐社会起点。
作为
礼仪之邦一员，
理应修心实践。

        刘民英
        2020年4月8日

序

　　数年前,一位和我关系甚好的外形靓丽、英语专业八级水平的学生大学毕业后进入一家待遇很好的世界500强企业。可不到一年时间,我就得到她辞职的消息。辞职的原因很简单,就是她难以忍受上司对她的着装和大大咧咧性格的多次警告。学生时代的她酷爱一身运动休闲装扮,教授专业课的我常常提醒她要试着穿正式的裙装以及改改随意的言行举止,以便于工作后能适应职场要求。但她总是笑着拍拍我的肩:"老师,以后工作看的是能力,不是衣着。"工作后,良好的专业水平和外语能力使得公司委以她接待国外客户的重任,但她时常无视公司对正式着装的要求,有时甚至穿运动休闲装就去接待和宴请国外客户,这让上司忍无可忍,终于有了她辞职的结局。幸运的是,我的这位学生跳槽到另一家外资公司后,意识到个人礼仪对自己和公司的重要性,工作渐入佳境。

　　这位经济学专业学生的工作遭遇,促使我开始研究并为各专业的学生教授商务礼仪知识。2009年感恩节,某学院一位选修我面向全校开设的"商务礼仪"课程的学生发给我一条手机短信:"老师,感恩节快乐!这条短信只是想表达我的真实想法,你是我觉得大学中教得最好的老师。我学到了很多有用的东西。很不错的老师,祝您永远这么有活力!"教授、指导、培训商务礼仪数年来,我很欣慰地看到:越来越多的在校学生接受了系统的商务礼仪知识的学习,这为他们进入职场和实现自我价值奠定了基础。

　　商务礼仪作为商业活动的重要内容,是现代商务组织不可替代的形象资源。为了有效地参与竞争,商务组织的每一个个体都肩负着与同事、商业伙伴建立良好合作关系的使命。如何让自己具备合适的职业性格气质；如何让自己在工作场合衣着得体、举止优雅，获得应有的尊重；如何让自己在商务场合人际沟通顺畅，拥有人脉资本；如何让自己在商务求职面试中赢得成功；如何让自己在商务宴请中注重餐桌礼仪，以获取更多的商业机遇；如何在涉外商务活动中，消除跨文化差异所带来的商务交往阻碍等相关的礼仪知识、技巧成了本书编著的框架结构。

本书编著过程中，参考、借鉴了大量国内外相关书籍、网络文献、图片、时事报道等资料，谨向这些作者们表示诚挚的谢意。

本书的编著离不开亲人、朋友的悉心关怀，感恩今生，我的生命中有你们指引方向。

本书的出版，得到了复旦大学出版社的大力支持，在此致以由衷的感谢。

学礼、知礼、懂礼、习礼、用礼，也期盼、感谢能得到商务礼仪践行者对本书提出的宝贵反馈意见和建议。

刘民英

2013 年 10 月 10 日

目录

第一章　商务礼仪概述 ·· 1
　第一节　礼仪的概念、起源与发展 ······················· 4
　第二节　商务礼仪的内涵、功能与原则 ················ 16
　第三节　商务人员应具备的礼仪修养 ·················· 18
　本章小结 ·· 23
　本章实训练习 ·· 24
　本章思考题 ··· 28
　本章参考文献 ·· 28

第二章　商务人员的个人礼仪 ······························· 30
　第一节　商务人员的服饰礼仪 ·························· 32
　第二节　商务人员的仪容礼仪 ·························· 67
　第三节　商务人员的仪态礼仪 ·························· 87
　本章小结 ·· 108
　本章实训练习 ·· 109
　本章思考题 ··· 109
　本章参考文献 ·· 109

1

第三章　商务人员日常交往礼仪　111
第一节　商务方位礼仪　119
第二节　商务称谓礼仪　132
第三节　商务见面礼仪　141
第四节　商务介绍礼仪　149
第五节　商务名片礼仪　153
第六节　商务交谈礼仪与技巧　161
本章小结　165
本章实训练习　166
本章思考题　167
本章参考文献　167

第四章　商务求职面试礼仪　168
第一节　商务求职前的准备　171
第二节　商务求职信函礼仪　186
第三节　商务面试礼仪与技巧　206
本章小结　231
本章实训练习　231
本章思考题　233
本章参考文献　234

第五章　商务办公礼仪　235
第一节　办公室礼仪　239
第二节　商务通信礼仪　252
第三节　商务接待与拜访礼仪　273
第四节　商务谈判礼仪　281
第五节　商务馈赠礼仪　287
本章小结　300
本章实训练习　302
本章思考题　303
本章参考文献　303

第六章　商务宴请礼仪 ········· 305
第一节　商务宴请礼仪概述 ········· 307
第二节　商务中餐礼仪 ········· 313
第三节　商务西餐礼仪 ········· 338
第四节　商务自助餐与鸡尾酒会礼仪 ········· 362
本章小结 ········· 367
本章实训练习 ········· 368
本章思考题 ········· 369
本章参考文献 ········· 369

第七章　商务仪式礼仪 ········· 371
第一节　商务开业庆典礼仪 ········· 373
第二节　商务剪彩仪式礼仪 ········· 379
第三节　商务签约仪式礼仪 ········· 385
第四节　商务新闻发布会礼仪 ········· 390
本章小结 ········· 397
本章实训练习 ········· 399
本章思考题 ········· 399
本章参考文献 ········· 399

第八章　中国主要贸易伙伴国商务礼仪 ········· 400
第一节　亚太地区中国主要贸易伙伴国商务礼仪 ········· 406
第二节　欧美地区中国主要贸易伙伴国商务礼仪 ········· 449
第三节　非洲和中东地区中国主要贸易伙伴国商务礼仪 ········· 502
本章小结 ········· 516
本章实训练习 ········· 517
本章思考题 ········· 517
本章参考文献 ········· 517

第一章　商务礼仪概述

树立良好的声誉,需要20年的时间,而毁掉它,5分钟就足够了。如果你能考虑到这一点,你就会讲究礼仪了。

——沃伦·巴菲特①

本章学习目标

1. 掌握礼仪的概念和中西方礼仪的起源与发展;
2. 明确商务礼仪的内涵、功能与原则;
3. 了解商务人员应具备的礼仪修养,并充分认识自身性格、气质的特点。

---

① 沃伦·巴菲特(1930—　),全球著名的投资商。

本章知识结构

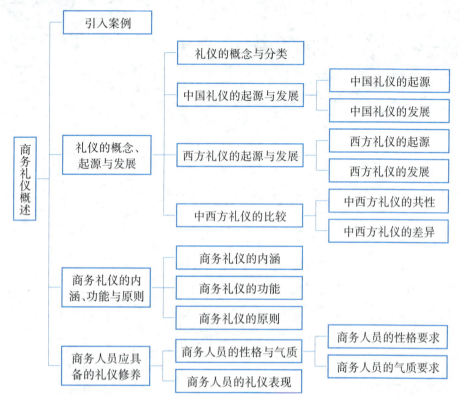

引入案例

商务礼仪基本能力测试①

1. 商务活动中,男士和女士在握手和进行互相介绍时:
   A. 男士需要起立　　　　　　B. 女士需要起立
   C. 男士和女士都不需要起立　　D. 男士和女士都需要起立

2. 在商务活动中,商务男士应该做的是:
   A. 为女士把椅子拉出来　　　　B. 当女士离开的时候,起立恭送
   C. 吃饭的时候为女士买单　　　D. 以上都不是

---

① [美]杰奎琳·惠特摩尔:《商务礼仪》,姜岩译,中央编译出版社2010年版,第9—14页。内容有改动。

3. 为了阅读方便,胸牌(姓名牌)应该戴在自己的:

   A. 左边　　　　B. 右边　　　　C. 左臀部　　　　D. 颈部周围

4. 在商务活动中,最好的结识他人的方法是:

   A. 同身边的人打招呼,互相介绍,轻松聊天

   B. 让自己自信些,站在屋子的中间等对你感兴趣的人跟你打招呼

   C. 主动结识单独的一个人,或者主动结识一组人

   D. 跟你关系很好的人待在一起,不理睬其他人

5. 当你收到一封不在你职责范围内的商务邮件时,你会:

   A. 立即转发给职责人

   B. 转发给职责人,并附言说明为什么你要转发

   C. 当作垃圾邮件删除,并忘记此事

   D. 把邮件内容打印出来,放在复印机上,希望其他人处理

6. 如果一个气急败坏的用户打电话过来投诉产品或者服务,你会:

   A. 马上打电话转到等待状态,然后去休息室透透气

   B. 告诉来电者打错电话了,并自我保护般地挂断电话

   C. 保持冷静,倾听用户的投诉,尽快尝试帮他解决或者找人帮他解决

   D. 冲他大喊大叫,让他安分下来,毕竟还没有人能这样跟你说话

7. 如果必须给两个人做介绍,但是你忘记了其中一个人的名字,你会通过哪种方式掩饰:

   A. 对自己忘记了姓名的人说:"我们认识吗?"

   B. 对要介绍的双方说:"你们能互相做个自我介绍吗?"

   C. 什么也不说,希望他们自己进行介绍

   D. 对自己忘记了姓名的人说:"总会有这样的时候,请再告诉我一次你的名字。"

8. 当为客户和自己公司的总经理做商务介绍时,你会:

   A. 即兴表演

   B. 把客户介绍给公司的总经理

   C. 把公司的总经理介绍给客户

   D. 什么也不做,互相介绍是他们自己的事情

9. 当收到别人的商务礼物,你想表示特别感谢时,你会:

A. 发电子邮件,因为这是最快、最有效的方法

B. 寄出一份自己手写的感谢信

C. 在收到礼物的 72 小时内电话致谢

D. 口头上的感谢已经足够了

10. 当你和重要的客户用餐时,有人致电你的手机,你会:

A. 两声铃声内接听,并尽快结束通话

B. 不接听,假装是别人的手机在响

C. 向一起用餐的客户表示歉意,并把手机设置成静音模式,优先考虑眼前一起用餐的人

D. 向一起用餐的人表示歉意,离开座位,到洗手间去接听

计分方法如下:

每题 10 分,90 分以上为优秀,80—89 分为良好,70—79 分为一般,70 分以下为不及格。

答案:1. D 2. D 3. B 4. C 5. B 6. C 7. B 8. C 9. B 10. C

案例思考:根据测试,再结合自身礼仪能力的现状,分析自己欠缺哪些方面的礼仪知识和技能。

第一节 礼仪的概念、起源与发展

礼仪作为一种社会现象,是与人类文明同时产生、同步发展的。礼仪约束着人们在不同场合的言行举止,是人与人之间建立和谐关系的基础。

一、礼仪的概念与分类

(一)礼仪的概念

礼仪是人们在社会交往活动中形成的行为规范和准则,是人们为维系社会正

常生活而共同遵守的基本道德规范,其实质是人们在一种利己的交换行为的基础上对他人的尊重[①]。

礼仪是礼貌、礼节和仪式的统称。

礼貌是人们在相互交往过程中通过仪容、仪态、语言等表示敬重和友好的行为规范,如整洁、微笑、尊称、主动打招呼、道谢等。

礼节是指在比较正式的交际场合,人们相互表示尊重、祝颂、问候、致意、哀悼、慰问以及给予必要协助和照料的形式,如握手、介绍、馈赠等。

仪式是指具有专门规定的程序化规则的活动,是一种隆重的礼节,如迎送仪式、签字仪式、颁奖仪式、开幕式、升旗仪式、奠基仪式等。

礼貌是礼仪的基础,体现一个人的品质和素养;礼节是礼貌的升华,是礼仪的主要组成部分;仪式是礼貌的最高形式表达,是礼仪的秩序规范。礼仪作为一种社会文化和文明的象征,促进了人际关系的沟通和人们的社会交往。

(二) 礼仪的分类

礼仪由礼仪的主体、客体、媒体和环境四个最基本的要素构成。主体是指礼仪活动的操作者和实施者;客体是指礼仪活动的指向者和承载者;媒体是指礼仪活动所依托的一定媒介;环境是指礼仪活动得以形成的特定时空条件。依照礼仪构成的四要素,礼仪可以分为政务礼仪、商务礼仪、服务礼仪、社交礼仪、公关礼仪、涉外礼仪、日常礼仪和节庆礼仪等。

政务礼仪是国家公务员在行使国家权力和管理职能时应当遵守的礼仪。

商务礼仪是企业从业人员以及其他一切从事经济活动的人士在商务往来中应当遵守的礼仪。

服务礼仪是各类服务行业的从业人员在自己的工作岗位上应当遵守的礼仪。

社交礼仪是社会各界人士在一般性的交际应酬中应当遵守的礼仪。

公关礼仪是社会组织的公关人员或其他人员在公关活动中为树立和维护组织的良好形象、构建组织和内外公众和谐的关系而应当遵守的礼仪。

涉外礼仪是人们在同外国人打交道时应当遵守的礼仪。

日常礼仪是人们在日常交往中应当遵守的礼仪。

节庆礼仪是节日和庆祝日时人们应当遵守的民俗礼仪。

[①] 安徽、徐晓沄:《商务礼仪探源》,《探讨与争鸣》2006年第9期,第38页。

二、中国礼仪的起源与发展

（一）中国礼仪的起源

从礼仪的起源看,礼仪一开始就体现了人的敬畏和遵从。因此,礼仪发展到如今,一直与各种禁忌和风俗习惯有着直接的关系,表现为人们在行为上的各种限制和约束。

礼仪的起源可以追溯到原始宗教信仰形成时期,即原始社会的自然崇拜、图腾崇拜、祖先崇拜以及其他地方神灵崇拜。宗教的崇拜通过祭祀活动表现出来,"礼"字形的演变过程就充分体现了这一点。

"礼"的造字解说①：

《说文解字》：禮,履也。所以事神致福也。从示从豊,豊亦聲。 ,古文禮。（礼,履行敬拜活动。用来敬神致福的仪式。字形采用"示、豊"会义,"豊"也是声旁。 ,是籀文写法的"礼"。）

礼的造字法：会义。"豊"是"禮"的本字。"禮"行"豊"废。

豊,甲骨文 ,像豆形器皿 里装满玉串 ,表示用最美好的物品敬拜神灵。当"豊"作为单纯字件后,晚期金文 再加上"示"(,表示祭祀)另造"禮",强调"礼"的"祭拜"含义。晚期金文误将早期金文 的盛器和玉串 写成 。造字本义是通过献玉的隆重仪式向神灵表示虔敬。籀文 ＝ （示,祭祀）＋ （祭祀时的袅袅香烟）,强调祭祀行礼前的焚香仪式。篆文 承续晚期金文字形。晚期隶书 承续籀文字形,将早期隶书 的豊简化成" "。

"礼仪"一词由"礼"和"仪"组成。礼是内在的内容,仪是由内而外的外在表现的行为规范。在古文献中,"礼"常常单独使用,尤其是在先秦的典籍中,"礼"几乎成了一种无所不包的社会生活的总规范。

礼仪的含义非常丰富,有广义和狭义之分。广义的礼仪包括典章制度、朝政法规、生活方式、伦理风范、治国根本、做人本分等；狭义的礼仪则主要指人际交往过

---

① 参见象形字典,http：//www.vividict.com/Public/index/page/index/index.html。

程中为了维护正常的社会秩序而逐渐形成的一些约定俗成的行为规范。礼仪的根本内涵如下。

1. 礼仪是为了表示敬意或表示隆重而举行的仪典、仪式

礼起初是祭祀的仪式。中国的民间信仰体系包括信仰和仪式两个不可分开的部分。当信仰和仪式结合在一起，原始的"礼仪"就产生了。《周礼·春官·大宗伯》中提到朝廷举行的五礼（吉礼、凶礼、宾礼、军礼、嘉礼）就是有一定规模、规格和程序的仪式行为规范。民间举行的婚礼、丧礼、寿礼以及接待宴请仪式都是约定俗成的礼仪。

2. 礼即是理，是治国的大纲和根本，是等级制度和与之相关的礼仪

先秦时期，礼被看成是天、地、人统一的规律、秩序和道理。对于统治阶级而言，礼是治国之本；对于百姓而言，礼是对人的尊重和礼貌，守礼、合礼是做人的最大本分。先秦时期，"礼"这一范畴的外延较广，包括国家政治制度（如官制、法律等）的内容。秦汉以后，官制和法律才逐渐从"礼"的范畴中脱离，"礼"主要用来指各种仪式和各种行为规范。

3. 礼仪是对人的尊重和礼貌以及对礼尚往来的崇尚

在敬神的基础上，礼仪逐渐渗入人们的日常生活之中，也就有了日常人际交往的含义。

（二）中国礼仪的发展

我国礼仪的发展大致经历了五个阶段，即雏形期、形成期、发展期、冲突期、融合期。

1. 雏形期（原始社会）

《通典》卷四十一《礼一》记载："伏羲以俪皮为礼，作瑟以为乐，可为嘉礼；神农播种，始诸饮食，致敬鬼神，禘为田祭，可为吉礼；黄帝与蚩尤战于涿鹿，可为军礼；九牧倡教，可为宾礼；易称古者葬于中野，可为凶礼。又，修贽类帝，则吉礼也，鳌降嫔虞，则嘉礼也，群后四朝，则宾礼也，征于有苗，则军礼也，遏密八音，则凶礼也。故自伏羲以来，五礼始彰。尧舜之时，五礼咸备，而直云，典朕三礼者，据事天事地与人为三耳。自伏羲以来，五礼始彰；尧舜之时，五礼咸备。"

在原始社会的新石器时代，人们除了为自然崇拜、图腾崇拜等举行的仪式外，已有一种通行的丧葬仪式。浙江余杭良渚文化遗址出土的玉器表明，这里的墓地曾经举行过某种殓葬的宗教仪式，玉器上刻有似神似兽的神人形象，神人和兽合一

的形象则是具有宗教性质的礼仪法器。

河南舞阳贾湖裴李岗文化遗址和浙江余姚河姆渡文化遗址中发现的迄今所知的世界上最古老的骨笛、骨哨表明,原始社会晚期已具备了礼乐的雏形[①]。

原始社会时期,氏族生活主要按照传统习俗行事,礼仪逐渐萌芽于传统习俗之中。

2. 形成期(夏至两汉)

这一时期,礼是最普遍的社会规范。祭祀的宗旨就是明确父子、君臣、长幼、贵贱之序。不仅对祖先的祭祀要严格按照尊卑秩序,宗庙的神也依照人间的座席摆定座次,排好顺序,然后供奉以诸神饮食之物[②]。

夏礼比较简朴,但忠孝之道已经基本形成。"殷因于夏礼,所损益,可知也;周因于殷礼,所损益,可知也。"[③]周礼是我国先秦社会中最庞大、最完整、最文明的制度和礼仪,并且对以后的中国社会产生了深远的影响。夏、商、周三代形成了较为完备的宗法等级制度和伦理规范。

"三纲五常"是中国儒家伦理文化中的架构,源于西汉董仲舒的《春秋繁露》一书。但作为一种道德原则和规范,它渊源于先秦时期的孔子。"不学礼,无以立。"孔子在倡导"克己复礼"的同时也形成了自己的以仁释礼、强调礼的礼学思想。孔子曾提出君君臣臣、父父子子和仁义礼智等伦理道德观念。孟子继承了孔子的礼学思想,提出"仁政"的主张,把社会的人际关系概括为"五伦",即"父子有亲,君臣有义,夫妇有别,长幼有序,朋友有信"。此后,"五伦"关系准则一直是我国传统礼仪的核心。荀子则从"人之性恶,其善者伪也"的人性论出发,提出了"名分使群"的社会起源说,以论证礼乐教化的必要性。

董仲舒对"五伦"观念作了进一步的发挥,提出了"三纲"原理和"五常"之道,即用"君为臣纲,父为子纲,夫为妻纲"、"仁、义、礼、智、信"来维持社会的稳定和人际关系的和谐。之后,班固又在《白虎通义》中以"三纲"为基础提出了"六纪",即"诸父、兄弟、族人、诸舅、师长、朋友",认为"三纲法天地人,六纪法六合"。

史称"三礼"的《周礼》、《仪礼》、《礼记》就是这一时期的集大成之文献。成书于秦汉时期的《周礼》和《仪礼》比较详尽地记叙了先秦时期的礼仪制度;成书于西汉

[①] 林华东:《河姆渡文化初探》,浙江人民出版社1992年版,第248页。
[②] 鞠桂芝:《从先秦风俗看先民的精神世界》,山东师范大学硕士学位论文,2008年,第13—14页。
[③] 参见《论语·为政》,中华书局2006年版。

时期的《礼记》主要阐述了礼仪的起源、变迁、作用和意义。《周礼》主要记载了天子诸侯的王朝之礼;《仪礼》主要反映了春秋时期士以及大夫阶层之礼。

《礼记》中的记叙表明这一时期的社会开始注重走向民间的"通行之礼"。例如,《礼记·曲礼上》有:"礼尚往来。往而不来,非礼也。来而不往,亦非礼也。"《礼记·曲礼下》有:"大夫、士相见,虽贵贱不敌,主人敬客则先拜客,客见主人则先拜主人。"

我国的传统礼仪在这一时期形成。在以后漫长的历史发展中,传统礼仪虽然一直在衍变,但却万变不离其宗,始终遵循着这一时期确立下来的基本模式。

3. 发展期(魏晋南北朝至两宋)

魏晋南北朝时期,社会动荡,玄学风行,佛教和道教兴起,传统礼仪虽受到冲击,但影响依然。

隋唐前,受周礼的影响,礼法不分,礼涵盖了一切。隋唐时,礼仪与法律、官制终于分离,这有利于礼仪的继续发展。唐初年,修撰了《贞观礼》、《显庆礼》。开元盛世之际,在隋礼和《贞观礼》、《显庆礼》的基础上又撰写了更具系统性和完整性的《大唐开元礼》,并成为中国传统社会礼制的最高典范。唐末杜佑撰写的《通典》中有《礼典》一百卷,更是礼仪制度研究的里程碑[1]。

宋代理学兴起,理学家认为礼仪只是一种外在的形式,其实质在于"理",即传统礼仪的核心是纲常伦理。为了维护"三纲五常"和维护人伦关系礼仪的秩序,理学家又提出了"存天理,灭人欲"。

宋代,随着市民阶层的兴起和民间宗族共同体的普遍加强,民间礼俗的规范化成为这一阶段礼仪的主要内容。北宋司马光在《礼仪》的基础上,根据当时礼俗的状况,撰写了《书仪》,此书被誉为"礼家之典型,经世之防范,礼法之大端"[2]。南宋朱熹在《书仪》的基础上撰写了《家礼》,主要侧重冠、婚、丧、祭"四礼"和民间日常生活中的一些行为规范。此外,两宋时期所撰写的乡规民约和家训格言成为传统礼仪的重要补充,这些都对民众的行为规范具有指导意义。

唐宋后,礼仪与朝廷的典章制度分离,逐渐在民间普及。

---

[1] 杨志刚:《中国礼学史发凡》,《复旦学报》1995年第6期,第52—58页。
[2] 宫云维:《司马光〈书仪〉版本考略》,《浙江工业大学学报》2002年第6期,第639—643页。

4. 冲突期(元、明、清)

随着少数民族入主中原,元代建立了大一统的王朝,游牧文化在与农耕文化的碰撞交融中,同中原的传统礼仪产生了激烈的冲突。虽然元朝沿袭了宋代的礼制,但这只局限于朝廷礼制。元朝贵族依然坚持蒙古族礼俗,统治者将民族分为四等,规定汉人、南人不能同蒙古人、色目人平起平坐;将职业分为十级。

为了有别于少数民族的统治,明朝推行的礼制基本上沿袭了周、汉的传统,律令严明,恪守礼仪。对普通百姓之间的见面礼也按照尊卑长幼的等级制度作出了详细规定,"凌侮者论如律"[①]。明代推行传统礼仪,注重教化手段,从幼儿教育着手。明末,随着社会生产的发展和财富的积累,在商业繁荣的城市,庶民越礼逾制之风蔚然,非礼、越礼现象几乎遍布整个社会。

清初,八旗兵南下,强行一律按满族礼俗。清代朝礼开始实行"三跪九叩首",大臣上折奏,一概自称"奴才"。宗族礼法在这一时期得到了进一步加强,百姓日常生活中的一切言行也都要符合礼仪的规矩。

随着明末西方天主耶稣会到中国境内传教,中西方的礼仪文化也开始出现了冲突。清康熙年间发生的与罗马教皇的"中国礼仪之争"一度引发了莱布尼兹、孟德斯鸠、伏尔泰、康德、黑格尔等一大批著名学者对中国的关注。之后,清朝与西方又发生了一场礼仪之争。乾隆五十八年(1793年),英国特使马嘎尔尼来华,到热河行宫觐见乾隆。马嘎尔尼拒绝行三跪九叩之礼,最后以屈膝礼代替了跪拜礼。西方文化的进入,给中国传统礼仪带来了强有力的冲击。

5. 融合期(现代)

在礼仪发展史上,辛亥革命具有重大意义,当代许多新礼仪的实施就始于此时。

辛亥革命后,百姓享有公民权利,剪辫子成了礼仪改革的先声。服饰也不再是等级的标志,人们可以凭着自己的喜好选择服饰。孙中山创制的既继承中国传统又吸取西服优点的"中山装"问世后,成为中国男子最喜欢的标准服装之一。

民国时期,人们见面时的称呼和礼节融合了西方的礼仪。传统礼仪中的叩拜、相揖、请安、拱手等旧礼被废除,改为新式鞠躬礼;通用"文明仪式",即脱帽、鞠躬、握手、鼓掌、洋式名片等;称呼上一律改为"先生"、"君"、"同志"等。

---

① 柳诒徵:《中国文化史》,中国大百科全书出版社1988年版,第642—643页。

20世纪20—40年代,战乱间的民间礼俗基本上处于放任自流的局面。一方面,传统礼仪依然存在于民众的生活中;另一方面,西方文化的生活礼仪方式影响着民众。新礼和旧礼并存。

中华人民共和国成立后,移风易俗被提到建设新社会秩序的议程中。20世纪50年代后期到70年代末,传统的良风美俗礼仪被当作"四旧"予以否定,文化专制和文化虚无主义使得社会的人际关系极端恶化。

始于1978年的改革开放使现代礼仪得以长足发展。随着国际间经济贸易合作往来的频繁,尤其是2001年中国加入世界贸易组织后,涉外礼仪日益影响着中国的文化、政务、商务、服务、社交、旅游等诸多方面。我国现代礼仪在保留一些优良传统礼仪的基础上,又进一步融进许多国际上约定俗成的礼仪理念。

礼仪是一种文化,是文化就有纵向的传承和横向的借鉴与融合。随着全球化进程的加快,在经济、文化高速碰撞融合的背景下,西方文化大量涌进中国,中国传统礼仪不断遭受着西方礼仪文化的冲击。如何去其糟粕地保护中国传统礼仪并与西方礼仪进行合理有效地融合,成为今后人们思考和探讨的话题。

三、西方礼仪的起源与发展

(一)西方礼仪的起源

西方礼仪主要指以英、法、德、美、意等欧美国家为代表的具有西方特点的礼仪。西方礼仪最早萌芽于世界中古时期的希腊,最初为宫廷规矩。经过长期发展,到了近现代,礼仪在美国得以迅速传播,以美国为代表的西方国家使礼仪在人们生活中日趋合理化和规范化,并迅速形成体系,被国际社会认可,成为共同遵循的国际礼仪规范。

西方的文明史同样在很大程度上表现为人类对礼仪的追求以及礼仪演进的历史。人类为了维持与发展血缘亲情以外的各种人际关系,避免"格斗"或"战争",逐步形成了各种与"格斗"、"战争"有关的动态礼仪。例如,为了表示自己手里没有武器,让对方感觉到自己没有恶意而创造了举手礼,后来演进为握手;为了表示自己的友好与尊重,愿在对方面前"丢盔卸甲",于是创造了脱帽礼等。

(二)西方礼仪的发展

1. 形成期(上古、中古时期)

爱琴海地区和希腊是亚欧大陆西方古典文明的发源地。约自公元前6000年起,爱琴海诸岛居民就开始从事农业生产,此后,相继产生了克里特文化和迈锡尼文化。公元前11世纪,古希腊进入因《荷马史诗》而得名的"荷马时代"。《荷马史诗》包括《伊里亚特》和《奥德赛》两部分,主要描写特洛伊战争和希腊英雄奥德赛的故事,其中也有关于礼仪的论述,如讲礼貌、守信用的人才受人尊重等。

古希腊哲学家对礼仪有很多精彩的论述。例如,毕达哥拉斯(公元前580—前500年)率先提出了"美德即是一种和谐与秩序"的观点;苏格拉底(公元前469—前399年)认为,哲学的任务不在于谈天说地,而在于认识人的内心世界和培植人的道德观念,他不仅教导人们要待人以礼,而且在生活中身体力行、为人师表;柏拉图(公元前427—前347年)强调教育的重要性,指出理想的四大道德目标是智慧、勇敢、节制、公正;亚里士多德(公元前384—前322年)在《政治学》一书中指出,德行就是公正,人类由于志趣善良而有所成就,成为最优良的动物,如果不讲礼法,违背正义,人类就会堕落为最恶劣的动物。

1世纪末至5世纪,在罗马帝国统治西欧时期,教育理论家昆体良撰写了《雄辩术原理》一书。书中论及罗马帝国的教育情况。他认为一个人的道德和礼仪教育应从幼儿期开始。诗人奥维德则通过诗作《爱的艺术》告诫青年人不要贪杯,用餐不可狼吞虎咽。

2. 发展期(中世纪时期)

476年,西罗马帝国灭亡,欧洲开始封建化过程。12—17世纪是欧洲封建社会的鼎盛时期。中世纪是礼仪发展阶段,这一时期欧洲形成的封建等级制以土地关系为纽带,将封建主与附庸联系在一起,此间制定了严格而烦琐的贵族礼仪、宫廷礼仪等。例如,12世纪写就的冰岛诗集《埃达》就详尽地叙述了当时用餐的规矩,嘉宾贵客居上座,举杯祝酒皆有讲究。

14—16世纪,欧洲进入文艺复兴时期。这一时期出版的涉及礼仪的名著有:意大利作家加斯梯良编著的《朝臣》,此书论述了从政的成功之道和礼仪规范及其重要性;尼德兰人文主义者伊拉斯谟(1466—1536年)撰写的《礼貌》,书中着重论述了个人礼仪和进餐礼仪等,提醒人们讲究道德、清洁卫生和外表美;英国哲学家弗兰西斯·培根(1561—1626年)则指出:"一个人若有好的仪容,那对他的名声大有裨益,并且,正如女王伊莎伯拉所说,那就'好像一封永久的推荐书一样'。"[①]

---

① 参见《培根论说文集》,水天同译,商务印书馆2008年版。

3. 普及期(世界近代)

"礼仪"一词,在希腊语中的意思是"首胶";在法语中称作 Etiquette,原意为"法庭上的通行证"。法国国王路易十四(1638—1715 年)将这一概念在西方推广开来。此后,适合于上层社会的行为规范礼仪在欧洲宫廷中流行①。当 Etiquette 进入英文后,有了"人际交往的通行证"的含义。

17、18 世纪是欧洲资产阶级革命浪潮兴起的时代,尼德兰革命、英国革命和法国大革命相继爆发。随着资本主义制度在欧洲的确立和发展,新的礼仪规范逐渐取代封建社会的礼仪。虽然奉行"一切人生而自由、平等"的原则,但由于社会各阶层在经济上、政治上、法律上的不平等,这一时期还未能做到真正的自由、平等,有大量的礼仪著作问世。例如,捷克教育家夸美纽斯编撰了《青年行为手册》;英国教育思想家约翰·洛克在 1693 年出版的《教育漫话》中系统深入地论述了礼仪的地位、作用以及礼仪教育的意义和方法;德国学者缅南杰斯的礼仪专著《论接待权贵和女士的礼仪,兼论女士如何对男士保持雍容态度》于 1716 年在汉堡问世;英国政治家切斯特菲尔德勋爵在其名著《教子书》中指出:"世间最低微、最贫穷的人都期待从一个绅士身上看到良好的教养,他们有此权利,因为他们在本性上是和你相等的,并不因为教育和财富的缘故而比你低劣。同他们说话时,要非常谦虚、温和,否则,他们会以为你骄傲而憎恨你。"

德国的克尼格男爵在 1788 年出版了《与人交往》,书中介绍的社交场合与日常生活中应该注意的行为举止两百多年来一直是人们遵循的准则。克尼格男爵在《与人交往》中谈到,个人的表现并不是私人之事,而是社会伦理道德的一种人性的体现;礼仪不是空泛的条条框框,而是对他人的一种尊重,是人类文明的一种表现。现在的一些餐桌礼仪主要来自他的理论或是在他的思想上建立起来的规范和礼节。

4. 传播期(世界现代)

礼仪的内涵在西方不断丰富。英语中具有"礼仪"之意的词有:

Courtesy:指谦恭有礼的言行、礼貌、风度。

Etiquette:指礼仪、礼节和各种规矩。

Protocol:指外交、军事等特定领域里的相处准则。

---

① 王京华、韩红梅、葛永庆:《中西方礼文化比较研究》,《河北学刊》2006 年第 7 期,第 149 页。

Rite：指仪式、典礼；也泛指习俗中的礼仪行为。

文艺复兴以后，欧美的礼仪有了新的发展，从上层社会对遵循礼节的烦琐要求到 20 世纪中期对优美举止的赞赏，一直到适应社会平等关系的比较简单的礼仪规则，西方的礼仪自上而下，普及到民众，继而在世界范围内传播开来。

西方现代学者编撰出版了不少礼仪书籍，其中比较著名的有法国学者让·赛尔的《西方礼节与习俗》、英国学者埃尔西·伯奇·唐纳德的《现代西方礼仪》、德国作家卡尔·斯莫卡尔的《请注意您的风度》、美国礼仪专家伊丽莎白·波斯特的《西方礼仪集萃》以及美国教育家卡耐基编撰的《成功之路丛书》等。

历史发展到今天，礼仪文化不但没有随着市场经济发展和科技现代化而被抛弃，反而更加多姿多彩。国家有国家的礼制，民族有民族独特的礼仪习俗，各行各业都有自己的礼仪规范程式，国际上也有各国共同遵守的礼仪惯例等。有的国家和民族对不遵守礼仪规范者还规定了一定的处罚规则。

礼仪是人类文明进步的标志。作为一种世界性的文化现象，礼仪在世界各国和各民族的人际交往方面起着普遍的道德规范的作用。

四、中西方礼仪的比较

由于东西方的地理环境、历史背景和文化传统有所不同，中西方礼仪在共性的基础上也存在着明显的差异。

（一）中西方礼仪的共性

从礼仪的起源来看，中西方礼仪都是由上层社会制定的，都是用来维护社会等级秩序的准则以及用来规范人们行为的制度和规定。

从礼仪的社会功能来看，中西方礼仪都是社会文明化的产物，都是一种人为建构的用来在社会交往中规定人们言谈举止的社会规范。

从礼仪的基本原则来看，中西方礼仪都要求人们自律自爱、谦和宽容、尊重与真诚、适度与从俗。

（二）中西方礼仪的差异

1. 中国礼仪提倡尊卑位序，西方礼仪提倡自由平等

中国传统的礼仪道德有它不合理的一面，如"三纲五常"、"存天理，灭人欲"、"三从四德"（三从为未嫁从父、既嫁从夫、夫死从子；四德是妇德、妇言、妇容、妇功）

等一系列尊卑位序内容。这些传统的尊卑位序直到今天依然是约束人们行为的规范。

1789年,法国的《人权和公民权宣言》认为,自由、平等、博爱是社会的核心,人生来永远平等;任何国家机构的目的都是保障人的自然的和不可侵犯的权利,这就是自由、财产、安全和反抗压迫;任何统治的渊源,从本质上看都是人民;自由意味着在不损害他人的情况下可以做一切事情;法律只能制裁对社会有害的行为。近代后,自由、平等、博爱的理念被纳入西方礼仪的体系中,成为指导人们日常交往的准则。

2. 中国礼仪注重集体主义观念,西方礼仪注重个人主义观念

中国礼仪在中国文化中起着"准法律"的作用。礼仪曾经一度无所不包,包括典章制度、朝政法规、生活方式、伦理风范、治国根本、做人本分等。就礼仪制度与风俗的历史悠久、内容丰富和影响深远而言,中国甚至可以把传统文化称之为礼文化。经过历代统治者和儒家学者的大力提倡,礼仪的内容十分广泛。其中的尊道、律己修身、仁爱孝悌、精忠报国、天下为公等内容是中国传统文化的精华,并成为民族赖以生存和发展的凝聚力和内聚力,对中国社会的发展起过积极的推动作用。

"个人主义"一词源于拉丁文individum,意为不可分的个体。从古希腊哲学家普罗泰戈拉提出"人是万物的尺度"的命题,到近现代西方"所有的人都是平等的"成为个人价值的基础和评价社会的唯一标准。这种理念深入到西方政治、经济、文化和社会生活的各个方面。

3. 中国礼仪倾向于世俗化,西方礼仪呈现出浓厚的宗教色彩

在中国历史上,皇权胜于神权,因此,中国礼仪更倾向于世俗化,而宗教色彩比较淡。

现今国际通行的礼仪基本上是西方礼仪。西方人对自身文化高度认同,这一切与基督教的社会基础密切相关,因为礼仪是宗教的重要活动方式。由于对宗教的虔诚信仰,西方人从小就接受这种礼仪的教育与熏陶,使礼仪能够自然地表现在人的行为之中。精神与物质、政治与文化的高度契合,使人们获得高度的自信与优越感。正是西方人的自信与优越感赋予了西方文化强大的感染力,使其礼仪文化被视为世界礼仪的标准。

第二节　商务礼仪的内涵、功能与原则

1990年,哈佛大学学者约瑟夫·S·奈在他的著作《注定领导》(Bound to lead)中,首次提出了通过自己的吸引力去影响他人和获得他人认同的"软实力"这一概念。在如今知识经济的大环境下,无论是对个人还是对企业而言,既要拥有出色的专业技能,又要具备包括礼仪在内的"软技能"。除了产品、价格、营销和服务之外,良好的礼仪成为提升自己"软实力"的重要途径。

一、商务礼仪的内涵

(一)商务礼仪的定义

商务礼仪体现在商务活动的每一个细节之中。

商务礼仪是指企业的从业人员以及其他一切从事经济活动的人士,在商务活动中,为塑造个人和企业的良好形象而应当遵循的礼仪规范或程序。商务礼仪的范畴既包括约定俗成的商务人员的个人礼仪、日常交往礼仪、商务活动礼仪、文书礼仪、求职礼仪等,又包括因地域文化差别而形成的地区和国家间的不同礼仪。

(二)商务礼仪的特征

作为人们在商务往来中必须遵守的行为规范,商务礼仪不仅具有礼仪本身的传承性、互动性、民族性、变异性、地域性和针对性等共性特点,还具有自身独到的特征。

1. 商务礼仪的文化性

商务活动是一种文化水平要求较高的经济行为过程。在这一过程中,商务人员必须要体现出谈吐优雅、举止大方、文明礼貌的个人形象。"腹有诗书气自华",商务人员的文化素养是树立个人和企业良好形象的基础。

2. 商务礼仪的规范性

商务礼仪规范是人们在商务交往实践中所形成的并以某种习惯或传统方式约定俗成的行为模式,是商务场合中人们普遍认同遵守的行为准则。遵守这些规范,

就要符合商务礼仪的要求,如商务场合中的着装、国际通行的握手礼、座次的排位等。

3. 商务礼仪的程序性

商务交往中,有些活动过程有着严格的礼仪程序规范要求,其中的任何一个环节失误都有可能导致难以挽回的不良后果,如签字仪式、开业典礼仪式、剪彩仪式等。

二、商务礼仪的功能

(一)塑造个人及企业形象

商务礼仪是企业文化的重要组成部分。商务人员在商务活动中不仅代表着个人,还代表着企业。因此,商务人员的个人形象同企业生产的产品、提供的服务一样重要,它反映了商务人员个人的教养、阅历以及是否训练有素,体现了商务人员所在企业的管理水平与服务质量。

良好的形象是企业不可忽视的无形资产,是企业在营销中用美誉度赢得客户信赖的基础。美国华盛顿一家市场调查机构的调查结果显示,如果一个客户在某一企业受到非礼待遇,96%的人不会直接抱怨,但有91%的人从此不会再来这家企业。受到非礼待遇的人平均要向周围9个人诉说才能平衡心理,其中,13%的人则会向周围20个人诉说。

(二)沟通协调

商务活动是一种双向交往的活动,交往的成功与否,首先取决于沟通的效果。对商务谈判中的同一问题,由于双方利益不同,这就给交往的双方在沟通中带来了很大的困难,但恰当的商务礼仪具有较强的沟通作用,能够使商务活动的双方互相理解,最终达成一致,实现互惠互利。

除此,商务礼仪对商务人员而言也是内部沟通的最好方式。在日常工作中,商务人员不可避免地要与同事、上司或下属彼此沟通,互相影响。能否有效地与他人沟通,决定了商务人员能否确保同事积极地配合自己的工作,能否处理好与上司的关系,以及能否协调好团队的任务分配等。

(三)创造价值

商务礼仪能够为企业创造价值。提供同类产品的企业很多,但很多客户还是愿意购买价格稍贵的某家企业的产品,这除了产品质量的因素外,与客户因受到尊重继而愿意同这家企业的相关人员建立牢固的人脉关系有关。

三、商务礼仪的原则

商务人员在商务往来中,要遵循以下商务礼仪的原则。

(一) 平等尊重的原则

孔子曰:"己所不欲,勿施于人。""己欲立而立人,己欲达而达人。"在西方,也有一条意思相近的谚语:"你们想让别人怎么对待你们,你们也要怎样对待他人。"

在商务交往中,人格的平等和相互尊重是礼仪的基础。商务人员对待商业合作伙伴和客户,行为举止要不伤人、不损人、不侮辱人、不失敬于人。

(二) 真诚体谅的原则

真诚就是真心实意、坦诚相待地感动他人而最终获得他人信任的行为表现。商务礼仪的真诚体现在彼此友好合作的关系里。在商务活动中,由于双方存在长久的合作关系与利益关系,这就要求商务人员能真诚、豁达、换位思考,充分体谅在商业活动往来之间的他人失误。此外,商务人员应有较强的宽容意识和自控能力。

(三) 适度灵活的原则

在商务活动中,必须注重礼仪技巧,合乎礼仪规范,特别要注意恰到好处地把握分寸。在运用商务礼仪时,如果做得不到位或者过了头,非但表达不出敬人之意,还会适得其反。由于不同地域的国情、民族和文化背景不同,在商务活动交往中,要灵活地入乡随俗。

第三节　商务人员应具备的礼仪修养

商务人员是商务活动的主体,在各种商务交往中会接触到不同层次的商务伙伴和客户,要处理各种商务关系,因此,要想以最佳的精神状态去承担商务工作,商务人员就必须具备较高的礼仪修养水平。

礼仪修养包括性格、气质和礼仪表现等方面。

一、商务人员的性格与气质

性格是指人在自身态度和行为上所表现出来的心理特征。

公元前5世纪,古希腊医生希波克拉底提出了著名的"体液学说"。他认为,复杂的人体是由血液、黏液、黄胆汁、黑胆汁这四种体液组成的,四种体液在人体内的比例不同,形成了人的不同特质:性情急躁、动作迅猛的胆汁质;性情活跃、动作灵敏的多血质;性情沉静、动作迟缓的黏液质;性情脆弱、动作迟钝的抑郁质。四体液理论不仅是一种病理学说,而且是最早的性格气质理论。

心理学中最早的有关性格的学说是卡雷努思根据希波克拉底的"体液学说"提出来的"四气质说",把人的性格从总体上分为阳刚、平淡、忧郁、急躁四大类,不同的人各属于其中的一种。卡雷努思在指出不同的性格对人的一生有不同的积极作用之后,又提醒世人不同的性格还有各自的弱点,会对人的一生产生消极影响。先天性格表现会随着后天的客观环境变化而变化。

(一)商务人员的性格要求

良好的性格是选择和培养商务人员的重要条件之一。优秀的商务人员应该具备以下性格特点。

1. 活泼开朗

能主动与不同性格的人打交道,具有较强的社会活动能力,善于交往,有一种给人以活力、热情的情绪感染力。

2. 情绪稳定

稳定的情绪能够有效地进行倾听,并能给对方留下稳重、牢靠、踏实的感觉,增加自己在商务交往中的可信度。

3. 精力充沛

充沛的精力总能给人一种积极向上、朝气蓬勃、健康的精神面貌。

4. 兴趣广泛

广泛的兴趣爱好和丰富的知识能引起商务交往的双方有共同的兴趣,有利于人际沟通和商务人脉关系的建立。为了能够熟知各种类型的交谈话题,就要多读书,多看报刊和行业杂志,多听广播中的谈话节目,多参加培训、文化和体育类的活动,以及多看各种类型的电影。"每笔大买卖都是从闲谈开始的,成功的闲谈的关键是如何同其他人联系起来,而不是仅仅聊天而已。"①

5. 善于交际

要建立商务人脉,首先必须关注别人,同时也让别人来关注自己。擅长处理人际关系的人从不咄咄逼人、富有侵略性或者沉默寡言,没有宁愿和数字打交道也不愿意和人打交道的心态。善于交际的人懂得建立人际关系的目的就是开拓新的关系和获得别人的信任;要得到理想的交际效果,就必须善于主动跟对方保持不间断的联系。

6. 具有幽默感

商务交谈礼仪中的幽默会使双方的沟通更加融洽。商务活动交往中难免会遇到一些难以回答或不愿回答的问题,幽默地表达有很好的亲和作用。幽默体现出自信和尊重,它是商务交往的润滑剂,更表现出交往的智慧。幽默要从友善的角度出发,既达到调节气氛的目的,又体现出自己的风度和善意。幽默应避免使用有关宗教、种族、政治、两性、对方所在行业不光明的前景及其他可能让人不快的素材。

(二) 商务人员的气质要求

气质是由人的性格、文化修养、姿态、衣着、行为等元素结合起来的给别人的一种感觉。气质是一个人多种内在素质和外在表现的综合反映。一个优秀的商务人员应该具备良好的性格、较高的文化素养和较强的语言表达能力、得体的仪容仪态、丰富的精神内涵等气质。

二、商务人员的礼仪表现

对商务人员而言,良好的礼仪表现在以下几个方面。

(一) 遵守公德·遵时守信

公德就是公共道德。公德是存在于社会群体中间的道德,是生活于社会中的人们为了群体利益而约定俗成的应该做什么和不应该做什么的行为规范。其内容主要包括文明礼貌、助人为乐、爱护公物、保护环境、遵纪守法等。这些内容也是商

---

① [美] 杰奎琳·惠特摩尔:《商务礼仪》,姜岩译,中央编译出版社2010年版,第81页。

务基本礼仪。

遵时守信会提升商务人员的可信度。商务活动准时开始或出席是对别人的尊重,提前到达几分钟意味着你有时间整理自己的仪容,镇静情绪,给客户或合作伙伴留下更深刻的良好印象。

守信是建立良好人际关系的基本前提,也是商务人员所应具备的良好修养表现。言而无信、出尔反尔、有约不守、守约不严是商务礼仪中的大忌。对商务人员而言,要在以下三方面要求自己。

1. 许诺要谨慎

不论是答应商务客户或者同事、上司所提出的要求,还是自己主动提出的建议,或者是想让对方许诺,都要深思熟虑、量力而行,一切从自己的实际能力及可能性出发。

2. 承诺要兑现

承诺一旦作出,就必须兑现;约定一经签订,就必须如约而行。只有这样,才能赢得商务交往对象的好感和信任,从而有利于建立良好的商务往来关系。

3. 失约要道歉或赔偿

由于难以抗拒的因素,单方面失约或有约难行,需要尽早向相关的商务各方进行通报,如实反映,郑重道歉,并主动担负按照规定和惯例给予对方所造成的物质方面的损失赔偿。

案 例

没有时间观念的结局

一家国内国有企业经过艰难的谈判,终于可以同德国一家享有国际声誉的大公司签订合作协议了。在中方企业看来,一切的付出努力终将要大功告成。可是,在第二天的签约仪式上,中方企业的老总因故迟到了15分钟,却没有任何解释和道歉,德方签约代表当即退出了签字大厅。事后,德方递交给中方国企一份正式的信函,信函中写道:"无法想象和一个没有礼貌、不遵时守信的企业合作会有什么样的结果,非常抱歉,你们失去了这次合作的机会。"

在国内,国人都已经接受了比约定时间晚 15 分钟左右到达属于正常约定时间范畴的习惯,但德国人在生活和工作中比其他国家和地区的人更正式和守时。守时是德国人的标志,德国人认为迟到、拖拉就是自私和粗鲁的行为表现。他们希望其他人能准时出席商务会议和社交活动。"如果你迟到了,最好有个好理由。"

案例思考:你认为在国际商务往来中的跨文化交流应该注意哪些礼仪?

(二)平等尊重,诚实谦虚

平等是人际交往中建立情感的基石,是保持良好人脉关系的关键。商务礼仪行为讲究相互平等和相互尊重,只有这样,才能得到对方的真诚回报。

诚实谦虚是商务交往的基础,任何对自己、对产品和服务做或高或低陈述的言语都能毁掉自己的可信度和声誉。

(三)维护形象,不卑不亢

个体的形象是其所在企业整体的有机组成部分。当人们确知某商务人员是属于某一企业的员工时,就会将个体的形象与企业的形象等量齐观,个体成了整体组织的化身。因此,对商务组织而言,商务人员的个体礼仪形象成了企业乃至国家最重要的无形资产之一。商务人员应该自觉地从仪容、仪态、服饰、待人接物等方面维持好个人和企业等整体组织的良好形象。

不卑不亢是商务礼仪,尤其是涉外商务礼仪的一项基本原则。其主要要求是:商务人员在参与商务交往中,应意识到自己代表国家、民族、所在企业。因此,言行应当从容得体,不能表现得畏惧自卑、妄自菲薄或者狂妄自大、盛气凌人。

(四)热情有度,求同存异

在商务交往中,商务人员的热情是有"度"的,所显示出的热情以不影响对方、不妨碍对方、不给对方添麻烦、不令对方不愉快、不干涉对方的隐私为原则,做到关心有"度"、距离有"度"。在人际及商务交往中,"远则疏,近则不逊"。

不同地区、民族、国家的文化背景不同,礼仪也呈现出很多不同的"个性"。在商务交往中,商务人员首先要承认礼仪与习俗的差异性,在此基础上尽量采用国际通行的约定俗成的礼仪。例如,在世界各地,人们往往采用不同的见面礼仪。中国的拱手礼、日本的鞠躬礼、韩国的跪拜礼、泰国的合十礼、阿拉伯的抚胸礼、欧美的吻面礼、吻手礼和拥抱礼等都属于礼仪的"个性",国际通行的见面礼采用的是握手这一"共性"礼仪,与任何一个国家的商务人士交往时都适用。

本 章 小 结

1. 礼仪作为一种社会现象,是与人类文明同时产生、同步发展的。礼仪是人们在社会交往活动中形成的行为规范和准则,是人们为维系社会正常生活而共同遵守的基本道德规范。其实质是人们在一种利己的交换行为的基础上对他人的尊重。

礼仪是礼貌、礼节和仪式的统称。礼貌是礼仪的基础,体现一个人的品质和素养;礼节是礼貌的升华,是礼仪的主要组成部分;仪式是礼貌的最高表达形式,是礼仪的秩序规范。礼仪可以分为政务礼仪、商务礼仪、服务礼仪、社交礼仪、公关礼仪、涉外礼仪、日常礼仪和节庆礼仪等。

我国礼仪的起源可以追溯到原始宗教信仰形成时期,"礼"字形的演变过程就充分体现了这一点。我国礼仪的发展大致经历了五个阶段,即雏形期(原始社会)、形成期(夏至两汉)、发展期(魏晋南北朝至两宋)、冲突期(元、明、清)和融合期(现代)。

西方礼仪最早萌芽在中古时期的希腊。西方礼仪最初为宫廷规矩,近现代时期在美国得以迅速传播,以美国为代表的西方国家使其在人们的生活中日趋合理化和规范化,并迅速形成体系,被国际社会认可,成为共同遵循的礼仪规范。

中西方礼仪在礼仪的起源、社会功能、基本原则方面有共性。中西方礼仪的差异主要表现在:中国礼仪提倡尊卑位序,西方礼仪提倡自由平等;中国礼仪注重集体主义观念,西方礼仪注重个人主义观念;中国礼仪倾向于世俗化,西方礼仪呈现出浓厚的宗教色彩。

2. 商务礼仪是指企业从业人员以及其他一切从事经济活动的人士,在商务活动中,为塑造个人和企业的良好形象而应当遵循的礼仪规范或程序。

商务礼仪作为人们在商务往来中必须遵守的行为规范,不仅具有礼仪本身的传承性、互动性、民族性、变异性、地域性和针对性等共性特点,还具有文化性、规范性、程序性等自身特征。

商务礼仪具有塑造个人及企业形象、沟通协调、创造价值的功能。商务人员在商务往来中,要遵循平等尊重、真诚体谅、适度灵活的商务礼仪原则。

3. 商务人员的礼仪修养包括性格、气质和礼仪表现等方面。商务人员应该具备活泼开朗、情绪稳定、精力充沛、兴趣广泛、善于交际、具有幽默感等性格特点。

一个优秀的商务人员应该具备良好的性格、较高的文化素养和较强的语言表达能力、得体的仪容仪态、丰富的精神内涵等气质。

对商务人员而言,良好的礼仪表现在:遵守公德,遵时守信;平等尊重,诚实谦虚;维护形象,不卑不亢;热情有度,求同存异。

本章实训练习

下面60道心理测试题可以帮助你自我诊断性格类型。

一、测试要求

忠于内心,不修饰自己的想法,控制测试时间。

二、计分方法

你认为该题"完全符合"自己情况的,记2分;"比较符合"的,记1分;"介于符合与不符合之间"的,记0分;"比较不符合"的,记-1分;"完全不符合"的,记-2分。

三、性格类型确定

第一步:把每题得分填入表格内相应的题号得分栏并相加,计算出每一种性格类型的总分。

第二步:性格类型的确定。

1. 如果某种类型得分明显高出其他三种,平均高出4分以上者,则可以确定你就是该种单一性格类型。

2. 如果两种类型的总分很接近,两者之间相差小于3分,而又明显高于其他两种类型,其高出部分平均超过4分以上者,则为两种性格的混合型。如胆汁—多血质混合型、多血—黏液质混合型、黏液—抑郁质混合型等。

3. 如果有三种类型的总分很接近,但又高于第四种超过4分以上者,则为三种性格的混合型。如多血—胆汁—黏液质混合型、黏液—多血—抑郁质混合型。

4. 如果四种类型的总分很接近,四者之间相差小于3分者,则为四种性格的混合型,即多血—胆汁—黏液—抑郁质混合型。

四、测试题①

1. 做事力求稳当,不做无把握的事。

2. 宁肯一个人干事,不愿很多人在一起。

3. 遇到可气的事就怒不可遏,想把心里话全说出来才痛快。

4. 到一个新环境很快就能适应。

5. 厌恶那些强烈的刺激,如尖叫、危险镜头等。

6. 和人争吵时,总是先发制人,喜欢挑衅。

7. 喜欢安静的环境。

8. 善于同别人交往。

9. 羡慕那种善于克制自己感情的人。

10. 生活有规律,很少违反作息制度。

11. 在多数情况下抱乐观态度。

12. 碰到陌生人觉得拘束。

13. 遇到令人气愤的事能很好地自我克制。

14. 做事总是有旺盛的精力。

15. 遇到问题常常举棋不定,优柔寡断。

16. 在人群中从来不觉得过分拘束。

17. 情绪高昂时,觉得干什么都有趣;情绪低落时,又觉得干什么都没意思。

18. 当注意力集中于一事务时,别的事很难使我分心。

19. 理解问题总是比别人快。

20. 碰到危险情景,常有一种极度恐怖和紧张感。

21. 对学习、工作、事业怀有很高的热情。

22. 能够长时间地做枯燥、单调的工作。

23. 符合兴趣的事情,干起来劲头十足;否则,就不想干。

24. 一点小事就能引起情绪波动。

---

① 李兰英、肖云林、葛红岩、郑陵红:《商务礼仪(第二版)》,上海财经大学出版社2012年版,第24—28页。

25. 讨厌做那种需要耐心、细致的工作。
26. 与人交往不卑不亢。
27. 喜欢参加热烈的活动。
28. 常看感情细腻、描写人物内心活动的文学作品。
29. 工作、学习时间长了常常感到厌倦。
30. 不喜欢长时间谈论一个问题,愿意实际动手干。
31. 宁愿侃侃而谈,不愿窃窃私语。
32. 别人说我总是闷闷不乐。
33. 理解问题常比别人慢些。
34. 疲倦时,只要短暂的休息就能精神抖擞,重新投入工作。
35. 心里有话宁愿自己想,不愿说出来。
36. 认准一个目标就希望尽快实现,不达目的誓不罢休。
37. 学习、工作同样一段时间后,常比别人更疲倦。
38. 做事有些莽撞,常常不考虑后果。
39. 老师或师傅讲授新知识和新技术时,总希望他讲慢些,多重复几遍。
40. 能够很快地忘却那些不愉快的事情。
41. 做作业或完成一件工作总比别人花的时间多。
42. 喜欢运动量大的体育运动或参加各种文艺活动。
43. 不能很快地把注意力从一件事转移到另一件事上去。
44. 接受一个任务后,就希望把它迅速解决。
45. 认为墨守成规比冒风险强些。
46. 能够同时注意几件事情。
47. 当我烦闷时,别人很难使我高兴起来。
48. 爱看情节起伏跌宕、激动人心的小说。
49. 对工作抱认真严谨、始终一贯的态度。
50. 和周围人的关系总是相处不好。
51. 喜欢复习学过的知识,重复做已经掌握的工作。
52. 希望做变化大、花样多的工作。
53. 小时候会背的诗歌,我似乎比别人记得清楚。
54. 别人说我出口伤人,可我并不觉得这样。

55. 在体育活动中,常因反应慢而落后。
56. 反应敏捷,头脑机智。
57. 喜欢有条理而不甚麻烦的工作。
58. 兴奋的事常使我失眠。
59. 老师讲新概念时,常常听不懂,但是弄懂以后就很难忘记。
60. 假如工作枯燥无味,马上就会情绪低落。

胆汁质	题号	2	6	9	14	17	21	27	31	36	38	42	48	50	54	58	总分
	得分																
多血质	题号	4	8	11	16	19	23	25	29	34	40	44	46	52	56	60	总分
	得分																
黏液质	题号	1	7	10	13	18	22	26	30	33	39	43	45	49	55	57	总分
	得分																
抑郁质	题号	3	5	12	15	20	24	28	32	35	37	41	47	51	53	59	总分
	得分																

五、性格类型行为特征分析

(一)胆汁质

神经活动强而不均衡型。这种性格的主要行为特征是:充满热情,精力充沛,爽朗豁达,动作粗犷有力,说话直截了当,办事果断,勇猛坚强;性情急躁,情绪不稳定,爱冲动,缺乏耐性,不讲究方式方法,容易好心办坏事。对此类性格的后天改造不易。这类人适合从事外贸、信息、管理工作,善于管理逆境企业。

(二)多血质

神经活动强而均衡的灵活型。这种性格的主要行为特征是:活泼开朗,热情奔放,感情比较丰富,待人亲近,富有同情心,思维敏捷,反应迅速,兴趣广泛,健谈,富于幻想,善于交际,接受能力强;情绪易变冷淡,注意力易转移,易见异思迁。对此类性格的后天改造较易。这类人适合从事公关、销售等工作,善于管理企业。

(三)黏液质

神经活动强而均衡的安静型。这种性格的主要行为特征是:沉着冷静,耐性较强,言行谨慎,情感不易外露,性情比较稳定,善于克制忍让,生活有规律,不为无关事情分心;不够灵活,一般只按指示或经验办事,因循守旧,对事业缺乏热情,不善于交际。对此类性格的后天改造较易。这类人适合从事科研、金融、保险、会计等工作,善于管理顺境企业。

(四)抑郁质

神经活动弱而不均衡的抑制型。这种性格的主要行为特征是:感情细腻,执着,善于观察,多思考,喜静少动,敏感多虑,韧性强;易受挫折,孤僻胆怯,疲劳不容易恢复,疑心较重,不善于交际。对此类性格的后天改造不易。这类人适合从事制造业,善于管理朝阳企业。

混合型同时具备混合各种类型的性格特征。在现实生活中,多数人一般是两种性格的混合型,单一型和三种、四种混合型的人较少。性格特征具有先天性,但可以通过后天的环境进行改造,改造的效果因人而异。

实训:

1. 通过测试,进一步了解自己性格类型的特征,结合自己从事或者即将从事的职业,认识自己职业性格的优劣势,针对劣势设计出解决方案。

2. 听听熟悉你的人(同学、老师、家人、朋友、同事、上司、下属等)及陌生人对你的性格的印象。将自己的优势、劣势、兴趣用列表的形式梳理出来,以此为依据,评价目前或者即将从事的工作是否适合自己。

3. 分析说明哪些职业能发挥你的性格优势?

本章思考题

1. 你认为中西方礼仪的异同表现在哪些方面?
2. 结合实际,论述商务礼仪的重要性。

本章参考文献

1. 顾希佳:《礼仪与中国文化》,人民出版社2001年版,第26—122页。

2. 李兰英、肖云林、葛红岩、郑陵红：《商务礼仪(第二版)》，上海财经大学出版社 2012 年版，第 9—28 页。

3. 安徽、徐晓沄：《商务礼仪探源》，《探讨与争鸣》2006 年第 9 期，第 37—40 页。

4. 王京华、韩红梅、葛永庆：《中西方礼文化比较研究》，《河北学刊》2006 年第 7 期，第 149—151 页。

5. ［美］佩吉·波斯特、彼得·波斯特：《商务礼仪指南(第 2 版)》，李琳娜、刘霞译，电子工业出版社 2006 年版，第 1—24 页。

6. 德国克尼格礼仪学院，http：//blog.sina.com.cn/u/2130825333。

第二章　商务人员的个人礼仪

人的第一印象是这样分配的：55％取决于你的外表，包括服装、个人面貌、体形、发色等；38％是如何自我表现，包括你的语气、语调、手势、站姿、动作、坐姿等；7％才是你真正所讲的内容。

——奥伯特·麦拉比安[①]

本章学习目标

1. 了解商务服饰礼仪的原则；
2. 掌握商务职业装的搭配、饰品的选择与佩戴；
3. 了解商务仪容礼仪中发型、妆容等方面的知识；
4. 掌握商务仪态礼仪中坐姿、站姿、行姿等的正确姿态。

---

① 奥伯特·麦拉比安(1939—　)，美国心理学教授。

本章知识结构

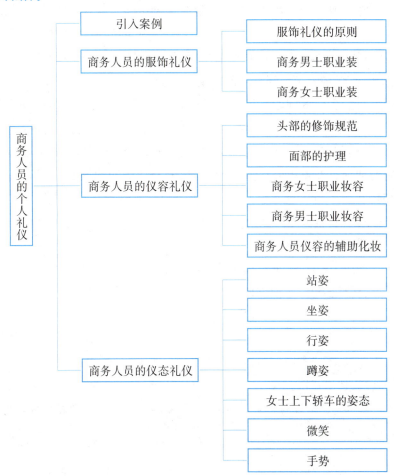

引入案例

贝蒂和玛利亚的故事①

　　一家公司的两位前台员工贝蒂和玛利亚总是遭到客户的抱怨和投诉,连带着她们所属公司的服务水平也受到了质疑。于是,这家公司就请商务礼仪培训

---

① [美] 姜佩蓉、李佩仪:《佩蓉谈商务礼仪和沟通》,西木、于乐译,中华工商联合出版社 2012 年版,第 34—40 页。

专家——麻省理工学院中国总面试官佩蓉来做诊断。佩蓉伪装成客户暗访前台,以期真实评估贝蒂和玛利亚的表现,指出她们的问题,提出解决方案。然而,当佩蓉的身份和此行目的被提前暴露后,贝蒂和玛利亚因过分紧张而过度热情起来,但强挤的微笑和过度的热情只会让人更不自在。经过一番综合考察,佩蓉指出,关键的问题是贝蒂和玛利亚的自信出了状况,因为总担心受批评,所以培养不出自信;因为总担心做错事,所以礼仪也不能发自内心。佩蓉让贝蒂和玛利亚参加了礼仪培训课程,还将她们介绍给造型设计师,设计师教授她们如何打造得体的形象,帮她们选购合适的职业服装。新的一周,当贝蒂和玛利亚重新出现在公司的前台时,她们衣着得体,落落大方,言为心声,从容不迫,自信大增。从此,客户开始表扬前台接待工作的专业,公司的形象不再受损了。

在商务往来中,个人就是公司的商标和形象的代表。这个商标虽然跟产品无关,可是在与客户的沟通方面,个人代表的就是公司的形象。商务人员个人的穿着、言行举止是为公司、客户打开的第一扇门。商务人员的个人礼仪管理并不限于穿着,而是经由整体的包装向潜在客户展示着立体的形象,通过"望闻听握"(望外表、姿势和肢体语言,闻是否清洁,听谈吐,以及握手的力度是否能恰到好处)表达出热情。

案例思考:你是否满意自己的着装、仪容和仪态现状?请客观地评价与分析自己的自信心程度。

第一节　商务人员的服饰礼仪

人们总是通过看到的事物外在形象来建立第一感觉,穿着得体的人通常都能给人留下良好的第一印象。

服饰是装饰人体的物品总称,包括服装、鞋、帽、袜子、领带、首饰、围巾、提包、阳伞、发饰等。服饰能彰显一个人的个性、身份、修养、品位和精神面貌,同时也会影响到留给他人的第一印象。在商务场合,商务人员的服饰是否得体则关系到所在企业的整体形象。

一、服饰礼仪的原则

(一)"TPO"原则

1963年,日本男装协会提出了服饰"TPO"原则,即人们在选择服装、考虑其具体款式搭配时,要考虑时间(time)、地点(place)、目的(object)的协调性。

1. 时间原则

服饰的选择首先要符合季节和气候特点,其次是要符合每天的不同时段。例如,男士有一套质地上乘的深色西装或中山装就可以应付很多场合,而女士的着装则要随时间而变换。白天工作时,女士应穿着正式套装,以体现专业性;晚上出席商务宴会时,就须多加一些有光泽的佩饰。

2. 地点原则

衣着要与地点协调。与顾客会谈或参加正式会议时,服饰应庄重考究;听音乐会或看芭蕾舞等高雅艺术的场合,则应按国际惯例着正装;出席正式宴会时,则应穿晚礼服为佳;而在朋友聚会、郊游等场合,则应着轻便舒适的休闲装。

3. 目的原则

在家里接待来客,可以穿着舒适但整洁的休闲服;去公司或单位拜访,穿职业套装会显得稳重、尊敬;外出异域时,要尊重当地的传统和风俗习惯;去教堂或寺庙等场所,不能穿暴露的服装。

(二)服饰的整体性原则

搭配得体的服饰必须从整体考虑服装的款式、色彩、质地、佩饰、工艺等方面的和谐。穿西装,必须穿不露脚趾的皮鞋,不能穿休闲的凉鞋、旅游鞋、拖鞋或布鞋等;也不可穿着西服上衣,打着领带,下身则穿着运动裤、短裤等休闲装。服饰的效果只有整体和谐,方能显出一个人良好的气质内涵。

(三)服饰的合"礼"原则

合"礼",即要符合礼仪规范。例如,在喜庆场合不宜穿得素雅、古板;在庄重场合不能穿得太宽松、随便;在悲伤场合不能穿得鲜艳。

服装和配饰的搭配要尊重他人。例如,电视台新闻联播的女播音员,穿着庄重,可漂亮的吊坠耳环却随着播音不停地晃动,让观众烦躁,这是对观众的不敬,是不合"礼"的行为。

(四)服饰的协调搭配原则

1. 服饰搭配要与体型相协调

古希腊哲学家毕达哥拉斯发现,只要符合黄金分割律的物体和几何图形,都会让人感到悦目、和谐、愉快。优美的人体的3个比例[①]应符合0.618∶1的比例。虽然现实中大多数人的体型不尽完美,但可以通过服饰的搭配扬长避短。

服饰的搭配中,通常把女士的体型分为H、X、A、O、Y五种类型[②]。

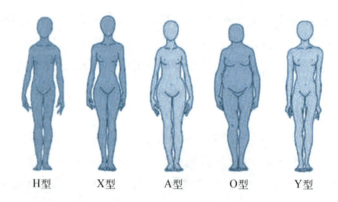

H型 X型 A型 O型 Y型

- **H型**:肩部与臀部的宽度比较接近,腰部不明显,臀部和腰部的差值小于15 cm。瘦削和肥胖的人都有这种体型,这种体型的人应避免较短或贴身的上衣。身材比较瘦的H型,可以利用加宽肩部与臀部的设计来修正体型;身材比较胖的H型,在适当加强肩部与臀部设计的同时,可以选择一些有腰线设计的服装。
- **X型**:女性最标准的身材的三围比例是8∶5∶8。肩部与臀部基本同宽,腰身细小,腰围比臀围小18—25 cm,胸部丰满,臀部圆润,曲线明显。这种体型的女士可以穿几乎所有的服装款式,但如果身材比较丰满,应注意身体与服装的合适度。

---

① 优美的人体的3个比例是:以肚脐为分界点,上半身与下半身的比例;人体直立,两手垂直,以手的中指指尖为分界点,下半身与上半身的比例;肩宽与臀宽的平均数与从肩峰到臀底的距离之比,即躯干的宽与长之比。
② 参见《男女体型分类与服装》,http://www.doc88.com/p-9764150753661.html,2014年9月16日。

A 型：小骨架，梨形身材，臀宽、胸平、肩窄、溜肩，脂肪堆积在下半身，这是亚洲女性身形的特点。这种体型的着装要避免长及臀部最宽处的夹克和宽松的蓬蓬裙，合体的西装裙与直筒裤较好。臀部要避免图案、贴口袋等设计元素。饰品应位于身体上部，使视觉注意力上移。垫肩、收腰、胸部贴口袋、胸部褶皱、宽大的领子都是适合的服装设计。

O 型：脂肪堆积在腹部和臀部，通常胳膊与腿为正常尺寸，多溜肩，这种体型以中年女性居多。着装要避免插肩袖与底摆收紧的夹克衫以及过于贴身的衣服。有垫肩的简洁合体的服装、上下身颜色一致、垂直线的设计、合体的西装裙或长裤等的效果都不错。

Y 型：颈短，宽肩窄臀，背部较宽，虽然胸部可能很丰满，但有腰部曲线，腿部较细。这种体型的人要选择简洁、宽松的上衣款式。避免穿有垫肩的衣服，为了在视觉上减小肩部和加宽臀部，插肩袖或无肩缝的衣袖设计较为有效。

男士体型分为矮瘦型、高瘦型、矮胖型、高胖型、健美型。

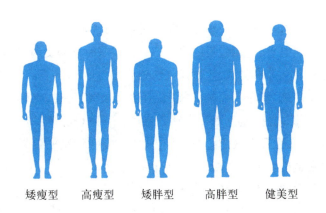

矮瘦型　高瘦型　矮胖型　高胖型　健美型

矮瘦型：体型又瘦又矮。西服宜选收腰上衣，衣长不宜把臀部全部盖住，不宜穿黑色、藏蓝色、深灰色等深色衣服，西服宜为浅灰色等亮色调。

瘦高型：体型又高又瘦。西服选择以肩部合适为基准，不宜穿瘦细的裤子。

矮胖型：个矮体胖，腹部凸出。西装宜选宽松款式，上衣不宜过长，裤口卷脚宜 3 cm，西装面料花纹不宜太明显，不适合选粗纺花呢。

高胖型：个头高大，体胖，腹部凸出。西装宜选择宽松款式，上衣应略长一些，色彩以黑色和藏蓝色为佳，不适合穿平肩或翘肩款式。

健美型：肩宽厚，结实、健壮，腰明显较细，大腿、小腿肌肉发达。这种体型的男士选择西装时，上衣以肩部合适为准，裤子要能满足臀部和大腿的放松度，一般型号的成衣对于这种体型，上衣、裤子容易在腰围处出问题。

2. 服饰搭配要与身份、职业相协调

人的身份随着场合、时间的变化在不断变换着。作为员工，工作场合的穿着应该庄重，不宜随意；作为旅游者，着装应该宽松，便于运动；作为管理者，服饰不能随心所欲，应该庄重高雅，显出自己的风度和气质。

不同的职业对服饰有不同的要求。教师、公务员、商务人员穿着要庄重，衣着款式不能夸张，男士以西服套装为佳，女士以西装套裙为宜；医生的白大褂可以显示洁净、稳重和富有经验，但白大褂内的衣着不宜过于时髦，以免使病人产生不信任感；演员、艺术家等则可以根据职业特点，穿着时尚，给人以艺术美感。

3. 服饰搭配要与色彩相协调

心理学家认为，人的第一感觉就是视觉，而对视觉影响最大的则是色彩。人的行为之所以受到色彩的影响，是因为人的行为很多时候易受情绪的支配。

红色通常给人带来刺激、热情、积极、奔放和力量，还有庄严、肃穆、喜气和幸福等；绿色是自然界中草原和森林的颜色，有生命永久、理想、年轻、安全、新鲜、和平之意，给人以清凉之感；蓝色则让人感到悠远、宁静；粉红象征健康，是美国人常用的颜色，也是女性最喜欢的色彩，具有放松和安抚情绪的效果。例如，美容院的员工服装通常是粉红色。

服饰色彩类型：（1）暖色：红、橙、黄、粉红

（2）冷色：青、蓝、紫、绿

（3）中间色：黑、白、灰

色彩搭配原则：（1）冷色 冷色　　（2）暖色 暖色　　（3）冷色 中间色

（4）暖色 中间色　（5）中间色 中间色　（6）纯色 纯色

（7）纯色 杂色　　（8）纯色 图案

色彩搭配禁忌：（1）冷色 暖色　　（2）亮色 亮色　　（3）暗色 暗色

（4）杂色 杂色　　（5）图案 图案

色彩搭配方法：(1) 上深下浅：端庄、大方、恬静、严肃

(2) 上浅下深：明快、活泼、开朗、自信

(3) 突出上衣时，裤装颜色要比上衣稍深

(4) 突出裤装时，上衣颜色要比裤装稍深

(5) 绿色难搭配，但可与咖啡色搭配在一起

(6) 上衣有横向花纹时，裤装不能穿竖条纹的或格子

(7) 上衣有竖纹花型，裤装应避开横条纹或格子

(8) 上衣有杂色，裤装应穿纯色

(9) 裤装是杂色时，上衣应避开杂色

(10) 上衣花型较大或复杂时，应穿纯色裤装

(11) 中间色的纯色与纯色搭配，应辅以小饰物衬托

一次着装不超过三种颜色。全身服饰色彩的搭配要避免1∶1，尤其是穿着的对比色，一般以3∶2或5∶3为宜。主色是全身色彩面积最多的颜色，占全身面积的60%以上，通常指套装、风衣、大衣、裤子、裙子等；辅助色是与主色搭配的颜色，占全身面积的40%左右，通常指单件的上衣、外套、衬衫、背心等；点缀色一般只占全身面积的5%—15%，通常指丝巾、鞋、包、饰品等。胖人适合穿颜色较深、色彩反差较小的服装；瘦人则应选择颜色较浅、色彩鲜亮的服装；个子矮的人应选择上下一体色的套装；个子高的人则应选择上浅下深颜色的服装。

二、商务男士职业装

按照国际惯例，商务男士的职业装为西服。西装有套装和单件上装的区分，套装就是上衣和裤子用同色、同料裁制，可作礼服用，若加上一件马甲就成为三件套套装。如今，虽然一些企业、政府部门允许员工穿着休闲装或西服便装上班，但在比较正式的商务和公务场合，能显示庄重大方的深色职业西服套装仍是男士着装的最佳选择。

资料：

西服、领带的起源[1]

西服起源于17世纪的欧洲,如今已成为国际惯例中男士在各种场合的日常正式衣装。西服之所以长盛不衰,不仅是其着装效果能体现出大方、简洁、端正、挺括、工艺精致感和合体贴切性,并且穿着者的年龄跨度大,适宜于老中青三代。还有一个很重要的原因,就是它拥有深厚的文化底蕴。

西服的始祖：1690年,究斯特科尔

17世纪后半叶的路易十四时代,长衣及膝的外衣"究斯特科尔"和比其略短的"贝斯特"以及紧身和体的半截裤"克尤罗特"一起登上历史舞台,形成现代三件套西服的组成形式和许多穿着习惯。究斯特科尔前门襟扣子一般不扣,要扣也只扣腰围线上下的几粒,这就是现代的单排扣西装一般不扣扣子不为失礼以及两粒扣子只扣上面一粒的穿着习惯的由来。

长裤是法国大革命的产物：1829年,庞塔龙

1789年,法国大革命中的革命者把长裤"庞塔龙"作为对贵族那紧身的半截裤"克尤罗特"的革命。最初,庞塔龙的裤长只到小腿肚,后来逐渐变长,1793年长到脚面。到19世纪前半叶,裤腿时而紧身,时而宽松,与传统的半截裤并存。到19世纪50年代,男裤完成了现代造型。

诞生于休息室的现代西服：1853年,拉翁基·夹克

维多利亚时代的英国上层社会有许多礼仪讲究,特别是夜里的社交活动,男士必须穿燕尾服,需举止文雅、谈吐不俗。晚宴过后,男士们可以聚在餐厅旁的休息室小憩,只有在这里,才可以抽烟、喝白兰地、开玩笑,也可以在沙发上躺卧。此时,笔挺的紧包身体的燕尾服就显得不合时宜。于是,一种宽松的无尾夹克就作为休息室专用的衣服登上历史舞台,这就是"拉翁基·夹克",约产

---

[1] 参见百度文库,http：//wenku.baidu.com/view/a5e7b10d581b6bd97f19ea17.html,http：//wenku.baidu.com/view/538e6580d4d8d15abe234e88.html。

生于 1848 年前后。在相当长的一段时间里,这种夹克是不能登大雅之堂的,只限于休息或郊游、散步等休闲时穿用。19 世纪后半叶,这种夹克上升为男装中的一个重要品种,当时,牛津大学、剑桥大学的学生穿的牛津夹克、剑桥外套也都是这种造型。

中国第一套国产西装

宁波市服装博物馆的研究人员认为,中国人开的第一家西服店是由宁波人李来义于 1879 年在苏州创办的李顺昌西服店,而非国内服装界公认的 1896 年由奉化人江辅臣在上海开的"和昌号",这将宁波"红帮"史和中国西装史整整向前推进了 17 年。

中国第一套国产西装诞生于清末,是"红帮裁缝"为知名民主革命家徐锡麟制作的。徐锡麟于 1903 年在日本大阪与在日本学习西装工艺的宁波裁缝王睿谟相识,次年,徐锡麟回国,在上海王睿谟开设的王荣泰西服店定制西服。王睿谟花了三天三夜时间,全部用手工一针一线缝制出中国第一套国产西装。在当时的情况下,其工艺未必超过西方国家的制作水平,但已充分显示出"红帮裁缝"的高超工艺,成为中国西装跻身于世界民族之林的先行者。

20 世纪 40 年代的"军服":1940 年,跨肩式西服

第二次世界大战期间,人们崇尚威武的军人风度,无论男装还是女装,都流行军服式。自 1940 年前后起,男西装流行 bold look。所谓"bold",就是大胆的意思,其特点是用厚而宽的垫肩大胆地夸张和强调男性那宽阔、强壮的肩部,与之相呼应,领子、驳头和领带也都变宽,前摆下角的弧线也变得方硬。裤子宽松肥大,上裆很长。

英国田园式的流行:1982 年,田园式

20 世纪 80 年代是一个复古的年代,随着世界经济一度复苏,西方传统的构筑式服饰文化又一次受到重视。70 年代末的倒梯形西服又回到传统的英国式造型上来,与以往不同的是,人们在这个传统造型中追求舒适感:胸部放松量较大,驳头变大,扣位降低。单件上衣与异色裤子的自由组合很受欢迎。人们在稳重的传统造型中追求无拘无束的休闲气氛,以在宽松舒适的休闲式西服中寻找传统美的感觉。在这种背景下,英国用粗花呢制作的田园式非常时髦。从此,休闲西服日渐兴盛。

领带

穿正规西服时,再系一条漂亮的领带,既美观大方,又给人以典雅、庄重之感。

男士是什么时候开始系领带的?为什么要系领带?最早的领带是什么样的?这是一个难以考证的问题。

史料记载的最早的领带产生于17世纪60年代末。1668年,法国国王路易十四在巴黎检阅克罗地亚雇佣军,他们被称为"克拉巴特近卫兵"。雇佣军官兵脖子上系的一条亚麻布引起人们的模仿而成为男装领口不可缺少的装饰物,这就是现代领带的始祖"克拉巴特"。当时,如何系好这条带子是评价贵族男子高雅与否的标准之一,因此,许多贵族专门雇用从事此项工作的侍从。

那时候的领带在脖子上要绕两圈,两端随便地耷拉着,领带下面还有三或四个花结的波形绦带。1692年,在比利时的斯腾哥尔克的城郊,英军偷袭了法国兵营。慌乱之中,法军军官无暇按照礼节系扎领带,只是顺手往脖子上一绕。最后结果是法军击溃了英军。于是,贵族时装中又增加了斯腾哥尔克式领带。进入18世纪后,领带交了厄运,取而代之的是白洋纱"脖套"(它折三下,两端绕过系在后面假发上的黑花结)。但从1750年起,这种男子服装的装饰就被淘汰了。这时,浪漫式领带出现了:这是一种方形白洋纱,它先对角折,然后再折几下在胸前打结。

领带的系法十分讲究,被誉为真正的艺术。1795年到1799年在法国又兴起了新的领带浪潮。人们系起白色和黑色的领带,甚至在盥洗时也系着马德拉斯布领带。领结比以前系得更紧了。19世纪的领带高高地遮掩了脖子。后来出现了硬胸式领带,是用大头针别着的。它由各种料子制成,如绸缎、天鹅绒等。黑色的和五颜六色的领带都时兴了起来。第二帝国时代(1852—1870年)素有领带的发明时代之称。19世纪70年代,首次推出了自结花结领带。20世纪20年代出现了领带夹子,20世纪30年代出现了编结领带。

领带历史的演变中最主要的变化是领带的大众化,现如今,领带已成为各种年龄、各行各业的男士服装中不可缺少的组成部分。

资料思考:西装、领带有什么文化内涵?

(一) 商务男士职业西装的分类

1. 按版型可分为欧式型、美式型、英式型、日式型

(1) 欧式型

通常讲究贴身合体,衬有很厚的垫肩,胸部做得较饱满,袖笼部位较高,肩头稍微上翘,翻领部位狭长,背面一般用骑马衩,这能增添纤长优雅之感,大多为两排扣形式,多采用质地厚实、深色全毛面料。欧式西装版型对身材比较挑剔,只适合高大魁梧的男士。代表品牌有杰尼亚、阿玛尼、费雷。

(2) 美式型

讲究舒适,线条相对来说较为柔和,腰部适当地收缩,胸部也不过分收紧,符合人体的自然形态。肩部的垫衬不是很高,袖笼较低,呈自然肩型,显得精巧,一般以2—3粒单排扣为主,翻领的宽度也较为适中,对面料的选择范围也较广。美式西装版型适合身材高胖型男士。代表品牌有布鲁克斯兄弟。

(3) 英式型

类似于欧式型,腰部较紧贴,符合人体自然曲线,肩部与胸部不是很夸张,多在上衣后身片下摆处做两个叉,英式上装较长。英式西装版型适合普通身形的男士。代表品牌有登喜路。

(4) 日式型

基本轮廓是H型,不过分强调肩部和腰部,垫肩不高,领子较短、较窄,多是单排扣式,衣后不开衩。日式西装版型适合肩不太宽、不高不壮的亚洲男士。代表品牌有顺美。

2. 按使用场合可分为日常西装、礼服西装和西服便装

(1) 日常西装(职业西装)

日常西装包括西装上衣、背心和西裤三个部件,俗称"三套件",用相同的面料制作,形成严肃、庄重的套装。商务场合中多穿西装上衣、西裤两件套。如需色彩配搭,通常是上浅下深,如灰色西装配深蓝色西裤,给人以重心沉稳之感。款式采

用装袖和驳领,在保持整体风格的前提下,轮廓有宽松型和紧身型的变化。日常西装多选用精纺呢绒制作,以沉着稳重的色彩为佳。在非正式场合,穿着的西装也可用粗纺呢、灯芯绒作为面料。

(2) 礼服西装

男子的礼服西装包括夜间穿着的燕尾服、夜间半正式礼服、白天穿着的晨礼服。礼服西装具备高贵大方的风格、优雅适体的造型和挺括精致的工艺。各部件的线条、装饰都应精心设计与制作。豪华礼服西装选用优质的礼服呢制作,夏日则可用薄型的毛织物或亚麻织物、混纺织物。在社会风尚、生活方式、日常礼仪越来越趋于简化的当今时代,男子夜间半正式礼服用途的范围日渐广泛,它已成为使用较多的男士礼服。

(3) 西服便装

西服便装保持了日常西装的外形,但尺寸更加宽松,面料选用范围很广,如灯芯绒、水洗布等,其工艺制作也比较简单,通常不加大衬。穿着时不必扎系领带,休闲自由。款式上可显示穿着者的个性,内衣可穿 T 恤衫或套头衫,门襟纽扣可任其敞开,给人以轻松之感。西服便装的选料十分广泛,如毛料、棉布、麻布、丝绸、化纤织物、针织物等。

(二) 商务男士职业西装的穿着规范

1. 讲究惯例

西服有两件套和三件套之分,正式场合应穿同质、同色的深色毛料套装。三件套装比起两件套装更正式。男士参加高层次的商务活动时,穿三件套为佳。按照国际惯例,西服内只能穿着衬衫,但在寒冷的地区,西服内可以加一件单色的"V"字领的毛衣,以不破坏西服的线条美为好。保持西装外形的洁净,穿着前熨烫平整。

2. 配好衬衫

衬衫是商务人员西服的关键搭配,参加会议、拜访客户、参加谈判或求职面试时,西装内穿着一件质感好、剪裁大方的衬衫,能给别人留下良好印象。

男士西服内的衬衫以浅色为好,浅色有细条纹的也可以,白色是永远不会出错的颜色。衬衫的领子要挺括、合适、干净。衬衫下摆要掖进裤子里,系好领口和袖口。衬衫衣袖要长于西装衣袖 0.5—1 cm,领子要高出西装领子 1—1.5 cm,以显示衣着的层次。要避免衬衫太小,这会让胸部的纽扣之间被撑开。戴领带时穿的衬衫要贴身,不戴领带时穿的衬衫可以宽松一点。衬衫应该天天换洗。

衬衫的领型种类很多,适合商务场合的衬衫领型主要有:

(1) 标准领(中八领)

长度和敞开的角度走势平缓的领子,大体上领尖长(从领口到领尖的长度)在 85—95 mm 之间,左右领尖的夹角为 75°—90°,领座高为 35—40 mm。这种衬衣常见于商务活动中,色泽以素色为主,是最常见、最普通的衬衫款式,因而也最容易搭配,不受年龄因素影响且适合任何脸型。

(2) 敞角领(大八领)

也叫宽角领,左右领子的敞开夹角比标准领大,一般在 120°—160°之间,领座也略高于标准领。这种领型适合系温莎结的领带,一般与英式西服相搭配。

(3) 有领尖扣的领子

领尖有扣眼,前衣片上有扣子,领尖被固定在前衣片上,这是典型的美国式衬衫领。这种领型的领尖夹角一般等于或小于标准领形,适合系小温莎结或普通结领带。

(4) 小方领(短尖领)

领尖长较标准领短,但领尖的夹角与标准领相同,一般领带系小温莎结或普通结。

男士通常是根据衬衫来挑选领带的。最百搭的领带颜色是红色和蓝色。衬衫、西装与领带色彩的搭配规律是:衬衫是白色,领带上的图案就应该带一点白色,领带中的白色能衬托出衬衫的白色,这样的效果很好,再和藏青色、深灰色西装配,能产生多种视觉效果;衬衫是蓝色,领带上的图案就应该带一点蓝色;衬衫和西装是单色,领带和小手帕可以是多种颜色;如果西装是很明亮的颜色和有图案、线条时,需要一条朴实的、不耀眼的颜色的领带搭配;穿着正规的单色西装,可以选择一条色彩明亮的领带搭配。

3. 系好领带

西服的领带纯粹是一种装饰,但却是西装的灵魂。领带的面料以真丝为佳。

西装与领间的"V"字区最为明显,领带应处在这个部位的中心,领带的领结要饱满,与衬衫的领口相吻合、紧凑,领带的长度以系好后下端正好触及腰上的皮带扣上端处为最标准。领带夹的功能是固定领带,佩戴时夹在衬衫第四粒与第五粒纽扣之间,或以西装系好纽扣后看不到领带夹为宜。

商 务 礼 仪

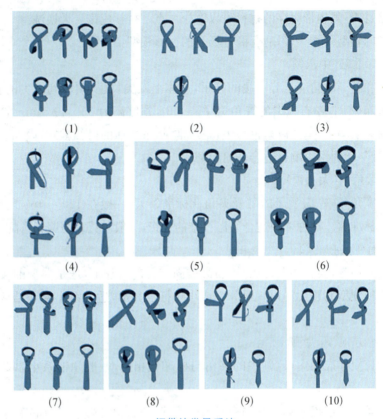

领带的常见系法

领带的结法有很多种,常见的有如上图所示的十种方法。

(1)温莎结

因温莎公爵首创而得名的一种绅士领带系法,也被认为是最正统的西服领带打法。这种系法打出的领带结呈正三角形,外形饱满有力,面料过厚的领带打温莎结则不太适宜。温莎结适合搭配宽领衬衫,可用于商务活动、出席社交和晚宴等庄重场合。

(2)马车夫结

也称简式结,适用于质料较厚的西装领带,特别适合标准式及扣式领口衬衫。可将领带宽边以180°由上往下翻转并将折叠处隐藏在领带后方,待完成后调整领带长度则可,较为简单且易上手。

(3)亚伯特王子结

这种领带系法适用于质地较为柔软的细领带,同时可搭配扣领及尖领衬衫。

由于要绕三圈方可系得平整自然,因此,不要选择较厚质地的领带。

(4) 浪漫结

浪漫结打破了领带应该保持一条直线的传统,把窄的一端出现在宽的一端外边,充满了戏剧色彩。这种打法适合喜欢创新和追求个性、浪漫温馨的男士。

(5) 双交叉结

属于交叉与双环的结构,这种领带结打出来十分敦实和庄重,代表男士稳重、干练的形象,但只能和质地厚实的正装衬衫搭配。双交叉结的系法如今已经越来越少见,它是表现尊贵的最好方式。

(6) 双环结

注重质地、细致的领带搭配,能营造时尚感,适合年轻男士日常使用。双环西服领结完成后第一圈会稍露出于第二圈之外,这是其特色和美感所在,勿刻意遮挡。

(7) 交叉结

这种打法的显著特点在于打出的西服领带结有一道华丽的分割线,适用于颜色素雅且质地较薄的领带。交叉结感觉时尚,是追求高雅、低调的首选西装领带系法。

(8) 平结

与四手结的系法十分相似且非常方便,完成整理后的领结呈斜三角形特色,应与窄领衬衫搭配。

(9) 十字结

是温莎结的特色改良版,和温莎结相比较显得更为便捷和轻松,适合细领带以及搭配小尖领或标准领的衬衫,不适用于质地厚的领带。

(10) 四手结

这是最为轻松的西服领带系法之一,通过四个步骤就能完成打结,所以称之为四手结。这种西服领带系法特别适合宽度较窄的领带,通常和窄领衬衫搭配。

4. 慎用衣袋

西装上衣两侧的口袋只作装饰用,不可放物品;西装上衣左胸部的衣袋只可放装饰性的手帕;有些物品(如票夹、名片盒)尽量不要放在上衣的内侧衣袋,以免西装上衣变形不雅;西装裤型美观,力求臀位合适,因此,裤袋也不可装任何物品。

5. 系好纽扣

西装的纽扣不仅有装饰作用,还具有实用性。双排扣西服要把纽扣全部系上,以示庄重。单排扣西装有一粒扣、两粒扣、三粒扣或者更多粒扣,一般可以不系西装的纽扣；正式的场合，两粒扣的西服只系上面一粒，三粒扣的西服系中间一粒或上面和中间两粒扣。不管几粒扣，最下面一粒纽扣是不系的，以便就座；坐下来后，西装上衣的纽扣都可解开，以防走样。

6. 用好腰带

腰带质地以真皮为佳，颜色与皮鞋、公文包同色，宽度一般不超过 3 cm。腰围较粗的人，用和西装颜色相似的吊裤带，效果会更好些，也可以系稍宽一点的腰带，但颜色和式样不宜太醒目。

7. 穿好内裤

从亚当用来遮羞的树叶、中国男性周朝始穿的内裤到现代内裤的发展过程中，男士内裤在款式、面料上有了很大变化。男士内裤的面料包括纯棉、莫代尔、竹纤维、莱卡、锦纶等，款式有三角裤、高叉内裤、拳击内裤、紧身四角内裤、丁字裤、囊袋内裤等。

现代商务场合中，男士着装应选择面料舒适轻薄、一些部位不易漏出痕迹的紧身四角内裤。这种内裤源于 20 世纪 90 年代，介于三角式内裤与拳击内裤之间。紧身四角内裤紧贴大腿及提臀的设计能让身材显得很健美，适宜配合男士西装长裤，可以保持外裤后臀部线条的流畅，尤其能使穿着薄料外裤的男士免去内裤勒凹和臀部现形的尴尬。

8. 穿对鞋袜

穿职业西装一定要穿皮鞋，裤子要盖住鞋面。露脚趾的凉鞋、旅游鞋、轻便鞋等都属于休闲装，不适合在正式场合搭配职业西装穿着。商务男士的皮鞋只能选择黑色和深棕色皮鞋，传统的系带鞋方式最为正规，漆皮鞋、鞋面带亮片、镂空花纹的皮鞋都不适合公务或商务场合。男士要穿长及小腿的深色袜子，袜子最好与裤子颜色一致，且应天天换洗。

9. 选对大衣

18 世纪 30 年代，欧洲上层社会出现了男式大衣。其款式一般在腰部横向剪接，腰围合体，当时称礼服大衣或长大衣。19 世纪 20 年代，大衣成为日常生活服装，衣长至膝盖略下，大翻领，收腰式，襟式有单排纽、双排纽。19 世纪 80 年代，大衣长度又变为齐膝，腰部无接缝，翻领缩小，衣领缀以丝绒或毛皮，以贴袋为主，多用粗呢面料制作。西式大衣约在 19 世纪中期与西装同时传入中国。

大衣一般可按长度、面料、用途等分类。按衣身长度划分，有长、中、短三种：长度至膝盖以下,约占人体总高度 5/8+7 cm 为长大衣;长度至膝盖或膝盖略上,约占人体总高度 1/2+10 cm 为中大衣;长度至臀围或臀围略下,约占人体总高度 1/2 为短大衣。

按材料划分,有用厚型呢料裁制的呢大衣;用动物毛皮裁制的裘皮大衣;用棉布作面、里料,中间絮棉的棉大衣;用皮革裁制的皮革大衣;用贡呢、马裤呢、巧克丁、华达呢等面料裁制的春秋大衣(又称夹大衣);在两层衣料中间絮以羽绒的羽绒大衣;还有厚实、暖和、版型直、不易起皱的羊毛呢大衣等。

按用途划分,有礼仪活动穿着的礼服大衣;以御风寒的连帽风雪大衣;两面均可穿用,兼具御寒、防雨作用的两用大衣。

男士在选择搭配正装出席正式场合穿着的大衣时,应考虑自己的身形以及大衣的质地、颜色和款式等。修身的大衣具有较好的瘦身效果;长款大衣收腰的设计会让下半身显得更修长。天冷时外出拜访客户或参加室外的一些正式庆典活动时,还应考虑大衣的保暖效果。

10. 配对公文包

因男士西装口袋不宜放物品,公文包就成了商务男士的必用品。公文包容量充实,可以摆放随身物品以及 A4 纸张、笔记本电脑等。外观简洁的公文包符合商务形象定位。公文包的材质以真皮为佳,坚固耐用。

男士公文包有横款和竖款两种基本款式。身材高大魁梧型的男士,选择大号公文包;身材瘦小的则选择小号公文包。身材偏瘦的男士,选横款;身材偏胖的男士,最好选择竖款。公文包的颜色应该和腰带、皮鞋同色。

11. 配好饰品

金笔、手表、打火机一度被看作男士西装的三大配件，并被当作身份的象征。商务男士应携带至少一支钢笔和一支铅笔，可放在公文包里，也可放在西装上衣的内侧口袋里。

手表的佩戴因人而异，在商务场合中最好戴机械表，不要戴潜水表、太空表或者卡通表。打火机可作饰品，也可作礼品。

袖扣是用在专门的袖扣衬衫上代替袖口扣子的，它的大小和普通的扣子相差无几，袖扣的材质有金、银、水晶、钻石、宝石等。袖口因精美的材质和造型更多地是起装饰作用，别致的袖扣能衬出西服的魅力。

男人西装饰品风格越简单越好，饰品风格、色彩要与西装相称。商务男士可以戴戒指，但要正确佩戴，注意材质；商务男士也可以佩戴项链，但不应外露；商务场合中，名片一定要放在名片夹内；薄而结实的真皮钱包是商务人员的最佳选择；根据西装的颜色，一把手柄握着舒适、伞杆结实、伞布防水性强的雨伞也可以让西装造型更加完美。

案例 1

职场着装规则[①]

职场形象对一个人的职业发展无疑是重要的，不同的职业环境有着不同的着装要求。随着越来越多崇尚自我的"00 后"涌入职场，人们还会循规蹈矩吗？

[①] 参见袁野：《职场着装的"规则"和"潜规则"》，《青年参考》2018 年 8 月 16 日第 8 版。内容有改动。

着装越随意,经济越景气

尼古拉·索普在伦敦普华永道会计师事务所找了一份前台接待员的工作,但入职第一天就被辞退了,原因是她穿了一双平底鞋来上班。此事在英国掀起轩然大波,普华永道被平权组织群起而攻之,"禁止雇主强制要求女员工穿高跟鞋上班"的请愿获得超过13.5万个签名。据英国《金融时报》报道,2017年3月,英国政府承诺将禁止企业制定歧视女性的着装规定;4月,加拿大不列颠哥伦比亚省修改了《劳工赔偿法》的有关条款。

随着"00后"涌入劳动力市场,老一套的办公室着装规范越来越难以为继。美国《洛杉矶时报》写道:"看到马克·扎克伯格频频穿着他那标志性的T恤衫和牛仔裤亮相,年轻人再也不相信'穿着影响商业成功'之类的说辞了。"

美国《千禧年》杂志表示,至少有60%的"00后"希望在职场着装上投入更少的时间、精力和金钱。2016年10月,美国职业调查机构罗伯特·海尔夫公司采访了近千名高级管理人员,其中有47%的经理人表示,跟5年前相比,他们的员工穿得更随便了;有32%的经理抱怨员工"暴露了太多皮肤"。

连华尔街的金融精英都穿得更随意了。据美国《华尔街日报》报道,如今摩根大通银行允许员工穿商务休闲装上班。以前,这些投行人士不论寒冬酷暑,永远西装革履。

《洛杉矶时报》指出,员工着装的随意程度堪称经济形势的风向标。"当今是劳动力的卖方市场,公司很难招到合适的人才。为了在竞争中脱颖而出,企业不得不引入更加宽松的着装规范,作为福利之一。今天的员工可以穿得不那么正式,这是经济景气时的特殊待遇。"

这股"商务休闲"风潮也吹到了中国。在北京金融街一家资产管理公司工作不久的胡女士表示,她的衣柜里连一套像样的正装都没有,只有一套G2000西服,但"难登大雅之堂"。

"我刚来这个单位时,看到领导穿了一件黄色毛衣,简直吓了一跳。同事穿着都可随便了,不管是上班还是出差,都是'商务休闲',还有穿大花裙子来上班的,也没人管。如果要见客户,就披上一件短西服外套。"她说。

新晋大学讲师莫博士的穿着和读书时几乎没有差别。"上课时一般就是衬衫,白的、浅蓝的。"他对笔者表示,"长裤和牛仔裤都可以,反正别穿旅游鞋就行。"因为要骑车往返教室和办公室,莫博士有时会穿运动风的衣服,上讲台前再换上衬衫,而且从来不打领带。"学术大咖都不系领带,我一身正装会很滑稽。"

工作环境不同,着装规范不同

胡女士的上一家单位是某国有银行分行,那里的着装规范比新单位严格。"必须穿正装,短袖衬衫都不行。我买了好几件白衬衫来回换着穿,实在没的穿了就穿银行制服。一天下大雨,有同事穿着'维尼熊'的上衣来开会,领导当时脸就沉了,让她回家去换。衬衫的花边太花哨不行,没有也不行,还必须能让人看出有区别,不然人家会以为你一件衣服穿两天。"说起老东家的繁文缛节,胡女士叫苦连天。

大部分从事商业的白领不用穿正装,需要花心思的是每天的搭配。"有些着装雷区无须明说,比如穿拖鞋、露脚趾和文身等,大部分人有这个自觉。"就职于某大型外企的于女士告诉笔者,"我穿高跟鞋,不过不是细跟的,也不会太高,有点儿坡度就行了。"

由于负责评估业务,于小姐要打造"认真严谨"的个人形象,尤其是在面对客户的时候。"我一般就穿白衬衫和商务休闲西服,穿得比男同事还'冷'。《时尚芭莎》里的搭配我根本用不上。"

同样在外企上班的李小姐是时尚杂志的忠实拥趸。"我买衣服都不能去金融街购物中心,因为新款一出,大家就知道了,谁要是穿着来上班肯定被围观。"她对笔者说,韩系和日系风格都太"幼稚","欧美范儿"才是王道。"我把过去在依恋和AO2家买的衣服都捐了。平时上班根本没法穿,也就周末穿一下。"对她而言,基本款搭配不会出错,但想更上一层楼实在很花心思。"同样一件黑色针织衫,有的人一搭就特别好看,我穿就不行。"

"平时T恤、运动衫、球衣,有啥穿啥。有时还穿短裤和凉鞋。"曾在百度工作的程序员小何笑着对笔者说,"白衬衫?那是程序员的制服。"小何跟同事经常在单位长时间加班,甚至为此买了帐篷,方便在办公室里睡觉。因此,穿着舒适是压倒一切的需求。

同样就职于IT行业的彭先生却不能如此不修边幅。"当我还是个基层员工的时候,我不太注意自己穿什么,怎么舒服怎么来。后来我升职了,当上了部门主管。有一次,领导看着我皱巴巴的上衣和泛黄的衣领提醒我,身份不同了,要注意形象。我在网上找了很多办公室穿衣攻略仔细阅读,然后一口气买了好几件长袖衬衣和几条带裤缝的卡其布裤。每次要穿的前一天晚上,我爱人都把衬衣熨得平平整整,把裤缝熨得跟刀锋一样笔直锋利。"

在某中央部委工作的公务员小姚对笔者表示,着装只有一条原则:紧随领导。"大领导怎么穿,我们的领导就怎么穿;大领导身边的人怎么穿,我们就怎么穿。"西服、白衬衫和皮鞋是固定组合,充其量把黑色皮带换成棕色皮带。"有一次开会,大领导穿了一件马甲,我们领导就命令秘书赶紧给他也弄一件。我们打车到商场,一口气买下三个尺码,紧赶慢赶才让领导穿上。"

基层公务员张女士面临着不同的苦恼。"平时我们要穿正装,但是经常要下基层,跟着领导跑前跑后,走一天下来脚都废了。"可她不敢穿运动鞋,"有的大姐穿连衣裙和高跟鞋,依然健步如飞。穿衣这件事儿,做好了不一定加分,做不好一定减分。"

到什么山头唱什么歌

虽然"00后"希望为职场着装少花心思,但因为着装遇到不必要的麻烦显然得不偿失。尽量融入环境、保持"分寸",是职场人穿衣打扮的首要原则。

罗伯特·海尔夫公司深知当今职场穿衣要领。该公司给出了几条着装建议:"场合、地点、时间,是职场穿衣的基本法则。"这些建议包括:

研究企业文化。每个工作场合都有一套不成文的规矩,刚进入某个公司时,你需要留意办公室的着装底线何在,哪些是最合适的穿着。有些同事在穿衣时可能不会那么谨慎,所以尽量让你的衣服与高层管理人员保持一致。在置办衣服时请采取保守策略,模仿经理的着装风格是最安全的。

遵循社会公序良俗。就算办公氛围再轻松,有些失礼的事情也必须避免,包括:身体部位暴露太多,穿脏兮兮、皱巴巴的衣服,穿拖鞋或热裤,佩戴花里胡哨的配饰,尺码过于不合身,鞋脏了或破了,衣服上的图案或文字太"辣眼睛",等等。

到什么山头唱什么歌。今天你要和别人见面吗?如果你要会见供应商或合作伙伴,请让自己的穿着和坐办公室时有所区别,因为这时你代表着公司形象,需要打起精神。你的办公室是格子间还是开放式?如果你有自己的封闭空间,穿得随意一些也不要紧;如果不是,顾及他人的感受总不会有错。

即使公司对着装规范没有明文规定,也不意味着没有"潜规则"。"领导的毛衣是 Prada 的,同事穿的至少都是 Fendi、Max Mara 和 Ports,你穿 Zara 合适吗?"胡女士说。她到新单位之前花了两个多月的工资购买名牌服饰和手提包,但这是"必要的投资",是展示自己从业资质的"间接证据"。对某些领域的从业者来说,"随便穿"其实是个谎言。

案例 2

高盛放宽员工着装要求[①]

白天是投行界的大佬,西装革履叱咤华尔街,晚上就变身酒吧 DJ,在纽约、迈阿密等地的夜店 Hold 住全场。

自 2018 年 10 月迎来了这样一位新掌门人——大卫·所罗门,高盛这家华尔街的老牌投行就开始画风突变了。现在,他们把改革的目标瞄准了着装。

未来你也许会看到,进出高盛的不再是西装革履的精英,很可能会出现 T 恤、牛仔裤甚至程序员背包搭配的标准"码农"。

[①] 参见《可以穿得像码农一样?高盛放宽员工着装要求》,搜狐网,http://www.sohu.com/a/299582303_168424,2019 年 3 月 6 日;杨月涵:《高盛不穿西装了,"傲娇"投行是变装了还是变心了》,北京商报网,http://www.bbtnews.com.cn/2019/0306/289129.shtml,2019 年 3 月 6 日。

华尔街"最靓的仔"

投行里一直有着自己的着装秘密。例如江湖上流传的"高盛的男员工总是打领带,穿没有皮带扣的鞋和不带花纹的西装","女员工90%穿连衣裙和高跟鞋。很多人穿的鞋很贵,如Louboutins","合伙人总是穿着西装,高管通常会留胡子,而摩根大通留胡子的人比高盛少多了。"

百年老店高盛一直以来都以这种形象示人,但现在,这种情况可能一去不复返了。

2019年3月5日,高盛在给其3.6万名员工的一份内部通告中宣布了公司新的弹性着装规范——不再要求每天必须穿正装上班,并称这一转变是由于"工作场所性质的变化倾向于一个更休闲的环境"。

当然,高盛还没有完全放飞自我。这份由高盛大名鼎鼎的DJ CEO 索罗门、总裁约翰·沃尔德伦(John Waldron)和财务主管斯蒂芬·谢尔(Stephen Scherr)共同撰写的内部备忘录没有明确地表示禁止或者鼓励员工穿什么,而是用一句话加以概括:穿着要"符合客户的期望"。

"我们都知道什么是适合工作场所的,什么是不适合的。当然,休闲装并不适合每一天和每一次互动,我们相信你们会一直在这方面作出良好的判断。"这份邮件略有隐晦地表达了一种试探。

高盛的变化不是一蹴而就的。早在2017年7月,高盛就先拿"码农"试了一波水。当时高盛内部备忘录显示,技术部门的员工可自行判断是否需要穿着正装,连帽衫、牛仔裤或者运动鞋都是能够接受的。

要知道,这种装束正是当下"千禧一代"技术人员的最爱。但当时高盛的首席信息官伊莱沙·威塞尔(Elisha Wiesel)也强调,在参加客户会议时还是要穿正式服装。

而在着装这一块,索罗门更是率先做出了表率。要知道,曾经为了争取到瑜伽服装品牌Lululemon的IPO承销权,人高马大的索罗门穿着该品牌的运动夹克和长款运动裤走向谈判桌。可以想象,在西装革履的竞争对手面前,索罗门带给人的是怎样一种眼前一亮。

更重要的是，着装的变化似乎正在席卷华尔街。在这之前，摩根大通也曾发布过降低着装要求的备忘录。财经媒体 Business Insider 直言，摩根大通此举肯定是符合美国和世界各地（投行）对休闲着装规范的要求，一些公司领导人甚至把它当作吸引"千禧一代"劳动力的卖点。

根据《金融时报》的报道，摩根大通 CEO 杰米·戴蒙经常被拍到不打领带，该行行长丹尼尔·平托（Daniel Pinto）也是如此。更有甚者，花旗主席杰米·福雷塞（Jamie Forese）更是以在办公室穿运动风格的背心而闻名。

硅谷抢人大战

百年高盛的衣服可不是说换就换的，这背后藏着的是抢人大战的逻辑。对于高盛的转变，路透社直言，高盛的公告也意味着该行将把传统政策向符合年轻员工的偏好转变。数据显示，有超过 75% 的高盛员工是 1981 年以后出生的"千禧一代"或"Z 世代"。

《华盛顿邮报》此前的报道也提到，"千禧一代"特别渴望为一家他们认为能够反映其价值观的公司工作，轻松的着装要求正好可以符合他们的要求。

"千禧一代"正在大军压境，高盛感受到了危机。一方面，为了留住自家员工；另一方面，则是为了跟美国另一块宝地——硅谷竞争，吸引顶尖员工。

毕竟盛产科技公司的硅谷，印有公司品牌的 T 恤外加一件万古不变的套头帽衫，或者像小扎一样的"汗衫"牛仔裤才是"王道"，实在想象不到的就看看 HBO 热剧《硅谷》，但这些衣着似乎并不考究的程序员却创造了巨额的财富和一个接连一个的独角兽公司。

最近几年，在跟高盛的对比之下，华尔街显得越来越力不从心。对不少年轻人来说，硅谷比华尔街的诱惑多了太多。同样的高薪，硅谷规矩更少，氛围更轻松，但金融危机的阴影却始终笼罩在华尔街，高盛不得不防。

规矩是死的，人是活的，高盛总不能眼睁睁地看着自家的财富因为一项穿着规定而拱手让人，这是号称金钱永不眠的华尔街最不能忍受的一点。说到底，高盛的改变就一个目的——吸引年轻人。

为了吸引年轻人的这个目标，高盛也是使出了全力。2016 年，高盛破天荒地在音乐流媒体 Spotify 上投放了招聘广告，不断强调加入高盛就能有无限可能。那一年，Spotify 72％的用户都属于"千禧一代"。

2017 年年初，高盛还对其资产管理部门做了一次大修整，办公室的隔板全部取消，500 名资产管理人员全部集中在一层楼上，这种类似联合办公的形式也被指是在为吸引"千禧一代"上做的努力。高盛前 CEO 贝兰克梵甚至放出豪言："我们是一家科技公司。"

DJ CEO 的盘算

伴随着一系列的改变，与其说高盛是在"变装"，倒不如说它是在"变心"。

高盛 2017 年四季度财报数据显示，高盛四季度投行业务营收 21.4 亿美元，预期 16.4 亿美元；四季度股票销售和交易业务营收 13.7 亿美元，预期 15.1 亿美元；四季度固收、大宗商品及外汇业务（FICC）销售和交易营收 10 亿美元，预期 12.8 亿美元。

值得注意的是，FICC 业务营收的数字与 2016 年同期 20 亿美元的表现相比，几乎是"腰斩"。

整个 2017 年，高盛集团的大宗商品部门利润下滑了 75％，创下了该公司上市以来的最差表现，使其落后于竞争对手摩根士丹利。

在这个背景之下，索罗门和其曾经的竞争对手施瓦茨向董事会提出了一个方案：增加贷款和融资活动，扩大债券交易，在亚特兰大和西雅图等城市开设更多银行业务。

他们预计，这些措施从 2020 年秋季起每年将为高盛创造 50 亿美元额外收入。其中，预计来自 FICC 业务机会增长 10 亿美元，消费者贷款为 10 亿美元。

当时便有业内人士分析，这意味着高盛正在利用金融科技将消费者业务提升到与高盛强项 FICC 业务同等重要的位置。

发展科技密集型业务的关键，就是让年轻人才具备与多年前交易员和投资银行家不同的技能。这就再次折回了高盛的关键问题——吸引顶尖的年轻人才。

商务礼仪

　　索罗门正在为自己的改革目的铺路,除了业务,着装和环境将是未来的一个重要部分。所罗门曾在2015年对汉密尔顿学院的学生表示,要及时行乐,而不是甘守一份无聊的工作并寄希望于这份工作有一天会变得有趣。

　　在一场播客节目中,所罗门曾说道,对于高盛这样的组织,如果想要吸引年轻人来与他们共事,领导人的生活方式非常重要。因为当他们看到高管们的生活时,会考虑:"我想要那样的生活吗?"

案例思考:职场着装有什么规则?如何看待职场着装新变化?

三、商务女士职业装

在商务场合穿着职业服装不仅是对他人的尊重,同时也使着装者有一种职业的自豪感、责任感,是敬业、乐业在服饰上的具体表现。

按照国际惯例,商务女士在正式场合穿着的职业装以西装套裙为首选。

(一)套裙

西装套裙简称套裙。有上身是女式西装、下身是半截式裙子的套裙;也有三件套的套裙,即女式西装上衣、半截裙外加背心。套裙可以分为两种基本类型:一种是用女式西装上衣和随便的一条裙子进行自由搭配组合成的"随意型";另一种是女式西装上衣和裙子成套设计、制作而成的"成套型"或"标准型"。

(二)西装套裙的穿着和搭配原则

1. 选对款型

一套在正式场合穿着的套裙,应该由高档面料缝制,上衣和裙子要采用同一质地、同一色彩的素色面料。职业套裙的最佳颜色是黑色、藏青色、灰褐色、灰色和暗红色。在造型上讲究为着装者扬长避短,量体定衣。套裙的上衣注重平整、挺括、贴身,通常不使用饰物和花边进行点缀。

2. 穿着得法

(1)长短适合

正式场合,女士套裙的上衣纽扣要全部扣好,不可当着他人的面随意脱下外套。套裙的上衣最短可齐腰,袖长要盖住手腕。裙长要到膝或过膝。"裙短不雅,裙长无神。"最长的裙长是下摆恰好抵达小腿肚最丰满的地方。

(2)搭配衬裙

穿丝、棉、麻等薄型面料或浅色面料的套裙时,衬裙裙腰不能高于套裙的裙腰,要把衬衫下摆掖到衬裙裙腰和套裙裙腰之间。

(3)选好衬衫

一般商务场合,质地较好的圆领、一字领、V字领紧身衫都可与西装上衣搭配,但女士出席正式的商务活动时,西装上衣内一定要搭配正装衬衫,且不可脱下西装外套,只穿衬衫。

西装套裙的衬衫应轻薄柔软,颜色可以多样,只要与套装相匹配即可;白色、黄白色和米色与大多数套装都能搭配;丝绸、纯棉是最好的衬衫面料;要遵循"外简内繁,内简外繁"的搭配原则;衬衣领既可以有花边修饰,也可以是普通衬衣领,若是普通衬衣领,可以用领花或丝巾来作配饰。

(4) 慎穿内衣

内衣包括文胸、内裤等。商务场合的女士"不可不穿、不可外露、不可外透"内衣,要确保内衣合身。内衣最贴近身体,如果不合身,不仅会使身材走形,还会让商务女士缺乏自信。

(5) 穿好袜子

穿西装套裙一定要配长筒丝袜,最好是穿连裤丝袜;袜子的颜色以肉色、黑色为主,尤以肉色袜最为得体;袜子大小要合适,不能在公众场合整理自己的袜子,长筒袜的袜口不能露在裙摆外边;不穿带图案和惹眼的袜子。

穿裙装时,每天应随身携带一双备用丝袜,以防袜子脱丝或跳丝时换用;出席正式的商务活动时,还可多备用几双丝袜;忌用健美裤、九分裤作长袜来搭配西装套裙。

(6) 选对皮鞋

传统的皮鞋是最佳的商务用鞋,皮鞋跟的高度以 3—4 cm 为宜,这种鞋外观简洁,穿着舒适,美观大方。正式场合不要穿凉鞋、后跟用带系住的女鞋或露脚趾的鞋;鞋的颜色应与衣服下摆一致或再深一些,衣服从下摆开始到鞋的颜色一致,可以使人显得高挑一些;鞋子的颜色以黑色、深棕色、灰褐色为佳。

(7) 选好大衣

女式大衣约于 19 世纪末出现,是在女式羊毛长外衣的基础上发展而成,其衣身较长,大翻领,收腰式,大多以天鹅绒作面料。长款、收腰设计的大衣会让下半身显得更修长;富有精品感的大衣既可以穿得运动、休闲,也可搭配正装出席正式场合。

3. 配好皮包

皮包是每一位女士在各种场合中都不可缺少的饰物,它既有装饰价值,又有实用价值。在商务、政务等正式场合,女士的用包是比较考究的皮质肩挂式和手提式皮包。肩挂式皮包轻盈、便捷,为很多女士所选用;平拿式皮包时尚,能够充分体现出女性的职业、身份、社会地位及审美情趣。

椭圆形款式的包给人亲切感,是职场提升人气度的必备品;方形的包给人以干练的感觉。职业女士还可以选择大款式的包,时尚又实用,可以用来装笔记本电脑等。

包的颜色应与鞋的颜色相配,黑色、棕色和暗红色可以搭配任何职业装,例如,2013年3月22日彭丽媛陪同习近平主席访问俄罗斯时与服装和谐搭配的黑色平拿式黑包。

4. 搭好饰品

饰品泛指全身的小型装饰品,分为首饰和服饰两大类。项链、耳环、手镯、手链、戒指、手表等属于首饰;胸针、围巾、手套等属于服饰。饰品具有点缀着装、美化自身、体现品位的作用。

商务场合中,饰品的佩戴应合乎礼仪,以少为佳,一次佩戴全身不宜超过三种饰品;女士不宜佩戴过度张扬的耳环、手镯、脚链等饰品;不宜佩戴与个人身份有关的珠宝首饰,如钻石饰品等。

(1) 项链

项链是人体的装饰品之一,是最早出现的首饰。项链质地、色彩、款式的不同风格体现着人们的审美品位。

项链有铂金、黄金、白银、珠宝(钻石、宝石、珍珠、玛瑙、珊瑚玉、象牙等)等材质。金项链给人华贵富丽的感觉,珍珠项链则给人光洁高雅的美感,深色宝石项链给人古朴典雅的印象。

项链要根据脸型佩戴。脸部清瘦且颈部细长的女士,戴单串短项链就不会显得脸部太瘦和颈部太长;脸圆而颈部粗短的女士,适宜戴细长的且有坠的项链;椭圆形脸的女士最好戴中等长度的项链,这种项链在颈部形成椭圆形状,能够更好地烘托脸部的优美轮廓。

(2) 戒指

戒指的佩戴往往暗示着佩戴者的婚姻和择偶状况。戒指一般戴在左手,按西方的传统惯例,左手与心相关联,显示着上帝赐予的运气,因此,戒指戴在左手上有助于达成心愿。右手在传统上只有无名指戴戒指是有意义的,表示具有修女的心性。

左手的国际惯例戴法是:

大拇指:一般不戴戒指,如戴即表示正在寻觅对象;

食指:指示方向的手指,想结婚,表示未婚;

中指:已在恋爱中,已订婚;

小指：表示独身主义或已离婚；

无名指：表示已结婚。从古罗马时代以来习惯将婚戒戴在无名指上，相传此指与心脏相连，最适合发表神圣的誓言。此外，无名指上有重要穴道，戒指戴其上可以适度按压肌肉，有安定情绪之效。

戒指应与指形相配。手指短小，应选用镶有单粒宝石的戒指，如橄榄形、梨形和椭圆形的戒指，指环不宜过宽，这样才能使手指看起来较为修长；手指纤细，宜配宽阔的戒指，如长方形的单粒宝石，会使玉指显得更加纤细圆润；手指丰满且指甲较长，可选用圆形、梨形及心形的宝石戒指，也可选用大胆创新的几何图形。

戒指也应与体形、肤色相配。身体苗条、皮肤细腻者，宜戴戒指圈较窄、嵌有深色宝石的戒指；身材偏胖、皮肤偏黑者，宜戴戒指圈较宽、嵌有透明度好的浅色宝石的戒指。

（3）耳环

耳环处在人体上最明显、最重要的脸部，正确选择与佩戴耳环能提升职业女性的气质。耳环有钉状、圈状、悬挂式、夹状。耳环有铂金、黄金、白银、钻石、宝石、珍珠、玛瑙等材质。在商务场合，女士戴钉状耳环更符合礼仪要求。

资料1：

戒指的来历[①]

最早佩戴戒指的是埃及人。在古埃及象形文字中，圆环表示永恒，人们的爱情、婚姻也期待着永恒。

在中国，戒指也称指环、约指。西汉成书的《毛传》在《诗·静女》篇中就有作为标记的金银之"环"的记载。不过那时称作"手记"。后来随着戒指在民间的普及，名称也愈来愈多，诸如"约指"、"代指"、"驱环"等。

原始社会时期，指环作为一种装饰品就已产生。以"大汶口文化"命名的山东省泰安市大汶口遗址为例，仅1959年的第一次发掘，就发现了20件指环。其中有九枚仍套在死者的指骨上，是用骨头与玉石等材料制作的。从出土情况看，在迄今四五千年的原始社会中，指环的佩戴不分男女，也不分左右。

[①] 参见《解密戒指的来历》，搜狐网，https://www.sohu.com/a/108678664_454216，2016年8月2日；《你真的了解"戒指"的含义吗？》，搜狐网，http://www.sohu.com/a/50176713_217202，2015年12月23日。内容有改动。

汉初,宫廷里盛行戴指环。如果哪位宫女嫔妃在左手戴上了银指环,就说明她来了月经或有了妊娠,禁戒帝王亲近。而如果侍奉了皇帝,则会赐给金指环,着于右手,并由女史书其日月。至于将戒指作为男女婚姻的信物,大概始于南北朝。

魏晋时期曾有一首《定情诗》里写到两个年轻男女一见钟情,交换身上的各种饰物,其中的"何以致殷勤,约指一双银",讲述的就是将银戒指作为定情信物的故事。戒指和感情发生联系,极有可能是汉魏时期受到外来文化的影响。例如,西域大宛国就有类似习俗,娶亲前要以"金同心指环"为聘。

唐朝,戒指被赋予婚姻的意义。晚唐时期,戒指已经可以作为订婚信物之一。据《妆楼记》记载,当时有个叫何充的人送了一枚考究的指环给他心爱的女子,可惜这个女子拿着戒指去换了一支刺绣笔。何充知道后心里满不是滋味,"此物洞仙与吾,欲保长年之好",又急忙让人赎回指环。可见,彼时的戒指与现在的结婚戒指已经有差不多的含义,都是希望爱情"长久之好"。

清朝时,民众佩戴首饰的风气受满清皇族的影响很大。当时,满清贵族男子都流行佩戴"扳指"在拇指上,扳指正是由射箭勾弦所用的"韘"演变而来。

关于戒指还有一个有趣的传说:古时候有位宰相,办事很公正,但是脾气急躁,遇到不称心之事,就大发雷霆,拍桌砸案,常常吓得部属不敢吭声。他感到这样大发脾气不对,但又无法克制,思来想去,终于想出了妙计,做一个铜圈,套在手指上。发脾气拍桌子时,铜圈震动手指,以警告自己抑制怒火。这办法果真奏效,于是一些急躁爱发火的官员也群起效法,用戴铜圈来制怒。因为铜圈是套在指上,起的是警戒、节制的作用,所以称为戒指。

古今中外,戒指大体有以下几种类型。

1. 象征日月的戒指

在远古社会,戒指不仅佩戴在人的手指上,还供奉在庙宇佛殿和人们住宅周围的土墩上面。这些戒指一般都是以美丽的玉石制成环状。考古学家和人类学家研究发现,这种环状戒指是远古社会人类最崇拜的万物之主——太阳神日轮的象征,认为它像太阳神一样,给人以温暖,庇护着人类的幸福和平安;同时也象征着美德和永恒,代表着真理与信念。直到近代,俄罗斯还有这种传说:新郎戴金戒指,象征着火红的太阳;新娘戴银戒指,象征着皎洁的月亮。

2. 代表自由和尊严的戒指

戒指在古希腊社会是被解放了的奴隶——自由民乐于佩戴的,因为他们认为戒指象征着自由和尊严。佩戴戒指还有不同的习俗规范,在古罗马,富裕的市民们在不同的季节里戴不同的戒指。在冬季,他们戴沉重大方的戒指,夏季则戴轻巧的戒指。青铜戒指可随意在左右手佩戴,而金银戒指则一般是戴在左手无名指,至于镶嵌宝石、玉石的戒指,男子戴在左手,女子戴在右手。这些习俗规范有一些沿用至今。例如,现在人们戴金银戒指,多数人还是习惯于戴在左手无名指。

3. 作为护身符和信物的戒指

古罗马帝国的市民们佩戴镶嵌玉石、琥珀的戒指,把它作为护身符,以庇护自己平安。贵族们则戴镶嵌红宝石的金银戒指,因为闪烁着耀眼光芒的红宝石是富贵和荣耀的象征。国王们在自己的戒指上铭刻皇家纹章的印记,称为印记戒指。这种戒指除国王佩戴外,还作为国王传达命令的信物。国王的传令官拿着刻有国王印记的戒指传命令,臣民们更加相信,并能忠实地执行国王的命令。

4. 戒指还与医学和宗教相联系

相传清澈的绿宝石能避免瘟疫,于是,祭司们就在巫术礼仪上给患者佩戴镶嵌绿宝石的戒指,以祈祝患者早日康复。

5. 钥匙戒指

在古罗马社会里,还有一种戴戒指的特殊风俗,当新娘在举行婚礼后进入洞房时,她的婆婆就把一只钥匙戒指套在新娘的手指上,戒指上的钥匙是用来开启家庭住宅宅门锁的。这只钥匙戒指戴在新娘手上,意味着她已迈进新的家门,在新的家庭里负担起自己的职责,即体贴丈夫、孝敬公婆、抚育子女、料理家务等。如果去掉了这把钥匙,就会受到人们的讥笑,被认为是一件丑事。

6. 订婚戒指

16世纪后,在订婚典礼上,男女双方都互赠戒指。订婚戒指是一对相约的戒指,外形是一双紧握的手,表示双方永不变心。现在西方有这种外形的订婚戒指已不多见,大多数的订婚戒指都镶嵌着晶莹剔透的珍珠或钻石,并以此表示爱情的纯洁无瑕和双方的坚贞与忠诚。

7. 结婚戒指

在古埃及,新郎在婚礼举行那天清晨赠给新娘的戒指是不加任何装饰的,它象征着永恒的爱和忠诚的心,新郎以此来表示对新娘的信任。婚戒戴在无名指上,是因为埃及人相信这个手指的血脉直通心房,可以达到主管爱情的地方——心脏。传说,古罗马人认为左手是被上帝祝福的,将戒指戴在左手上能够给戴戒指的人带来好运,无名指是受到太阳神阿波罗守护的手指,因此,古罗马人也把婚戒戴在无名指上。此外,西方人在举行婚礼时,有的新娘还将刻有印记的戒指赠给参加婚礼的贵妇人,这就是婚礼纪念戒指。19世纪,英国女王维多利亚曾因在她豪华、庄重的婚礼上向贵妇们赠送了70多只婚礼纪念戒指而一时传为美谈。

8. 主教戒指

中世纪,教皇具有至高无上的地位和最大的权力,他们佩戴的是镶嵌有巨大宝石的戒指。这种戒指造型厚而庄重,代表教皇拥有的权威。15世纪,教皇们佩戴的戒指顶端嵌有宝石,两旁装饰着带双翼的雄狮浮雕,显示出威武庄严的风格。镶嵌蓝宝石和紫晶的金银戒指也是主教们经常佩戴的一种,因为蓝宝紫晶象征着上帝的爱和力量,也代表着主教们始终不渝地忠于职守、仁慈和宽恕、心地纯洁和高雅。也有的主教戒指上刻有佩戴者的姓名。

9. 宫廷戒指

17、18世纪,在宴会、舞会等社交场合互相赠送戒指成为一种风尚。为此,王公贵族的阔夫人们都争相聘请首饰工匠,制作式样独特的戒指。有的戒指在小如弹丸的珐琅上竟然绘上了国王、贵族们的肖像,不仅工艺精细入微,而且形象生动逼真,甚至连服饰上的图案都清晰可见。不少贵族的后裔为了纪念自己的祖先,也制作了袖衫珐琅彩绘戒指,作为传家之宝永传后代。

10. 母亲戒指

母亲戒指是孩子送给母亲的一种非常漂亮的纪念品。诞生石是与诞生月有关的宝石,例如,八月就是橄榄石。

戒指作为一种古老的饰品与信物,如今普遍受到人们的喜爱。其象征意义,也冲淡了"约婚"的内涵。

商务礼仪

资料 2：

耳环的来历[①]

佩戴耳环主要应注意耳环与脸型、肤色、体型、服装和用途相协调，以达到最好的妆容效果。自古至今，从占卜守护到祛病除邪，从追求睿智到追逐时尚，从控制"卑贱奴隶"到新潮女性又到时尚男性，耳环历尽亘古，跨越时空。

关于耳环的来历，主要有以下几种说法。

1. 佩戴耳环与古老的迷信有关

传说中的魔鬼和其他妖灵总想进入人体，强占人体，因此，人体上所有可能进出的孔窍都必须特别守护，而耳环就是在耳朵上戴的幸运符。

2. 在中国古代，穿耳戴环曾是"卑贱者"的标志

明代《留青日札》一书中说："女子穿耳，带以耳环，盖自古有之，乃贱者之事。"原来穿耳的最初意义并不在于装饰，而是为了起到警戒的作用。它本是一种民族风俗，后来逐渐变成了礼俗。但明代女子对穿耳之举，并不像今天妇女那么热衷，而是处于被迫的地位。到了宋明时期，由于礼教思想的抬头，妇女穿耳空前盛行，从一般的妇女到皇后、嫔妃都不例外。时间一长，穿耳戴环便形成了风气。

3. 在世界上有些部落中，长耳垂是美丽的象征

在世界上的某些部落，女孩自幼开始穿耳洞，随着年龄的增长，戴越来越沉的耳环，使耳垂越拉越长。如果耳垂因承受不了长时期的沉重负担而不幸断裂，她的一切美也跟着顿时破碎。对男人来说，耳朵是智慧的中心，聪明人必定有大耳朵，沉重的耳环会把耳垂往下拉使它变得更长，相对地，人也变得更睿智。

4. 最初戴耳环的男人是水手们

据说，从前水手们相信穿耳洞能保护他们不至于溺水，后来戴耳环的男性就不只局限于水手了。现在很多地方，男性戴耳环被认为是同性恋的标志，同时也产生了不少暗语，例如，左耳戴耳环代表同性恋，右耳戴耳环则是双性恋等。

5. 耳环最初是用于医疗治病

我国古代医学中有一种"耳针治疗"，即用小毫针、皮内针或其他方法刺耳

---

① 参见百度百科"耳环"。

穴进行治病。现代医学证实,耳垂正中具有穴位,刺激它对保护视力和防治麦粒肿、急性结膜炎、老年白内障、中心性视网膜炎等各种眼病,特别是对近视眼有良好的疗效。由此可知,佩戴耳环对保护视力、防治眼病,特别是预防和治疗近视,是有一定辅助作用的。

资料思考:你认为现代商务场合,女士戴戒指、耳环的目的是什么?戒指、耳环如何佩戴才算得体?

(4)手镯与手链

手镯与手链是一种套在手腕上的环形装饰品,它在一定程度上可以使女性的手臂与手指显得更加美丽。手镯与手链的戴法有不同的暗示寓意,戴在右臂,表示未婚;戴在左臂或左右两臂均戴,则表明已婚。

手镯与手链不是职业装的必要装饰品,职业女士在商务场合无须佩戴,也最好不戴。

(5)手表

手表既实用,又是陪衬手腕的时尚饰物,是一种品位的象征。商务场合如果佩戴手表,以戴品质较高的名表为宜。

(6)胸针

胸针又称胸花,是指佩戴在上衣两侧胸前或衣领上的一种饰物。佩戴胸针要与服装、场合相协调。商务场合若是被要求佩戴身份牌或本单位证章、徽记,则不宜再同时佩戴胸针。

选佩胸针时,花朵襟针或彩石胸针配上简洁的职业西装,能提升商务女士的品位和精神面貌。西服套装的领子边上别一枚带坠子的胸针,会令商务女士庄重之中增添几丝活跃的动感;穿衬衫或薄羊毛衫时,可以佩戴款式新颖别致、小巧玲珑的胸针;如果服装色彩简单,可以佩戴有花饰的胸针,能使女士在高贵与端庄中显出独特的风采;如果上衣多彩且下身是较为深色的裙或裤,这时就要在上衣佩戴同下身一样颜色的胸针。

(7)围巾和手套

围巾的装饰作用越来越突出,它可以将人们的视线集中在脸上,可以在一身单调的服装上起到视觉的缓解作用。商务女士可以根据出席的场合、着装和当日妆容、发型选配围巾的色泽和款式。商务活动中,以搭配丝质围巾为宜。

  手套不仅可以御寒,也是服装的重要饰品。手套的颜色要与穿在西装套裙外的大衣颜色相一致。穿深色大衣时,宜戴黑色手套。

资料:

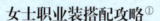

女士职业装搭配攻略[①]

女士职业装搭配攻略之一:庄重大方型——衬衫与套装搭配

  职业女性的着装外形正变得飘逸轻柔,渐渐走出"女强人"的模式。衬衫款式以简单为宜,与套装配衬,可以选择白色、淡粉色、格子、线条等变化款的衬衫。在着装整体色彩上,可以考虑灰色、深蓝、黑色、米色等较沉稳的色系,给人留下干练朝气、充满亲和力与感染力的印象。此外,也可选择白色。考虑到职业女性一天近8小时面对公众和必须始终保持衣服形态整洁的缘故,应当尽量选用那些经过处理、不易起皱的丝、棉、麻及水洗丝等面料。这种搭配适合于服务行业、客服、销售等职业的女性。

[①] 参见《绝对实用:女性必看女士职业装搭配攻略》,http://jingyan.baidu.com/article/adc815133508bcf722bf736d.html,2017年4月20日。

女士职业装搭配攻略之二：成熟含蓄型——西服西裤

　　职业女性着装的原则是专业形象第一、女性气质其次，要在专业与女性两种角色里取得平衡。不同质地和剪裁的西服西裤能穿出不同的感觉。总的来说，西服和西裤的搭配显得成熟稳重、帅气潇洒、自由豪迈。优雅利落的套装颜色以黑、褐、灰色等基本色为主。若嫌色彩过于单调，不妨围条丝巾，或在套装内穿件亮眼质轻的上衣。这种搭配适合于从事保险、证券、律师、公司主管、公共事业和机关公务员等工作的职业女性。

女士职业装搭配攻略之三：素雅端庄型——款式与面料的选择

　　职业女性的穿着要符合身份、清洁、舒适、不影响工作。女性的衣着如太暴露，容易让男性同事不知所措，自己则要时常瞻前顾后，影响工作效率。因此，职业女性的上班服应注重配合流行但不损及专业形象，原则是"在流行中略带保守"。太薄或太轻的衣料，会有不踏实、不庄重之感。衣服样式宜素雅，花色衣服则应挑选规则的图案或花纹，如格子、条纹、人字形纹等。这种搭配适合于从事科研、银行、商业、贸易、医药和房地产等工作的职业女性。

女士职业装搭配攻略之四：简约休闲型

　　许多职业女性的着装是简单中的优雅和舒适中的休闲，但简单的服饰可造就不简单的女人。白色或深蓝色细格的棉质衬衫，修身的设计，简约和性感混合在一起，会令着装者在单位里人气大增。这种搭配适合于从事新闻、广告、平面设计、动画制作和形象造型等工作的职业女性。

　　资料思考：根据目前你从事的职业或者未来将从事的职业，结合你的体型、气质，请你为自己设计一套合适的职业正装穿着搭配。

第二节　商务人员的仪容礼仪

　　仪容是指人的容貌和内在精神气质结合后外在的体现。仪容的概念包括三个层次：

基本层次：指人的容貌、形体、体态等的优美，是人的自然美。

提升层次：指经过修饰打扮与后天环境的影响而形成的美，是人的修饰美。

最高层次：一个人的内心世界和积极向上的生命活力的外在体现，是人的内在美。

商务活动中，商务人员端庄、整洁、美好的仪容有利于商务活动的开展。注重仪容和塑造最佳形象是商务人员必须要做到的行为规范。

一、头部的修饰规范

当一个人被注视时，正常情况下最引人注意的地方就是人体的制高点，即头发。头发的功能不仅是表现人的性别差别，更多是反映一个人的道德修养、审美水平、知识层次及行为规范。人们可以通过一个人的发型来判断其职业、身份、受教育的背景和程度、生活状况及卫生习惯，同时也能感受到其对工作、生活的态度。良好的发型修饰能提升人的气质和魅力。

（一）头部修饰的基本要求

头发要勤于梳洗，洁净无异味，无头屑，保持自然光泽。

每个人约有 10 万根头发，每根头发的寿命大约是 5 年。头皮发质分为干性、中性、油性三种类型。干性和中性头发两天洗一次，不要勤换洗发液，除非发质有了变化；油性头发要每天洗一次，这样才能保护头发的清洁与基本健康。油性头发最好使用平衡油脂分泌的洗发水，连续使用两星期，当油脂分泌变得比较平衡时，就可以改成两天洗一次头发。去油脂洗发水会洗去头皮的油脂，长期使用会造成头皮过于干燥的状况，每 3—6 个月最好更换不同品牌的洗发水。

保持头发光泽的最有效办法就是洗头发。清洁可以确保头发不油腻、不打结、无头屑、无异味。正确的洗发方法主要包括梳发、清水洗发、洗发液洗发、使用护发素、用干毛巾吸干头发上的水分等步骤。

梳发动作要轻缓，先梳理发梢部分，再梳理头发的中段，最后是从发根梳下来。洗发要选择适合自己发质的洗发用品，洗发的水温最好在 40 摄氏度左右，不要直接把香波倒在头发上，皂质的东西太多会损害发根。用两遍洗发水，第一次洗发可以除去油垢，第二次洗发就能使头发蓬松。头发洗净后使用护发素护理时，要注意护发素只宜涂在发干上,不能抹在头皮上。使用吹风机与头发的最佳距离为10—15 cm,头发应吹至七分干,然后让头发自然风干。

美发护发的同时,要注意养发。辛辣刺激的食物、吸烟、饮酒容易损伤发质,要想减少头皮屑,就要注重养成良好的生活、饮食习惯,避免压力过大,少吃高脂肪食物,多吃含碘丰富的食品。想让头发更加黑亮,平时要多吃富含蛋白质和维生素、微量元素的食物和水果,如核桃、黑芝麻、奇异果、金橘、杨桃、柑橘、蜜桃、苹果、无花果、木瓜等。

(二) 发型的选择

头发整体的造型选择要根据自身的喜好、身材、脸型和职场条件来决定。商务人员的发型修饰应考虑以下几方面因素。

1. 头发长短要规范

商务场合对头发的长短有明确限制:商界中讲求精明强干,因此,女士头发不宜过肩;女士若是短发,不可以板寸示人;若是头发较长,需要以盘发、束发作为变通。

男士不留鬓角、长发帘,头发的长度最好不要长于7 cm,即头发不触及衬衫的领口。剃光头发对商务女士、男士都不适合。

2. 发型与脸型协调

作为商务男士,发型不仅是对生活的一个态度,更能够让人看到品位以及对待工作的精神。发型对人的仪态和气质有较强的修饰作用,发型可以修饰弥补脸型的缺陷。脸型是决定发型的最重要的因素之一。

短发是商务男士最普遍的发型,能够凸显出男士面部轮廓,给人坦荡、精干、规矩的感觉,很有亲和力。短发对脸型、发质、发量没有要求,但整体发际线比较高的男士不适合此款发型。

女士的商务发型以显得干练的短发和盘发为宜,只有在出席晚宴时,才可以长发披肩。圆脸型的女士可以把头顶部位的头发适度梳高些,使脸部看起来显长而不宽。方脸型的女士可以让头发掩饰两颊的棱角,脸型就会圆润一些。

3. 发型与体型协调

发型与体型有着密切的关系,发型处理得好,对体型能起到扬长避短的作用;反之,就会夸大形体缺点,破坏人的整体美,尤其是女士。

身材小巧玲珑的女士,不适合留长发或把头发弄得很蓬松,可利用盘发增加高度,尽量使头发秀气、精致;瘦长身材的女士,易使他人产生眉目不清的感觉,缺乏丰满感,适合留长发型,头发长至下巴与锁骨之间较理想,不适合盘发髻,也不适合将头发削剪得太短;身材矮胖的女士,要尽量弥补自身的缺点,不宜留大波浪、长直发,应选用有层次的短发、前额翻翘式等发型;身材高大的女士,要减少大、粗的印象,以留简单的短发为宜,直长发、长波浪、束发、盘发、中短发式也可酌情运用,切忌发型花样繁复。

4. 发型与职业协调

如果发型不符合职业形象,就会显得另类和缺乏合作精神,有桀骜不驯、不懂规矩之嫌。不同的职业要求的发型特点不同。服务业的女士多半是高马尾或盘发;服装模特、车模等女士的发型以长发居多;演艺界、艺术界的人士发型可以多变换,从而突出个性、引领潮流;公务员、商务人员的发型则不能夸张,应传统、庄重、保守一些,以短发、盘发为宜。

(三) 头部修饰的要点

1. 勤修剪、勤梳理

正常情况下,男士一个月应该修剪一到两次头发,女士一个月也应该至少修剪一次。商务人士,尤其是女士应随身携带小梳子,以便在需要时能在适当的地方梳理头发,如上岗前、与客户见面前、摘下帽子后。

2. 选择合适的方式定发型

摩丝、发胶都可以定发型。商务女士还可以选用发夹、发卡、发套、发箍等发饰来固定发型,但要避免佩戴过于艳丽、带有卡通等图案的发饰。若是企业或政府服务窗口能为女职员统一发饰和着装,就能增强整体的良好形象。商务男士不能佩戴任何发饰。

3. 注意帽子的合理使用

人际交往中,人们很注重"脱帽为礼"的礼仪,但除工作需要之外,在室内或商务、公务场合是不宜戴帽工作的。

二、面部的护理

适度而得体的面部妆容是商务礼仪的重要组成部分,它可以体现商务人员的精神面貌,维护企业等组织的良好形象。面部肌肤的化妆要根据职业、着装的色调、出席的场合、个人的脸型、个人气质等具体情况而定。护理是面部妆容的基础。

(一)面部肌肤的护理

肌肤保养的最佳年龄是在25岁,不能过早使用抗老化的护肤品,否则会适得其反。25岁前,机体的代谢和循环较为旺盛,肌肤护理重点放在平时有规律的生活作息上,放松精神,维持肌肤的清洁、健康保养即可,使肌肤达到自我修护的最佳状态。25—30岁,肌肤的纹理、弹性与光泽有了微妙的变化,开始逐渐出现老化现象,因此,每天要坚持早晚两次对肌肤的清洁、保湿、滋润,尤其是眼角应使用眼霜,平时要注意防晒,避免熬夜,增加饮食中的维生素,多饮水。30岁以后,就要注意做好抗衰老的肌肤护理。

面部肌肤护理前首先要清楚自己属于哪种类型的肌肤。

依据油脂分泌的多少,肌肤可分为中性肌肤、油性肌肤、干性肌肤、混合性肌肤与敏感性肌肤五种基本肤质类型。

1. 中性肌肤

中性肌肤是最理想的肌肤,这类肌肤既不干燥也不油腻,毛孔细小,富有弹性,厚薄适中,对外界刺激不太敏感,没有皮肤的瑕疵,不易受到粉刺和青春痘的困扰。肌肤的油脂与水分比较均衡,上妆后不易脱妆。

洁肤品宜用性质温和的中性洗面奶、卸妆油和高级香皂。护肤品早晚各有不同,晚间的洁肤是为了把皮肤的代谢物和附着在肌肤上的污染物彻底清除,然后使用保湿水、晚霜或精华液类补充肌肤营养;早晨洁肤后,则使用收敛水、化妆水、乳液等。

2. 油性肌肤

油性肌肤皮脂腺分泌旺盛,肌肤表面经常泛出油光,在额头、下颌、鼻子上尤为突出,皮肤富有光泽和弹性,纹理较粗糙,肤色较深,毛孔粗大,易生暗疮、粉刺,但不易长皱纹。油性肌肤触感厚而油腻,上妆非常容易因出油而脱妆。

洁面时，应使用清洁力较强的洁面乳，由下颌至额头的方向打圈式地清洁面部，彻底清除肌肤表面及毛孔内的污垢和油脂。当面部生有面疱时，要选用含有消炎成分的清洁乳，既可以预防及治疗面疱，又能避免细菌再次感染。

洁面后，用中性的收敛水来抑制油脂分泌，避免过度清洁造成表皮缺水。选择清爽不油腻的乳液、面霜等护肤品，以增加肌肤的透气性。在饮食上应减少脂肪性食物摄入，避免吃脂肪含量过高或以煎、炒、油炸等烹饪方式处理过的食品，多吃水果和蔬菜，减少油脂堆积。每周进行两次深层去角质、深层清洁型面膜的保养。

3. 干性肌肤

干性皮肤比较薄，毛孔细小，缺水缺油，表皮薄而脆弱，洗脸后易有微痛感，最易生皱纹，遇寒后肌肤会显得粗糙、干燥，冬季易出现干裂而失去光泽，易起斑，易产生皮屑，化妆时不宜附着。

洁肤品宜用碱性含量低的洁面乳，以免洗去过多油脂。护理品要选用高效保湿滋润型的产品，以补充油分和水分以及改善肌肤干燥的状况，如精华素、保湿面膜等。注意眼部周围肌肤的保养，采取按摩拍打的方式来加快皮肤的血液循环。晚上洁肤后，用柔肤水爽肤，再用含油脂较多的乳液滋养肌肤。白天外出时尽量避免日晒，最好使用有防晒系数的护肤霜。每周进行1—2次保湿面膜、深层清洁性面膜、深层按摩的保养。

4. 混合性肌肤

面部肌肤由多种肌肤特点组成，T字形部位（额头、三角区、鼻翼及下颌）容易出油且毛孔粗大，表现为油性肌肤特点；两颊及眼部周围肌肤呈现干燥或脱皮的缺水现象，表现为干性肌肤的特点。受季节和气候变化的影响，在夏季，额头、鼻翼周围毛孔分泌油脂旺盛，会生长粉刺或面疱；在干燥季节，额头、两颊、嘴唇周围的肌肤又会出现脱皮和肌肤弹性降低的状况。上妆后，有局部脱妆的现象。

应选用清洁力较强的洁面乳，深层清洁存于肌肤内的污垢。例如，容易脱皮的两颊、嘴唇周围使用保湿霜、精华素等加强肌肤保湿；油脂分泌旺盛的额头、鼻翼周围使用收缩水，局部调节控制油脂的分泌。每周进行1—2次保湿面膜、深层清洁型面膜的保养。

5. 敏感性肌肤

敏感性肌肤可能出现在任何一种肤质中，这种肌肤的角质较为脆弱、娇嫩，对外界环境的抵御力较差。敏感性肌肤通常在表皮上可以看到微血管浮现,容易随季节变化在温度、湿度及紫外线、粉尘的影响下出现发痒、红肿、湿疹、脱皮等过敏现象,也会对不同的化妆品、香料、酒精、花粉、布料、色素、果酸等作出敏感反应。

敏感性肌肤的人在选用护肤品时绝对不能使用含酒精、香料、色素的产品;清洁力度要轻柔,清洁时间不宜过长,最后用温水冲洗干净;不要用过热或过冷的水洗有红血丝的肌肤。每周进行1—2次保湿面膜、深层滋养型面膜的保养。

(二)眼部的护理

眼睛每天眨动2万余次,是全身肌肤运动频率最高的部位。眼部的肌肤是身体中最柔薄的部位,厚度平均为0.3—0.5 mm。眼部肌肤的弹力纤维和胶原蛋白较易受损,随着人的年龄、身体、环境的变化,眼部很容易出现眼皱、眼袋、黑眼圈等问题。

眼部日常护理应选用眼霜和眼膜。早晨使用含有高水分且有防晒功能的醒肤清爽类眼霜;晚上使用高营养、修复类眼霜,能很好补充眼周肌肤水分和养分的流失。选择眼霜要根据年龄与眼部的症状选择,适当进行眼部按摩,可以让眼霜更好渗透。眼膜一周可使用1—2次。眼膜要在彻底清洁眼部后再使用,营养成分更容易被吸收,晚上睡前使用眼霜的效果会更佳。

(三)唇部的护理

唇部护理在日常保养中不可忽视,特别是在秋冬季节。日常护理唇部,可根据唇的干燥缺水情况及季节选用保湿修护润唇霜、长效保湿护唇膏及啫喱补水润唇膏,也可使用眼霜给唇部做护理。

(四)颈部的护理

颈部是人体较为直观的部位,是反映人真实年龄的敏感区。颈部皮脂和汗腺的数量只有面部的1/3,油脂分泌较少,活动较多,难以保持水分,容易干燥和产生皱纹,所以,颈部皮肤更容易老化。

颈部每月要做1—2次护理,对颈部按摩和敷膜能使颈部肌肤加速血液循环,充分吸收护肤品的滋润与营养,减轻皱纹痕迹。日常生活中,为颈部清洁和涂抹护肤品时,应从颈部最低处双手交替由下向上轻推,以避免皮肤松弛。无论天气阴晴,出门在外都应做好颈部防晒护肤,避免紫外线的伤害。使用颈霜时,要根据自己的肤质选用含抗皱、保湿及防晒等功效的产品。

坚持每天做一次美颈操,方法如下:

第一,像钟摆一样左右摆动颈部。

第二,嘴唇缓缓做微笑状,将颈部尽量上仰,直至感觉肌肤拉到最紧处,保持该姿势5秒钟。

第三,在锁骨与下颚之间,用左右手的手背轮流由内往外做上下交替轻轻拍打,既可放松肌肉,又能改善皮肤松弛的状况。

(五) 手部的护理

手部被称为女人的"第二张脸",但手部肌肤比脸部肌肤脆弱四倍,皮下脂肪少,干燥的空气很容易让双手失去弹性和产生皱纹。商务女士上班时间多在空调环境中度过,手部还常常不停地敲击键盘,双手既疲劳又干燥。

手部肌肤的护理要先用温水将整个手冲洗干净,同时软化指甲;再将指甲修剪成型,磨细滑,同时去除指甲边缘的死皮。随后用磨砂膏轻轻按摩手部,以便去除手部的角质;冲洗干净后擦干,涂上膏状的保湿面膜,包上保鲜膜,休息20分钟;洗去之后再涂一层厚厚的护手霜,按摩吸收,指甲部分也要按摩。最好用含甘油、矿物质的润手霜,尤其是干燥肤质的手,每次洗手后要及时涂上,可补充水分及养分,干燥的指甲边缘一定也要顾及。经常在户外活动、工作的商务人员,应给手部涂些防晒霜。

三、商务女士职业妆容

(一) 化妆的类型与要求

化妆类型可以划分为许多种,根据带妆的场合和环境可分为生活妆、职业妆、晚宴妆、舞会妆等。不同类型的化妆对妆面有不同的要求。

1. 生活妆

淡妆。底妆后,描眉点唇即可,追求清丽洒脱的化妆效果。

2. 职业妆

淡妆。底妆后,施薄粉,淡扫眉,点朱唇。妆色健康、明朗、端庄,追求自然清雅的化妆效果。职业妆的化妆重点主要在眼部、面颊、嘴唇部位。

3. 晚宴妆

浓艳妆。强调眉型,施眼影,画眼线,上睫毛膏,考虑到灯光效果,其他部位的化妆色调要比平时亮丽,追求细致亮丽的化妆效果。

4. 舞会妆

浓艳妆。舞会灯光幽暗,为突出个性,脸部的妆色要明艳,尤其是唇部和眼部,可使用光亮唇膏、戴假睫毛,追求妩媚动人的化妆效果。

(二)底妆过程

1. 洁面

洁面时间是早晚各一次,早上洁面,可以洗去一晚皮肤分泌以及新陈代谢滞停在皮肤表面的油脂;晚上洁面,用温水先卸去彩妆,可选用眼部及唇部卸妆油,再用洁面乳洁面。根据不同肌肤类型和年龄,选择适合自己的洁面类产品。

2. 爽肤保湿

肌肤中必须保有10%—17%的水分才能显出肌肤的健康。洁面后,皮肤比较干燥,需要补充水分,保湿营养。

化妆水具有整顿肌肤角质和补充水分的功能。化妆水分为四类:

(1)多重功效化妆水

所含的营养成分具有软化角质蛋白、乳酸、维生素D等保湿成分,可以滋养肌肤、延缓衰老、抵抗紫外线、美白肌肤、消毒杀菌、软化角质、治疗面疮及镇静皮肤,适合油性肌肤和混合性肌肤。

(2)柔肤化妆水

又称爽肤水或柔肤水。可软化角质,光滑肌肤,给予肌肤足够的湿润,让其他保湿护肤品更易于吸收渗透,适合干性肤质或敏感性肤质。

(3)清洁化妆水

含有薄荷成分,用后有清爽的感觉,可以用来二次清洁皮肤。大多含有温和性非离子型两性表面活性剂,能清除洁面剂的残余及皮屑,适合中性肌肤、油性肌肤或混合性肌肤。

(4)收敛型化妆水

性质温和,收缩毛孔,抑制肌肤油脂分泌,补充肌肤水分,适合油性肌肤及暗疮肌肤。

化妆水不能拍在脸上,要用化妆棉片沾上化妆水涂抹在脸部,如此还可起到对面部的再次清洁。化妆水不仅可以补充皮肤水分,还可以定妆,用在T字部位能起到控油的作用。每天喝8杯水,有助于皮肤含水量的提高。

3. 修眉

根据三庭五眼的标准①,结合脸型确定眉型。将眉型以外的杂毛(如两眉之间、眉峰下方及眉峰过厚部分)清除。多余的眉毛最好用眉笔刀刮出,而不是用夹子拔出,因为如果长时间使用拔眉毛的方法,会使上眼皮变得松弛,影响眼部的美容效果。

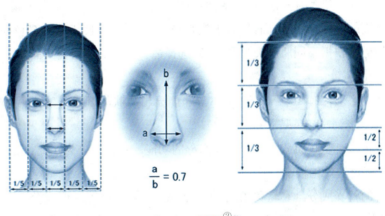

"三庭五眼"图②

4. 面霜、乳液

面霜、乳液中的美白、抗衰老等有效成分能够更好地被肌肤吸收。干性皮肤适合使用较为滋润的面霜、乳液;油性及混合性皮肤适合不含油分的面霜和清爽的乳液。干燥季节适合使用质地较厚的面霜;炎热季节适合使用质地清爽的乳液。

5. 防晒霜

选择防晒品时,不只要考虑SPF③,还要注意SPF与PA之间的平衡,若两者

---

① "三庭"指脸的长度比例,把脸的长度分为三个等分,从前额发际线至眉骨、从眉骨至鼻底、从鼻底至下颚各占脸长的1/3。"五眼"指脸的宽度比例,以眼形长度为单位,把脸的宽度分成五个等分,从左侧发际至右侧发际,为五只眼形,两只眼睛之间有一只眼睛的间距,两眼外侧至侧发际各为一只眼睛的间距,各占比例的1/5。

② 参见百度百科"三庭五眼"。

③ SPF是sun protection factor的英文缩写,表明防晒用品所能发挥的防晒效能的高低。它是根据皮肤的最低红斑剂量来确定的。根据皮肤科专家的研究,最适当的防晒系数介于SPF15—SPF30之间。以东方人的肤质为例,日常防护可选用SPF10—SPF15的防晒品;如果从事游泳、打球等户外休闲活动,SPF20就足以抵抗紫外线的伤害,而不会给肌肤造成负担。购买防晒产品时,还要看产品有无防UVA的功能。

差距过大,皮肤也会被晒伤。SPF 是防晒指数,防晒系数越高,防晒效果越好,但防晒系数过高的产品过于油腻,易阻塞毛孔。防晒指数 PA+①的"+"号越多,表示抗 UVA②的效果越好。一个"+"表示 2—4 倍的隔离防晒效果,两个"+"表示 4—8 倍的隔离防晒效果,三个"+"表示 8 倍以上的隔离防晒效果。

个人的工作环境、从事的劳动及紫外线的强弱不同,选择的防晒品类型及防晒系数也不同。油性皮肤不要选择过油、倍数过高的防晒品,因为它会堵塞毛孔,产生暗疮;干性肌肤适合涂抹清爽型乳状防晒产品。

在短时的户外活动或紫外线不强烈的情况下,可使用 SPF15 的清爽型防晒霜;长时的户外活动,可选用 SPF30 以上的增强型防晒品。夏季游泳与沙滩日光浴有专门设计的防晒品。

防晒品的使用步骤如下:

第一,防晒品须在外出前 15—25 分钟内使用,让防晒成分被肌肤充分吸收。

第二,涂擦防晒品时,面部要使用防晒乳、防晒霜及防晒粉底。裸露在衣服外面的肌肤(如耳后、脖颈、腿部、脚踝、头发等)可使用身体防晒乳或防晒水。

第三,如涂抹过防晒霜,卸妆时一定要使用卸妆油。

(三) 彩妆步骤

一般来说,彩妆有以下几大步骤。

---

① 防护 UVA 的指数一般以 PPD 或者 PA 来表示。PPD 是欧美系统采用的指延长皮肤被 UVA 晒黑时间的倍数。一般肌肤被 UVA 照射 2 小时后,皮肤仍然持续存在的晒黑,使用 PPD2 的防晒品,可以有效防护 UVA 长达 2 小时,以此类推。

PA 是 protection of UVA-1 的缩写,是日本科学家研发的专门抵挡 UVA-1 的防晒品,并以"+"来表示防御强度。它的程度是以"+"、"++"、"+++"三种强度来标示,"+"字越多,防止 UVA-1 的效果就越好。SPF20 和 PA++如果出现在一瓶防晒霜的包装上,则说明这瓶防晒霜在 400 分钟内都能对 UVA 有防御效果。目前,对于 PA 值,国际上并无认证标准。通常认为:

PA+ = PPD 2—4,PA++ = PPD 4—8,PA+++ = PPD>8

② 根据生物效应的不同,紫外线按照波长被划分为:

UVA(长波黑斑效应紫外线),可以穿透皮肤表层,深入真皮以下组织,破坏胶原蛋白、弹性纤维组织等皮肤内部的微细结构,产生皱纹和幼纹,令皮肤松弛衰老。在医学上称之为光致老化。在阳光中紫外线能量分布里,UVA 是 UVB 的 15 倍,是令皮肤晒黑的主要原因,也是引起皮肤癌的重要原因。UVA 不受窗户、遮阳伞等阻挡,即使阴天下雨也依旧存在。

UVB(中波红斑效应紫外线),可达真皮层,使皮肤被晒伤,引起皮肤脱皮、红斑、晒黑等现象,但它可被玻璃、遮阳伞、衣服等阻隔。

UVC(短波灭菌紫外线),不能到达地面,它在通过臭氧层时已被吸收。

UVD(真空紫外线),不能到达地面,只存在于真空。

1. 粉底液(霜)

粉底须选择最接近肤色的颜色。标准的粉底上完妆后,脸部的颜色应与颈部的肤色相同,才是最自然、正确的色调。粉底一定要按毛孔生长的方向①打均匀。外出补妆时,先用吸油纸吸去分泌出的油脂,再上粉底。

2. 腮红

选择适合色系的腮红刷上眼睑,连接至颧骨、脸颊处,位置约于眼下两指及鼻翼两指的位置,由下往上刷,使用时每次的腮红量要少,可多刷几次直至效果完美,才不致颜色浓重、不自然。如果是较丰润的脸颊,可于上粉底时在颧骨下方淡淡上些深肤色的粉底,脸部看起来会有立体感。

3. 画眉

画眉使用眉笔或眉粉。眉笔或眉粉的颜色须选与自己眉毛最接近的颜色,东方人通常为棕色或灰色。有些人眉毛长得很长,会影响眉型,须用小剪刀修短。尽量不要文眉,文眉的颜色较僵硬,色泽过深不自然,且眉型粗细与造型常受流行趋势的影响,文眉后就无法调整。

4. 眼影

眼影是彩妆中最具挑战性和变化的步骤,眼影颜色要根据衣服来配。眼影的画法有下列几种。

(1) 渐层法

这是最普通也是简单的一种方法,同一色彩以不同深浅的色彩自眼睑下方至上方、由深至浅渐次画上,可以塑造深邃眼睛的效果。

(2) 清纯型

腮红刷上眼睑后,在双眼皮的位置刷上深灰色或深棕色的眼影,由眼头至眼尾都使用同一种色彩,下眼线以灰棕色或深棕色由眼尾至眼头,由粗到细自然画出,如此几乎看不出有上妆的感觉,但眼睛看起来会大而有神。

(3) 欧式立体画法

眼窝处用深棕色或深灰色画出眼窝的效果,增加眼部的深度及三维效果。眼

---

① 鼻子和额头上的毛孔是朝上生长的,脸颊上的毛孔是朝下生长的。顺着毛孔就是顺着毛孔生长的方向,反之,就是逆着毛孔。洗脸、护肤和上妆有不同的方法。洗脸(逆着毛孔):鼻子和额头应打着圈由上往下洗,脸颊应由下往上洗。护肤(逆着毛孔):鼻子和额头由上往下搽,脸颊由下往上搽。上妆(顺着毛孔):若逆着毛孔上妆,会堵塞毛孔,造成肌肤问题。

脸上可搭配金黄色、橘色、橄榄绿等暖色系或蓝紫色、酒红色等冷色系,表现不同的主色调。如此搭配以深、浅、明、暗创造出立体轮廓。

(4) 几何造型法

在眼睑中间画出曲线或造型,例如,中间用湛蓝色做出造型效果,眼头用桃红色,眼尾用亮酒红色,整体勾勒出浪漫风情,营造出迷人的韵味。

5. 眼线

眼线上、下都画会框住眼睛,显得眼睛比较呆板,画眼线时最好只画下眼线。眼线有多种画法。

- 用液状眼线笔画眼线,持久且不会晕开,但不太自然,这种画法通常用在浓妆上。
- 用眼线笔画出,很自然但较易晕开,画好以后用同色调眼影再刷一遍,会有较好的固定效果。
- 眼睑上最深色的眼影画出眼线效果。浓妆时下眼线由眼头画至眼尾;淡妆则自眼头算起 1/3 处开始由淡至深,由细渐粗。商务等正式场合,可用睫毛夹夹弯睫毛,但不建议使用睫毛膏,除非是出席晚宴等。

东方人的眼睫毛大多短而直,甚至向下垂,睫毛应压三次:第一次夹根部,角度为 45°;第二次夹中端,呈 90°,并轻轻向上弯;第三次夹尾端,呈 120°,向上弯更大角度。最好使用两用式睫毛刷,先刷上睫毛,再以小睫毛刷刷下睫毛,刷好以后以眉刷刷出睫毛造型。

6. 定妆

定妆粉俗称蜜粉、散粉,一般都含精细的滑石粉,有吸收面部多余油脂、减少面部油光的作用,令妆容更持久、柔滑细致。此外,散粉还有遮盖脸上瑕疵的功效,使妆容看上去更为柔和,尤其适用于日常生活妆。

用粉刷沾适量的定妆粉,轻轻扑在脸上。皱纹较多或面部表情丰富的人不宜扑过量的蜜粉,以免使脸部的细纹突显以及因肌肤过度苍白而不自然。扑粉时,最好从眼部下方的三角开始,然后再蔓延到其他部位,不能从 T 字部位开始,否则容易掉妆。

7. 唇彩(口红)

唇是整体化妆中印象最强烈的部分。口红是使唇部红润有光泽并达到滋润、保护嘴唇、增加面部美感及修正嘴唇轮廓有衬托作用的产品。口红分为唇彩、保湿口红、持久口红等。要根据肤色、年龄等选择口红。

- 肤色白皙的人适合任何颜色的口红,但以明亮度较高的品种为最佳。
- 肤色较黑的人适合赭红、暗红等亮度低的色系。
- 粉红色给人以年轻、温馨、柔美的感觉。若用粉红色口红,搭配一套相同色调的服饰,会使您的仪容绽放出春天般的色彩。
- 红色给人以鲜艳而醒目的感觉,涂上鲜红的唇膏,整个人会变得神采飞扬、热情奔放。
- 赭红色系是一种接近咖啡色的颜色。涂上这种色系的口红,会显得端庄、典雅,颇具古典韵味。
- 橘色有红色的热情与黄色的明亮。涂上橘色唇膏,会给人以热情、活跃的感觉,非常适合年轻活泼的女士使用。

使用口红时,先用较唇形更深一号的唇线笔画出唇形轮廓,然后再用唇笔将口红涂匀,使唇形更立体、丰润。

资料:

口红的历史作用

口红的历史[1]

考古学家在苏美人的城市乌尔(Ur)发现了世界上第一支口红,距今约五千年。据研究,古埃及男女都使用黑色、橘色、紫红色的口红;古罗马时代,男女都使用一种以紫红色含水银的植物染液和红酒沉淀物所制成的名为 Fucus 的口红。中国古代妇女则将色素涂于纸的两面,用嘴唇抵住,让颜色自然地附于唇上。

英国维多利亚女王时期,口红被视为是妓女的用品,使用口红是一种禁忌。根据文献记载,伊丽莎白一世以口红抹粉来对抗死亡。17、18 世纪,法国、英国男士间流行涂口红。19 世纪流行苍白,口红和化妆品被视为禁忌,而转为以药品形式贩售。

最初的口红是膏状,与现今的唇蜜相似,子弹型的口红发明于第一次世界

---

[1] 参见百度百科"口红"。

大战期间,法国娇兰(Guerlain)将子弹型的口红引进美国,贩售对象主要为少数贵族。第一支金属管口红是由美国康涅狄格州华特贝里的毛里斯李维和史柯维尔制造公司于1915年制造,属于大众化产品。

1912年,在纽约市妇女参政论者的示威活动中,著名的女性主义者都抹上口红,把口红视为妇女解放的象征。20世纪20年代,随着电影的发展,各类口红颜色的流行都会受到影视明星的影响而带动风潮。但当时的口红是以肥皂为基底,使用起来并不让人感到舒适。第二次世界大战期间,美国女性受到战争的影响,以化妆来保持好脸色。当时最大的口红厂商之一Tangee曾推出一个名为"战争、女人和口红"的广告。战争结束后,女星们带动了唇形显得饱满、魅惑的流行时尚。20世纪60年代,由于流行白色与银色等浅色的口红妆,鱼鳞被用来制造出闪动的效果。随着Disco的盛行,紫色成为一种流行的口红颜色,而庞克族喜爱的口红颜色则是黑色。一些新世纪奉行者(NewAger)将自然植物的成分带入口红中,摇滚乐手的装扮带动了男人使用口红的风潮。到了20世纪90年代,维生素、药草、香料等材料被大量添加于口红中,出现了咖啡色口红,一些摇滚乐团也开始使用黑色和蓝色的口红。

口红的作用[①]

英文中的"Lipstick Effect"意为"口红效应"。20世纪30年代,美国深陷经济危机的影响,在大萧条中口红的销售却逆势上涨。即使身处经济危机,人们对于拥有奢侈品的欲望依然存在。但是,由于无力购买高级汽车以及进行高消费的娱乐活动等,于是转而选择购入价格相对较低的非生活必需品以寻求心理满足。这就是"口红效应"一词的由来。1929—1933年经济大萧条时期,在美国工业生产总值锐减一半的情况下,化妆品的销售额却有所增加。还有报告显示,2001年美国"9·11事件"发生后,口红的销售量也出现了上升。

据日本佳丽宝化妆品美容研究所的报告显示,日本"3·11大地震"及福岛核电站危机刚刚发生时,日本东北地区的化妆品销量一度大幅滑落。但是仅仅两个星期之后,化妆品的销量就开始回升,在震灾发生两个月后就恢复到了地

---

① 参见蒋丰:《日本灾区女性的振作竟从口红开始》,http://blog.sina.com.cn/s/blog_615fb6320102dwbl.html,2012年3月8日。

震前的水平,而这其中,销售情况最好的就是口红。

金融危机和自然灾害之后出现的良好的口红销售态势,由于背景和时代的不同而无法进行直接比较。如果从日本的化妆文化的视角来审视,不难看出日本女性独有的心理特征。对于日本女性来说,化妆是生活中必不可少的一部分,化妆不仅仅是将自己装扮美丽的一种方法,还是仪表修养的体现,在人际关系的构筑方面也起着重要作用。

与花费较多、耗时较长的彩妆等手法相比,口红可以非常简单地展现出生动的表情。对着镜子简单一画,表情瞬间生动,心情也自然变得明朗起来。这应该是震后日本东北地区的女性优先购入口红的原因之一。

早在 2007 年,日本脑科学家茂木健一郎教授与佳丽宝化妆品公司共同进行的脑科学研究也可以印证这一点。该研究结果表明,涂口红可以使脑活性化,促使女性更加积极地投入社会生活中。对于大地震后的日本女性来说,一支口红或许让她们忽然意识到自己是个女人,从中找到振作的动力,成为从痛苦中走出来的某种契机。

资料思考:商务妆容中,如何恰当地使用口红?

8. 香水

在正式的商务场合,女士尽量不要使用香水,因为女士的面霜等化妆品已经有了些许香气。商务女士要分场合使用或不使用香水。若是使用,应使用淡雅清新的香水,这样才不会给人以唐突和难以忍受的感觉。

根据女士香水中香精的含量与香气持续的时间来划分,香水分为四种类型。

● 浓香型香精。香精含量为 15%—20%,香气可持续 5—7 小时(适合人们在出席宴会、舞会时使用)。

● 浓香型淡香精。它含香精约 10%—15%,香气可持续 5 小时左右(适用于一般性的交际应酬)。

● 淡香型香水。其香精含量约为 5%—10%,香气持续的时间为 3—4 小时(适合上班时使用)。

● 微香型香水。含香精仅为 5% 以下,香气持续的时间约 1—2 小时(主要用于浴后或进行健身活动时)。

(1) 女士香水的使用方法

香精以"点"的方式喷洒,淡香水以"线"的方式喷洒,微香水以"面"的方式喷洒。浓度越低,涂抹的范围越广。香气向上升,喷涂在下半身比在上半身更能获得理想的效果。

① 七点法

将女士香水分别喷于左右手腕静脉处,双手中指及无名指轻触对应手腕静脉处,随后轻触双耳后侧、后颈部,轻拢头发并于发尾处停留稍久,双手手腕轻触相对应的手肘内侧。使用喷雾器将女士香水喷于腰部左右两侧,左右手指分别轻触腰部喷香处,然后用沾有女士香水的手指轻触大腿内侧、左右腿膝盖内侧、脚踝内侧,七点擦香法到此结束。擦香过程中的所有轻触动作都不应有摩擦,否则,香料中的有机成分会发生化学反应,从而破坏女士香水的原味。

② 喷雾法

在穿衣服前,让喷雾器距身体约 10—20 cm,喷出雾状女士香水,喷洒范围越广越好,随后立于香雾中 5 分钟。或者将女士香水向空中大范围喷洒,然后慢慢走过香雾。这样都可以让女士香水均匀地落在身体上,留下淡淡的清香。

③ 混擦法

香精以点擦式或小范围喷洒于脉搏跳动处、耳后、手腕内侧、膝后。淡香精以点擦拭或喷洒于脉搏跳动处,避免用于胸前、肩胛的脉搏跳动处。淡香、微香的女士香水因为香精油含量不是很高,不会破坏衣服纤维,因此可以在脉搏跳动处、衣服内里、头发上或空气中自由地喷洒使用。

(2) 女士香水的使用禁忌

• 女士香水不要洒在易被太阳晒到的暴露部位。因为女士香水中的香料有些是从天然植物中提取的挥发油,这些挥发油中有的含呋喃香豆精成分,如香柠檬油等。若喷洒在面部及易被太阳晒到的部位,日光中的长波紫外线就会与皮肤上喷洒的这些化学物质相结合并出现光化学反应,最后导致脸上出现皮肤炎症和点状黑斑。

• 女士香水不宜直接擦在脸上及过敏性皮肤上面。由于女士香水含有较多量的酒精,尤其是花露水酒精含量更多些,刺激性较大,故脸部及易过敏的皮肤和婴儿皮肤都不宜直接接触香水。

• 女士香水不宜过浓或洒得过多,不然会适得其反,还易导致嗅觉障碍症,也易给人一种孤傲浮华、孤芳自赏的感觉。

- 女士香水不宜涂在额上、腋下和鞋内等易出汗的部位。因为这些部位汗液多，易将女士香水冲淡，而且汗味和香味混合会产生怪异气味。

- 女士香水不宜喷洒在毛皮、黄金和珍珠等服饰品上。因为女士香水会使它们失去天然光泽。

- 两种不同的女士香水不宜混在一起使用。混合后的香味会使原来的每一种女士香水都失去纯味，且很可能闻起来极不舒服。香水应避免直接喷洒在白色的衣服上。因为半数多的女士香水都含有色素，直接喷洒在白色衣服上会使衣服上有女士香水残留的色素而影响衣服的美观。

- 女士香水可以喷在干净、刚洗完的头发上。头发上有尘垢或者油脂会令女士香水变味。不能将香水喷洒在干枯、脆弱的头发上，以免对发质造成伤害。

- 女士香水喷在羊毛、尼龙的衣料上不易留下斑点，但香味留在纯毛衣料上会较难消散。

9. 修正补妆

检查化妆的效果，并进行必要的调整、补充、修饰和矫正。

（四）正确的卸妆步骤

卸妆的动作要轻柔，即使是使用方便快捷的湿式卸装洁面巾，也要先将洁面巾敷在脸上，数秒后再轻轻擦拭。

1. 重点卸妆

先针对局部（眼部、唇部等）做重点卸妆。

首先，依序先用化妆棉沾湿后垫在下睫毛下，用棉棒沾卸妆品，仔细卸除睫毛上的睫毛膏；然后，用棉花棒卸除上下眼线和下睫毛的化妆品；最后，将化妆棉沾满卸妆品，在整个眼睑上稍微湿敷，将整个眼部的彩妆卸除。

卸唇妆时，将化妆棉沾满卸妆液（油）轻贴唇上数秒，待唇膏软化后，用化妆棉轻轻擦拭整个唇部即可。如果眼部和唇部妆较浓或使用了持久、防水性的化妆品，要重复一次重点卸妆步骤。

2. 全脸卸妆

将卸妆液涂满整个脸庞，用指腹按摩全脸，让脸部的彩妆充分溶解，浮出于表面。若使用的是油性或霜状的卸妆品，先用涂有卸妆品的面纸或化妆棉由下而上擦拭面颊；若使用凝胶状或水状的卸妆品，直接用清水洗净即可。

3. 再次清洁

无论选择哪一种卸妆品,最后都要使用洗面奶洗脸,才算彻底完成了卸妆。

四、商务男士职业妆容

商务男士的肌肤护理程序与女士大体相同,只是因为男女肤质不同,具体护理过程中有所差异。在商务场合中,男士的化妆主要是指男士的肌肤护理。

1. 洁面

选择合适的洁面产品。男士大多属于油性皮肤,使用清爽形的洁面乳可以去除面部过多油脂,使肤质不会因皮脂分泌油脂多而感觉油腻。

2. 剃须

男士面颊上平均每6.45平方厘米有385根胡须,这些胡须以每8周2.5厘米的速度快速生长,因此,剃须成为男士每日必做的化妆程序。

3. 爽肤保湿

紧肤水可以帮助男士进一步清除面部表皮的残余油脂,收敛毛孔并保持肌肤弱酸性的pH值。在洁面、剃须后使用含有保湿因子的紧肤水,能进一步柔化皮肤,感觉更舒适,还能有效防止因剃须引起的"内生须"或过敏的现象。

4. 面霜

男士多为油性肌肤,清爽型的润肤露不油腻,会让脸部感觉轻松并迅速渗透,形成一层保护膜,有效锁住肌肤内水分,给肌肤持久的润泽。

5. 防晒霜

若是长时间的户外活动,商务男士也需涂抹防晒霜。油性皮肤不要选择过油、倍数过高的防晒品,否则,会堵塞毛孔,产生暗疮。

6. 香水

香水一度被称为"肌肤黄金液体",男士所选用的香水品牌能表达他们的品位和情绪。在商务正式场合、与客户面谈、探望病人或长者、参加葬礼及宗教仪式时,男士尽量不要使用香水。

男士香水一般可分为四大类,即香精、香水、淡香水及古龙水,另外,还有一种男士专用的须后水。

香精(Parfum)的芳香物质含量在两成半以上,是最高品质的豪华香水,香气可保持 5—7 小时。

香水(EaudeParfum)的芳香物质占两成左右,香气可保持 5 小时左右。

淡香水(EaudeToilette)的酒精含量较少,芳香物质占不到两成,香气可保持 3—4 小时。

古龙水(EaudeCologne)的酒精含量较多,芳香物质仅占一成,香气可保持 2—3 小时。

须后水(AfterShave)的酒精含量最多,芳香物质最少,香气挥发很快,每天刮胡后使用,可舒缓皮肤刺痛和紧绷的感觉。

(1)男士香水的使用方法

头发是敏感性皮肤也可放心喷洒的地方。

耳后只适合高浓度的 Parfum 或者 EaudeParfum 香水。

脖颈被头发与头部遮挡,可避免阳光直射,此处涂少量高浓度的香水即可。

香水涂于心脏上方的效果较佳,但此处用量要适当控制。

手肘内侧适合喷式香水轻喷于此,但要避免日光强烈直射。

手腕是留香佳处,香气会随着脉动逐渐向周围扩散,涂在脚踝上也有相同的效果。

可以在腰部轻抹 Toilette 或 Cologne 等清爽温和的香水。若在用餐时,涂抹香水的位置可以再降低些。

皮肤易敏感的人可将香水改喷在内衣、手帕、裤角和头发上,让香味随着身体的摆动而散发;腋下和汗腺发达的地方是香水使用的禁区;不要将香水洒在白色衣物、珠宝首饰及皮件上,因为香水中的酒精成分容易污染这些东西的质地,甚至留下痕迹。

(2)男士香水的使用禁忌

- 抽烟的男士最好不要使用香水。
- 男士使用香水切忌太浓、太多。
- 男士不能使用女士香水。
- 使用香水的男士切忌用太多的发油或有香味的发胶、摩丝。
- 满面灰尘的男士最好不要"补香",还是保持"原味"好一些。

五、商务人员仪容的辅助化妆

(一)洁体

商务人员平时要注意勤洗澡、勤换衣,保持干净、整洁的外表。此外,还要注意修整体毛,尤其是着职业裙装的商务女士的臂部和腿部。在商务社交活动场合,若需穿着无袖旗袍或者礼服时,必须要剃除腋毛。

(二)洁口齿

商务人员在商务场合要注意口腔的清洁。口腔异味主要由胃肠道疾病及口腔疾病造成,如消化性溃疡、慢性胃炎、龋齿、牙龈炎、牙周炎等。

要坚持每天早晚刷牙,每次餐后漱口或者刷牙;每周至少使用一次牙线,每年要洗牙一次;平时要及时清洁舌头,湿润喉咙;少抽烟、少喝或者不喝浓茶,以免牙齿发黄变黑。

商务工作用餐时,不吃葱、蒜、韭菜等有刺激性气味的食物;随身携带口香糖,但不要当着他人的面咀嚼而失礼;参加正式的商务谈判或者商务社交场合前,最好能使用牙线清洁牙齿,保持口腔气味清新。

(三)洁手

手是人体与外界接触最多的身体部位,被称为人的"第二张脸"。递送公文和握手是商务人员常常使用的礼仪行为。因此,手的清洁、保养、修剪对商务人员而言也很重要。

第三节 商务人员的仪态礼仪

一、站姿

站姿是静态造型的动作,优美、典雅的站姿能衬托一个人的气质。

(一)标准站姿要领

- 身体舒展直立,重心线穿过脊柱,落在两腿中间,足弓稍偏前处,并尽量上提。
- 精神饱满,面带微笑,双目平视,目光柔和有神,自然亲切。
- 脖子伸直,头向上顶,下颚略回收。
- 挺胸收腹,略微收臀。
- 双肩后张下沉,两臂于裤缝两侧自然下垂,手指自然弯曲,或双手轻松自然地在体前交叉相握。

- 两腿肌肉收紧直立，膝部放松。女士站立时，脚跟相靠，脚尖分开约 45°，呈"V"形；男士站立时，双脚可略微分开，但不能超过肩宽。
- 站累时，脚可向后撤半步，身体重心移至后脚，但上体必须保持正直。

在商务日常活动中，也可通过手和腿、脚的变化采用其他一些站立姿势。例如，女士单独在公众面前或登台亮相时，两脚呈丁字步站立的姿势也会使女士显得优雅。但切记，其他站立姿势须以标准站姿为基础，只有与具体环境相和谐，方能显出大方与优美的姿态。

（二）站姿训练

- 五点靠墙。背墙站立，脚跟、小腿、臀部、双肩和头部靠着墙壁，以训练整个身体的控制能力。
- 双腿夹纸。站立者在两大腿间夹上一张纸，保持纸不松、不掉，以训练腿部的控制能力。
- 头上顶书。站立者按要领站好后，在头上顶一本书，努力保持书在头上的稳定性，以训练头部的控制能力。
- 效果检测。轻松地摆动身体后，瞬间以标准站姿站立，若姿势不够标准，则应加强练习，直至无误为止。

（三）商务场合站姿禁忌

- 站立时，身体晃动或者腿部抖动不停，让别人心烦。
- 双手交叉在胸前，有拒人千里以外之嫌。
- 双手或单手叉腰，有气势凌人之意。
- 双手或单手插入衣袋或者裤袋，显得小气、随意。

二、坐姿

坐姿是一种可以维持较长时间的工作劳动姿势,也是一种主要的休息姿势,更是人们在社交、娱乐中的主要身体姿势。良好的坐姿不仅有利于健康,而且能塑造沉着、稳重、文雅、端庄的个人形象。

(一) 标准坐姿要领

- 精神饱满,表情自然,目光平视前方或注视交谈对象。
- 身体端正舒展,重心垂直向下或稍向前倾,腰背挺直,臀部占坐椅面的2/3。
- 双膝并拢或微微分开,双脚并齐。
- 两手可自然放于腿上或椅子的扶手上。

除基本坐姿以外,由于双腿位置的改变,也可形成多种优美的坐姿。女士常见的坐姿有斜放式、交叉式、前后式、叠放式、内收式等(如下图①所示);男士常见的坐姿有垂腿开膝式、架腿式、前后式等。

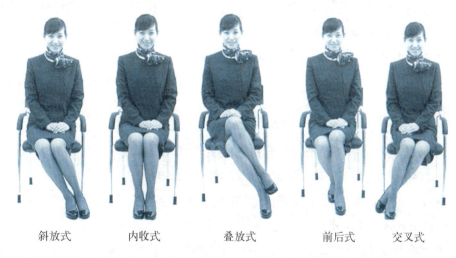

　　斜放式　　　内收式　　　叠放式　　　前后式　　　交叉式

男士在一般场合可以架腿(俗称"二郎腿"),但要注意不要将鞋底翘起示人;女士一般不架腿,若要采用这种坐姿,一定要斜放交叠的双腿。无论哪种坐姿,都必须保证腰背挺直,女士还要特别注意使双膝并拢。

虽然座椅扶手、靠背的软硬度、高低等会因场合不同而有所不同,但坐姿都是以标准坐姿为基础进行变通的。

---

① 参见《女士坐姿与蹲姿》,豆丁网,http://www.docin.com/p-221834064.html,2011年6月18日。

（二）坐姿训练

● 从椅子后面入座。如果椅子左右两侧都空着，应从左侧走到椅前。

● 不论从哪个方向入座，都应在离椅前半步远的位置立定，右脚轻向后撤半步，用小腿靠椅，以确定位置。

● 女士着裙装入座时，应用双手将后片向前拢一下，以显得娴雅端庄。

● 坐下时，不论男士还是女士，身体重心要徐徐垂直落下，臀部接触椅面要轻，避免发出声响。

（三）商务场合坐姿禁忌

● 坐时，不可前倾后仰或是歪歪扭扭，这是散漫和没有教养的失礼表现。

● 双腿伸长、摇腿、跷脚、两腿过于分开都不雅观。

● 坐在椅子的前半边，身子稍向前倾，表示谦虚，但与人交谈时，坐得过于萎缩前倾，就是一种阿谀举止。

● 坐在椅子上，应坐椅子的 2/3，宽座沙发则坐 1/2，不可满座。满座给人傲慢和不把别人放在眼里的感觉。

● 落座后，不要靠椅背。但若是坐的时间很久，则可轻靠椅背。

三、行姿

行走是人的基本动作之一，最能体现出一个人的精神面貌。行姿的好坏可反映人的内心境界和文化素养的高下，能够展现出一个人的风度、风采和韵味。

（一）标准行姿要领

• 行姿是站姿的延续动作。行走时，必须保持站姿中除手和脚以外的各种要领。

• 走路使用腰力，身体重心宜稍向前倾。

• 跨步均匀，步幅约一只脚到一只半脚。

• 迈步时，两腿间距离要小。女性穿裙子或旗袍时，要走成一条直线，使裙子或旗袍的下摆与脚的动作协调，呈现优美的韵律感；穿裤装时，宜走成两条平行的直线。

• 出脚和落脚时，脚尖、脚跟应与前进方向近乎一条直线，避免"内八字"或"外八字"。

• 两手前后自然协调摆动，手臂与身体的夹角一般在 $10°—15°$，由大臂带动小臂摆动，肘关节只可微曲。

• 上下楼梯，应保持上体正直，脚步轻盈平稳，尽量少用眼睛看楼梯，最好不要手扶栏杆。

（二）行姿训练

• 摆臂。人直立，保持基本站姿。在距离小腹两拳处确定一个点，两手呈半握拳状，斜前方均向此点摆动，由大臂带动小臂。

• 展膝。保持基本站姿，左脚跟起踵，脚尖不离地面，左脚跟落下时，右脚跟同时起踵，两脚交替进行，脚跟提起的腿屈膝，另一条腿膝部内侧用力绷直。做此动作时，两膝靠拢，内侧摩擦运动。

- 平衡。行走时,在头上放个小垫子或一本书,用左右手轮流扶住,在能够掌握平衡之后,再放下手进行练习,注意保持物品不掉下来。通过训练,使背脊、脖子竖直,上半身不随便摇晃。

(三) 商务场合行姿禁忌

- 走路时不要弯腰驼背、低头无神、步履蹒跚,给人以倦怠的感觉。
- 不要在商务等正式场合踱着、晃着八字脚,给人以不雅之感。
- 不要在行走时将手插在口袋里、双臂相抱或双手背后,给人留下漫不经心和傲慢的印象。

资料:

脚语,独特的心理泄露[①]

英国心理学家莫里斯经过研究,发现一个有趣的现象:人体中越是远离大脑的部位,其可信度越大。脸离大脑中枢最近而最不诚实。我们与别人相处,总是最注意他们的脸;而且我们也知道,别人也以相同的方式注意我们。所以,人们都在借一颦一笑撒谎。再往下看,手位于人体的中间偏下,诚实度也算中庸,人们多少利用它说过谎。可是脚远离大脑,绝大多数人都顾不上这个部位,于是,它比脸和手诚实得多,它构成人们独特的心理泄露——脚语。

就好像人体语言的所有其他信号一样,脚的习惯动作也有着自己的语言,在中国丰富的语言辞汇里,有许多描述脚语的形容词。这些形容词与其说是描写脚步的轻、重、缓、急、稳、沉、乱等,不如说是描述人的内心或稳定或失衡、或恬静或急躁、或安详或失措的状态。人的心情不同,走路的姿势也就不同;人的秉性各异,走起路来也有不同的风采。脚语是一种节奏,是为情绪打拍子的,如同舞场的旋律。"暴跳如雷"是自然界的快节奏和重节奏;"春风得意马蹄疾"是一种快旋律的轻节奏。

脚语除反映人的情绪外,还可以反映人的性格品质。如果一个端庄秀美的女士走起路来匆匆忙忙,脚步重且乱,就可断定她一定是个性格开朗、心直口快的人;反之,看上去五大三粗,走路却小心翼翼的人,一定是外粗内细的精明人,

---

[①] 参见张爱军:《脚语,独特的心理泄露》,《广东科技报》2000年10月24日第3版。

他干事往往以豪放的外表来掩盖严密的章法。

人的心理指向往往从脚语中泄露出来。若有人一坐下来就跷起"二郎腿",表明他怀有不服输的对抗意识;若是女性大胆地跷起二郎腿,则表示她对自己的容貌有足够的信心,也表示她怀有想要显示自己的强烈欲望。

人在站立时,脚往往朝着主体心中惦念的或追求的方向或事物。例如,有三个男士站在一起,表面看来他们在专心交谈,谁也没有理会站在一旁的漂亮女士,但实际上不是这么回事,因为每位男士都有一个脚的方向对着她。也就是说,每个人都注意到了她。他们的专心致志只是一种假面具,真情被隐蔽着,但他们的脚语却把各自的秘密泄露了。

人的脚步尽管因地、因事而异,但每个人都有自己固定的脚语。据此,我们就能解释一种现象:对于熟悉者,你仅凭那或急或轻或重或稳的脚步声,就能判断出此人是谁了。

资料思考:观察自己的脚步,你的脚语是否能反映你当时的心理状况?

四、蹲姿

日常生活中,人们习惯比较随意地弯腰或蹲下将掉在地上的物品捡起,但在商务场合,不适当的蹲姿会给商务人员带来很多尴尬。

(一)基本蹲姿

- 下蹲时,两腿合力支撑身体,避免滑倒。
- 下蹲时,应使头、胸、膝关节在一个角度上,使蹲姿优美。
- 穿着职业装的女士最好采用高低侧式蹲姿,即微侧身体,走到地上物品的一侧,然后一脚在前,一脚稍后半步,脊背挺直,两腿靠紧向下蹲。
- 商务场合,男士采用高低式蹲姿。下蹲时一脚在前,一脚稍后,两腿靠紧向下蹲。一脚全脚着地,小腿基本垂直于地面,另一脚脚跟提起,脚掌着地,形成一膝高、另一膝低的姿态,臀部向下,主要以全脚着地的腿支撑身体。男士两腿间可留有适当的缝隙。

(二)商务场合蹲姿禁忌

- 切忌弯腰捡拾物品时,两腿叉开,臀部向后撅起。

- 捡地上物品,从蹲下、拾物品、站起身来的完整过程中,速度要适中、大方、美观。
- 商务男士不适合采用女士的高低侧式蹲姿,那样会留给他人不大气的感觉。
- 商务女士下蹲时要注意胸前和裙下的走光问题。

五、女士上下轿车的姿态

在商务场合,如果女士穿着裙装,上下轿车时应该特别注意要保持姿态的礼貌和优雅。上车时,应采用背入式,即打开车门,背对车内,臀部先坐下,同时上身及头部入内,然后再将并拢的双腿送进车内,坐好后稍加整理衣服,坐定,关车门。下车时,正面朝车门,双腿并拢,双脚先着地,再将上体头部伸出车外,起身站定(如下图①所示)。

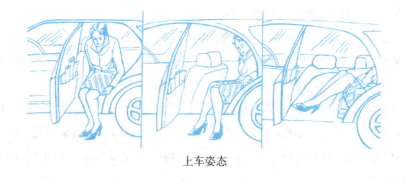

上车姿态

---

① 参见《上下车姿态礼仪》,中国礼仪网,http://www.welcome.org.cn/yanxingjuzhi/2008-5-28/ShangXiaCheZiTaiLiYi.html,2008年5月28日。

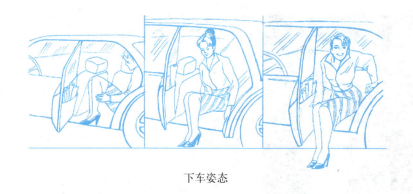

下车姿态

六、微笑

笑可以分为五度。一度笑为本意的笑,嘴角微微翘起,做自然轻度微笑,表示友好情绪,适宜商务、社交场合初次见面;二度笑为温馨的笑,嘴角明显上弯,肌肉明显舒展,表示亲切,适宜商务、社交场合与熟人亲友间;三度笑为甜美的笑,嘴角大幅上扬,两颊肌肉明显向两侧推展,表示亲爱的情绪,适宜亲人、恋人;四度笑为热情的笑,适合于气氛热闹欢快的场合;五度笑为开怀笑,即大笑。一度、二度笑属于典型的商务场合中微笑的范畴。

微笑是人的面部表情因双唇轻启、牙齿半露、眉梢上推、脸部肌肉平缓向上和向后舒展而带来的一种效果。微笑是友善的体现,在商务交流过程中能使客户感到商务人员的友好及被尊重的亲切感,能促进双方关系的进一步融洽。微笑是一种特殊的语言——情绪语言,它可以和有声语言及行动相配合,起互补作用。

(一)微笑的要点

1. 微笑要做到口眼结合

口到、眼到、神色到,才能笑眼传神。

2. 微笑要与神、情、气质相结合

微笑只有与神、情、气质相结合,才能笑出神采,笑得亲切、大方。微笑分为很多种,但有几种笑容却是失礼的,如皮笑肉不笑、苦笑、不屑一顾的笑、阴阳怪气的

笑、幸灾乐祸的笑等。

3. 微笑与语言相结合

语言和微笑都是传播信息的重要符号,微笑只有与美好的语言相结合,才能发挥出它的特殊功能。例如,对于敏感、拘谨的客户,在微笑中用客气的语言与之沟通,能够使对方产生安全感和放松感。

4. 微笑与仪容、仪态相结合

以笑增容,以笑促姿,形成完整统一的和谐美,例如担任商务庆典、剪彩等商务场合的礼仪小姐的微笑。

5. 微笑要适度

微笑是人们交往中最有吸引力、最有价值的面部表情,但要分场合和有度使用。

(二) 微笑的训练

1. 对镜训练法

站在镜前,以轻松愉快的心情,调整呼吸并使其自然顺畅;静心3秒钟,开始微笑,双唇轻闭,使嘴角微微翘起,面部肌肉舒展开来;同时注意眼神的配合,使之达到眉目舒展的微笑面容。如此反复多次。

2. 含箸法

这是日式训练法。选一根洁净光滑的圆柱形筷子(不宜用一次性的简易木筷子,以防拉破嘴唇),横放在嘴中,用牙轻轻咬住,观察微笑状态。

3. 记忆法

回忆美好有趣的往事,让自己微笑。

4. 数字口型法

面对镜子,深呼吸,然后慢慢吐气,发出"一"或者"七"的声音。发"一"、"七"的音时,人的面部呈现的表情与微笑的神态很相似。

七、手势

手是人身体上活动幅度最大、运用操作最自如的部分。手势是通过手和手指活动所传达的信息。手势语是人体语最重要的组成部分，是无声的语言。在商务场合，商务人员使用手势时要规范、自然、礼貌，避免不良、不卫生、不稳重和对他人不敬的手势。

(一) 常见的各种手势的含义

- 鼓掌：用右手掌轻击左手掌，表示喝彩、欢迎、赞许之意。
- 掌心向上的手势有一种诚恳、尊重他人的含义；掌心向下的手势意味着不够坦率、缺乏诚意等。
- 攥拳：暗示进攻和自卫，也表示愤怒。
- 伸出手指指点：要引起他人的注意，有教训人之意。
- 双手自然摊开：表明心情轻松，坦诚而无顾忌。
- 以手支头：要么全神贯注听讲，要么十分厌烦。
- 用手成"八"字形托住下颌：沉思与深算的表现。
- 用手挠后脑、抓耳垂：有些羞涩或不知所措。
- 手无目的地乱动：很紧张，情绪难控。
- 不自觉地摸嘴巴、擦眼睛：十有八九没说实话。
- 双手相搓：天冷，表达一种期待；遇到难题时的搓手表示心急如焚；会谈时的搓手表示尚未建立信心。
- 双手插于口袋与人交谈：没把对方放在眼里或不信任。
- 双臂交叉在胸前：暗示一种高傲、敌意、威武、权势的态度；自我放松或置身事外、袖手旁观、看他人笑话之意；谈话时，忽然将双臂交叉起来，表示对谈话已失去兴趣。
- 背手：常显示一种权威；在一个人极度紧张不安时，常常背手以缓和情绪；背手伴着俯视踱步，则表示沉思。
- 握手：表示告别、慰问、感激或略表歉意。
- 摆弄手指：活动关节、捻响表示一种无聊的感觉。
- 拇指指向自己：自大之意。
- 十指交叉手势：神情坦然、面带微笑的十指交叉手势，表示自信；将十指交叉地放在大腿上，两手的拇指尖相顶，表示不知如何是好或进退两难的心理；将十指交叉并不断地用眼睛盯着对方，表示心理的不满或忍耐；将十指交叉在脸前，则是一种敌意的表示，说明会谈已无法进行。

商务礼仪

- 塔尖式手势：手心相对，指尖相接的塔尖式手势。向上的塔尖手势出现在上下级之间，表示自信、高傲、傲慢和盛气凌人的心理；如伴有双腿交叉、眼神外流或身体向后倾的姿势，则表示对谈话不感兴趣；向下的塔尖式手势则是一种"让步"的心理，常见于外交和谈判场合。
- 揉眼睛手势：企图避开对方视线的躲避性信号；撒谎；如是弥天大谎，则还伴有低头动作。
- 搔脖子手势：心里忧郁、焦急、束手无策的心理表现。
- 拍头手势：拍前额表示因忘记别人交代或托付的事情而表示的歉意；拍头或拍颈背则表示因某事的恐慌而不安的心理。
- 支下巴手势：厌烦、无精打采、垂头丧气、闷闷不乐时，头自然下垂时就会出现支下巴的手势。

（二）几种常见手势在不同国家和地区的不同含义

国家、地区、民族、文化习俗的不同，手势的含义也不尽相同，即使是同一手势表达的意思也是有差异的。美国人、法国人使用手势较多，北欧人、亚洲人则很少使用手势。过多的无意识手势会令人心烦意乱，有时甚至被认为是粗鲁和放肆的表现。

1. 大拇指手势

（1）右手或左手握拳，向上伸出大拇指

- 在中国表示"好"、"了不起"等，有赞赏、夸奖之意。

- 在意大利、德国,表示"1"。
- 在希腊,拇指上伸表示"够了"。
- 在尼日利亚,宾客来临,要伸出大拇指,表示对来自远方的友人的问候。
- 在日本,这一手势表示"男人"、"您的父亲"。
- 在韩国,表示"首长"、"父亲"、"部长"和"队长"。
- 在美国、墨西哥、荷兰、斯里兰卡等国家,这一手势表示祈祷幸运。拦路搭车时,横向伸出大拇指表示要搭车。
- 在印度尼西亚,伸出大拇指表示指东西。
- 在澳大利亚,竖大拇指是一个粗野的动作。与别人谈话时将拇指翘起来反向指向第三者,即以拇指指腹的反面指向除交谈对象外的另一人,是对第三者的嘲讽。

(2) 向下伸大拇指

- 在中国,把大拇指向下,意味着"向下"、"下面"。
- 在希腊,拇指下伸表示"厌恶"、"坏蛋"。
- 在英国、美国、菲律宾,大拇指朝下含有"不能接受"、"不同意"、"结束"之意,或表示"对方输了"。
- 墨西哥人、法国人用这一手势来表示"没用"、"死了"或"运气差"。
- 在泰国、缅甸、菲律宾、马来西亚、印度尼西亚,拇指向下表示"失败"。
- 在澳大利亚,使用这一手势表示讥笑和嘲讽。
- 在突尼斯,向下伸出大拇指,表示"倒水"和"停止"。

(3) 双手大拇指旋绕

在英美等国,双手大拇指不停地、有规律地互相旋绕,表示"无事可做"、"闲极无聊"之意。

2. 食指手势

(1) 竖直食指

- 在多数国家表示数字"1"。
- 在法国表示"请求提问"。
- 在新加坡表示"最重要"。
- 在澳大利亚表示"请再来一杯啤酒"。
- 中国人向上伸食指,表示数目,可以指"1",也可指"10"、"100"、"1 000"等这样的整数。

- 在日本、韩国、菲律宾、斯里兰卡、印度尼西亚、沙特阿拉伯、墨西哥等国，食指向上表示只有一个(次)的意思。
- 在美国，让对方稍等时，要使用这个手势。
- 在缅甸，请求别人帮忙或拜托某人某事时，都要使用这一手势。
- 在墨西哥、缅甸、日本、马来西亚，这一手势还表示顺序上的第一。
- 在中东，用食指指东西是不礼貌的。

(2) 伸出弯曲的食指

- 这一手势是英美人常用的手势，表示招呼某人过来。
- 在中国，表示"9"。
- 在缅甸，表示"5"。
- 在斯里兰卡，表示"一半"。
- 在墨西哥，表示"钱"或"询问价格"。
- 在日本，表示"小偷"或"偷窃行为"。
- 在韩国，表示"有错"、"度量小"。
- 在印度尼西亚，表示"心肠坏"、"吝啬"。
- 在泰国、新加坡、马来西亚，表示"死亡"。在新加坡，伸出弯曲的食指还表示(拳击比赛的)"击倒"。

3. 中指手势

罗马人一直称中指为"轻浮的手指"。事实上，单独伸出中指的手势在世界绝大多数国家都不意味着好事情，普遍用来表示"不赞同"、"不满"或"诅咒"之意。

- 在美国、澳大利亚、突尼斯，这种手势表示侮辱。
- 在法国，表示行为下流龌龊。
- 在沙特阿拉伯，表示恶劣行为。
- 在新加坡，表示侮辱性行为。
- 在菲律宾，表示诅咒、愤怒、憎恨和轻蔑。
- 在中国，表示对方"胡扯"或对对方的侮辱。
- 在缅甸和尼日利亚，向上伸出中指表示"1"。
- 在突尼斯，表示"中间"之意。

4. 向上伸小指
- 在中国,这一手势表示"小"、"微不足道"、"最差"、"最末名"、"倒数第一",并且引申表示"轻蔑"。
- 在日本,表示"女人"、"女孩"、"恋人"。
- 在韩国,表示"妻"、"妾"、"女朋友"。
- 在菲律宾,表示"小个子"、"年少者"、"无足轻重之人"。
- 在美国,表示"懦弱的男人"或"打赌"。
- 在尼日利亚,含有"打赌"之意。
- 在泰国和沙特阿拉伯,向对方伸出小手指,表示彼此是"朋友",或者表示愿意"交朋友"。
- 在缅甸和印度,表示"想去厕所"。

5. 伸出食指和小指
- 在欧洲大多数国家,人们向前平伸胳膊,再伸出食指和小指做成牛角状,用来表示要保护自己不受妖魔鬼怪的侵害。
- 在非洲一些国家,这种手势若指向某人,则意味着要让那人倒霉。
- 在拉丁美洲的许多国家,把伸出食指和小指的手竖起来,则表示"交好运"。
- 在意大利,这一手势表示自己的老婆有了外遇。

6. 中指和食指交叉相叠
- 在中国,中指和食指交叉相叠表示数目"10"和"加号"。
- 在中国香港,这一手势表示"关系密切"。
- 在英国、美国、法国、墨西哥、新加坡、菲律宾、马来西亚,这一手势表示"祝愿"、"祈祷幸运"。
- 在澳大利亚,表示"期待"、"期盼"。
- 在斯里兰卡,表示"曲折"和"邪恶"。
- 在印度,表示"结束"、"完成"。
- 在荷兰,表示"发誓"、"赌咒",或指"对方撒谎"。
- 在尼日利亚,表示东西或数字"相加"。

7. 屈伸手指
在拉丁美洲、英国、美国、意大利、西班牙、葡萄牙、突尼斯以及亚洲和非洲的部分地区,人们伸出小臂,稍微抬起,手心向上屈伸手指,表示"让人走过来"。但这一手势在中国是用作招呼动物或幼儿的。中国人招呼人的手势是将手臂前伸,手心向下,变动所有手指。但这一手势在英美等国却是招呼动物的。

8．"V"形手势

这个动作在世界大多数地方伸手示数时表示"2"。

告知结果时,手心向外,表示胜利,但忌讳对德国人做此手势。

手掌向内,是贬低人、侮辱人的意思。做这一手势时务必记住把手心朝外、手背朝内,在英国尤其要注意这点,因为在欧洲大多数国家,做手背朝外、手心朝内的"V"形手势是表示让人"走开",在英国则指伤风败俗的事。在希腊,做这一手势时,即使手心向外,也有对人不恭之嫌。在中国,"V"形手势表示数目"2"、"第二"或"剪刀"。在非洲国家,"V"形手势一般表示两件事或两个东西。

9．"OK"形手势

将大拇指和食指搭成一个圆圈,再伸直中指、无名指和小指的手势。

这一手势在美国和英国经常使用,相当于英语中的"OK",一般用来征求对方意见或回答对方所征求的话,表示"同意"、"赞扬"、"允诺"、"顺利"和"了不起"。

- 在中国和世界其他一些地方,伸手示数时,该手势表示"0"或"3"。
- 在法国,表示"0"或"没有"。
- 在泰国,表示"没问题"、"请便"。
- 在日本、韩国、缅甸,表示金钱。
- 在印度,表示"正确"、"不错"。
- 在突尼斯,表示"傻瓜"。
- 在拉美国家和地区,表示下流或者侮辱人。
- 在荷兰,表示"正在顺利进行"、"微妙"。
- 在斯里兰卡,表示"完整"、"圆满"和"别生气"。
- 在菲律宾,表示"想得到钱"或"没有钱"。
- 在印度尼西亚,表示"一无所有"、"一事无成"、"啥也干不了"。
- 在希腊、独联体,这个手势被认为是很不礼貌的举止。

10．摆手的手势

- 在欧洲,人们见面时习惯用"摆摆手"来打招呼,具体做法是:向前伸出胳膊,手心向外,但胳膊不动,只是用手指上下摆动。

- 如果欧洲人前后摆动整只手,则表示"不"、"不对"、"不同意"或"没有"。
- 美国人打招呼时总是摆整只手。
- 在秘鲁,前后摆动整只手则表示"到这儿来"。
- 在希腊和尼日利亚,在别人脸前摆动整只手意味着极大的侮辱,距离越近,侮辱性越大。
- 掌心向下的摆手动作,中国表示招呼别人过来;美国是叫狗过来;在世界许多地方,摆手表示让人走开。

11. 搓手的手势

在欧美国家,摩搓双手表示"完成了所做的事"。在非洲,人们常用搓手这一手势来表明自己与某件事毫不相干、没有关联。具体搓法是:先用左手手心搓右手手背,从手腕一直搓到手指尖。

案 例

"OK"手势的新内涵[①]

据美国中文网报道,民众常用的"OK"手势已添加到"白人至上主义者"和其他极右翼极端分子使用的仇恨符号数据库,被视为"白人至上主义"36个新标志之一。

据反诽谤联盟(Anti-Defamation League, ADL)的说法,被批有白人种族主义倾向的4Chan网站的成员,以一种恶作剧作为流行的诱骗手段,开始使用手势符号作为骗局,称该手势代表"白色力量"(white power)的"W"和"P"。在这个看着像"OK"的手势中,三只竖立的手指象征着英文字母中的"W",而围成圆圈状的两只

---

① 参见张鸶、如风:《"杀人魔"受审微笑打出的神秘手势,原来是……》,环球网,2019年3月16日。

手指象征着英文字母中的"P",在极右人士眼中,这代表着"白人权力"①(white power)。然而,直到2019年,这个"OK"手势才开始被广泛用作"白人至上"的表达形式。

报道称,曾在新西兰两所清真寺发动了导致51人死亡的枪杀案的嫌犯,在出庭时做出了颠倒的"OK"手势。

"虽然某些仇恨符号只是短暂存在,但其他仇恨符号却保留了下来,并成为网络社区的工具",反诽谤联盟极端主义研究中心资深研究员皮特卡瓦奇(Mark Pitcavage)说:"我们特别注意那些具有持久力的符号,以及那些从网络世界走出来,成为现实世界的符号。"

总部位于纽约的反诽谤联盟组织于2000年启动了该数据库,以帮助执法人员、学校官员和其他人员识别极端主义活动的迹象。

反诽谤联盟首席执行官格林布拉特(Jonathan Greenblatt)在一份声明中说:"即使极端主义者继续使用可能已有数年或数十年历史的符号,他们也会定期创建新的符号和口号等来表达其仇恨情绪。"反诽谤联盟以小册子形式把仇恨符号的印刷版本分发给当地执法部门,并提供给全国各地的学区识别。

2016年11月美国大选之夜,白人民族主义者理查德·斯宾塞在特朗普国际酒店的台阶上也做了这个手势。

2017年,一名美国白宫实习生在实习后,与总统特朗普拍大合照就用了类似手势,招致外界猛烈批评。这位名叫布罗伊尔的男生,以右手拇指与食指结成圆圈,竖起中指、无名指及尾指,做出了"OK"手势状。

案例思考:在涉外商务场合中,要注意哪些手势的使用?

(三)常用的手势

1. 横摆式

迎接来宾做"请进"、"请"时常用横摆式。其动作要领是:右手从腹前抬起向右横摆到身体的右前方;腕关节要低于肘关节;站成右丁字步或双腿并拢,左手自

---

① 参见朱海逸:《比"OK"手势要注意!已被白人至上主义当代表符号》,环球网,2019年9月27日。

第二章　商务人员的个人礼仪

　　请坐　　　　请进　　　　里面请　　　　大家请　　　　请往前走

然下垂或背在后面；头部和上身微向伸出手的一侧倾斜，目视宾客，面带微笑，表现出对宾客的尊重和欢迎。

　　2. 直臂式

　　需要给宾客指方向或做"请往前走"手势时，采用直臂式。其动作要领是：将右手由前抬到与肩同高的位置，前臂伸直，用手指向来宾要去的方向。指引方向时，不可用一个手指指示，那样会显得不礼貌。一般男士使用这个动作较多。

　　3. 斜臂式

　　请来宾入座做"请坐"手势时，采用斜臂式。其动作要领是：手势应摆向座位的地方，一只手由前抬起，从上向下摆动到距身体45°处，手臂向下形成一斜线。

　　4. 曲臂式

　　当一只手拿东西，同时又要做出"请"或指示方向时，采用曲臂式。其动作要领是：以右手为例，从身体的右侧前方由下向上抬起，至上臂离开身体45°的高度时，以肘关节为轴，手臂由体侧向体前的左侧摆动，距离身体20 cm处停住；掌心向上，手指尖指向左方，头部随客人由右转向左方，面带微笑。

　　5. 双臂横摆式

　　当接待较多来宾做"诸位请"或指示方向的手势时，采用双臂横摆式。表示"请"可以动作大一些。其动作要领是：将双手由前抬起到腹部，再向两侧摆到身体的侧前方。指向前进方向一侧的臂应抬高一些、伸直一些，另一只手稍低一些、曲一些。

　　若是站在来宾的侧面，则两手从体前抬起，同时向一侧摆动，两臂之间保持一定距离。运用这一手势时还要注意与眼神、步伐、礼节相配合，才能使宾客感觉到主人的"感情投入"。

(四) 正确使用常用的礼仪手势

商务活动中正确地使用手势,有助于表达的感染力,且能够给人以肯定和清晰的感觉。

1. 正确使用掌心的手势

掌心向上的手势有一种诚恳、尊重他人的含义;掌心向下的手势意味着不够坦率、缺乏诚意等;伸出手指来指点是要引起他人的注意,含有教训人的意味。因此,在引路、指示方向等时,应注意手指自然并拢,掌心向上,以肘关节为支点,指示目标,切忌伸出食指来指点。

2. 正确使用接物的手势

应当目视对方,而不要只顾注视物品;一定要用双手或右手,绝不能单用左手去接物品;必要时,应当起身而立,主动走近对方;当对方递过物品时,再以手前去接取,切不可急不可待地直接从对方手中接物。

3. 正确使用递物的手势

递物以双手为宜,不方便双手并用时,也要用右手递物给他人,用左手通常被视为无礼之举;递给他人的物品,以直接交到对方手中为好;若双方相距过远,递物者应主动走近接物者;当递物给他人时,应面向对方;将带尖、带刃或其他易伤人的物品递给他人时,切勿将尖、刃直接指向对方,合乎礼仪的做法应当将尖、刃朝向自己或朝向他处。

4. 正确使用展示的手势

将物品举至高于双眼之处,这适于被人围观时采用;将物品举至上不过眼部、下不过胸部的区域,这适用于让他人看清展示之物。

5. 正确使用招手的手势

向近距离的人打招呼时,伸出右手,五指自然并拢,抬起小臂挥一挥即可;距离较远时,可适当加大手势;不可向上级和长辈招手。

6. 正确使用介绍的手势

为他人做介绍时,手势动作应文雅。无论介绍哪一方,都应手心朝上,手背朝下,四指并拢,拇指张开,手掌基本上抬至肩的高度,并指向被介绍的一方,面带微笑。

7. 避免使用错误的手势

在商务场合中,应当避免出现的手势有搔头、掏耳朵、抠鼻子、擤鼻涕、拭眼屎、剔牙齿、修指甲、咬指甲、打哈欠、咳嗽、打喷嚏、用手指在桌上乱写乱画、玩笔等。

案例

神秘的"V"手势及第二次世界大战期间的心理战①

人们总喜欢把食指与中指分开,形成一个"V"形来摆姿势照相等,用以表达高兴和胜利之意。但是,说到这个手势的起因,许多人恐怕只知道是来自英语单词"victory"的第一个字母,却不一定知道这还与第二次世界大战期间展开的一场特殊心理战紧密关联。

第二次世界大战爆发后,西欧各国相继沦陷于德国法西斯的铁蹄下。当时有个叫维克多的比利时人,他以"不列颠上校"的名义,每天利用电台从英国向比利时广播,号召同胞们奋起抗击德军。1940年年末的一天晚上,他突发奇想,提出以"V"表示胜利的意思,并呼吁人们在德战区广泛书写字母"V",以示对抗战的坚定信念。几天之内,比利时的首都、城乡、村镇的街道上和墙壁电线杆上,到处都能见到大大小小的"V"字,就连德军营房内也频频出现。很快地,"V"不胫而走,传遍欧洲,亲朋好友见面也往往伸出手指表示"V",心照不宣地表示出团结一心和反抗法西斯的决心。

第二次世界大战期间的英国首相丘吉尔也十分喜爱打这种手势。有一次,他在地下掩蔽部内举行记者招待会时,地面上突然警报声大作。丘吉尔闻声举起右手,将食指和中指同时按住作战地图上的两个德国城市,大声地对与会记者说:"请相信,我们会反击的。"这时,一名记者发问:"首相先生,有把握吗?"丘吉尔转过身,将按在地图上的两指指向天花板,情绪激动地大声回答:"一定胜利!"丘吉尔这一镇定威严的举止,刊登在第二天出版的各大报纸上。从此,这一手势便在世界范围内迅速流行开来。"V"运动高涨,在欧洲掀起一场反法西斯斗争的热潮,形成一股强大的精神攻击力量,冲击着德国法西斯军队的心理

---

① 参见宋园园:《神秘的"V"手势:二战期间蕴涵的心理战》,《解放军报》2007年9月13日。

战线。对于"V"的巨大历史作用,战后人们念念不忘,并逐步将其扩展到需要表示胜利的各个领域。

案例思考:平时惯用的手势对人的心理有什么暗示作用?

本 章 小 结

1. 服饰能彰显一个人的个性、修养、品位和精神面貌。服饰礼仪要遵循"TPO"原则,即不同的时间(time)、地点(place)、目的(object),人们着装不同;服饰的整体性原则,即搭配得体的服饰必须从整体考虑服装的款式、色彩、质地、配饰、工艺等方面的和谐;服饰的合"礼"原则,即服饰要符合不同场合的礼仪规范;服饰的协调搭配原则,即服饰搭配要与体型、身份、职业、色彩相协调。

在比较正式的商务、公务场合,能显示庄重大方的深色西服套装是男士最佳的选择。男士西装按版型可分为欧式型、美式型、英式型,按使用场合又可分为日常西装、礼服西装和西服便装。商务男士日常西装的穿着要讲究惯例,配好衬衫,系好领带,慎用衣袋,系好纽扣,用好腰带,穿好内裤,穿对鞋袜,配对公文包,配好饰品。

商务女士在正式场合穿着的职业装中,套裙是首选。女士西装套裙的穿着和搭配要选对款型,穿着得法(长短适合、搭配衬裙、选好衬衫、慎穿内衣、穿好袜子、选对皮鞋),配好皮包,搭好项链、耳环、手镯、戒指、手表、胸针、围巾和手套等饰品。

2. 仪容是指人的容貌和内在精神气质结合后外在的体现。仪容的概念包括基本层次,即指人的容貌、形体、体态等的优美,是人的自然美;提升层次,即指经过修饰打扮与后天环境的影响而形成的美,是人的修饰美;最高层次,即一个人的内心世界和积极向上的生命活力的外在体现,是人的内在美。

良好的发型修饰能提升人的气质和魅力。头部修饰的基本要求是头发要勤于梳洗、洁净无异味、无头屑、保持自然光泽。头发整体的造型选择要根据自身的喜好、身材、脸型和职场条件来决定。头部修饰的要点是头发要勤修剪梳理,选择合适的手段定发型,注意帽子的合理使用。

得体的面部妆容是商务礼仪的重要组成部分,它可以体现商务人员的精神面貌,维护企业等组织的良好形象。面部肌肤的化妆要根据职业、着装的色调、出席的场合、个人的脸型、气质等具体情况而定。一般说来,面部的妆容过程分为肌肤护理、底妆、彩妆、卸妆等过程。

3. 职场中,站姿是静态造型的动作,优美、典雅的站姿能衬托一个人的气质;良好的坐姿不仅有利于健康,而且能塑造沉着、稳重、文雅、端庄的个人形象;行姿的好坏反映人的内心境界和文化素养,能展现出一个人的风度、风采和韵味;在商务场合,尤其是女士,不适当的蹲姿和上下轿车的姿态都会给商务人员带来很多尴尬。

在商务交流过程中,微笑能使客户感到商务人员的友好及被尊重的亲切感,能促进双方关系的进一步融洽。适度的微笑要做到口、眼、神、情、气质、语言、仪容、仪态相结合。微笑有对镜训练法、含箸法、情绪记忆法、数字口型法等训练方法。

手势是通过手和手指活动所传达的信息。商务人员要清楚不同手势的含义,要正确使用常用的礼仪手势。使用手势要规范、自然、礼貌,避免不良、不稳重和对他人不敬的手势。

本章实训练习

1. 请资深的美容师做一次现场职业淡妆的演示授课。
2. 判断自己属于什么脸型,动手为自己化个满意的妆容。

本章思考题

商务人员应该从哪些方面注意个人礼仪?

本章参考文献

1. 王家贵:《现代商务礼仪简明教程》,暨南大学出版社2009年版,第19—55页。

2.《造型:你的身材适合怎样的发型》,http://women.sohu.com/20070707/n250461809.shtml。

3.吉米:《吉米造型》,中国轻工业出版社2008年版,第1—50页。

4.刘长凤:《实用服务礼仪培训教程》,化学工业出版社2007年版,第21—59页。

5.商务礼仪百科,http://shangwuliyi.baike.com/。

6.李兰英、肖云林、葛红岩、郑陵红:《商务礼仪(第二版)》,上海财经大学出版社2012年版,第30—60页。

第三章　商务人员日常交往礼仪

> 礼仪不良有两种：第一种是忸怩羞怯，第二种是行为不检点和轻慢。要避免这两种情形，就只有好好地遵守下面这条规则：不要看不起自己，也不要看不起别人。
>
> ——约翰·洛克[①]

本章学习目标

1. 正确把握方位礼仪；
2. 准确使用称谓礼仪；
3. 掌握握手、拥抱及亲吻等见面礼仪；
4. 掌握自我介绍与介绍他人的礼仪；
5. 正确使用名片礼仪；
6. 掌握交谈的礼仪和技巧。

---

① 约翰·洛克(1632—1704)，英国哲学家，经验主义开创者，第一个全面阐述宪政民主思想的人，在哲学和政治领域都有重要影响。

商务礼仪

本章知识结构

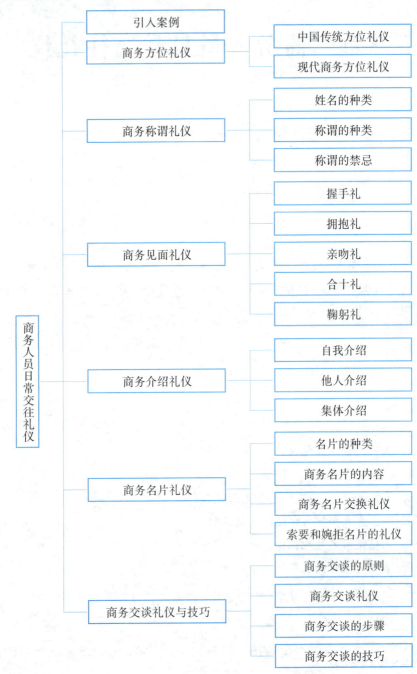

引入案例

尴尬瞬间[①]

各种会面场合,双方会以握手、拥抱、谦让等行为举止向对方表示尊重,但在这一过程中,很多人会遭遇尴尬瞬间。

1979年10月4日,勃列日涅夫(左)与东德领导人昂纳克(右)在庆祝民主德国建国30周年庆典上激烈拥吻。勃列日涅夫在他担任苏共总书记的十余年中,留给世界最深刻的印象,或许是"勃列日涅夫之吻"。他的这种吻又被称为勃列日涅夫三重吻,即先亲脸的两颊,然后再亲吻嘴唇。"勃列日涅夫之吻"是俄罗斯传统的文化习俗,是一项历史悠久的礼节,在勃列日涅夫上台后,这项俄罗斯的传统礼节被勃列日涅夫带向了世界。

对"勃列日涅夫之吻"最深恶痛绝者,莫过于勃氏下面的苏共政治局委员

[①] 《镜头下:各国政要们的尴尬瞬间,让人哭笑不得》,360个人图书馆,2018年1月26日;《看完特朗普握手时的4个小细节,你就明白他对人还是有区别对待》,搜狐网,2018年9月30日;《盘点:政要握手趣事多 安倍特朗普尴尬了19秒》,铁血网,2017年2月13日;《可怕的勃列日涅夫"三重吻"》,凤凰网,2015年12月22日;《特朗普一手推开黑山总理与他人交谈,事后,黑山总理这样说……》,搜狐网,2017年5月26日。

们。毕竟,他国政要毕生至多也不过被勃氏"强吻"数次而已,而苏共政治局委员们,却不得不"上行下效",时刻致力于将"勃列日涅夫之吻"发扬光大。

继勃氏之后的两任苏共总书记——安德罗波夫与契尔年科,都相当痛恨这种接吻。安德罗波夫非常不喜欢这种做法,因为有一次他同患病的泽登巴尔(蒙古人民革命党书记)接吻后患了重感冒。契尔年科早就有严重的健康问题,极容易感冒,但为竞逐总书记宝座一直竭力掩饰,所以,这种接吻对契尔年科来说简直是致命的。

俄裔美国石油巨头阿莫德·哈默也对"勃列日涅夫之吻"相当反感。他在自传中写道:"不得不习惯于他在欢迎特殊朋友时那种特殊的方式。我曾经被数以千计的俄国男人吻过,尽管这样的经历还是没有的为好,但他们无一例外,都是吻我的面颊。而勃列日涅夫则不同,他表示特殊尊敬的方式是使劲地亲吻你的嘴唇。"

2009年9月24日晚,在20国集团(G20)领导人金融峰会的晚宴上,一贯以花心著称的意大利总理贝卢斯科尼只身一人来到宴会现场,当看到奥巴马夫人米歇尔之后,他显得十分惊喜,立刻满脸含笑地向米歇尔张开双臂,试图给她一个热情的熊抱。让贝卢斯科尼尴尬的是,尽管他保持张开双臂的动作长达数秒钟,但米歇尔却仿佛"视而不见",只伸出一只手与他握手了事。照片显示,在整个过程中,站在一旁的奥巴马显然对贝卢斯科尼充满了警惕,他斜着眼睛对贝卢斯科尼抛去愤怒的一瞥,似乎生怕他对自己的夫人米歇尔"图谋不轨",那表情仿佛在说:"拥抱?你想都不要想!"如果说当晚奥巴马夫人米歇尔对所有来宾都只行握手礼,这倒也就罢了,眼尖的媒体注意到,当米歇尔在迎接英国首相布朗和法国总统萨科齐时,都能大方地与对方行拥抱礼,而且她甚至让布朗亲吻了面颊,唯独对贝卢斯科尼例外。

2012年3月21日,在德国柏林召开的联邦内阁会议上,总理默克尔欢迎德国外长威斯特威勒时,伸出两只手指与其握手。

2015年5月13日，在美国华盛顿，美国总统奥巴马欢迎到访的海湾阿拉伯国家合作委员会秘书长阿卜杜拉提夫·扎耶尼。当奥巴马伸手准备与其握手时，阿卜杜拉提夫·扎耶尼却在挥手致意。

2016年3月21日，在奥巴马访问古巴的破冰之旅中，在古巴革命宫召开的新闻发布会上，奥巴马和劳尔·卡斯特罗结束致辞之后，奥巴马试图找卡斯特罗握手并举手致意以便媒体拍照时，没想到遭遇尴尬的一幕。当时，卡斯特罗不知出于什么原因没有和奥巴马握手，而是抓住奥巴马的胳膊举了起来。镜头前，奥巴马试图以大笑来化解劳尔突如其来的"调皮"举动。

2016年4月12日,在印度新德里,英国威廉王子、凯特王妃与印度总理莫迪会面。莫迪与威廉王子握手时力道太大,导致威廉王子的手上留下了清晰的印记。此照在社交网站推特(Twitter)上被网友迅速转发并评论道:"印度总理有力握手的最新'猎物'——威廉王子。"

莫迪总理握手有力在国际外交场合中十分著名,他从不惧怕与其他世界级领导近距离接触。之前,法国总统弗朗索瓦·奥朗德在与莫迪拥抱时的"痛苦"表情也遭到过网友的一片嘲讽。

2016年6月29日,美国总统奥巴马与加拿大总理特鲁多和墨西哥总统涅托会面时,三人曾尝试同时握手,遭到部分媒体和网民嘲笑。

2016年9月20日，在美国纽约，加拿大总理贾斯汀·特鲁多与保加利亚总统罗森·普列夫内利耶夫在联合国总部举行双边会谈，二人在握手时出现尴尬一幕。

2017年2月10日，在美国华盛顿，日本首相安倍晋三与美国总统特朗普在白宫会晤。当白宫办公室的媒体拍照时，两人"热情"握手，不过被媒体描述为"尴尬"的19秒。安倍与特朗普并排而坐，起初，两人并没有互动，表情略显严肃地各自看着镜头，直到日本记者请求两人握手，他们才伸出双手。

2017年5月25日,北约峰会在位于布鲁塞尔的北约新总部举行。虽然本次北约峰会只有短短的半天,但却出现了一个小插曲。在北约新总部大楼的揭幕仪式上,北约成员国领导人合影留念。此时,现场媒体的摄像机拍下了美国总统特朗普的一个举动。当时,黑山总理马尔科维奇正在与北约秘书长斯托尔滕贝格交谈,在后面的美国总统特朗普用手拨开了挡在身前的黑山总理,走到前面与其他北约领导人交谈。黑山共和国是首次以成员国的身份参加北约峰会,特朗普的这一举动随即在网络上引发热议。

BBC调侃称"特朗普用行动证明谁才是北约的老大"。社交网络上有人批评特朗普不懂外交礼仪,也有人笑称他是在落实竞选纲领"美国优先"。对此,黑山总理马尔科维奇倒是不以为然,他对媒体记者表示,特朗普的举动完全"无伤大雅","我不认为有什么不妥","我看到社交媒体上的反应了,其实这事也没造成什么伤害","美国总统站前排,这事很正常","不得不说,我十分感激发生了这次意外,因为这使得我们出名了,这件事使得黑山闻名在外"。

案例思考:涉外场合有哪些主要的见面礼仪?这些见面礼仪有哪些禁忌?

第一节　商务方位礼仪

方位是各方向的位置。基本方位是东、西、南、北,相对方位是前、后、左、右、上、下。方位礼仪除了指基本方位和相对方位外,还包括远近、高低等。

在商务场合,位次的排序在一定程度上反映了参与商务活动的各方人员及其所代表的组织利益的认可度和各方利益的关联度。在会谈、会议、宴会、合影等重要场合,恰当地安排各参与者的空间方向和空间位置以及遵循约定俗成的方位礼仪规范显得非常重要。

一、中国传统方位礼仪

中国传统礼仪非常讲究方位,注意方位之礼。

(一) 南、北

中国古代以坐北朝南为尊位,故天子、诸侯见群臣或卿大夫见僚属皆南面而坐。体现在生活上,如古代住的四合院,以北房为上,西房次之,东房又次之,南房最下,一般住仆人。

(二) 东、西

中国古代宾主相见,以西为尊,主东而宾西,因此,设宴请客称作东道主。东风与西风,除了自然风向之意外,含有一定的政治含义:东风指进步势力,西风指没落势力。

(三) 左、右

中国历史上,左、右的尊卑各代都有所不同。

夏商周时,朝官尊左,凶事、兵事尊右;战国时,朝官尊左,军中尊右;秦尊左;汉代尊右;六朝朝官尊左,燕饮尊右;唐宋明清尊左,元代尊右;现代与国际惯例相同,以右为尊。

(四) 先、后

中国传统礼仪中"先"为尊,"后"为卑;先生是长者,后生是晚辈;先进则光荣,后进则耻辱。

(五) 上、下

中国传统礼仪以"上"为尊,"下"为卑;上流光荣,下流耻辱;上策高明,下策笨拙;上级领导下级,下级服从上级;上等好,下等坏;上上大吉,下下不利。

(六) 中、外

中国传统礼仪方位以"中"为尊,"中",正、不偏不倚之意,物之中央,引申为掌握国家最高权力的机构;"外"为下,"外"是非正式、关系疏远之意,如外人、外国、外族等。

二、现代商务方位礼仪

通常,尊者指长者、女士、客人、上级等。在商务场合,上下级之间,原则上没有年龄、性别之分,上级为尊;同级间则按照通常的长者、女士、客人为尊的原则。

(一) 行走方位礼仪

两人同行时,右为尊,安全为尊。例如,上级与下级同行时,长者与年轻人行走时,女士与男士行走时,客人与主人行走时,上级、长者、女士、客人为尊,走在下级、年轻人、男士、主人的右边。

三人同行时,中为尊;同级间,两男一女同行,女士在中间;两女一男同行,男士走在最左侧。

四人或四人以上同行时,不能并行,应分为两排或多排,前排为尊。

(二)上下电梯、楼梯礼仪

1. 升降电梯

在有电梯工作人员的情况下,多人进入电梯时,站在电梯的两侧等候,右、前为尊。如图所示,1—4号位,按照位高至位低排列。电梯到达后,右尊者先进,然后依次进入。在电梯内,尽量站成"凹"字形,中间为尊。电梯到达后,尊者先出,其他人依次走出。

2号位　　1号位
4号位　　3号位

在没有电梯工作人员的情况下,多人进入电梯时,如下图所示,位低一方4号位应按开电梯,先进入电梯后,按住电梯内"开"的按钮,然后再请位尊者依次进入电梯;出电梯时,位低一方应按住电梯"开"的按钮,请位尊者先出,其他人依次走出。

4号位　　1号位
3号位　　2号位

电梯外开关按钮在左边或两侧均有

1号位　　4号位
3号位　　2号位

电梯外开关按钮在右侧

2. 手扶电梯

不论是上下式手扶电梯还是平行式手扶电梯,乘坐电梯都应尊者先上、先下。

3. 楼梯

上下楼梯较窄,均应单行靠右侧行走,左侧是留给反方向行走者的通道;上下楼梯较宽,并排行走最多不要超过两人,要给左侧反方向行走者留有通道。出于安适、尊重的考虑,上楼时尊者在前,下楼时尊者在后。上下楼梯时,要注意姿势和速度,前后之间保持适当的距离,避免男士在后时,视线正好落在女士臀部的失礼情形。

资料：

扶梯"左行右立"之争[1]

2019年4月，上海地铁发布了"最新版自动扶梯乘梯须知"，引发热议。这其中最大的变化就是取消了此前"左行右立"的倡导，取而代之的是新增了"禁止在乘扶梯时行走和奔跑"，而且这个"新禁令"还位居八项"禁令"中的首位，其重要性可想而知。"禁止行走和奔跑"成了首条乘梯规则，那么问题随之而来，以前曾提倡的"左行右立"已经过时了？这样的变化又出自什么原因？

此前，"靠右站立，靠左急行"被认为是一种乘坐扶梯的文明表现，这样不仅方便了很多乘坐扶梯赶时间的行人，也在一定程度上维持了通行秩序。

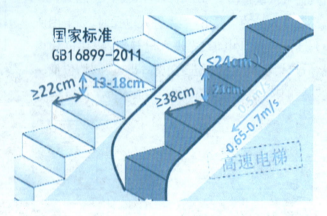

从安全的角度看，扶梯的梯级高度与楼梯的台阶高度是大不同的。按照目前实施的国家标准，电动扶梯的梯级高度一般为 21 cm，最高不得大于 24 cm，高于公共场所楼梯要求的设计高度 13—18 cm。此外，按照规定，电动扶梯的梯级深度不能小于 38 cm，也远远高于国家对普通楼梯的踏步宽度最低要求 22 cm。所以，如果人们在电动扶梯上行走，很容易踏空或被绊倒，而行走过程中也容易挤碰到扶梯上其他乘客，导致意外发生。

另外，商场里面电梯的速度，一般是 0.5 m/s，地铁里的电梯速度则更快一点，大约为 0.65—0.7 m/s，属于高速电梯。如果有人匆忙上下，一旦摔倒或发生

---

[1] 参见《扶梯"左行右立"之争 新规八项"禁令"你觉得该提倡吗？》，央视网，http://news.cctv.com/2019/04/15/ARTIjfwAl1T4eRDWn9NBVcmF190415.shtml，2019年4月15日。内容有改动。

紧急情况,很容易带倒一大片。特别是拖着行李赶时间的乘客,更容易造成危险。

"左行右立"的出现,有其产生的历史背景。

"左行右立"最早于1944年起源于英国伦敦的地铁站,是指在搭乘自动扶梯时,站着不动的人站在右侧,让出左面的一条通道给着急的人走路使用。就像等公交车排队一样,被看成是一种高素质的行为,后来在全球各地普及。

日本最早在1970年从大阪开始流行"左行右立"(东京是"左立右行")。2010年开始鼓励大家"站成两排"乘坐扶梯,理由有两点[①]。

1. 提高运送效率

有实验证明,单位时间内扶梯站双排,要比单侧站立单侧行走提高30%的运输效率。因为行走的那一侧不是始终有人,何况每个人上下楼速度不同,中间会有间隔,在高峰期经常出现等着上扶梯站立那一侧的队伍排得很长,而另一侧是空的现象。

自动扶梯到底是为了更快地运送行人,还是让行人更轻松?显然后者是正确的,因为自动扶梯的台阶高度在20—23 cm,宽度在1 m左右,而正常的步行台阶的设计要求是在18 cm以下,宽度在1.4 m以上。自动扶梯的标准显然不是按步行设计的。

2. 安全考虑

2010年,日本九州等地就开始提议取消"左行右立",原因之一是日本每年都有30—50起因走路一侧的行人撞到站立的行人,致使受伤事故发生。最好的预防措施就是双排站立不动,并且扶好扶手。

所以,在东京各地铁站内经常能看到贴在墙上或地面上的标语:"步かない、二列に並んで乗りましょう"(不要行走,请站双排乘扶梯)。

我国曾在2008年北京奥运会和2010年上海世博会举行前,提倡"左行右立"的乘坐扶梯方法。2015年,武汉也提出推广这种乘电梯的方法。但随着时间的推移,"靠右站立,靠左急行"的建议逐渐被多个城市取消。

如今,和南京、上海一样,广州也不提倡"左行右立"。2018年8月,广州地铁集团发布信息,表示不提倡在电梯上"右侧站立,左侧通行",这么做主要是考

---

① 参见职长:《日本不再提倡乘扶梯左行右立,但做法与理由却与国内不同》,http://k.sina.com.cn/article_6340032477_179e537dd00100764r.html,2018年4月30日。

虑乘电梯的安全和机械磨损问题。此前,北京西站也曾明确表示,不建议旅客在乘坐扶梯时"左行右立",而是希望旅客"站稳、扶好"。香港早前提倡"左行右立",是因为作为较早的地铁城市,地铁里只有电梯没有楼梯,为了给赶时间的行人和特殊情况留出通道,才会如此倡导。自2010年开始,香港也不再提倡这一行为,取而代之的同样是提倡乘客"站稳、扶好"。

资料思考:商务场合,如何得体地乘坐扶梯?

(三)进出房门礼仪

与尊者一起进出房门时,应为尊者推开或者打开房间门。进出房门时,遇到与进出方向相反者,通常的做法是:应先礼让出门者,如果进门者是尊者,则先礼让进门者。

去尊者的办公室,应先敲门三声,得到允许后方可进入。进入尊者的办公室后,不可转身背对尊者关门,要微侧着身,轻轻关门;出门时,微侧身打开门,然后面对尊者礼貌告退。

(四)会客座次礼仪

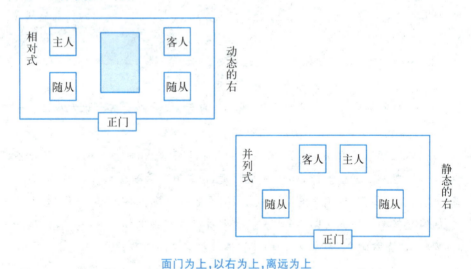

面门为上,以右为上,离远为上

1. 相对式位次

双方就座时分为左右两侧,面对面。通常以右为上,即进门后,右侧一方为上座,应留给客人;左侧一方为下,留给主人。

2. 并列式位次

多运用于礼节性会客。宾主双方并排就座,暗示双方平起平坐。

宾主双方一同面门而坐,主人应请客人坐在自己的右侧,双方人员分别在主人或客人一侧就座。

宾主双方一起并排坐在室内的右侧或左侧,这时讲究以远为上,即距门远处为上座,让给客人;距门近处为下坐,留给主人。

宾主双方就座沙发交谈,长沙发座位为上,给客人;单人沙发为下,留给主人。

此外,异性交谈,男士坐在女士的左侧;年轻人和年长者谈话,年长者坐在右侧;未婚者让已婚者坐在右侧。

(五)谈判、会议座次礼仪

商务会谈或者谈判时,使用长条桌或者椭圆桌,各方主谈人员应在自己一方居中而坐,如果有翻译人员,则坐在主谈人员右侧,其他人员应遵从右高左低的原则,依照职位高低自近而远分别在主谈人员两侧就座。各方座次的安排有两种情况:会谈桌横放在厅内,正对门一侧为上座,留给客方;会谈桌竖放在厅内,以进门时右侧为上座,留给客方。

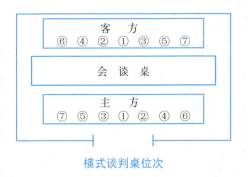

横式谈判桌位次

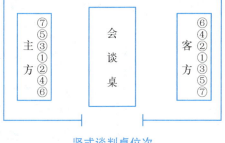

竖式谈判桌位次

参加者较少、规模不大的小型会议,全体与会者均应排座,不设立专用的主席台。确定上位的基本方法是:面门为上,居中为上,以右为上。

与会者众多、规模较大的会议,会场上应设主席台与群众席。大型会场的主席台一般应面对会场主入口。主席台座

小型会议位次

次的排列为：前排高于后排，中央高于两侧；国际会议右侧高于左侧，国内会议左侧高于右侧。主席台必须放名卡，以便对号入座。群众席的座次可排可不排，如果排列，应遵循"以前为尊，以中为尊，以右为尊"的原则。

（六）合影礼仪

正式场合合影应进行排位；非正式场合合影，可排位也可不排位。

合影时，所有参加者一般均应站立。必要时，可以安排位尊者前排就座，后排人员在前排人员身后呈梯形阶状站立。通常不宜要求合影的参加者以蹲姿拍照。

1. 国内合影排位礼仪

国内合影，以前为上，居中为上，以左为上。但当合影人数为双数时，排位会发生变化，如下图所示。

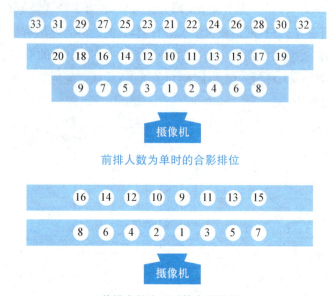

前排人数为单时的合影排位

前排人数为双时的合影排位

2. 涉外合影排位礼仪

国外合影时，按照国际惯例，以中为尊，以右为上，没有人数单双的排位变化。

在涉外场合合影时，应该遵循国际惯例，即尊者居中，以右为尊，其他人员依次排开。

（七）旗帜礼仪

国旗是国家的象征和标志，是由国家法律规定的具有一定形式和格式的旗帜。

国旗能唤起国民的爱国热情,培养公民对国家的责任感和荣誉感。国际上,人们通常以悬挂国旗的形式来表达对祖国的热爱或对他国的尊重。在一个主权国家的领土上,一般不得随意悬挂他国国旗,不少国家对悬挂外国国旗都有专门规定。在国际商务交往中,悬挂国旗的一些惯例已被各国普遍接受。

在悬挂国旗和其他旗帜时,要注意旗序,即悬挂顺序和排列顺序。

国旗与其他旗帜同时升挂时,应当将国旗置于中心、较高或者突出的位置。举行重大庆祝和纪念活动、大型文化和体育活动以及大型展览会时,可以升挂国旗。例如,外国政府经济援助项目以及大型中外合资经营企业、中外合作经营企业、外商独资企业的奠基、开业、落成典礼及重大庆祝活动,可以同时升挂中国国旗和有关国国旗;民间团体在双边和多边交往中举行重大庆祝活动时,也可以同时升挂中国国旗和有关国国旗。

外国驻华机构、外商投资企业、外国公民在同时升挂中国和外国国旗时,须将中国国旗置于上首或中心位置;外商投资企业同时升挂中国国旗和企业旗时,须把中国国旗置于中心、较高或者突出的位置;在中国境内举办双边活动需要悬挂中国和外国国旗时,凡是中方主办的活动,外国国旗置于上首;凡是外方举办的活动,则应将中国国旗置于上首。

1. 悬挂国旗的礼仪

在建筑物上或室外悬挂国旗,一般应日出升旗,日落降旗。升旗时,必须将国旗升至杆顶;降下时,不得使国旗落地。如遇特殊情况,需悬旗致哀时,可先将国旗升至杆顶,然后再下降至离地面约杆长的1/3处;日落降旗时,也应将旗升至杆顶,然后再降下。也有国家不降半旗,而是在国旗上方挂黑纱致哀。

按照国际惯例,悬挂双方国旗时,以右为上,左为下。两国国旗并排,以旗身面向为准,右挂客方国旗,左挂本国国旗。汽车上挂国旗时,以汽车行进方向为准,驾驶员左手为主方,右手为客方。所谓主客,以举办活动的主方为依据,而不是以举行活动的所在国为依据。

2. 国旗的几种悬挂方法

(1) 并列悬挂

多国国旗并列升挂,旗杆高度应该一致。在中国境内,中国国旗与多国国旗并列升挂时,中国国旗应该置于荣誉地位。升挂时须先升中国国旗,降落时最后降中国国旗。同一旗杆上不能升挂两个国家的国旗。遇有需要夜间在室外悬挂国旗时,国旗必须置于灯光照射之下。如属国际会议,无主客之分,则按规定的礼宾顺序排列,如字母顺序等。

并排升挂国旗的具体办法:

- 一列并排时,以旗面面向观众为准,中国国旗在最右方。
- 单行排列时,中国国旗在最前面。
- 弧形或从中间往两旁排列时,中国国旗在中心。
- 圆形排列时,中国国旗在主席台(或主入口)对面的中心位置。

(2) 交叉悬挂

交叉悬挂的样式如下。

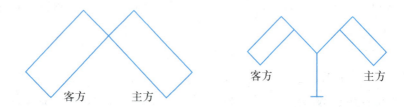

(3) 竖挂

竖挂国旗的样式如下。

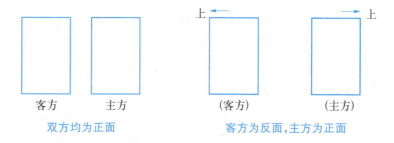

国旗不能倒挂。一些国家的国旗由于文字和图案的原因,也不能竖挂和反挂。有些国家甚至明文规定,凡竖挂则需另行制作国旗,将图案转正。正式场合悬挂国旗要将正面对观众,即以旗套的右边为准。如把两面国旗挂在墙上,应避免采用交叉挂法或竖挂法。

在某些特殊场合,国旗需要垂直悬挂时,大部分国家对此无特殊要求,但也有少数国家作出了特别规定,如希腊(蓝底白十字必须位于左上方)、捷克(白色长条朝左)、菲律宾(蓝色长条朝左)、加拿大(枫叶顶端朝左侧、柄朝右侧)、美国(蓝底白星必须位于左上方)。

也有一些国家规定垂直悬挂的国旗须采用特殊式样,如斯洛伐克(白色长条位于左侧且国徽保持水平)、柬埔寨(蓝色长条形状收窄且国徽保持水平)、多米尼克(鹦鹉图案面向左侧)、沙特阿拉伯(文字与弯刀图案保持水平)、卢森堡(王冠位于左侧且保持水平)、黑山(国徽保持水平)。

各国国旗的式样、图案、颜色、尺寸、比例都是按照本国宪法中的有关规定制作的。由于不同国家的国旗比例不同,两面旗帜悬挂在一起时,一大一小会显得很不协调。因此,在并列悬挂比例不同的国旗时,应注意事先将其中一面适当放大或缩小,以使人们在视觉上感觉对称、相当。

此外,在多边活动中,礼宾次序常采用按参加国国名字母顺序排列的方法。使用这一排列方法一般以英语字母顺序排列最为常见。例如,在国际会议、国际比赛中,公布与会者名单、悬挂与会国国旗及座位安排时,往往按各国国名的英文拼写字母顺序排列。但为了避免有些国家总是占据前排席位,也常常用每年抽签一次的办法来决定本年度的席位以哪个字母打头,以便让各国都有机会排列在前。

案例

尴尬的场面[1]

一番折腾之后,美国、土耳其两方终于开始谈判了。然而,双方的见面却显得有些尴尬。

据土耳其媒体 Ahval News 当地时间 2019 年 10 月 17 日报道,美国副总统彭斯和国务卿蓬佩奥已经抵达土耳其,展开与该国总统埃尔多安的谈判。

谈判主要内容就是敦促土耳其停止在叙利亚北部的军事行动。

不过,从美国媒体发布的视频来看,双方谈判的气氛非常尴尬。

彭斯和埃尔多安见面后基本没有语言交流,只是握手和对视。埃尔多安甚至一点表情都没有。

---

[1] 参见《彭斯抵达土耳其与埃尔多安开启谈判,场面一度尴尬》,凤凰网,http://news.ifeng.com/c/7qr4fEYPb39,2019 年 10 月 17 日;《美国副总统彭斯获埃尔多安接见,但美国国旗却被矮化了》,腾讯网,https://new.qq.com/omn/20191018/20191018A06RDG00.html,2019 年 10 月 18 日。

随后，两人来到会场，开始"摆拍"。现场一片安静，只有记者使用相机的"咔咔"声。而且，两人不管站着、坐着都显得非常严肃。

值得注意的是，在埃尔多安和彭斯中间的一张小桌子上，分别立着土耳其和美国的小国旗。但是在埃尔多安和彭斯的背后，却立着两面大幅的土耳其国旗。也就是说，土耳其方面并没有给彭斯副总统准备一面对等的大幅美国国旗。

据此前报道，双方的此次见面充满了戏剧性。16日，英国天空新闻（Sky News）报道称，埃尔多安表示不会与美国副总统彭斯会面讨论停火问题，他只会和美国总统特朗普谈。然而没过多久，法新社又发布消息称，土耳其总统府新闻办公室当天表示，埃尔多安会与彭斯会面。

案例思考：在涉外场合悬挂、摆放国旗时，应注意哪些方面的礼仪？

(八)乘车位次礼仪

在商务活动中,尊重、安全、方便、舒适等因素是乘车座位位次排定的依据。但在具体过程中,也应灵活运用,尊重位尊者对轿车座次的选择,位尊者坐在哪里,哪里就是上座。

1. 乘坐轿车的座次

(1)双排五座轿车的座次

五座轿车,如果有专职司机驾车时,座次的高低排序依次应该是后右、后左、后中、副驾驶座。这种情况下,后排座位比前排尊,因为后座安全;后右最尊,因为在汽车靠右行驶的国家,从右边上下车最为便利。

如果轿车由主人亲自驾驶,座次的高低排序依次应该是副驾驶座、后右、后左、后中。这种情况下的排座主要考虑到与主人同排为尊。汽车靠左行驶的国家反之。

如果是男主人驾车载着一对夫妻客人,男士客人应该坐在副驾驶座陪伴主人;如果是女主人驾车,副驾驶座应该坐女士客人。

当接待重要客人或领导时,司机后的座位是最尊贵的座位,因为安全性高且隐秘。

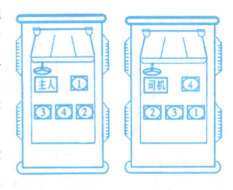

(2)三排七座轿车的座次

三排七座轿车由主人亲自驾驶时,座位顺序应当依次是副驾驶座、后排右座、后排左座、后排中座、中排右座、中排左座。

由专职司机驾驶时,座位顺序应当依次是后排右座、后排左座、后排中座、中排右座、中排左座、副驾驶座。

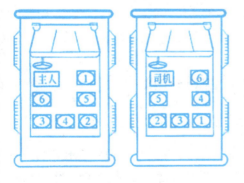

(3)吉普车、SUV等车的座次

吉普车、SUV属于越野车的一种,都是四轮驱动且稳定性良好的车型。这一类越野车,不管由谁驾驶,乘坐的上座位次都是副驾驶座,然后是后右、后左。

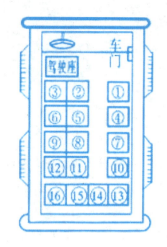

（4）多排客车的座次

多排客车是指四排及以上座位的大中型轿车。司机为第一排，从第二排开始，以走道为界，不论由何人驾驶，都是以前排为尊、以右为尊、以距离前门的远近来排定具体座位。

（5）出租车的座次

出租车座次的高低排序依次应该是后右、后左、后中、副驾驶座。在汽车靠左行驶的国家则正好相反。

（6）火车的座次

乘坐火车的座位以舒适之处为上、便利之处为上、面向火车移动的方向为上和临窗的座位为上。

第二节　商务称谓礼仪

称谓也叫称呼。称谓礼仪主要是指人际交往过程中彼此规范性的礼貌称呼。这种称呼通常基于血缘关系、职业特性、宗教信仰、社会地位等因素，能恰当地体现出当事人之间的关系。称谓礼仪的原则是称谓得体、有礼有序。在商务场合中，正确的称呼能使商业活动得以顺利地进行。

一、姓名的种类

姓名在不同的国家和地区有着不同的内涵。姓名按照构成和排列顺序可分为三类。

(一) 前姓后名

主要分布在汉文化圈的国家和欧洲一些国家,如中国、日本、韩国、柬埔寨、匈牙利等。

柬埔寨贵族与平民的姓名有所不同,贵族一般承继父姓,平民一般以父名为姓。明治维新后,日本人才有了姓。日本妇女婚前使用父姓,现在虽然越来越多的日本女子反对夫妻同姓,主张婚后仍用自己的姓,但大多数女性婚后使用夫姓,本人的名字不变。例如,中野良子嫁给川崎善弘后,改名川崎良子;松崎君代结婚后就改姓名为栗本君代。日本天皇无姓,平民嫁到皇家仍然用娘家的姓。例如,皇子文仁的妻子川岛纪子,川岛就是娘家的姓。中国香港、台湾等地的很多女性则习惯于婚后将夫姓冠于自己的姓名前,如范徐丽泰。

匈牙利人的姓名是姓在前名在后,都由两节组成。例如纳吉·山多尔,简称纳吉。女子婚后可保留自己的姓和名,但也有些女子改用丈夫的姓名,只是在丈夫姓名后再加词尾"ne",译为"妮",是夫人的意思。姓名连用时加在名字之后,只用姓时加在姓之后。例如,瓦什·伊斯特万妮或瓦什妮是瓦什·伊斯特万的夫人。

(二) 前名后姓

主要分布在欧美文化圈和穆斯林文化圈的国家,如英国、法国、美国、德国及阿拉伯国家。

英国人的姓名一般为教名(First Name)+中间名(Middle Name)+姓(Last Name)。但在很多场合,中间名往往略去不写。英国人习惯将教名和中间名全部缩写,如 M. H. Thatcher;美国人则习惯于只缩写中间名,如 Ronald W. Reagan。

法国人的姓名一般由二节或三节组成。前一、二节为个人名,最后一节为姓。有时姓名也可达四五节,多是教名和由长辈起的名字。但现在长名字越来越少。例如,亨利·勒内·阿贝尔·居伊·德·莫泊桑简称居伊·德·莫泊桑。

美国人的姓名一般由三个部分组成,即教名+中间名+姓。教名是受法律承认的正式名字,一般是在婴儿接受洗礼时取的,故称为教名;中间名是父母或亲戚所取，一般取长者的名或姓；姓是家族沿袭下来的称谓。例如，美国前总统比尔·克林顿的正式名字是威廉·杰斐逊·克林顿，其中，威廉是教名，杰斐逊是他的父母以美国总统托马斯·杰斐逊的姓氏作为中间名，其用意在于激励，克林顿是家族的姓氏。在美国，很多人喜欢用昵称取代正式教名，比尔就是克林顿的昵称。

德国人的姓是在12世纪以后才逐渐被普遍使用的。德国人的姓名一般由两节或两节以上组成，如约翰·塞巴斯蒂安·巴赫和路德维希·凡·贝多芬。德国人的名字早在古日耳曼时期就开始形成，它们以固定的形式存在于德语语汇之中，德国父母给孩子起名字时，只需给初生婴儿在名字库中选择一个自己喜欢的就行。因此，德国人的名字相同的很多。男性的名字和女性的名字有严格区别，人们仅根据名字就可以知道该人的性别。

西班牙人的姓名常有三节或四节，即本人名＋父姓＋母姓。例如迭戈·罗德里格斯·德席尔瓦·贝拉斯克斯，前一、二节为本人名字，倒数第二节为父姓，最后一节为母姓。再如西班牙前元首弗朗西斯科·佛朗哥，其全名是弗朗西斯科·保利诺·埃梅内希尔多·特奥杜洛·佛朗哥·巴蒙德。前四节为个人名字，倒数第二节为父姓，最后一节为母姓。已婚女子常把母姓去掉而加上丈夫的姓。

葡萄牙人的姓名也多由三节或四节组成，即本人名＋母姓＋父姓。简称时，一般是个人名加父姓。

俄罗斯人的姓名一般由三节组成，即本人名＋父名＋姓，如伊万·伊万诺维奇·伊万诺夫。俄罗斯人的姓名也可以把姓放在最前面，特别是在正式文件中，即上述伊万写成伊万诺夫·伊万·伊万诺维奇。俄罗斯女子的姓名多以娃、娅结尾，妇女婚前用父亲的姓，婚后多用丈夫的姓，但本人名字和父名不变。例如尼娜·伊万诺夫那·伊万诺娃，假如她与罗果夫结婚，婚后姓改为罗果娃，其全名为尼娜·伊万诺夫那·罗果娃。俄罗斯人的名字和父名都可缩写，只写第一个字母。

阿拉伯人的姓名一般由三节或四节组成，即本人名＋父名＋祖父名＋姓。例如沙特阿拉伯前国王费萨尔的姓名是 Faisal ibn Abdul Aziz ibn Abdul Rahman al Saud，译为费萨尔·伊本·阿卜杜勒·阿齐兹·伊本·阿卜杜勒·拉赫曼·沙特，其中，费萨尔为本人名，阿卜杜勒·阿齐兹为父名，阿卜杜勒·拉赫曼为祖父名，沙特为姓。第四节的姓氏原先并不是像其他国家那样表示血缘关系，而更多的是家族、部落、出生地、职业等名称。正式场合应用全名，但有时可省略祖父名，有时还可以省略父名，简称时只称本人名字。但也有很多阿拉伯人，特别是有社会地位的上层人士都称其姓。例如，穆罕默德·阿贝德·阿鲁夫·阿拉法特（Mohammed Abed Ar'ouf Arafat）简称阿拉法特，加麦尔·阿卜杜勒·纳赛尔（Gamal Abdul Nasser）简称纳赛尔。

（三）有名无姓

主要分布在缅甸、印度尼西亚、蒙古、冰岛等国家和地区。

缅甸人不论男女，都是有名无姓，他们通常在自己的名字前冠上一个称呼，以便表示性别、长幼、社会地位和官职的区别。成年、幼年或少年男子的名字前，往往加"貌"，意为"弟"；对长官或长辈的男子，其名前往往加"吴"，如缅甸总理吴努、吴奈温等；对平辈或年轻的男子，名前往往加"郭"，意为"兄"；对年轻女子称"玛"，意为"姐妹"；有地位或年老的女性称"杜"。此外，"哥"为"兄"；"波"为"军官"；"塞耶"为"老师"；"道达"是英语Dr.的译音，即"博士"；"德钦"为"主人"等。例如，一男子名"刚"，长辈称他为"貌刚"，同辈称他为"哥刚"，该男子有一定社会地位则被称为"吴刚"，是军官则被称为"波刚"；一女子名"刚"，是有社会地位的女士则称为"杜刚"，是年轻女子则称为"玛刚"。

印度尼西亚人大多数只有名而没有姓，少数人在本名后面有父名。爪哇族和巽他族由于历史上长期受印度教文化的影响，人们往往从梵文中选字取名。现在，爪哇人和巽他人大都信奉伊斯兰教，有的人就在自己的梵文名前加上一个阿拉伯文名。例如，阿里·苏米特罗中的阿里是阿拉伯文，苏米特罗是梵文。印尼的马都拉族、马来族的名字形式是本名＋父名。在一般情况下，只用本名，在正式场合才用父名。

蒙古人传统上没有姓。现在蒙古人的名字主要分两种：一种是没有姓氏，如腾格尔、斯琴格日勒、德德玛等都是蒙古词语的组合；另一种是有姓的，姓氏后面加蒙语名字，其中，包、白、吴等姓居多，这些姓氏也是由过去的蒙古语部落名称简化并汉化演变过来的，如包胡尔察、包青格勒等。

冰岛至今仍保留着古代淳朴的民风，除首都雷克雅未克外，各地仍然采用家长制，当他们要和其他家庭区别时，男子便在父亲的名字后面加上"松"字（儿子之意），女儿则在父亲的名字后面加上"德提尔"（女儿之意），以取代姓氏。

不同地区、国家、民族历史地理的差异造就了其姓名的内涵以及排列顺序有别。在涉外商务场合,商务人员应提前了解客户姓名的正确称呼,以免失礼而妨碍商务交往的正常进行。

二、称谓的种类

称谓礼仪中,同时与多人打招呼,应遵循先长后幼、先上后下、先近后远、先女后男、先疏后亲的原则。人际交往中,在使用称呼时,一定要避免失敬于人。

(一)泛尊称

1. 对说话对象的泛尊称

在欧美,对男子不管其婚否都称"先生"(Mister)。对已婚女士称"夫人"(Mistress),对未婚女士称"小姐"(Miss);婚姻状况不明的,也可称"Miss",或为了表示对女性的尊重,泛称"女士"(Madam)。

对高级官员,称为"阁下",也可称职衔或"先生";对有地位的女士可称"夫人",对有高级官衔的妇女,也可称"阁下";对其他官员,可称职衔或"先生"、"女士"等。

2. 对说话对象所属事物的泛尊称

在中国,询问对方的姓名要问"贵姓"或"尊姓大名",对老师的作品可称"大作",对对方的观点可称"高见",对老人的年龄要称"高寿",对对方的公司称"贵公司"。在书面语言中,对年轻女性的名字可称"芳名",对其年龄也可称"芳龄"。

3. 对说话对象行为的泛尊称

中国人对宾客的来临称为"光临"、"惠顾",将对方的批评称为"指教",将对方的解答称为"赐教",将对方的原谅称为"海涵",将对方的允诺称为"赏光"、"赏脸",将对方的修改称为"斧正"。在书面语言中,对方的到达叫"抵",将对方的住宿称"下榻"。

(二)职务称谓

在商务、公务活动中,应以对方的职务相称,以示尊重,如"经理"、"董事长"、"主席"、"处长"、"主任"等。职务性的称谓可以同泛尊称、姓名、姓氏一起使用,如"赵经理"、"刘处长"等。但有些姓氏与职务性称谓连用时,切忌姓氏读重音,如"苟"、"熊"、"朱"、"刁"等姓。在对方身份不明的情况下,可以性别相称为"先生"、

"女士"。

(三) 职衔称谓

与拥有社会上受人尊重的学位、学术性职称、专业技术职称、军衔的商务或公务对象交往时,应以对方的职衔相称,以示尊重,如博士、教授、律师、法官、将军、参谋等。

除军衔外,职衔称谓应遵循"趋高避低"的原则,例如,在称呼"副教授"、"副师长"等一类副职时一般应该去掉"副"字,直接称呼为"教授"、"师长"。但一些级别较低的职称和学位很少用来做称呼语,如"讲师"、"助教"、"硕士"等。

在涉外场合,同时拥有"博士"和"教授"头衔的外宾更希望别人称自己为"博士";而在中国,同时拥有"博士"和"教授"头衔的人,更希望别人称自己为"教授"。

(四) 职业称谓

对不同行业的人士,应以对方的职业作为称谓,以示尊重,如"老师"、"警官"、"医生"、"导游"等;对于商务人员,一般称为"女士"、"先生"等。在这些职业称谓前,还可以冠以姓氏或姓名使用。

(五) 姓名称谓

一般场合,熟悉的人之间可以彼此直呼其姓、名或姓名。在中国,为表示亲切,习惯在被称呼者姓氏前加"老"、"小"等字,如"老刘"、"小赵"。但在正式的商务场合,应注意规范使用称谓,以示尊重。

称呼年长者不能直呼其名,可以称"老张"、"老王";如果是有身份的人,可以把"老"字和其姓倒置,这是一种尊称,如"张老"、"王老"。

不论是何种称谓,称呼他人时,态度要诚恳,表情要自然,要借助声调、笑容、谦恭的体态表示尊敬之意。

(六) 特殊称谓

对君主制或君主立宪制国家的国王、皇后,可称为"陛下";对王子、公主、亲王等可称为"殿下";对有公、侯、伯、子、男等爵位的人士既可称其爵位,也可称"阁下"或"先生"。

对宗教神职人员应根据其身份地位进行尊称。例如,天主教神职人员根据身份可尊称为教皇、宗主教、都主教、红衣主教、大主教、主教、司铎(神父)等;东正教神职人员根据其身份地位可尊称为牧首、都主教、大主教、主教、修士大司祭、司祭、辅祭;伊斯兰教及佛教等宗教教派的人员也应根据其身份地位进行尊称。

商务礼仪

资料：

专家咬文嚼字，让"小伙伴"惊呆了[①]

《咬文嚼字》编辑部发布了2013年度十大流行语，"中国梦"位居榜首，"光盘"、"倒逼"、"逆袭"、"女汉子"、"土豪"、"奇葩"、"点赞"等入选。"小伙伴"本来是备选流行语，但有专家指出，"小伙伴"指的是男性生殖器，语源不雅，就没有收录。

"小伙伴"落选2013年十大流行语也不是什么大不了的事，但专家一解释，就感觉不对劲了。以普通人有限的文辞水平，"小伙伴"就跟"好朋友"一样，是个再纯洁不过的词汇了，可专家居然说词源不雅。《咬文嚼字》的专家们一向是很严谨的，相信是会追溯博大精深的中文典籍，查询出"小伙伴"的另一生僻含义。不过，既然是今年的流行词汇，那时间节点就应限于今年，尊重当今中国人的通常理解。

"我和小伙伴们都惊呆了"这个流行语，源于2013年6月一段小学生讲述端午节由来的作文在微博上的传播。之后，"我和小伙伴们都惊呆了"迅速走红网络，众人纷纷模仿，新闻媒体也会取这样的标题，如《国足逆转，我和小伙伴们都惊呆了》。可以说，从小学生作文到媒体正式运用，"小伙伴"一词从来就没有那么不堪。专家谈及"小伙伴"，一下就能想到该词的生僻用法，称其"不符合社会道德规范"。

流行语有可能是符合主流价值取向，也可能尽管众人皆知却有些上不了台面。进行取舍的过程，也是价值判断的过程，但是否符合社会道德规范不能光是专家说了算。专家的"道德法庭"宣判，"小伙伴"是"不合乎社会道德规范"的，会不会因此毁了个本来积极向上的好词呢？温婉贤淑的"小姐"、志同道合的"同志"等名词已经被贴上了另类标签，"小伙伴"现在也面临同样的遭遇。

资料思考：举例说明容易引起歧义的称谓。你认为在商务场合称谓有哪些禁忌？

[①] 参见普嘉：《专家咬文嚼字，让"小伙伴"惊呆了》，《华西都市报》2013年12月20日。

三、称谓的禁忌

（一）忌使用错误的称呼

商务场合中，常见的错误称呼一般是误读或忘记了对方的名字、职位而错称。《中华姓氏书法大词典》共收集了中国10 129个姓氏，其中，有些姓的读音很容易出错，比如："华"姓应读 huà（化），"任"姓应读 rén（人），"仇"姓应读 qiú（求），"查"姓应读 zhā（扎），"盖"姓应读 gě（葛），"区"姓应读（ōu）欧，"逄"姓读作 páng（旁），"万俟"复姓应读 mòqí，"尉迟"复姓应读 yùchí 等。

为了避免读错对方的姓氏，可以事先查问或者当面请教。如果忘记了对方的姓名或职位，可以间接询问他人或采用索要名片等方法以避免尴尬，切勿使用错误的称呼。

（二）忌使用容易引起歧义的称谓

有些称谓，具有地域性特征，不宜不分对象地滥用。

"伙计"一词旧时指店员或长工，在北方地区，"伙计"是男性熟人间的昵称或泛指合作的人，但南方人认为"伙计"是"打工仔"之意。

"阿姨"是晚辈对女性长辈的尊敬称呼，但在上海，人们习惯称呼保姆、钟点工等女性为"阿姨"。

中国人习惯把配偶称为"爱人"，但涉外场合，不能将"爱人"译为"lover"，因为在国外"lover"是"情人"之意。

此外，"小姐"、"同志"、"老头子"、"师傅"、"小鬼"、"小伙伴"等称呼也容易引起歧义。近年来，被赋予新含义的还有"干爹"、"表哥"、"校长"、"教授"、"专家"等称呼。

（三）忌使用不当的称谓

使用称呼要谨慎、恰当。有不少称呼不宜随意简化，例如将"范局长"简称为"范局"，将"苟处长"简称为"苟处"等，这样的称呼显得不伦不类。

（四）忌使用庸俗的称谓

有些称呼听起来亲切，但不宜在商务等正式场合使用，如"兄弟"、"哥们儿"、"姐们"、"死党"、"闺蜜"等。

（五）忌称谓绰号

在任何情况下，当面称呼他人的绰号都是不尊重对方的表现。

(六) 忌以生理特征作称谓

以生理特征相称呼是非常不尊重对方的表现,如胖子、瘦子、瘸子、四眼等。"美女"、"帅哥"等称呼则又显得轻浮。

资料:

中国古代的称谓[①]

中国有很多古时的文明称呼至今仍被使用着。例如,将父母称为高堂、椿萱、双亲,称呼别人的父母为令尊、令堂;称别人庭院为府上、尊府,自家庭院称为寒舍、舍下、草堂;称妇女为巾帼,称男子为须眉;称老师为先生、夫子、恩师,称学生为门生、受业等。

"陛下"的"陛"指帝王宫殿的台阶。"陛下"原来反映的是站在台阶下的侍者。臣子向天子进言时,不敢直呼天子,必须先呼台阶下的侍者告之。后来,"陛下"就成为对帝王的敬辞。

"殿下"和"陛下"是一个意思,原来也是对天子的敬辞,但称谓对象随着历史的发展而有所变化,汉朝以后演变为对太子、亲王的敬称。唐朝以后只有皇太子、皇后、皇太后可以称为"殿下"。

"阁下"是旧时对别人的尊称,常用于书信之中。原意是由于亲朋同辈间互相见面不便呼其名,常常先呼在其阁下的侍从转告,而将侍从称为"阁下",后来逐渐演变为挚友亲朋间尊称的敬辞。

在古代,下称谓上或同辈相称,都用"足下"。

"先生"始见于春秋《论语·为政》:"有酒食,先生馔。"注解曰:"先生指父兄而言也。"到了战国,"先生"泛指有德行、有学问的长辈。历史上第一次用"先生"称呼老师,始见于《曲礼》。唐、宋以来,多称道士、医生、占卦者、卖草药的、测字的为先生。清朝以来,"先生"的称呼在人们的脑海里已开始淡薄。至辛亥革命之后,"先生"的称呼才又广为流传。

"小姐"最早是宋代王宫中对地位低下的宫婢、姬、艺人等的称谓。到了元代,"小姐"逐渐上升为大家贵族未婚女子的称谓,例如《西厢记》中的"只生得个

---

① 参见百度百科"称谓礼仪"。

小姐,字莺莺"。至明、清两代,"小姐"一词终于发展成为贵族大家未婚女子的尊称,并逐渐传到了民间。

"女士"始见于《诗经·大雅·既醉》:"厘尔女士。"这里的"女士"指有德行的女子,和后来说的"千金"一样,用以对妇女和未婚女子的敬称。

资料思考:在商务场合,哪些中国旧时的称呼能够使用?举例说明。

第三节 商务见面礼仪

常见的见面礼仪包括握手、拥抱、吻礼、合十、鞠躬等。不同的见面礼所表达的礼仪内涵大抵相同。特殊情形下,见面礼会出现特殊的变化。例如,2020年新冠肺炎蔓延全球时期,为了保持安全的交往距离,世界各地广泛使用合十、鞠躬、点头会意、举手示意、碰脚、碰肘等不接触或少接触肢体的问候方式代替握手、拥抱、贴面亲吻等肢体接触见面礼。

一、握手礼

握手的举止源起于原始社会。当时,人们手中常常握着棍棒、石块,以猎取动物和进行自我防卫。当无敌意的人们遇见时,会放下手中之物,让对方摸摸自己的手掌,以示友好。这种习惯演变到了今天,成了日常交往的基本礼节。恰当的握手能使人精神愉悦。清代思想家龚自珍有诗云:"游山五岳东道主,拥书百城南面王。万人丛中一握手,使我衣袖三年香。"

与他人初次见面或熟人久别重逢、告辞或送行时,向人表示祝贺、感谢或慰问时,交谈中出现了令人满意的共同点时,谈判出现了某种良好的转机或彻底和解时等场合,都会约定俗成地以握手为礼。商务活动中,握手要遵循"尊者先伸手"的原则,即主人、上司、长辈、女士主动伸出手,客人、下属、晚辈、男士再相迎握手。

(一)握手礼的姿态要求

1. 握手一定要用右手

人在攻击另一方时,大多数的人都会使用力度较大的右手,因此,使用右手相握示好成了一种约定俗成的国际惯例。左撇子的人握手时也要伸出右手,表示友好尊重。

2. 握手要保持正确的距离和姿态

握手时,要距对方约一步之远,上身稍向前倾,两足立正,伸出右手,四指并拢,虎口相对,拇指张开下滑握手。不同的握手姿态传达着不同的心理含义,例如,两人握手的右手掌处于垂直状态,表示双方的平等;掌心向下握住对方的手,显示出一个人强烈的支配欲;掌心向上握手,显示出一个人的谦卑和毕恭毕敬。

3. 握手要热情、有力度

握手的时间一般以3秒为宜。握手的同时要注视对方,态度真挚亲切,同时可以说"你好"、"幸会"、"见到你很高兴"之类的客气话。关系亲密的双方,在隆重场合,双方的手握住后应上下微摇几下,以体现出热情。紧紧地握手或只用手指部分漫不经心地接触对方的手是不礼貌的。男士同女士握手,不宜握得太紧、太久。

4. 握手有次序

年轻者、职务低者被介绍给年长者、职务高者时,应根据年长者、职务高者的反应行事,即年长者、职务高者用点头致意代替握手时,年轻者、职务低者也应随之点头致意;年长者、职务高者伸手握手时,年轻者、职务低者对年长者、职务高者都应稍稍欠身相握,以示尊重。

一般场合下,为表示特别尊敬和谦恭,可双手迎握。但在商务等正式场合,一般不使用双手迎握式,以免在无形中降低了自己所代表的企业等组织的形象和地位。

接待来访者时,当客人抵达,应由主人首先伸出手来与客人相握;在客人告辞时,应由客人首先伸出手来与主人相握。前者是表示"欢迎",后者表示"再见"。

(二)握手礼的禁忌

1. 忌不遵先后次序

正式场合,握手应遵守"尊者先伸手"的原则。

在商务活动中,握手时伸手的先后次序主要取决于职位、身份。上下级之间,上级伸手后,下级才能接握;同级之间,长辈先伸手,晚辈才能相握。

在社交、休闲活动中,握手时伸手的先后次序主要取决于年龄、性别、婚否。长辈伸手后,晚辈才能伸手相握;女士伸手后,男士才能伸手相握;已婚者先伸手,未婚者才相握。若是两对夫妇见面,应首先是女士间相互握手致意,然后是女士们分别向对方的先生握手致意,最后是男士间相互致意。

2. 忌用左手相握

握手时一定要用右手,这是约定俗成的礼貌。在信奉伊斯兰教等宗教的国家、人们不用左手与他人接触,因为他们认为左手是用来做不洁之事的。

3. 忌交叉握手

握手应有序进行。与基督教徒多人握手时,不要形成类似十字架的握手形状,这会被视为很不吉利的场面。

4. 忌握手时姿态不规范

不要右手在握手,而左手插在衣袋里或拿着东西;

握手时,不要面无表情、不置一词或点头哈腰、过分客套;

握手时,不要仅仅握住对方的手指尖,否则,有与对方保持距离之嫌;

握手时,不要把对方的手拉过来、推过去,或者上下左右摆动幅度过大又抖个没完;

和对方握手时,不要心不在焉地看着其他人;

与对方握手时间不能过短,也不能拉住异性或初次见面者的手长久不放。

5. 忌握手时手部不洁或戴着墨镜、手套

手部不洁净或者戴着墨镜、手套握手是失礼行为。在握手前应先取下墨镜,脱下手套。除非女士的手套是服装的组成部分而难以脱下,否则,女士在握手时也应脱下手套。

6. 忌拒绝对方握手的行为

不要拒绝和别人握手,即使是有手疾或汗湿脏等情况,也要和对方说一下"对不起,我现在不方便",以免造成不必要的误会。

握手时的先后次序不必处处苛求于人。若自己是位尊者或长者、上级,而位卑者或年轻者、下级抢先伸手时,位尊者

或长者、上级最得体的举止就是立即伸出自己的手,进行配合。不要没有呼应,让对方当场出丑的同时,也使自己失去了应有的大气风范。

二、拥抱礼

拥抱可以理解为缩短了距离的握手,或者是胸部的"接吻"。人们在拥抱的时候,能感受到对方精神扶助的力量。在西方,拥抱与握手一样,不仅是人们日常交往的重要礼仪,也是商务、公务、外交场合中的见面礼节。

拥抱礼仪一般指的是交往双方互相以自己的双手揽住对方的上身,借以向对方致意的礼节。

(一)拥抱礼的姿态要求

商务交往中,握手后,两人在相距约 20 cm 处相对而立,彼此都右臂偏上,左臂偏下,右手扶着对方的左后肩,左手扶着对方的右后腰,各自都按自己的方位,两人头部及上身都向左相互拥抱,礼节性的拥抱可到此完毕。如果是为了表达更密切的关系,在保持原手位不变的情况下,双方还可接着向右拥抱,再次向左拥抱,才算礼毕。拥抱时要面带微笑,动作轻柔。

(二)拥抱礼的禁忌

商务场合中,拥抱礼仪有以下禁忌。

1. 忌拥抱过分

礼节性的拥抱,应该动作轻柔,点到为止。双方身体不宜贴得过紧,尤其是男士与女士拥抱时。拥抱时间过长是不合礼节的。

2. 忌不尊重对方的民族习俗

世界上有些国家和地区,见面时不喜欢拥抱。例如,印度人不但不喜欢拥抱,而且男女之间连握手也不行。此外,中国、日本、英国、芬兰、东南亚一些国家,商务见面时都不习惯用拥抱来表达彼此的热情。

3. 忌无度地随意拥抱

两只胳膊的全部拥抱,适用于老朋友或是很亲密的商业伙伴之间,尤其是很长时间没有见面时。半拥抱(双方互相把手臂圈住对方的肩头)是商务人士见面时在很短时间内环抱一下对方的肩,这是一种很得体的行为,但一定是在双方有亲密的私人友谊的情况下。

4. 忌生病时行拥抱礼

当一方生病时,病者应该向对方说明原因,保持一定的距离,避免比较亲密的接触,以免将疾病传染给对方。

三、亲吻礼

亲吻是源于西方的一种常见礼仪,人们常以此礼表达爱情、友情、尊敬或爱护。许多国家和地区的商务或政务正式迎宾场合,宾主往往以握手、拥抱、左右吻面或贴面的连续性动作来表示尊重或敬意。

(一)亲吻礼的姿态要求

在许多国家和地区的商务和公务、外交场合,会行亲吻礼。正确地把握亲吻礼的度与量很重要。

亲吻礼主要有吻面礼、吻手礼两种。

1. 吻面礼

在欧美国家,亲吻脸颊是表示问候的传统社交礼仪。行亲吻礼时,应始终保持微笑的神态,即使在一些因亲吻不当而引发误解时,微笑都是化解敌意的一种最佳方式。

亲吻的次数和接触脸颊的顺序在不同地区有所不同。例如,法国人同性和异性间都可以行吻面礼,常常左右脸颊各吻一次;比利时人的亲吻往往反复多次,以示热烈。

异性间行吻面礼时,左右轻碰脸颊,同时象征性地用嘴发出轻微的"吧嗒"声,但并不一定非要嘴接触脸颊吻。例如,法国前总统希拉克常对女宾们展示巴黎式的接吻:两次碰碰脸颊,与此同时象征性地用嘴唇在对方耳边发出"吧嗒"一声响。竞选活动中,他也多次落落大方地接受女性支持者的吻礼。

不同身份的人,相互亲吻的部位也有所不同。

通常,夫妻、恋人或情人间,宜吻唇;长辈与晚辈间,宜吻脸或额;平辈间,宜贴面;关系亲密的女子间可吻脸,男女之间可贴面;男士对尊贵的女士可吻其手指或手背;非洲某些部族的居民,常以亲吻酋长的脚或酋长走过的地方为荣。在古罗马与古波斯等国,同阶级的人可以吻唇,不同阶级的人只能吻面。

在商务场合,一般不采用吻面礼,因为很多人认为这种方式在商业交往中看起来很假。彼此比较熟悉的双方,只有在半社交场合,作为惯例而行吻面礼。

2. 吻手礼

吻手礼是欧美上流社会的一种高层次的礼仪,尤其在英、法两国很流行。男士同上层社会贵族女士相见时,如果女士先伸出手作下垂式,男方则可将女士指尖轻轻提起吻之;女士地位较高,男士要屈一膝作半跪式,再提女士手吻之。但如果女士不伸手,则不吻。

行吻手礼时,男女相距约80 cm,双方相互注目,女性先将右手轻轻向左方抬起约60°,做下垂姿势,男子轻轻将其提起,略俯身、低头,在对方手背上轻吻一下,再将手缓缓松开,礼毕。

行吻手礼时,男性一定要稳重、自然,吻女士手背时不可发出"吮"的声音,以免引起尴尬。

(二) 亲吻礼的禁忌

1. 忌姿态不正确

亲吻礼时,男士要稳重、大方、轻松,切忌动作粗俗、姿势夸张、用力过猛、时间过长。

2. 忌口腔不清洁

亲吻礼时,口腔不能有异味,忌将唾沫溅到对方的脸颊、额头或手背上。

3. 忌过分热情

异性间行亲吻礼时,忌过分热情或过分接近禁忌部位,如对方的唇部。

4. 忌随意或拒绝亲吻礼

亲吻礼不是一个简单的动作,忌不分场合、地点、顺序乱吻。当接受别人的亲吻礼时,忌畏缩,以免使对方感觉你有一种避人之疑的心态。在商务场合,年轻和地位低者不要急于抢先施亲吻礼,以免因亲吻不当而失礼。

四、合十礼

"合十"是古印度的一种礼法。印度人认为右手为神圣之手,左手为不净之手,但若两手合而为一,则是人类神圣面与不净面的合一。合掌可以表现人毫无掩饰和最为真实的本来面目,佛教沿用这种礼法。如今,在印度和东南亚信奉佛教的国家和地区以及中国傣族聚居区,人们见面双手合十既表现了对受礼者的礼貌、尊重和敬意,又是见面和分手时的问候与告别,还是一种美好的祝愿。

商务人员与泰国、缅甸、斯里兰卡、老挝、越南等佛教国家的商人进行商务交往时,遵守行合十礼的规范尤为重要。若是见面就失礼,会使商务活动受挫,乃至失去了合作的机会。

(一) 合十礼的姿态要求

"长幼有序,贵贱有别"是行合十礼的基本规则。年龄大小和社会地位高低决定了行礼的先后次序,即晚辈先向长辈行礼;下级先向上级行礼;平民先向皇室、僧侣行礼;皇室先向僧侣行礼;平辈或平级之间争着先行礼。泰国人认为谁先行礼谁积福。

合十礼可分为跪合十礼、蹲合十礼和站合十礼三类。跪合十礼适用于佛教徒拜佛祖或僧侣的场合,蹲合十礼是拜见父母或师长时所用的礼节,站合十礼是平民之间、平级官员间相见或公务人员拜见长官时所用的礼节。商务往来使用站合十礼。

行礼时端正站立,神情安详,双目注视对方,面带微笑,然后,双手五指并拢,在胸前约 20 cm 处沓合,上体前倾约 30°—45°,合双掌时,双眼下垂,目光注视合掌的指尖。根据合十手掌的位置不同,站立式合十礼又分为四类。

1. 高位合十礼

拇指位于眉心,双掌指尖位于额头发际处,常用于不便行跪拜礼的情况下,平民向皇室、僧侣行礼时使用。

2. 中位合十礼

双手拇指位于鼻尖,双掌指尖位于眉心处,常用于晚辈向长辈、下级向上级、学生向老师行礼时使用。

3. 低位合十礼

双手拇指位于下巴,双掌指尖位于鼻尖处,常用于同辈或同级间行礼时使用。

4. 胸前合十礼

双手合十置于胸前即可,双掌指尖在下巴或以下,常见于长辈、上级等还礼时使用。

除手部姿势外,行合十礼时还需身体姿势的配合,双掌位置越高,则身体姿势就越低,以表达尊重尊敬之意。行合十礼时,可以问候对方或口颂祝词。

此外,男行礼人的头要微低,女行礼人除了头微低外,还需要右脚向前跨一步,身体略躬;长辈还礼时,只需双手合十放在胸前即可;拜见国王或王室重要成员时,男女还均须跪下;国王等王室重要成员还礼时,只需点头即可;无论地位多高的人,遇见僧人时都要向僧人行礼,而僧人则不必还礼。

(二)合十礼的禁忌

1. 忌行为不规范

行合十礼时,切忌叼着烟、心不在焉、失声狂笑等大不敬的言行举止。

2. 忌持有冒犯佛教之物

与信奉佛教的商务人士行合十礼时,忌拿出象征着其他宗教的物品,如基督教的十字架等。

3. 忌与对方施礼方式不同

以双手合十为见面礼的国家,人们认为合十礼比握手高雅、卫生。因此,当有人向你行合十礼时,要用同样的礼节以示尊敬。

五、鞠躬礼

欧美人较少采用鞠躬礼,但在中国及亚洲一些国家,尤其是日本最为盛行此礼。

(一)鞠躬礼的姿态要求

行鞠躬礼时,应相距两米左右,须脱帽,呈立正姿势,脸带笑容,目视受礼者。

男士双手自然下垂,贴放于身体两侧裤线处,女士的双手下垂搭放在腹前。上身前倾弯腰,眼睛注视地面或受礼者的脚面,下弯的幅度可根据施礼对象和场合决定鞠躬的度数①。礼毕后,再恢复立正的姿势,目光注视着对方。

不同的国家、不同的场合和对不同的人鞠躬的标准和先后有不同。例如,马来西亚男女见面,男士是右手放在胸前深鞠躬,女子是先双腿稍微弯曲,然后鞠躬;朝鲜人见面时也行鞠躬礼,但男士既可鞠躬,也可握手,而女士一般只鞠躬。

(二)鞠躬礼的禁忌

- 忌站立不直或不站立。
- 忌随意点头、欠身还礼。
- 忌咀嚼东西、叼烟、东张西望地施鞠躬礼。
- 忌双手提着物品或手插在衣裤口袋里施礼。

除了上述介绍的握手、拥抱、吻礼、合十礼、鞠躬礼以外,很多国家和地区的见面礼仪还有拱手礼、点头致意礼、举手礼、脱帽致意礼等。恰当地把握商务见面礼仪,将有助于商务活动的顺利进行。

第四节　商务介绍礼仪

介绍就是通过沟通使互不相识的双方相互了解并产生联系的行为。在商务活动中,商务人员常需要与陌生客户打交道,正确地使用介绍礼仪有助于商务人员更好地进行商务交流。

---

① 面对平辈、同事等,行15°鞠躬礼;面对主管、长辈、宾客等,行30°鞠躬礼;致以最高谢意或歉意时,行45°鞠躬礼;90°鞠躬礼则是多礼的日本人于日常生活相见时所行使的礼节。

根据介绍者(何人做介绍)的不同,介绍可以分为自我介绍、他人介绍、集体介绍三种基本类型。

一、自我介绍

自我介绍是在需要结识他人的场合,在无人为自己承担介绍的情况下,由自己通过简洁的言语把自己介绍给他人的一种方式。

(一)自我介绍的时机

以下场合,通常需自我介绍。

- 求职应聘、应试求学、参加竞选时。
- 演讲、发言前。
- 有求于对方,但对方忘记或不了解、不认识自己时。
- 进行业务联系时。
- 拜见他人,需请不相识的人代为传告时。
- 社交场合,有必要把自己介绍给陌生人或人群时。
- 通过媒体向社会公众进行自我推荐、自我宣传时。

(二)自我介绍的内容

在商务活动中,商务人员进行自我介绍的主要内容包括姓名、单位、部门、职务、自己与正在进行的活动有什么关联等。例如,"您好!我是王艳红,是上海金茂公司公关部经理,很高兴认识您,今天在这里举行的贸易洽谈会是我们公司策划的,请多关照!"又如,"您好,我是人民日报的记者王宏,久仰您的大名,我们之前电话联系过。"

(三)自我介绍的要求

- 自我介绍要简洁、清晰、流畅。
- 自我介绍时,要举止大方,微笑地注视着对方。
- 自我介绍的内容要实事求是,信息准确。
- 自我介绍的时间最好控制在一分钟左右。

二、他人介绍

他人介绍又称第三者介绍,指的是第三者为彼此不相识的双方引见、联系的一种介绍方式。

(一) 他人介绍的类型

为他人介绍可分为正式介绍和非正式介绍两种。

1. 正式介绍

在商务等正式场合,为他人介绍应遵循"尊者优先了解情况"的原则,即把下级介绍给上级,把年轻者介绍给年长者,把男士介绍给女士,把未婚者介绍给已婚者,把主人介绍给客人,把同事介绍给客户,把后来者介绍给先来者。

第三者在介绍过程中,先称呼某人是对此人的一种敬意。例如,"刘总,请让我把我们公司公关部的王辉经理介绍给您好吗?"然后给双方做介绍:"这位是王经理,这位是凯达公司的刘强总经理。"介绍时,最好是姓名并提,还可附加简短的说明,如单位、职称、职务、学位、特长等。如果介绍人能找出被介绍双方的一些共同点,将更有助于被介绍双方的交谈,例如被介绍的双方是校友或都喜欢某项运动等。

2. 非正式介绍

非正式场合的介绍应以自然、轻松、愉快为宗旨。介绍人说一句:"我来介绍一下。"然后即做简单的介绍,也不必过于讲究先介绍谁、后介绍谁的规则。最简单的方式恐怕莫过于直接报出被介绍者各自的姓名。加上"这位是"、"这就是"之类的话以加强语气,使被介绍人感到亲切和自然。在把一个朋友向众人做介绍时,说句"诸位,这位是王辉"就可以了。

在非正式的聚会上,也可以采取一种"随机"的方式为朋友做介绍。例如,"王总,你认识李总吗?""王总,你见过李总了吗?"然后把李总引见给王总。

(二) 介绍人为他人做介绍时的要求

1. 合适的介绍人

不同的场合,担任介绍人之职的人应不同。在商务活动中,公关人员是最适合的介绍人;在接待贵宾时,介绍人应该是职位最高的人士;在社交场合,主人是介绍人;在非正式场合,与被介绍人双方都相识的人适合担任介绍人。

2. 讲究介绍的顺序

为他人做介绍时,受到特别尊重的一方有优先了解对方的权利,即把身份、地位较低的一方介绍给身份、地位较高的一方,以表示对尊者的敬重之意。在口头表达上,应先称呼受到尊敬的一方,例如,可以先说:"刘总,这是王秘书。"然后介绍说:"王秘书,这是刘华总经理。"

当被介绍人是同性或年龄相仿难以辨别其身份、地位时,可以先把与自己关系较熟的一方介绍给自己较为生疏的一方。

3. 介绍他人的姿态要求

做介绍时,介绍人应起立,行至被介绍人之间。在介绍一方时,应微笑着用自己的视线把另一方的注意力吸引过来。手的正确姿势应为手指并拢,掌心向上,胳膊略向外伸,指向被介绍者。

在为他人做介绍时,介绍人一定要认真,不可敷衍了事或油腔滑调,也不要用手指对被介绍人指指点点。当介绍人做了介绍以后,被介绍的双方应互相问候对方。

4. 介绍他人态度要热情友善

在非正式的商务聚会上,即使介绍人的级别、年龄最高,也要注意语气。"王总,过来见见李总"或"王总,过来和李总握握手"等这种介绍都会让人觉得缺乏友善和礼貌。做介绍时,一般不要称其中某人为"我的朋友",因为这似乎暗示另外一个人不是你的朋友,显得不友善。

为他人做介绍时,态度要热情友好,不厚此薄彼。介绍前,应先向双方打招呼。介绍时,语言应清晰、准确。作为被介绍者,在被介绍给他人时,一般都应面向对方,并做出礼貌回应,例如,可以说"幸会"、"久仰大名"、"认识您很高兴"等。

三、集体介绍

集体介绍是指在双方多名人员或者多方多名人员共同参与活动时,为使参与人员之间互相认识而进行的介绍。

(一) 根据具体情况进行集体介绍

商务活动的内容、参加的人数、活动的时间及活动的必要性决定了集体介绍时所采用的形式。集体介绍如果是为了使各方人员在参加活动中能尽快融合、密切合作,就应逐一介绍,例如商务谈判、各方人员共同完成一项研究以及多方抽调人员组成的临时机构等。

当一位主持人或熟悉各方人员的人士出面进行集体介绍时,如果人数多,活动时间不长,只要介绍各方的所属部门或单位的主要负责人即可;如果人数不多,则可以逐一介绍。担任集体介绍的介绍人既可以是各方出一人为本方人员逐个介绍，也可以是各方人员依次自我介绍。

（二）按次序进行集体介绍

集体介绍也要遵循"将位低者介绍给位尊者"的原则。但当要介绍一个人和多数人认识时，在被介绍者双方地位和身份大致相同时，应将一个人介绍给多数人；在被介绍者双方地位、身份、年龄等方面差异明显且一个人位尊时，应当先将多数人介绍给一个人。

第五节　商务名片礼仪

名片是印有个人姓名、地址、职务、电话号码、邮箱等信息的媒介，是人际交往和公务、商务等活动中一种重要的自我介绍方式。名片被广泛用于商务答谢、邀约、馈赠、祝贺、挽悼等方面的事宜。随着现代技术的发展，名片分为很多类型。本节主要介绍最常用的传统名片（卡片式名片）的礼仪。

一、名片的种类

（一）名片的规格

现代名片的规格一般为 10 cm×6 cm 或略小。世界各国名片规格不统一，中国名片规格通常为 9 cm×5.5 cm，英国的名片规格为 7.62 cm×5.08 cm。制作名片的材料多种多样，有布纹纸、白卡纸、合成纸、皮纹纸以及不锈钢、黄金和光导纤维等。

（二）名片的类型

1. 按照名片的使用目的可分为三种类型

（1）商业名片

商业名片是为企业进行业务活动时使用的名片。其主要特点是名片常使用企业标志、注册商标、业务范围等。大公司有统一的名片印刷格式，使用较高档的纸张制作。商业名片没有私人家庭信息，主要用于商业活动。

(2) 公用名片

公用名片是政府或社会团体在对外交往中使用的名片，名片的使用不以营利为目的。其主要特点是：名片常使用标志，部分印有对外服务范围，没有统一的名片印刷格式，名片印刷力求简单适用，注重个人头衔和职称。名片内没有私人家庭信息，主要用于对外交往与服务。

(3) 个人名片

个人名片是朋友间交流感情和结识新朋友时使用的名片。其主要特点是：名片设计个性化，不使用标志，常印有个人照片、爱好、头衔和职业，按照个人喜好选择名片纸张质地，名片中含有私人家庭信息，主要用于朋友交往。

2. 按照名片的介质来源可分为六种类型

(1) 传统名片

传统名片是指将个人姓名、地址、职务、电话号码、邮箱等信息印在纸质材料上的小卡片。传统名片是目前人际交往、公务、商务活动中最常见的名片类型。

(2) 数字名片

数字名片是在数字信息背景下应运而生的，是运用现代数字信息技术和数字多媒体合成技术将文字、图片、视频、声音等信息整合成介绍政府、企业、单位及个人的"多媒体名片"。

(3) 手机名片

手机名片是指通过电脑下载到手机上的一个名片软件，通过这个软件，人们就可以把过去的纸质名片上的内容经过整理存储在手机上，故称之为手机名片。手机名片交换快捷，交换后自动储存。手机名片随身携带，使用方便，绿色环保，且个人名片信息可以自由修改，随时更新。

(4) 光盘名片

光盘名片是运用现代化高科技手段融入视频和声音等多媒体元素，把企事业单位的文字、图片、视频、声音等宣传资料整合成一种自动播放的多媒体文件刻录到名片大小的光盘内，是名片和企业宣传画册的结合体。

光盘名片容量大，应用范围比传统纸质名片和印刷画册更广泛、便捷、直观、充分，适用于政府招商引资、推介会、促销会、公司企业宣传等场合。

(5) 二维条码名片

二维条码名片上没有常见的职业、职务、手机、电话、信箱、地址等信息，右下方有形如马赛克的正方形花纹图案——二维条形码。具备二维条码识别功能的手机只要扫描条码,便可立即解析整张名片的文本信息,包括名片人姓名、职务、电话、地址和邮箱等事先录入的信息内容,这些信息便于存入手机,还能作为邮件直接发送。

相对传统的纸质名片而言,只需用手机摄像头扫描名片上的条码,便能快速、准确地将二维条码名片上的姓名、电话等个人资料录入手机中,可保存,也可发送,省去烦琐的文字录入过程。应用在商务交流中,更能体现企业的实力以及对客户的尊重,有利于彼此间沟通实效和实现移动商务的发展。

（6）数字身份证名片

数字身份证是身份认证方式的一种,指先在身份认证机构注册申请获取数字身份和密钥,并用此数字身份和密钥签发文件,别人也可在身份认证机构求证签发文件的身份,在此身份认证系统建立的个人身份信息即是数字身份证标识式名片。

数字身份证名片突破传统光盘的圆形外观、抗磨损、信息量大、不易盗版、易保存收藏,兼具流行时尚个性、高附加值、多元化的商业特征,是21世纪最受欢迎的传播新媒介。

二、商务名片的内容

（一）商务名片的内容

商务人员的名片作为企业的一种职业独立媒体,在内容设计上讲究便于记忆和有较强的识别性。名片的主要内容包括以下几部分。

1. 姓名

姓名是名片中最重要的部分,通常应使用本名。如果使用笔名,为考虑签约或有关法律问题,一定要在笔名后加括号注明本名。

2. 名称

名称也是名片的重要内容。如果企业经营两种以上的行业,这些行业名称都可以印在名片上。

3. 商标或服务标志

商务场合非常注重品牌形象,因此,名片中都会印有专属自己企业的商标或标志,以增加对方的印象。

4. 业务项目或产品

名片上印有业务项目或产品,是为了增加名片持有者的业务印象,以达到业务或产品的宣传或促销目的,进而创造更多的商机。

5. 地址

公司地址是名片的必备内容。若是有分公司,还可加上分公司的地址,以显示实力强大。随着电子商务的发展,很多商务人员也会将公司的网址印于名片上。

6. 联系方式

名片中,除电话(私宅电话除外)是必备内容之外,移动电话、传真号码及电子邮箱均可作为联系方式印在名片上。

7. 头衔或职称

根据需要或所在企业的职务来印刷名片,让名片的接收者可以更多地了解递送名片者的情况。也可印刷社会团体的头衔,如会长、顾问等。

8. 照片

在服务业或保险业中,经常有将个人照片印在名片上的方法,以期给客户留下深刻印象;演艺界或艺术界人士比较前卫的个性名片,也可将个人的写真照片印在名片上。但其他行业,个人名片不要印上照片。

9. 地图

介绍门市或店面时,为方便寻找地址,省去电话解说的不便,可以将地图印在名片的背面。

(二) 商务名片内容的禁忌

1. 忌使用虚假信息的名片

虚假信息总是会被识破的,这是对个人以及企业等组织的致命一击。

2. 忌使用内容涂改过的名片

在商务交往中,名片是商务人员的门面,与商务顾客初次见面时,名片显得尤为重要。若是电话号码或者手机号码有所变动,一定要重新印制名片。使用涂改的名片,是失礼于对方的行为。

3. 名片上不印私宅电话

私宅电话属于个人隐私。为了个人的安全和一些不必要的麻烦,名片,尤其是商务名片上是不印私宅电话的。如果愿意提供私宅电话给对方,可以通过口头者私下信息交换的方式完成。

4. 名片上不要印有两个以上的头衔

不论是印制个人名片还是商用名片,所列职务不要太多,列一两个主要职务即可,以免给人华而不实之感。如有必要,可为自己设计几种职衔不同的名片,在公务、商务、人际交往中的不同场合,使用不同内容的名片。

三、商务名片交换礼仪

名片是一个人的尊严和价值外在显现的方式。通常,初次相识自我介绍或别人为你介绍时,或当双方谈得较融洽表示愿意建立联系时,或当双方告辞并表示希望能再次相见时,需要互相交换名片。

在商务活动中,商务人员要备好自己的名片,要懂得递接名片的礼仪,要妥善地保管自己和别人的名片。

(一) 名片递送的礼仪

1. 递送名片的姿态

名片要事先准备好,放在易于拿出的地方。递送名片给对方时,要起立或欠身向前倾15°,面带微笑,注视对方,双臂自然伸出,四指并拢,用双手的拇指和食指分别持握着名片上端的两角递送给对方。名片的正面要对着对方,便于对方接看。递送时,说一些客气话,如"这是我的名片,请您收下"、"很高兴认识您,这是我的名片,希望以后和您多联系"等。自己的名字如有难读或特别读法的字,在递送名片时应加以说明。

2. 注意递送名片的顺序

名片的递送虽无很严格的先后顺序,但约定俗成的原则是"尊者优先得到名片",即地位低的人先向地位高的人递送名片,年轻者先向年长者递送名片,男士先向女士递送名片。

当对方不止一个人时,应先将名片递给职务较高或年龄较大者;如分不清职务高低和年龄大小时,则先和自己对面、左侧的人交换名片,然后按顺时针进行交换。

(二) 名片接受的礼仪

1. 接受名片的姿态

接收他人递过来的名片时,除女士、老人和残疾者外,应尽快起身或欠身,上身

前倾15°,面带微笑,用双手的拇指和食指分别持握名片的下角,并说"谢谢"等。

在涉外商务等活动中,欧美人、阿拉伯人和印度人惯于用右手单手与人交换名片;日本人则喜欢用右手送自己的名片,用左手接对方的名片,或者双手接递。

2. 接受名片后要认真看

接过名片后要当着对方的面,用30秒钟以上的时间,仔细地把对方的名片"读"一遍,并注意语音轻重,有抑扬顿挫,重音应放在对方的职务、学衔、职称上,有不清楚的地方可以请教对方。之后,当着对方的面郑重地将他的名片放入自己携带的名片盒或名片夹中。切不可接过对方的名片后一眼不看,拿在自己手中摆弄或随意乱放,这些都是不尊重对方的表现。

3. 接受名片后要回礼名片

接到对方递来的名片后,一定要回给对方自己的名片。如果自己没有名片或没有带名片,应先向对方表示歉意,再如实说明理由,如"很抱歉,我没有名片"、"对不起,今天我带的名片用完了,过几天我会亲自给您寄一张"等。如果一次同许多人交换名片,又都是初交,最好依照座次来交换名片。

4. 接受名片后要妥善保存

接受对方名片后,应该妥善保存在自己携带的名片盒或名片夹中,不要随意乱放,以防污损。如果交换名片后需坐下来交谈,应将名片放在桌子上最显眼的位置,十几分钟后自然地放进名片夹,不可用别的物品压住名片或在名片上做谈话笔记。

接受的名片要妥善保管。为了查找和使用方便,宜分类收藏。对个人名片可按姓氏笔画分类,也可依据不同的交际关系分类。要注意他人职务、职业、住址、电话等情况的变动,及时记下相关的变化,以便通过名片掌握客户或他人的实际情况。

四、索要和婉拒名片的礼仪

为了尊重别人的意愿,最好不要向他人索要名片。如果确信是对方忽略了而并非不愿意,则可用婉转的方式提醒。

名片的索要有以下几种方式:

● 主动递上自己的名片,同时说:"您好!很高兴认识您,这是我的名片,以后请多关照!"

● 直接向平辈或晚辈索取名片,可以说:"我们可以互赠名片吗?"或"很高兴认识您,不知能不能跟您交换一下名片?"

● 向地位高、长辈索取名片,可以委婉地说:"久仰您的大名,不知以后怎么向您请教?"或"很高兴认识您!以后向您讨教,不知如何联系?"

当别人向你索要名片而你又不想给对方时,应该用委婉的方法表达,如"对不起,我忘了带名片。"或"抱歉,我的名片用完了。"

资料:

中国古代名片[①]

名片源于交往,是文明时代的文字产物。

原始社会没有名片。那时人烟稀少、环境险恶,人们生存艰难,交往很少。文字还没有正式形成,早期的结绳记事也只存在于同一部落内部,部落与部落之间没有往来。

到了奴隶社会,尽管出现了简单的文字,也没有出现名片。奴隶社会经济还不发达,绝大部分人都固着在土地上,奴隶没有受教育的权利;少量世袭奴隶主,形成小的统治群体,由于统治小圈子长期变化不大,再加上识字不太普遍,也没有形成名片的条件。

名片始于封建社会。战国时代中国开始形成中央集权统治的国家,随着铁器等先进生产工具的使用,经济也得到发展,从而带动文化发展,以孔子为代表的儒家与其他流派形成百家争鸣景象。各国都致力于扩大疆土,扶持并传播本国文化,战争中出现了大量的新兴贵族。特别是秦始皇统一后的中国,开始了伟大的改革:统一全国文字,实行郡县制。咸阳成了全国的中心,各地官员

---

① 参见百度百科"名片"。内容有改动。

每年都必须向中央述职。官员们为了拉近与朝廷当权者的关系,经常联络感情也在所难免。

名片,见于西汉史籍时称为"谒"。《释名·释书契》载:"谒,诣告也。书其姓名于上以告所至诣者也。"东汉时,谒又叫名刺。据《后汉书》载,祢衡曾身怀名刺求见于人。在挖掘的汉墓中发现,这种谒或名刺,系木简,长22.5 cm,宽7 cm,上有执名刺者名字,还有籍贯,与今名片大抵相似。

至唐代,木简名刺改为名纸。唐代长安新科进士以红笺名纸互换,以便交流。晚唐又唤作门状、门启,都是自报家门的一种联络方式。宋代的名纸还留有主人的手迹。据南宋张世南在《游宦纪闻》中记述,他藏有黄庭坚书写的名纸,而秦观送他的名纸,类似今天的贺年片。北京故宫博物院还藏有北宋书法家蔡襄的《门屏帖》,据陆游在《老学庵笔记》考证,类似名刺。

唐宋文人出外拜客,还喜带个拜匣,拜匣中有笔墨,可当场手书。清代印制了名帖,手书名帖少了,除非主人是大书法家,有意露一手。拜匣亦为文物。清末民初的拜匣制作得十分精致,匣盒系木制或漆器,上绘山水人物图。今故宫博物院收藏的拜匣典雅精美,欣赏价值颇高。元代易名刺为"拜帖"。

明清时又称"名帖"、"片子",内容也有改进,除自报姓名、籍贯,还书写官职。这一时期,统治者沿袭唐宋的科举制度,并使之平民化,读书便成了一般人改善生活的唯一出路,识字的人随之大量增加。人们交往的机会增加了,学生见老师、小官见大官都要先递上介绍自己的名帖,即唐宋时的"门状"。名帖这时才与"名"字有了瓜葛。明代的名帖为长方形,一般长七寸、宽三寸,递帖人的名字要写满整个帖面。如递帖给长者或上司,名帖上所书名字要大。名帖上名字大表示谦恭,名帖上名字小会被视为狂傲。

清朝才正式有"名片"称呼。随着与国外通商频繁,加快了名片的普及。清朝的名片,开始向小型化发展。

过去,名人的名片会被人利用。例如,清道光年间,浙江鄞县举人徐时栋参加当地官员的宴会,得知有人曾用他的名片前往官署徇私说情,幸被识破。到后来,许多名人都在名片背面注明"不作他用"字样,以免被狡诈之徒所利用。

资料思考:我国历史上的名片与现代名片的功能有什么异同?

第六节　商务交谈礼仪与技巧

交谈是指两个或两个以上的人之间的谈话,是面对面的口头交流活动。萧伯纳曾说:"你我是朋友,各拿一个苹果,彼此交换,交换后仍各有一个苹果;倘若你有一种思想,我也有一种思想,而朋友相互交流思想,那么,我们每个人就有两种思想了。"交谈可以在交流信息的基础上深化人们的思想,增强人们的认识能力和处理问题、解决问题的能力。

在商务、公务、社交等场合和日常生活中,交谈的礼仪和技巧都十分重要。不善于交谈的人可能会被人轻视,总是谈论自己的人可能会被对方认为关系态度不积极。掌握商务交谈的礼仪和技巧,将有助于提高商务人士的工作水平和工作效率。

一、商务交谈的原则

(一)真诚坦率

商务交谈时,商务人员的真诚坦率可以拉近彼此间交谈的距离,融洽交谈环境,为成功交谈奠定基础。交谈中,只有认真对待交谈主题,坦诚相见,清晰地表达自己的观点和意见,才能激起对方的情感共鸣,商务交谈才能取得满意的效果。

(二)互相尊重

交谈是双方思想、感情的交流,是双向的活动。交谈双方无论地位高低、年龄大小,在人格上都是平等的。要尽量使交谈围绕主题进行,尽量使用礼貌用语,谈到自己时要谦虚,谈到对方时要尊重。恰当地使用敬语和自谦的言辞,能彰显出商务人员的修养,有助于交谈的成功。

二、商务交谈礼仪

(一)交谈的姿态

1. 姿态优雅,神态专注

交谈时要姿态优雅,手势语礼貌清晰。神态专注,注意聆听。在眼睛注视对方的同时,要把真诚传递给对方。有些人在交谈时喜欢盯着地板或环顾左右而言他,这是一种缺乏自信的失礼表现。

在与对方交谈的过程中,以"嗯"、"是的"等简语表示自己一直在倾听。如果对方需要理解和支持,应以"对"、"没错"、"真的是这么一回事"等语言来呼应,以增强对方的好感。

2. 交谈距离有度

在商务活动中,要根据对象和目的选择和保持适当的交谈距离。交往双方的人际关系及所处情境决定着相互间自我空间的范围。美国人类学家爱德华·霍尔博士将人的个体空间需求分为四种距离,即公众距离、社交距离、个人距离和亲密距离。

(1) 公众距离

360 cm 之外。一般适用于演讲者与听众、彼此极为生硬的交谈及非正式的场合。

(2) 社交距离

120—360 cm。一般工作场合人们多采用这种距离交谈,在小型招待会上,与没有过多交往的人打招呼时可采用此距离。

(3) 个人距离

45—120 cm,伸手就能碰到对方的距离。在非正式的个人交谈时常保持这种距离。

(4) 亲密距离

45 cm—0,是亲人、关系极为密切的朋友、情侣和夫妻间的距离。当无权者进入这个亲密距离范围时,会引起人的不安情绪。

在国外,当电梯或公共交通空间拥挤时,还有一些不成文的惯例。例如,你不能同任何人说话,即使是你认识的人;你的眼神必须始终避免同他人的眼神接触;面部不能有任何表情;人越拥挤,你的身体越不能随意动弹;在电梯里,你必须看着头上的楼层号码等。

(二) 商务交谈的话题

在商务交谈中,商务人士应清楚选择哪些话题进行交谈。

1. 忌选话题

- 非议政府。

- 涉及国家秘密和行业秘密。
- 非议交往对象的内部事务。
- 背后议论领导、同事与同行。
- 涉及令人不快的话题,如凶杀、灾祸、疾病、死亡、挫折等。
- 涉及个人隐私之事,如收入、年龄、婚否、健康等。

2. 宜选话题
- 拟谈的话题。
- 格调高雅的话题。
- 轻松愉快的话题。
- 时尚流行的话题。
- 对方擅长的话题。

三、商务交谈的步骤

与人交谈有正式交谈与非正式交谈之分。前者进行于正式场合,大多严肃认真,有着既定的主题和特定的谈话对象;后者进行于非正式场合,相比正式场合就显得轻松愉快,没有限定的主题,谈话对象也不固定。正式交谈与非正式交谈时的内容有所不同,但交谈的步骤是相同的,简称交谈的"5W1H原则"。

1. 明确交谈对象(Who)

要明确是与谁交谈。与同事交谈和与客户交谈,与职位比自己高的人和与职位比自己较低的人交谈,应当有所不同。

2. 明确交谈目的(Why)

要清楚与对方交谈的目的是什么,否则,就有劳而无获的结果。

3. 明确交谈方式(Which)

要明确与对方采取何种方式交谈。方式的选择与交谈效果成正比。

4. 明确交谈主题(What)

要清楚与对方交谈的内容。交谈必须围绕主题展开,否则,就不得要领。

5. 明确交谈场合(Where)

在不同的交谈场合,交谈的氛围、态度、主题等都有所不同。例如,在谈判桌上与在休闲场合的交谈有很明显的差异。

6. 明确交谈技巧(How)

要清楚怎样的交谈效果会更好。交谈中如能正确使用交谈技巧,往往能起到事半功倍的功效。

四、商务交谈的技巧

1. 知识面要广,选择合适的话题

有些人认为只有不平常的事情才值得在商务场合交谈,因此,总感到无话可说。其实,交谈时可以就日常生活中的事情选择一些轻松的话题来作为交谈的序曲,如天气、集邮、足球等。

正式交谈的主题应是既定的;非正式交谈的主题就是一些能达成共识、不会引起争论的话题,例如,2013年的雅安地震、凤凰古城的门票事件、低碳生活等都可以作为非正式交谈的话题。

擅长各种类型交谈话题的人,都喜欢阅读刊物、行业杂志、听广播、参加文化体育活动。知识面广有助于交谈时选择适当的话题。

2. 适时发问,专心倾听

商务交谈中,应学会适时地发问,可以让话题倾向于对方。同时,通过发问也可以了解到自己不清楚的情况,如"您看呢?""您觉得如何?""您怎么理解?"等。

适时提问和专心致志的倾听能够建立彼此之间的信任,因此,交谈时,应尽量专心聆听,理解说话人的真实含义。

3. 真诚称赞对方,不多谈及自己

真诚地赞美对方有助于交谈的进行,例如称赞对方的领带、套装、饰物等。交谈要以礼待人,多谈共同关心的话题,尽量少谈及自己。高谈阔论、自我炫耀等言谈举止会引起对方的反感。

4. 语言礼貌、准确

在交谈中,语言应礼貌、准确,这有利于彼此的顺利沟通。

礼貌用语是社会上约定俗成的用以表示谦虚恭敬的话语。例如,初次见面,可以说"久仰";好久不见又见面时,可以说"久违了";客人到来,可以说"光临";等待客人,可以说"恭候";探望别人,可以说"拜访";起身作别,可以说"告辞";中途先走,可以说"失陪";请对方勿送,可以说"留步";请别人指正,可以说"指教";托人办事,可以说"拜托"等。在商务交谈中,要常使用问候语"您好"、请托语"请"、致谢语"谢谢"、道歉语"对不起"、道别语"再见"。

5. 交谈态度要平和

交谈时,态度要平和、自然,尤其是在谈判中,要尽量控制自己的情绪。交谈时的发音要标准、清晰,音量适中,语速不能过快或过慢,口气要谦和,以显示出平等待人的亲切态度。

6. 交谈要礼让对方

交谈中,应以对方为中心,做到处处礼让和尊重对方。在他人讲话时,尽量不要中途打断,这样会干扰说话者的情绪,破坏气氛,给人留下自以为是的印象。如确需要发表意见或进行补充,应让对方把话讲完。

倾听别人说话时,应给予对方适当的赞许。不要当众否定对方的观点,以免伤了对方的自尊心。

7. 掌握适度的交谈时间

商务交谈有时间限制,一般应以半小时左右为宜,最长不超过1个小时。大场合或人数较多时的交谈,个人发言的时间最好不超过3分钟,最长不要长于5分钟。适可而止的交谈既可以节省大家的时间,又可以使每个参加谈话的人员都有机会发言,以示平等。

8. 交谈要言之有物、有序

商务交谈中,要有观点、内涵,要准确、清晰地将信息传递给他人。有些人讲话没中心,想到哪儿说到哪儿,给人不知所云的感觉,这样的交谈是最不受人欢迎的。

本 章 小 结

1. 商务场合中的位次排序在一定程度上反映了参与商务活动的各方人员及其所代表的组织利益的认可度以及各方利益的关联度。在行走、上下电梯和楼梯、进出房门、会谈、会议、合影、悬挂旗帜、乘车等重要场合,恰当地安排各参与者的空间方向和空间位置,遵循约定俗成的方位礼仪规范非常重要。

2. 称谓礼仪主要指人际交往过程中彼此规范性的礼貌称呼,这种称呼通常基于血缘关系、职业特性、宗教信仰、社会地位等因素,它能恰当地体现出当事人之间的关系。称谓礼仪的原则是"称谓得体、有礼有序"。要注意称谓的禁忌。

3. 常见的商务见面礼仪包括握手、拥抱、吻礼、鞠躬、合十礼等。不同的见面礼仪所表达的内涵不同。要掌握各种见面礼仪的正确姿势,注意相关的禁忌。

4. 根据介绍者的不同,商务介绍礼仪可分为自我介绍、他人介绍、集体介绍三种基本类型。介绍要遵循"让尊者优先了解对方情况"的原则。

5. 名片是印有个人姓名、地址、职务、电话号码、邮箱等信息的媒介,是人际交往和公务、商务等交往活动中一种重要的自我介绍方式。名片被广泛用于商务答谢、邀约、馈赠、祝贺、挽悼等方面。商务人员要养成正确的名片接递姿势和良好的名片管理等习惯。

6. 商务交谈礼仪要遵循"真诚坦率,互相尊重"的原则。注重交谈的姿态和话题的选择。交谈的步骤简称"5W1H原则",即明确交谈对象(Who)、明确交谈目的(Why)、明确交谈方式(Which)、明确交谈主题(What)、明确交谈场合(Where)、明确交谈技巧(How)。

商务交谈时要适时发问,专心倾听;真诚称赞对方,不多谈及自己;语言礼貌、准确;交谈态度要平和;交谈要礼让对方;掌握适度的交谈时间;交谈要言之有物、有序。

本章实训练习

乙公司到甲公司进行商务考察,甲公司总经理亲自乘坐五人座小轿车前往机场迎接乙公司总经理。在机场,甲公司总经理和秘书迎接了乙公司总经理及秘书,初次见面,握手、相互介绍、递交名片等后,一行人上了车,由甲公司秘书驾车。

1. 请根据上述场景,四位同学一组,一人饰演甲公司总经理,一人饰演甲公司秘书,一人饰演乙公司总经理,一人饰演乙公司秘书。演示双方见面相互问候、介绍、乘坐轿车等情景。

2. 学生情景演示后,先让学生自评,然后老师进行点评。

本章思考题

商务人员日常交往中,应该注意哪些方面的礼仪?作为(即将作为)一名商务人员,你在哪些日常交往礼仪方面还需改进?

本章参考文献

1. 百度文库:

http://wenku.baidu.com/view/a3b93422ccbff121dd368323.html。

http://wenku.baidu.com/view/0ff0570b581b6bd97f19ea18.html。

http://baike.baidu.com/view/48755.htm。

2. 百度百科:

http://baike.baidu.com/view/27954.html。

http://baike.baidu.com/view/48755.htm。

3. [美]佩吉·波斯特、彼得·波斯特:《商务礼仪指南(第2版)》,李琳娜、刘霞译,电子工业出版社2006年版,第208—223页。

4. 文明公民网,http://www.wmgm.org/。

5. 中国民族宗教网,http://www.mzb.com.cn/html/Home/report/306131-1.htm。

6. 中国礼仪网,http://www.welcome.org.cn/。

7. 豆丁网,http://www.docin.com/p-83226499.html。

第四章　商务求职面试礼仪

> 不管是在工作中还是在生活中,我们都会自觉和不自觉地根据一个人的第一印象来判断他的专业程度、性格和能力。
>
> ——杰奎琳·惠特摩尔[①]

本章学习目标

1. 了解求职前职业生涯规划等准备工作;
2. 了解商务求职信、简历的撰写礼仪;
3. 掌握求职面试过程中的礼仪以及回答问题的技巧。

[①] 杰奎琳·惠特摩尔,美国享有盛誉的礼仪专家,棕榈滩礼仪学校校长。

本章知识结构

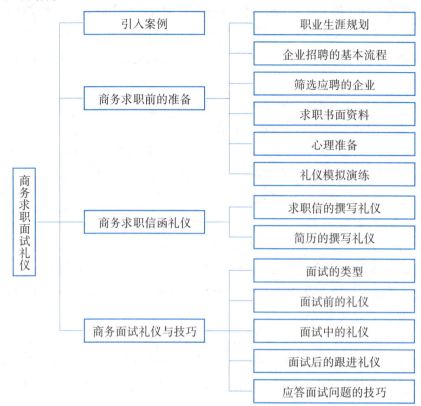

引入案例

麦琪的应聘面试

麦琪就读于河北某大学经济学专业。研究生毕业后的那年冬天,她在网上将自己的求职信和简历递交给了上海某知名投资公司。在得到面试通知后,麦琪再次认真地了解了应聘公司的业务现状等,她还精心准备了研究生在读期间参与实践环节的相关资料。麦琪提前一天独自从石家庄到达上海,在面试公司附近的一家宾馆入住。第二天,容光焕发的麦琪比约定的时间提前15分钟到达面试的公司。

面试中,麦琪以其丰富的知识量、实践经验及微笑等给面试官留下了深刻的印象。面试结束时，麦琪将自己手工制作的身着传统服饰的小木雕仕女送给三位面试官。麦琪当天返回石家庄后，给公司发了 E-mail，感谢公司给了她面试的机会，并表达自己坚定地想为该公司效力的想法。不久，麦琪就被该公司录用了。

三位面试官在决定录用麦琪时，一致认为：

第一，衣着发型让麦琪看起来很精神。

麦琪着黑色大衣，上身是单色白毛衣，下身是暗红毛料中裙，穿时尚女靴。虽然面试时穿西装套裙更为正式，但麦琪远道而来，这样的衣着还是可以接受的。麦琪的长发盘在脑后，淡妆，使她显得很精干、很有气质，这一点给面试官留下了良好的第一印象。

第二，守时和仪态大方显示了麦琪良好的修养。

虽然路途远，但麦琪提前一天到达公司所在城市，这比起风尘仆仆、面色苍白地当天赶到更能表现出她对此次应聘面试的重视。麦琪提前15分钟来到应聘公司等候，说明麦琪很善于把握时间的度。

麦琪在面试中一直面带微笑，显示出她是一个性格外向的乐观主义者。在谈话中，麦琪目光专注、点头认同等肢体语言表明了她对面试官的关注和尊重。此外，她使用敬语、用词合适、语调控制得当、表达主次分明、自信却不傲慢自负等表现也受到面试官的赏识。

第三，良好的沟通和高度的自我认知说明麦琪有很强的协调、协作能力。

整个面试过程中，麦琪的中文、英文表达清晰流畅，思维敏捷。对自我评价和追求有很高的认知度。

第四，独特的馈赠礼物显示了麦琪的人际交往能力和技巧。

麦琪独特的小雕像礼物馈赠让收礼者心情愉悦且没有心理负担，也让礼物的选择本身显示出麦琪的技巧、用心、计划性等。

第五，面试后的跟进礼仪显示了麦琪的真诚。

回到石家庄后，麦琪立刻给公司发了 E-mail，表达对公司给她面试机会的感谢以及面试后更加坚定了她想得到公司这份工作的想法，显示她对应聘公司的真诚。

麦琪被上海某知名投资公司录取,不仅是因为她本身成绩优秀,还在于她应聘前的准备充分以及面试中细节等方面的出色表现。

案例思考:你在应聘面试中(有可能)会忽视哪些环节的礼仪?如何改进和提高自己这方面的礼仪能力?

第一节 商务求职前的准备

一、职业生涯规划

职业生涯规划是指个人和组织相结合,在对一个人职业生涯的主客观条件进行测定、分析、总结研究的基础上,根据自己的兴趣、爱好、能力、特长、经历及不足等各方面的综合分析与权衡,结合时代特点和自己的职业倾向,确定最佳的职业奋斗目标,并为实现这一目标做出的行之有效的安排。

(一)人生的职业发展阶段

1. 探索阶段(15—24岁)

这一阶段是人生的探索阶段,可以多做些尝试、探索,在学习、工作中摸索出自己的职业倾向、职业锚①、职业兴趣等,从而逐步找到最适合自己的职业。

2. 确立阶段(24—40岁)

这一阶段是大多数人工作周期中的核心部分,这一阶段包括三个子阶段,即尝试子阶段(25—30岁)、稳定子阶段(30—35岁)和危机阶段(35—40岁)。

3. 维持阶段(40—55岁)

40岁以上的人,不宜再做过多的尝试,但应清晰地认识到自己的职业锚和职

---

① 职业锚是指当一个人不得不作出选择的时候,他无论如何都不会放弃的职业中的那种至关重要的东西或价值观。实际上,职业锚就是人们选择和发展自己的职业时所围绕的中心。职业锚理论由职业生涯规划领域具有教父级地位的美国麻省理工学院斯隆商学院教授、美国著名的职业指导专家埃德加·H·施恩(Edgar. H. Schein)领导的专门研究小组提出。

业性向①,确定自己有优势的职业并做长远打算。

4. 削弱阶段(55岁—退休)

这一阶段,人们面临退休,应调整心态,调动自己的兴趣爱好,应对职业生涯结束后的状况。

当然,职业年龄阶段的划分还应针对不同的职业加以区分规划,例如,作为职业足球运动员,30多岁就该退役了;而作为医生,30多岁还很年轻。

(二) 制定职业生涯规划的步骤

1. 自我评估,确定职业发展目标

自我评估就是认识自己、了解自己,从而对自己所适合的职业和职业生涯目标作出合理的抉择。职业规划时常常采用的方法是"5W"思考模式。

(1) 我是谁?（What are you?）

这是对自己的兴趣、特长、性格的了解。

(2) 我想干什么?（What do you want?）

这是对自己职业发展的一个心理趋向的检查。每个人在不同阶段的兴趣和目标不完全一致,有时甚至是完全对立的,但这些会随着年龄的增长和经历的变化而逐渐固定下来,并促使自己锁定最终的职业目标。

(3) 我能干什么?（What can you do?）

这是对自己学识、技能、智商、情商,以及对思维方式、道德水准的评价。

(4) 环境支持或允许我干什么?（What can support you?）

这是对自己职业生涯机会的评估。职业生涯机会评估主要是评估周边各种环境因素对自己职业生涯发展的影响。在制定个人的职业生涯规划时,要充分了解所处环境的特点,掌握职业环境的发展变化情况,明确自己在这个环境中的地位以及环境对自己提出的要求和创造的条件。只有对环境因素充分了解和把握,才能使自己的职业生涯规划具有实际意义。环境因素评估主要包括组织环境、政治环境、社会环境、经济环境等。

---

① 职业性向是指一个人所具有的有利于其在某一职业方面成功的素质的总和。美国著名的职业指导专家约翰·亨利·霍兰德认为,人格是决定一个人选择职业的重要因素,决定个人选择何种职业的六种基本的"人格性向"分别为实际性向、调研性向、社会性向、常规性向、企业性向和艺术性向。多种职业性向驱使人们在多种不同的职业之间进行选择。

(5) 自己选择的职业目标是什么？（What you can be in the end?）

清楚了"我是谁"、"我想干什么"、"我能干什么"、"环境支持或允许我干什么"这些问题后，从各个问题中找到对实现有关职业目标有利和不利的条件，并列出不利条件最少的、自己想做又能够做的职业目标，将自己选择的职业目标的规划列出来，形成个人发展规划书，通过系统的学习、培训，实现这一职业目标。

2. 确定职业生涯发展目标，制定职业生涯行动计划与措施

确定职业生涯的终极目标并选定职业发展的路线后，要给自己制定出实现这些目标的时间规划，太长或太短时间的规划都不利于自身的职业确定。一般而言，主要根据年龄或者根据职业中的职位阶段性变化作为时间规划目标的阶段，制定不同时期的努力方向。

对应着自己的职业生涯计划，可将职业目标进行分解。职业生涯规划的期限一般可分解为短期规划、中期规划和长期规划。短期规划为3年，主要是确定近期目标，规划近期完成的任务；中期目标一般为3—5年，在近期目标的基础上设计中期目标；长期目标规划是5—10年，主要是设定长远目标。

确定了职业生涯发展目标，制定了职业生涯行动计划后，就应尽早落实目标的具体措施（如工作、培训、教育、轮岗等）。

3. 根据个人需要和现实变化，调整职业生涯发展目标与计划

做职业生涯规划时，要清楚自己即将从事的职业状况以及10年后该职业的需求前景如何；随着年龄的增长，自己所具备的职业优势是在加强还是在削弱等。

对自己遇到的问题和环境的变化，要及时调整个人的职业发展目标与规划，以期维持生活，体现人生价值。

4. 落实职业生涯规划的各个环节

制定和调整好一系列的职业生涯发展规划后，就要在不断变化的职场信息背景下，将自己所定的职业生涯计划的每个环节落实到具体的实际行动中。

(三) 制定职业生涯规划的作用

● 准确评价个人特点和强项；评估个人目标和现状的差距；准确定位职业方向；重新认识自身的价值并使其增值。

● 了解就业市场，科学合理地选择行业和职业；将个人、事业与家庭统筹考虑，增强职业竞争力。

● 快速适应工作，获得长期职业发展优势；提高工作满意度，使事业成功最大化。

案例 1

大学生毕业前的求职准备[①]

2013年5月《新京报》的调查数据显示：30.62%的受访学生在大四开学后就开始为就业做准备，11.4%的学生在考研失利后才选择加入找工作的大军中，25.73%的受访学生在研究生阶段才开始为求职做准备，其他受访学生则对求职准备茫然无措。

关于何时做求职准备，观点不一。

专家认为一进大学就要做清晰的职业规划

针对该调研结果，中国就业研究所副研究员、中国人民大学劳动人事学院副教授葛玉好分析说，就业难与多数大学生准备时间晚有一定关系。如果大学生计划今后就业，一入学就需要考虑毕业后的择业情况，具体而言，需要利用休息日或节假日有意识地学习英语口语、面试技巧、多参加社会实践工作、增进交流等。

英才网联职场专家苑航认为，大学生一到大学，就应该做清晰的职业规划。学生如果想考研，就可以专注于学习；如果想毕业后直接工作，就可从大二下学期开始寻找实习机会；如果不想跨专业求职，就找和专业对口的实习单位。

大学生就业培训机构"优职英才"人力资源部总监蒋玲认为，一些只注重学习但未做求职准备的大学生、研究生，找工作中因目标不明确、性格问题等往往会遇到各种困扰，最终导致求职失利。

大学生认为大三或研二前应只抓学习

一入学就确定择业情况，是否为时过早？已经拿到7个offer的北京第二外国语学院应届本科生于同学有着和专家不同的观点。

"打个不恰当的比喻，比如说你想吃饭，但还没吃到饭，就要吃面了，会丧失掉尝试很多东西的机会。"于同学说，他刚进大学时，就没打算确立职业目标。直到大三与好友创办一个影视工作室后，他才考虑最终毕业去向。

[①] 参见许路阳、卢漫、申志民：《调查显示：仅3成学生大四前做求职准备》，《新京报》2013年5月26日。内容有改动。

他参加过7次面试,且"逢面必过"。根据他的经验,他不希望过早地框死在一个领域内,例如过早确立就业目标乃至方向。要不断涉猎其他东西,才能知道自己真正感兴趣的求职方向。他认为大三确立目标比较合适,因为大一和大二给了你充分的时间去发掘自己。

清华大学应届硕士生毕同学也认为,不应如此早地为就业开始做准备,大学前两年、硕士前一年都是学基本课程,应该不要考虑别的。不过,尽早确定求职行业方向还是应该的,如果决定以后做金融,就可以前两年多读金融书,多考证书,大三、研二再做相应实习,也会让用人单位感觉规划得有条理,不是盲目的。

企业认为没实习经验难获雇主青睐

《新京报》的调查数据显示,近一半受访者曾参加过与就业相关的实习,时间为半年内;有26.48%的应届生参加了半年以上的实习;然而,仍有26.71%的应届生未参加实习。

"没有实习经验的多不予考虑。"北京一家预算公司经理古先生介绍,相对而言,他会选择聘用有实习经验的大学生。

在古经理眼中,大学生在四年中会有许多实习机会,但如果到头来没有任何实习经历,或只是蜻蜓点水,他会怀疑该学生的职业态度问题。

"毕业前一年开始实习一点都不晚。"清华大学应届硕士生毕同学经过和同学们交流求职经验后总结,此时开始实习,每次实习至少三个月,会比从大二、研一开始做四五份仅有一两个月的实习更受用人单位青睐,也能让学生对实习单位的业务流程乃至整个行业更有了解。

大学毕业生求职的故事:海投百份简历仅一个 offer

一名受访毕业生从未实习过,面试20次没找到合适工作,感叹准备太晚。

参加了20多场面试,武汉某所高校的本科应届毕业生张玲(化名)的工作仍没有着落。虽然一到大四就投入求职大军,可回看自己的大学生活,张玲觉得自己准备得还是太晚了。

"投没投简历都不记得"

张玲的专业是广播电视,但比较"宅"的她并不太喜欢这个专业。大学四年,从未参与过专业方面的实习。她找工作的方向是商务运营。

"我有这方面的实践经验,也比较喜欢。"张玲所说的经验,是大二、大三时的两三次网络推广兼职经历,分别是给一家眼镜店和一个微博营销团队的网帖、微博回帖,"发一些'这家的东西效果很好'之类的话,有点像网络水军"。张玲坦言,她并没有去学习过商务运营方面的专业理论知识。

张玲一共投出约百份简历,绝大部分简历是通过招聘网站投递的,"招聘网站会推荐很多相关的招聘信息,看着差不多的单位我就打钩"。张玲说,她总共参加了20次面试,大部分是网络投递的结果,"有时接到面试通知电话,我都想不起来这是个什么单位,就连投没投过简历都不记得"。

张玲接到过一份offer,不过由于不太理想,她并没有与公司签约。

虽然专注的求职领域是商务运营,张玲说,一年前,她才发现自己真正感兴趣的是时尚,但由于不太自信,求职过程中,她没有向时尚方面的岗位投过简历。

"就业准备做得有些晚"

离毕业的日子越来越近,张玲也有些着急了。"可能是我准备得不太好。"她也开始总结其中的原因。

张玲说,面试时,有时是群面。通过他人的自我介绍,她发现,竞争者中有的是商务科班出身,有的能列出长长的实习、实践经历,"跟他们比,我能介绍的经历太少了"。在这两者中,张玲觉得实践经历对找工作的影响更大。

张玲说,回看自己大学的经历,发觉自己就业的准备做得有些晚了,"这四年不该碌碌无为,要多参加实习,多积累经验"。作为"过来人",张玲认为,最理想的时间是大二暑假就开始做就业准备,计算机、外语或考取从业资格证等专业技能也是她认为重要的就业准备工作。

张玲说,下一步她会继续投简历,找一份过渡性的工作,给自己提供物质保障。在此前提下,她打算学习一些时尚方面的理论知识,并参加培训班,为自己今后向时尚界"进军"做准备。

求职受益于职业规划①

就读于会计专业的准大四学生徐末作了一个决定——放弃考研,跨到摄影领域就业。在学校社团摸爬滚打了近三年的他一直在与摄影打交道,其间产出的不少作品广受好评。在徐末看来,摄影比财会更能给自己带来动力与快乐。出于这份热爱,徐末打破了自己原有的计划,重新规画起自己的职业蓝图。

"我想以我现在的简历,应该可以找到一份不错的工作。"早早便有了清晰职业规划的洪悦提起自己的简历时,满是自豪。这一份不错的简历,是洪悦用从大一开始就跑宣讲会、参加创业大赛、为企业拉项目、策划大型活动等经历换来的,而在这些经历中不断开拓的视野与积攒的技能,让她最终决定走创业这条路。

2018年,中青校媒面向全国各地高校的700余名大学生和毕业生发起关于大学生制定职业规划情况的调查。调查结果显示,22.92%的被调查者表示已有明确的职业蓝图;71.49%的被调查者有一定的规划方向,但计划比较模糊;5.59%的被调查者完全没有规划;超过87%的被调查者认同一份清晰的职业规划利于大学生制定目标,有助于求职者为找工作提前做好准备。

"临时抱佛脚"的求职尴尬

调查显示,87.18%没有明确职业规划的被调查者认为,规划不明确对找工作有影响。其中,46.15%的被调查者认为没有提前做准备导致简历单薄,61.54%的被调查者找工作时才发现选择很迷茫,35.90%的被调查者找工作时发现自己不具备工作要求的能力。

无论是来自上海理工大学的李贝还是来自安徽某高校的黄木辛,都认为自己身边有着详细职业规划的朋友并不多,一些同学甚至临时买简历模板后"海投"简历。

据江西某高校的刘佳描述,自己寝室4个人的简历,都是在校园招聘会的

---

① 参见罗希、蒋天熠、李晶晶:《近九成大学生认为求职受益于职业规划》,《中国青年报》2019年10月28日第07版。内容有改动。

前一天晚上，搜索"如何写简历才能迅速吸引HR"、"简历撰写注意事项"等词条，两个小时仓促完成。"穿上一套学校附近租来的正装，临时准备几句'让人抓不住重点'的自我介绍，匆匆上场。"刘佳提到，自己曾认为职业规划浮于形式，做不做无所谓，临近毕业时才发现自己和那些有着明确规划的同学之间的差距。"最明显的区别就是，当我还在为简历大片空白填不满而发愁时，别人已经利用社团经历、获奖经历、实习经历收到了四五份录用函，还都是热门岗位。"据刘佳描述，其实他也在大学期间参与过不少活动，有过不少经验，只是他从未想过将这些有价值的"碎片"组合起来，让它们变成自己的优势。

学习电气工程及其自动化专业的佟里曾因考研还是工作发愁，最终他在辅导员和导师的建议下选择保研，未来暂时尘埃落定。从未做过规划的他在这段作抉择的时间里常常感觉到迷茫。"那些对自己专业很感兴趣、有非常高热情的人，目标自然而然就有了。但像我这样对本专业兴趣一般的，就会没有方向。"为了确定目标，佟里查了不少资料，甚至去专业机构和老师反复讨论。考研还是就业，优先考虑地域还是专业，种种问题不断困扰着他。那段时间里，被选择折磨的佟里没少到学院找辅导员和导师咨询。"自己的未来还是得靠自己。"虽说保研的决定是作出来了，但是他对以后未知的一切还是充满了迷茫。

光有方向和计划，似乎还远远不够。来自辽宁一所理工科大学的关欣在毕业前也曾为择业伤透了脑筋。她就读的专业常被同专业学生戏称为"万金油"专业，似乎"什么都可以做"，又似乎"什么都不对口"。在关欣看来，择业终究是一道双向选择题，应聘者不可缺少计划和准备。

职业规划是踏入社会前的首份"提纲"

调查显示，与低年级学生相比，即将就业的高年级学生中有明确职业规划的比例更高，低年级中有明确规划的占19.04%，高年级中这部分则占33.71%。但仍有不少高年级同学职业规划比较模糊，占到63.43%；低年级中规划模糊的占74.94%。高年级中有2.86%的学生仍完全没有职业目标，低年级中则占6.92%。

因为一次学生工作任务，当时还在读大二的黄木辛与一位刚毕业的学姐聊了很久,他首次萌生了"为未来做规划"的念头。"听到她在说她的应聘之路,以及她身边同学的去向的时候,我心中也开始有了'要认真思考一下自己以后该怎么走'的想法了。"未来两年的就业或考研方向带来的危机感,让黄木辛觉得"如果没有一个目标及大致规划,现在做的努力很有可能都是白忙活"。

在黄木辛看来,一份完备的职业规划相当于为自己确立下清晰的职业目标,可以降低临近毕业时"两眼一蒙、无从下手"的风险,因"无知"而错失心仪岗位的概率也会大大降低。按照职业规划朝契合兴趣的方向去努力,也会提升自己对未来工作的满意度,更容易实现自我价值。"我们自己也能通过完善简历等过程全方位地审视自己,认识到自己的优势与不足,找到一个符合自己喜好和特长的岗位。"

"有了规划,就开始努力。"黄木辛透露自己已经在为未来的目标做准备。作出出国留学的打算后,刚上大三的他已经在着手准备雅思考试了。

毕业于辽宁某高校的邱秋对于自己的未来也一直有着清晰的规划。"你的未来,只取决于你自己。我也没有怎么去询问学姐,因为去询问考研的学姐,她会和你说考研的理由;要是去询问不考研的学姐,她就会和你说不考研的理由。"考研还是就业的问题根本没有让邱秋烦恼,学财务的她认为工作经验远比学历来得重要,她毅然选择了就业。这是因为她早有自己的考量:"不考研的话,我就比别人多了实操经验,如果想去企业,甚至未来做管理岗位,可以再考证,再攻读MBA。"据了解,邱秋在大一的时候就考虑过就业的问题,她用了整个大学时间考取相关证书,参加大创项目和各种大赛,让一页简历变得"沉甸甸"。

中青校媒的调查结果显示,拥有大致职业规划的学生中,88.83%的被调查者会在有了职业规划后,明确学习方向,考取相关证件;80.7%的被调查者会寻找实习机会,提前了解行业情况;58.65%的被调查者选择参加大赛等活动提升能力,充实简历。

林笑早在大一的时候便参加了职业生涯规划设计大赛,目标职业是记者。一直把白岩松作为偶像的她,喜欢"直击痛点"的表达方式。成为一名优秀的记者,兼具"有趣的灵魂"和"高尚的人格",一直是林笑努力的方向。早在高中阶段,她便把"记者"作为自己的理想职业。直至现在,"去传统媒体就业"依旧是林笑的从未变更的坚定目标。虽然尚未就业,但林笑已经利用假期在媒体单位进行实习。"确定了规划后,就一定要认真找机会实践,你会对自己有一些颠覆性的认知,发现自己的新能力。"林笑说。

完善规划,或"坚定选择"或"勇敢试错"

"说来也有趣,我觉得我的职业生涯还一直挺顺的。"如今,邱秋已经是大连一家在行业内全国排名第一的国有企业的员工了。

在从事现在的工作之前,无论是"工资待遇好"还是"公司环境好"等看似丰厚的条件,都无法让邱秋动心。只要不是想选择的岗位,邱秋一律拒绝。面试的过程之所以一直很顺利,在她看来,这与她自始至终目标都很清晰有关。找现在的工作时,她仅仅面试了一轮,用人单位就已经有了签约意向,岗位当场就定了下来。她的整个求职生涯也按照她最初的目标一直"顺"到了现在。

中青校媒的调查显示,64.88%的被调查者认为一个完备的职业规划可以为大学生职业生涯带来"提前试错,及时调整目标方向"的机会。

关欣曾利用寒假实习在省科学技术馆做过志愿者,只是在她看来并不如意。在不断试错的同时,关欣也会不断地讨教经验,例如仔细地询问学长学姐刚开始参加工作的经历、心路历程、面试经验。"不断试错,不断调整自己的目标方向。"这是学姐给她的建议之一。"我们都会经历职业的迷茫期,只要明确地知道自己合适什么,再朝着这个方向努力就好了。"在一次外企实习的经历中,关欣终于第一次明确了自己的职业规划。"人事这类偏文职却又不是纯文职的工作让我觉得挺锻炼人的,我就想着往这方面发展。"五个月的实习让她对于工作方向有了大致的了解,隔在她与未来之间的雾气被拨开了。

案例思考:不论你现在处在哪一个职业生涯阶段,你认为应该何时开始做职业生涯规划?如何保障制定的职业生涯规划能具体落实?

二、企业招聘的基本流程

任何一家企业都有一个流程来保障招聘的顺利进行。标准的员工招聘工作流程有确定人员的需求、确定招聘计划、人员甄选录用等。

(一) 确定人员的需求

当企业的某个部门员工离职或因工作量增加等因素造成岗位人员空缺时，部门会向人力资源部提出申请，列出人员需求的缘由、岗位任职的资格条件、工作内容等。人力资源部门接到部门的人员需求申请后，会检查各部门人员的配置以及企业的人才储备情况，决定是否从内部调动人员。如果内部调动不能满足岗位空缺的需求，人力资源部门会将企业人员补充计划提交总经理，总经理批准后，人力资源部门才能对外进行招聘工作。

(二) 确定招聘计划

企业根据招聘人员的资格条件、工作要求和招聘数量，结合人才市场情况，选择招聘渠道来发布招聘广告(广告内容包括本企业的基本情况，招聘岗位，应聘人员的基本条件，应聘方式、时间、地点，应聘时应带的证件、材料等)。主要招聘渠道有：

- 大规模招聘多岗位时，可通过招聘广告、学校和大型的人才交流会招聘。
- 招聘人员不多且岗位任职资格要求不高时，可通过内部发布招聘信息或参加一般的人才交流会。
- 招聘高级人才时，可通过网上招聘或通过猎头公司推荐。

(三) 人员甄选录用

人员甄选录用是整个招聘工作计划中技术性最强、难度最大的环节。

招聘单位收集应聘者的资料后，进行初步筛选，符合基本条件者参加面试，由各部门经理和人力资源部门共同确定初试合格者进入复试，复试通过人员由总经理最终面试确定。

三、筛选应聘的企业

求职者对搜集到的几家招聘企业进行对比，然后了解和筛选企业的相关资料，了解其目前的经营状况、企业文化、未来的发展等情况，这有助于应聘者把握现有情况和增强面试时的信心。

一般来说，了解应聘企业的方法有以下几个途径。

(一) 与应聘企业的员工交谈

与应聘企业的员工谈话，能帮助求职者了解到应聘单位的概况，如公司人数、业绩、环境、工作报酬、员工福利等基本情况。

(二) 查阅报纸刊物

在商业贸易杂志及报纸的版面可以了解到企业的运营状况、公众形象、经营范围、服务项目、行业地位、近期和长远发展的资料。

(三) 利用互联网

通过互联网查阅行业信息，在应聘企业的主页查阅相关资料。尽可能多地了解招聘单位的性质和背景、业务情况、发展前景、招聘单位的内部组织等。

四、求职书面材料

求职前，书面材料的准备是一个重要环节，因为大多数用人单位都是先通过应聘者的书面材料来决定应聘者是否能进入面试环节的。准备一份有说服力且能吸引用人单位注意的书面材料是成功应聘的第一步。求职的书面材料包括毕业生推荐表、求职信、简历、在校学习或者曾经工作的业绩、各种获奖证书和技能等级证书等。求职前，应聘者要整理好书面材料，按照应聘单位的招聘程序发送或递交这些书面材料给招聘单位。

五、心理准备

克服各种心理障碍，调整心态，做好充分的心理准备，这些对有过工作面试经历的人来说依旧很重要，对即将毕业的大学生而言，这更是一种考验。

(一) 求职择业的心理调适

通过自我比较、别人的评价以及实践中自己成功或失败的经验教训等途径，正确认识、评价自己的人格、能力、特点、长处、不足以及是否适合从事某一项工作或自主创业等。

(二) 排除不良情绪的影响，增强心理承受能力

求职前，因对未来的未知，很多人都会有失眠、紧张、情绪低落、茫然、焦躁不安、烦乱等不良情绪。为了身心健康和求职面试的顺利进行，可以采用以下几种方法排除不良情绪。

1. 自我激励法

主要是用生活中的哲理、榜样的事迹或正确的思想观念来激励自己，自觉克服

各种不良情绪。如果一次求职失败,要勇敢地面对下一次,坚信未来是美好的,不要被灰心、失望、悲观的情绪所控制。

2. 心理暗示法

暗示自己求职应聘面试是双向选择的过程。可以通过自言自语、在无人处大声疾呼、书面语言等形式暗示自己放松,以达到调节情绪的目的。

3. 注意力转移法

把注意力从消极情绪转移到积极方面去。例如,在消极、苦闷时,可以通过听音乐、散步、聊天、做自己喜欢的事、体育运动等方式排遣不良情绪。

4. 行为补偿法

当所追求的目标受挫或因个人的某种缺陷而失败时,可及时改变方向,以其他可能获得成功的活动来弥补因失败而丧失的自尊和自信。

5. 宣泄法

当不良情绪积郁在胸时,可以通过向家人、朋友倾诉等方式来宣泄自己的不良情绪;也可以痛痛快快地哭一场,或通过比较剧烈的运动来排遣不良情绪。

6. 幽默调节法

从心理学角度看,幽默是一种绝妙的心理防御机制,幽默常能给人带来欢乐。幽默的特点主要表现为机智、自嘲、调侃、风趣等。借助幽默能使人减轻因恐惧带来的压力,有助于放松心情,并达到心理上的平衡。

(三)主动咨询、请教师长

主动咨询、请教师长是一条有效的排除不良情绪的途径。一个人的视野、思维、控制能力是有限的,对自我的审视也带有主观色彩,一旦出现心理失调的情况,单靠个人的力量和智慧不能全部解决,这时获得他人的帮助和指导是十分必要的。

(四)从友情和亲情中寻求力量

亲情和友情是一个人保持就业积极心态的重要因素,从亲情和友情中寻找力量,把内心的压抑、不满、隐痛通过适当途径和方式宣泄出来,获得鼓励、信任和希望。

六、礼仪模拟演练

通常,招聘的企业会通过面试环节考察应聘者的仪容、仪态、专业知识、口才、谈话技巧、性格和人际关系等。通过面试谈话,有助于招聘方进一步了解应聘者的情绪状况、人格成熟度以及应聘者对工作的热情程度和责任心、上进心等。

无论是等待谋求新职的人,还是刚从学校毕业的新人,都要面临应聘面试。每一个求职应聘者,都希望在面试时能留给主考官一个好印象,从而增大被录取的可能性。因此,事先了解、演练面试过程中所需注意的礼仪细节,让自己在面试中表现得体、轻松自如,是求职者迈向成功的重要环节。

案 例

被 1 600 元底薪碾压[①]

25 岁的硕士毕业生张瑶笑得挺尴尬,手里握着一叠精装简历,准备离开招聘会现场。她甚至连投出简历的机会都没有。

"投简历的过程,就感觉自己在被反复碾压。"她说。

这是天津的一场硕博专场招聘会,面向硕士和博士毕业生。"说是硕博专场,几乎没有面向硕士的岗位。"张瑶有些失望,这位从韩国一所知名大学工商管理专业毕业的研究生感觉自己的学历又一次被"碾压"了。

上一次被"碾压"是一场没有细分学历的招聘会。当时,她和一群本科生一起投简历,在一家名不见经传的社会培训机构的展位前,她微笑着自我介绍后放下简历,一位招聘负责人对她的海归经历没有表现出任何兴趣,一脸漠然地说:"不论本科还是硕士,韩语老师,底薪 1 600 元,其余靠招生提成。"

这句话让这位海归硕士生感觉难以接受,她收回已经放下的简历。"我其实不是特别在意薪酬,但这 1 600 元的底薪,让我感觉自己多年的所学和具备的能力被践踏了。"

她是土生土长的天津姑娘,在她本科毕业那阵子,两三千家韩资企业在天津投资设厂,"当时学韩语专业的特别好找工作"。为了给自己的学历再镀金,她远赴韩国攻读硕士学位,专门选择了工商管理专业,好让自己在管理岗位更有竞争力。当她去年满怀憧憬地毕业回国后,发现大量出口加工型的韩资企业开始大幅裁员,招聘的岗位少之又少。

---

① 参见胡春艳:《我就这样被 1 600 元底薪碾压》,《中国青年报》2016 年 3 月 25 日第 12 版。

赶了几场招聘会，张瑶感觉，"我好像赶上就业最难的时候了"。

目前还很难说她赶上的算不算"最难的时候"，但经济下行的压力，以及竞争者的压力，她确实都赶上了。人力资源和社会保障部部长尹蔚民在国务院新闻发布会上表示，以高校毕业生为主的青年就业群体的数量还在持续增加，这将对就业产生很大的压力。对就业形势产生重要影响的另两个因素，一是化解过剩产能会造成一部分职工下岗；二是经济下行压力比较大，一部分企业生产经营困难，用工不足。

在张瑶参加的硕博专场招聘会上，很多硕士明显感受到了压力。"跟本科生比，没有年龄优势；跟博士生比，没有专业优势。"南方一所高校情报学专业硕士毕业生窦强的一句话总结了硕士求职"高不成低不就"的尴尬处境。

"我对薪资的预期是4 000元到5 000元，挺理性的吧？"他说。

因为女友是天津人，他选择到天津找工作。他说，自己同专业的同学在广州求职，薪资差不多能到8 000元。他实地逛了几次招聘会后发现，在天津，很多企业招收硕士研究生，给出的待遇与本科生几乎没有差别。而与博士生竞争科研院所的工作岗位时，人家更强调专业能力，因此硕士生又被"忽略"了。

窦强的说法，在一些招聘方那里得到了印证。"我们每年都招聘一批大学生管理人才，大都是本科生。以往'985'、'211'这类名校的学生招不来，现在不是名校的我们都不要。"中建某局天津分公司一位相关负责人告诉中国青年报记者，他们的管理层也基本上以本科生为主，年轻有冲劲，融入企业也比较快；硕士生有时眼高手低，总觉得自己应该比本科生挣得多，但实际能力并不突出。

河北省科学院能源研究所校园招聘负责人刘老师说："今年我们只招一个物理或化学专业的，主要从事锂电池正负极材料和碳材料研究，对专业要求非常高。"他说，近几年研究所招聘，博士学位是门槛。

天津一所高校研究生就业工作负责人介绍，近年来随着各高校研究生扩招，硕博毕业生数量也不断增加，就业压力也越来越大。他坦言，硕士生在严峻的就业形势下，处境确实有些"上下够不着"。

天津大学力学专业硕士生张夏辉最不愿意被问起的问题是：你怎么28岁才硕士毕业？年龄偏大也成为她几次被拒的理由。

商务礼仪

本科毕业一年后,张夏辉又考回母校读研。"当时以为硕士就业会容易一些,选择也多一些。"读研期间,因为家里的原因,她又选择延迟毕业,导致她比其他硕士毕业生大了3岁。在网上和招聘会上大海捞针般地广投简历之后,她发现硕士找工作其实挺难的,而她更是因为年龄原因连招聘的门槛都迈不过去。

南开大学就业指导中心主任胡军指出,一些招聘单位不仅会看硕士学位,还对求职者的本科毕业院校有一定要求,而研究生中很多学生是来自普通院校的毕业生,遇到此类招聘单位就会受到影响。

"从去年一直到现在,一直没有合适的工作。"天津工业大学纺织工程专业硕士生小马有些沮丧,她决定这个月去长三角一带招聘会试试运气,那边纺织产业比较发达,也许有用武之地。"硕士生找工作不能总端着,眼光还是要放远一点。"

她说这番话时,身边几个同学攥着没投出的简历,点了点头。

案例思考:如何筛选应聘的企业?如何做好求职前的心理准备?

第二节　商务求职信函礼仪

求职书面材料包括求职信、个人简历、相关技术等级证书、职业资格证书、各级荣誉证书、其他相关数据等方面的内容。一般来说,招聘单位就是通过这些书面材料来初步判断和评价求职者的目前状况和工作潜力的。求职书面材料是求职者应聘过程中的第一步,它决定着应聘者能否争取到面试的机会。因此,准备一份完整的、符合要求的求职书面材料非常重要。

求职书面材料除求职信、个人简历外,其他材料都是既成事实的资料,需要应聘者充分准备的是求职信和个人简历两项内容。

一、求职信的撰写礼仪

求职信又称自荐信或自荐书,是求职者向用人单位介绍自己情况以求录用的专用性文书。它与普通信函的不同之处在于求职信所给的对象很难明确。因此,所给对象可以采用泛称,如"人事部负责人"等。

多数招聘单位都要求求职者先寄送求职材料,由他们通过求职材料对众多求职者有一个大致的了解后,再通知面试或面谈人选。因此,求职信写得好坏以及是否注意了写作、递送的礼仪将直接关系到求职者能否进入面试。

(一)撰写求职信的礼仪

1. 格式规范

求职信属于书信类,其基本格式也应当符合书信的一般要求。基本格式包括收信人的称呼、正文、结尾、署名、日期和附录六个方面的内容。

(1)称呼

求职信的称呼与一般书信不同,称呼时须规范。

求职信的目的在于求职,带有"私"事公办的意味,因此,称呼要求严肃谨慎,不要过分"套近乎"或阿谀、唐突。称呼一般使用职衔等泛尊称,如"尊敬的××经理"、"尊敬的××公司负责人"等。求职信不管写给什么身份的人,都不要使用"××老前辈"等不正规的称呼。称呼之后的承启问候语以简捷、自然为宜,通常使用"您好"之词,以体现对收信人的敬意。

(2)正文

求职信的中心部分是正文,形式多种多样,但内容都要求说明求职信息的来源、应聘职位、个人基本情况、工作成绩等事项。

首先,写出信息来源渠道,例如,"得悉贵公司正在拓展省外业务,招聘新人,昨日又在《××商报》上读到贵公司的招聘广告,因此,有意角逐营业代表一职"。切忌在信中出现"冒昧"、"打搅"之类的客气话。如果目标公司并没有公开招聘人才,写一封自荐信去投石问路,可以说"久闻贵公司实力不凡,声誉卓著,产品畅销全国。据悉贵公司欲开拓海外市场,故冒昧写信自荐,希望加盟贵公司。我的基本情况如下……"这种情况下用"冒昧"二字就显得很恰当、有礼貌。

其次,正文中要简明扼要地介绍自己与应聘职位有关的学历水平、经历、成绩等,使对方从阅读之始就对你产生兴趣、好感。但这些内容不能代替求职简历。

最后,应说明自己具备胜任职位的各种能力,这是求职信的核心部分。这一部分要力证自己具有专业知识、社会实践经验和与工作要求相关的特长、兴趣、性格和能力等。在介绍自己的特长和个性时,一定要突出与所申请职位有联系的内容,不要写无关之语。

(3) 结尾

结尾一般应表达两个意思：希望对方给予答复，并盼望能够得到参加面试的机会；表示敬意、祝福之类的词句，如"顺祝愉快安康"、"深表谢意"等，也可用"此致"之类的通用词。

在结尾还要写明应聘者的详细通信地址、邮政编码和联系电话，以方便用人单位与应聘者联系。

(4) 署名

署名时一定要亲笔签名，而不是打印字体。按照中国人的习惯，直接签上自己的名字即可。国外一般都在名字前写上"你诚挚的"、"你忠实的"、"你信赖的"等形容词，但这种表达方式在中国不适合。

(5) 日期

日期写在署名的右下方，应用阿拉伯数字书写，年、月、日都要写上。

(6) 附录

求职信一般要与学历证、职称证、获奖证书、身份证等复印件一同递交。

2. 内容清楚准确，言简意赅

冗长的求职信会让招聘方觉得求职者喜欢浪费时间、做事不干练。通常，招聘的工作人员工作量大、时间宝贵，过长的求职信会增加招聘人员对求职者的反感。

求职信应重点突出，在内容完整的前提下，尽可能简明扼要，不要写无关紧要的说明；应该多用短句，每段只表达一个意思。求职信的内容控制在两页之内为宜。

3. 祝颂真诚

正文后的问候祝颂语虽然字数不多，却表达了写信人对收信人的祝愿和尊敬。祝颂语有格式上的规范要求，一般分两行写，上一行前空两格，下一行顶格。祝颂语可以套用约定俗成的句式，如"此致"、"敬礼"之类的语句，也可以使用一些对收信人的真诚祝愿，如"秋安"等。

4. 信封称呼用尊称

应聘者若是按照应聘单位的要求通过网络寄送求职信，就无须信封，但要注意网络邮件的礼仪。

通常，收信人首先看到的是求职信封，因此，要注重信封的书写。信封的主要内容除了要清楚、准确地写明收信人的地址及邮政编码、收信人姓名、发信人的地址及姓名以外,还要恰当地选用对收信人的礼貌称呼。应根据收信人的职衔或泛尊称写上"经理"、"负责人"或"先生"、"女士"等。

案例

简洁规范的求职信

求 职 信

尊敬的王经理:

  您好!

  我叫强勇,写此信是为了应聘贵公司招聘的经理助理一职。我很高兴地在招聘网站得知你们的招聘广告,并一直期望能有机会加盟贵公司。

  两年前,我毕业于上海师范大学商学院国际贸易学专业。在校期间,我系统学习的专业课程有国际贸易、国际贸易实务、国际商务谈判、国际贸易法、经贸英语等。毕业后,我曾就职于一家外贸公司,从事市场助理工作,主要是协助经理制定工作计划、负责外联以及文件、档案的管理工作。本人具备一定的管理和策划能力,熟悉各种办公软件的操作,英语熟练,略懂法语。我深信自己能够胜任贵公司经理助理一职。

  个人简历及相关材料一并附上,希望您能感到我是该职位的有力竞争者,希望能收到贵公司的面试通知。我的联系电话是13＊＊＊＊＊＊＊＊＊。

  感谢您阅读此信并考虑我的求职应聘!

  此致

敬礼!

强勇
2013 年 9 月 18 日

(二)撰写求职信的禁忌

1. 忌使用过分吹捧讨好的言辞

求职信的撰写言辞要规范、得体、中肯,不可采用过分吹捧和有意讨好的言辞,以免对方讨厌,反而不利于应聘者的求职。

2. 忌使用百搭求职信

给不同性质的企业寄求职信,求职信的内容应该有不同的侧重,切忌复印一个求职信版本到处投递。

3. 忌枯燥呆板、教条化的求职信

求职信的撰写要注意措辞得体及突出个性。自荐信既要正确地评价自己,对自己的特长、优势、能力有具体、充分的介绍,又要态度谦虚、语气委婉,切不可枯燥、呆板、教条化。

4. 忌语气低下

求职信的语气应不卑不亢,不要给人一种无事可做的印象。尽管求职者现在有求于企业,但不是在请求施舍,而是以工作能力证明自己对招聘方有用,这是一种等价的交换。

5. 忌文法、字句出错

求职信虽短,但内容要得体,文法字句不能出错漏。求职信写好后要确定内容没有错字、文法正确、字句通顺,以免影响招聘单位对求职者的印象,失去面试机会。

6. 忌漫谈经历

求职信中不要过多地叙述自己的经历,招聘单位感兴趣的只是应聘者经历中与申请职位有关的内容。如果求职者的经历中有不少成功之作,只要选出一两件实例来充分说明即可。

7. 忌提及薪水

在求职信中不要提薪水。求职信的目标是建立联系,争取面谈的机会,谈薪水为时过早。

8. 忌简写引起歧义

人们习惯简称自己的学校或所修专业,但在求职信的撰写中应避免。用简写词语显得随便、不够庄重,会引起招聘方的反感。有些简称只有在特定的地方和特定的交往范围中才能被准确地理解,如"中大"、"人大"、"华师"、"政经"等。

9. 忌夸大其词

成功的自荐信建立在真实的基础上。求职信是一个自我推销的过程,但只能搞"适度推销",不可夸大其词。求职信中应尽量避免使用"一定"、"肯定"、"最好"、

"第一"、"绝对"、"完全可以"、"保证"等词,以及类似"有很强的组织能力"、"有很强的活动能力"等语句。

一个美国女大学生的漫漫求职路[①]

　　爱丽莎·科尔特是美国格林奈尔学院2000级毕业生,如今她有一份自己喜欢的工作,但这份工作却来之不易,她从大二开始就踏上了漫漫求职路……

跟校友体验打工

　　爱丽莎考入大学后,开始想主修生物和英语两个专业,但后来她不得不放弃一个。她说:"我发现自己更喜欢英语,于是我就把生物丢到了一边,主攻英语了。选专业就像我同时喜欢上两个男人,但我只能嫁给其中的一个。"

　　格林奈尔学院有个事业发展办公室,专门为学生提供职业介绍服务。爱丽莎在那里看到一个夏季实习项目,她对此很感兴趣,想在实践中应用她的写作技能。办公室主任史蒂夫·兰格鲁德给爱丽莎一份5页的实习单位名录,上面有医疗照顾、教育、出版等单位,还有许多老校友的联系信息。于是,爱丽莎开始和上面的一些人联系。

　　一个叫里玛·苏基的老校友给她发来10页的传真,上面是一些单位的电话、地址以及里玛和他们的联系情况。爱丽莎就像发现了金矿似的欣喜若狂,按照上面的地址发出了一摞信,然后就焦急地等待消息。

　　里玛是个自由记者,当时在为纽约《时代周刊》的"家居设计"栏目摄影。放寒假时,里玛请爱丽莎和她一起去打两天工。那是一个很小的摄影工作室,摄影师在为杂志拍摄人物特写。爱丽莎描述当时的情景说:"摄影师忙得团团转,不时有人敲门取照片。我那两天就干调灯光的活,根据摄影师的要求调整摄影灯的角度和亮度。他们为我们提供饮食,我就猛喝热牛奶咖啡,反正都是他们买单,我想,他们一定花费了数百美元来喂我们!两天的忙帮完了,我得到

[①] 参见《一个美国女大学生的漫漫求职路》,豆丁网,2016年4月17日。

400美元的报酬。"

其实,这两天的收获对爱丽莎来说远不止是400美元,她也从中认识到她将来要做些什么:"通过这次打工,我认为我不适合做服装模特或设计工作,尽管这样的工作看上去很漂亮,但我就是对此提不起兴趣来。我开始考虑什么职业对我更有价值和更能让我产生兴趣。"

第一次实习:不喜欢的工作也要干

爱丽莎发出的求职信如泥牛沉海,几个月了也没有消息。当她要放弃的时候,她妈妈鼓励她继续发信。大二那一学年的二月份,纽约的《美味佳肴》杂志社给她打来电话,说在夏季需要个编辑助理,从事研究、写作、核实和打电话等工作。这是本高端烹调技术杂志,爱丽莎高兴地接受了这份工作。她猜想,这个杂志社对她感兴趣的一个原因就是,摄影编辑的女儿也在格林奈尔学院读书,是"格林奈尔情节"使他们对她产生了信任,尽管她没有这方面的工作经验。

《美味佳肴》杂志社位于曼哈顿的索霍区,爱丽莎从家到那里需要一个半小时的车程。尽管要面对炎热的天气和拥挤的地铁,但她说做这份工作是值得的:"我在那里得到了很好的体验。我在一个办公室和几位老编辑一起工作,他们很器重我,交给我很多工作。我要核实很多文章或进行严格的研究。我并不只在办公室里工作,有时他们让我到曼哈顿的中国商店买韭菜,帮助烹饪,把烹饪好的食品摆好拍照。"一次,编辑让她核实一篇用法语写的文章,要求她给法国打电话核实。尽管她学了四年的法语,但这对她来说难度也很大。

通过实习她明白了,任何一种杂志都不能适合所有读者的口味。爱丽莎坦言:"编辑们青睐的选题我并不感兴趣,当我担心人们会不会因为罐头食品的制作程序而食物中毒时,他们对此却显得不以为然。我想做报纸的撰稿人,写一些更宽泛的文章。因为人各有所好,而这个杂志明确定位在那些喜欢美食的读者。虽然我无法对高超的烹饪技术产生兴趣,但它不失是一次很好的实践活动,让我知道了我究竟喜欢做什么。我发现我非常喜欢有截稿时间,喜欢在时间紧迫的压力下展示自己。我也喜欢做研究工作。"

第二次实习：我很开心

爱丽莎在意大利的佛罗伦萨读的大三，回国后，她想再找个夏季实习的工作。她在事业发展办公室的宣传材料上看到，纽约的米德尔马契制片公司董事长玛菲·迈耶想在格林奈尔学院找个做过研究工作的学生，和她一起制作纪录片。爱丽莎认为这个工作很适合她："我在《美味佳肴》杂志做过研究工作，我喜欢纪录片，因为它涉及的领域很广，这正是我感兴趣的工作。"她很快就申请到了这个职位。

米德尔马契要为公共广播公司制作3个小时的关于20世纪摄影史的纪录片，题目是《美国摄影：一个世纪的画面》。作者已经写好了文章，爱丽莎的工作就是根据文字内容找照片与之相配。爱丽莎必须通过创造性的研究来决定要找什么样的照片。她解释道："为了说明20世纪家庭摄影是怎么演变的，我必须找一组这样的描写照片。在20世纪初期，你会看到家庭照片上的人物都很呆板，像木偶一样毫无表情地坐在那里，没有微笑。我必须找4张这样的照片，有男有女，背景是有皱边装饰幕布的那种，旁边是一张桌子，桌子上有个花瓶，花瓶里插着一束花。"她终于在古董大厦11层一个肮脏的小店里发现了这样的照片，她就和店主砍价，最后买了下来。她自豪地说："看到我找的照片上了电视，这太让人兴奋了！在制作人员名单里，还有我的名字呢！"这次实习，爱丽莎对历史档案和电视制作产生了浓厚的兴趣，知道了电视媒体的重要性，因为有这么多的人观看电视。

爱丽莎很喜欢米德尔马契公司的这份工作，她说："在米德尔马契工作与在《美味佳肴》杂志社工作截然不同，这里的办公环境很轻松随便，同事们都很友好，很容易和他们相处，我们几乎每天都在一起吃午饭，大家一起很开心。在米德尔马契，玛菲慷慨大方、关心别人、和蔼可亲。她有时跪在地板上用胶带打包，很少一本正经地坐在办公室里摆出领导的架势。我可以按照自己的意愿去做事情，很容易应对面临的各种挑战。"爱丽莎认为，一个良好的工作环境很重要，因为工作环境会影响一个人的工作表现。她说："你必须喜欢你所从事的工作,你还要与同事们和睦相处。"

第三次实习：采访华盛顿市市长

大四放寒假前,爱丽莎在事业发展办公室的兼职项目里看到有一个为期一周的短期工作,全国广播公司的制片人安迪·格罗斯正在做《午夜新闻》节目,他想找个帮手。经过一个申请竞争程序,她得到了这份工作。爱丽莎在这短短的一个星期里没做多少工作,但她参与了对华盛顿市市长安东尼·威廉斯的采访。她兴奋地说:"那是个非常有趣的采访,记者问些很刁钻的问题,如'这个城市正在因前市长的影响力而分裂,究竟发生了什么事情?'威廉斯回答得很诚实、很直爽。"

爱丽莎在工作中还认识了著名记者利萨·迈耶斯、安德烈亚·米切尔。通过这次实习,她也爱上了华盛顿:"我确实喜欢华盛顿,它是个洁净的城市,我巴不得马上就去那里工作。"和过去的实习一样,这次实习让她对自己未来从事的职业更加明晰了。她说:"我喜欢做纪录片,而不是新闻片。因为纪录片可以挖掘深层次的问题。我认为,新闻广播固然很重要,但都是对每天发生的事情做肤浅的报道,有时还带有偏见。"

踏破铁鞋无觅处

有了这么多的实习经历,人们会认为下一步找工作会是小菜一碟。但爱丽莎可没有这么顺利,她说:"找工作对我来说实在是太难了,难得几乎不可能实现。尽管我有几次实习经历,但要找份正式的工作,那就太困难了。"

写求职信很有学问,并不是所有的求职信都是一样的。爱丽莎开始的求职信太呆板,几乎千篇一律,只是换个名字而已。她最后终于明白了求职信发出后没有回音的原因了:"你对应聘的职位是否热爱是通过你的求职信体现出来的。"于是,她准备了六种形式的个人简历,这六种形式的简历并不是稍微变动一下,而是从格式到行文都迥然不同,主要是根据职位的性质决定用什么形式的求职信。她还把个人简历从3页精简到1页,使之更简明。

春假期间,爱丽莎通过本校的社区服务中心得到一个假期实践的机会。

一些学生志愿者到俄勒冈州的波特兰为低收入家庭和残疾人修理门窗,让房屋更保暖,这样取暖费用就降低了。

　　从波特兰回来后,爱丽莎马不停蹄地忙着找工作。她给在米德尔马契实习时认识的玛菲·迈耶打电话,玛菲告诉她说需要一个办公室的助理,这对她来说是一次很好的机会,但不幸的是,他们需要一个能马上工作的人。爱丽莎与这份理想的工作失之交臂。后来,她通过联系得知芝加哥的托尔斯制片公司很重视对新员工的培训,于是,她立即给托尔斯打电话,并在以后的两个月里一直保持着联系。

　　当时,爱丽莎对"美国志愿队"在华盛顿的一个"人类住房"项目也很感兴趣,该项目是为穷人修建住房。她递交了申请,他们愿意雇佣她,但她想考虑一下再作决定。这时,托尔斯也说有可能雇佣她,但他们只雇佣10个人,需要再等。她告诉托尔斯制片公司说,她对这个职位非常感兴趣,并请求他们在未来的几个月里如果有空缺马上通知她。这时,"美国志愿队"需要得到她的最后答复。她说:"这是我一生最难作的决定。这两份工作我都非常喜欢。我实在拿不定主意,就列了一个赞成和反对的单子,认真考虑每个条件。"最后,她选择了托尔斯制片公司,于是拿起电话,谢绝了"美国志愿队"的职位。

　　第二天,托尔斯打来电话:"对不起,我们没有空缺的职位了。"爱丽莎听后就傻眼了:"当时,我非常烦躁,我几乎要给'美国志愿队'打电话,告诉他们我接受那份工作。但是,我还是克制住了。这时,我妈妈给了我一个明智的建议,让我别放弃托尔斯。"

得来全不费工夫

　　当爱丽莎和她在米德尔马契工作时的一个同事联系上后,她又振作起精神来了。这个同事被纽约很有名的戴维格鲁宾制片公司聘为助理编辑,他们要为公共广播公司制作一个5小时的纪录片,他们要她在那里实习一个夏季,做助理编辑。这是一个技术性很强的工作,也能很好地体现个人价值。这个机会很诱人,但爱丽莎确实不想再去纽约度过一个炎热、潮湿、拥挤的夏天了。

　　就在托尔斯打电话告诉爱丽莎他们没有空缺后的第六天,托尔斯又给爱丽莎打来电话说："我们现在又有一个空缺,你想不想飞到芝加哥进行面试?"在期末考试周的星期一,爱丽莎去面试了。面试官要爱丽莎表演打电话,因为托尔斯公司为A&E制作影片,他们需要经常预约罪犯和受害者进行采访。面试官扮演一个受害者,要求爱丽莎给他打电话预约采访。表演中,"受害者"表现出极大的不耐烦,几次挂断电话,但爱丽莎坚持不懈,终于让这个"受害者"同意接受采访。

接着,面试官又扮演杀人犯,让爱丽莎重新给关在监狱中的"杀人犯"打电话约定采访。最后,她也说服这个"杀人犯"同意接受采访。

面试结束了,爱丽莎想起自己忘了询问这个职位的职责,她不免有些紧张。她过去接受现场面试时,总要询问应聘职位的职责。她想这次肯定砸了。

星期三上午8点,爱丽莎交上她的毕业论文后回到宿舍休息。电话铃把她惊醒了,是托尔斯人力资源部的面试官打来的:"我把对你的面试结果告诉你,你那次面试非常成功。你的鉴定信也给我们留下了深刻的印象,我们决定把这份工作提供给你。"爱丽莎兴高采烈地说:"我听到这个消息后,高兴得从床上滚下来了!"

毫无疑问,爱丽莎接受了这份工作。她说:"我之所以喜欢托尔斯,是因为他们有一个新职员轮岗计划,我有机会在每个部门都工作几个星期,这样,我就可以在研究、编辑、核实、写作、数字编辑等岗位上锻炼自己,使自己有机会施展才能。6个月结束后,公司将对我重新评估,根据我在每个岗位上的表现,给我固定一个岗位。"爱丽莎如愿以偿,最后得到一个助理编辑的职位。她自己满意地说:"我能做我喜欢做的工作,这太让我高兴了。其实,找工作没什么大不了的,只是万事开头难。"

经验分享

爱丽莎找到了自己喜欢的工作,也不忘把自己的求职经验和其他同学分享:

第一,及早行动。如果你不是毕业班的学生,会有很多空余时间,要充分利用这些空余时间。开始的时候就锁定你感兴趣的工作,坚持不懈地追求下去。

多搜集工作信息,包括用人单位和校友的信息。如有机会,跟着校友干上一天,观察他们带你去的工作环境。你在寻找工作的过程中,可以逐步确定自己的择业目标。一定要对应聘的工作表现出足够的热情。

第二,发出求职信后别忘了电话询问。当你发出求职信和个人简历后,不要指望对方会主动给你来电话。人家很忙,不会回复所有应聘者的信件。我发出那么多求职信,没有收到一个主动打来的电话,都是我发信后主动给他们打电话确认信收到没有。潜在的雇主要看你是否真正对他们的那个空缺感兴趣。

第三,准备一些证明文件。我一开始就准备各种证明文件,在去芝加哥托尔斯面试的时候我就带着一些工作鉴定信。我认为,这是我成功找到工作的一个主要因素,人力资源部的人给我打电话说我的工作鉴定信非常出色。不管你在哪里实习工作,离开的时候别忘了向经理等人要鉴定信。

第四,重视求职过程中所做的一切努力。跟着别人做,写出感人的求职信,让你的个人简历更简明,在自己逐步确定的求职方向上坚持不懈,不放过任何一次机会,要做多种尝试。只要你树立起信心,所做的一切总会有结果的。

案例思考:爱丽莎·科尔特的求职经历给了你什么启示?

二、简历的撰写礼仪

简历是得到面试机会的敲门砖,准备一份完美而有力度的简历是求职的关键所在之一。

简历是对个人学历、经历、特长、爱好及其他有关情况所做的简明扼要的书面介绍。通过简历,应聘者向招聘单位表明自己拥有能够满足特定工作要求的技能、态度、资质和资信。在美国,平均一个职位会有 200 个人应聘,其中,有 100 份简历是合格的;在北京,平均一个职位会收到 1 000 封求职简历,但只有 200 份简历是合格的。[①]

(一) 简历的类型

简历主要有美式、英式、港式和中式四种类型。

---

① 参见许勤毅:《冷静面对求职飓风》,《新民晚报》2009 年 8 月 16 日第 B17 版。

1. 美式简历

美式简历既适合于求职外企,也适合于求职国企。美式简历主要以哈佛商学院的简历为蓝本,简洁明了,在一页纸上最高效地传达求职者的信息。20世纪90年代末,美式简历在京沪著名高校的BBS上开始流传,后被国人认同和使用。

跨国公司比较欣赏美式简历。要想写好一份美式简历,必须要知道哪些信息不适合写在简历上,哪些信息必须在简历上写得很清楚。例如,工作经验写得越细越好。

2. 英式简历

英式简历是港式简历的原创母版,页数比较多,年龄等个人信息披露得比较全面,但对工作经验的描述显得不够具体和鲜明。

3. 港式简历

港式简历中大都要求写年龄、婚否等信息。香港报纸的招聘广告中还要求应聘者在简历中写明工资现状及预期工资等可比信息。目前,国内流行的中文简历多参照港式简历。

4. 中式简历

中文简历不像英文简历那样有固定的、约定俗成的格式。常见的中文简历带有强烈的感情成分和主观色彩,多从"履历表"演变而来。

用中式简历求职,国企普遍都能接受和认同,因为筛选简历的招聘经理不是以企业的标准和角度来衡量简历的,而是从国内文化上来理解和认同简历内容的。如果用中文简历求职外企,即使筛选简历的招聘人员在感情上能够理解你的"中式风格",但理性告诉他这份中文简历不符合要求标准。

(二)中式简历的撰写内容

1. 个人基本情况

列出姓名、性别、出生年月、籍贯、政治面貌、学校、专业、婚姻状况、健康状况、爱好、联系住址、电话、E-mail等。

2. 教育背景

写明曾在学校、专业或学科学习的简况及起止时间,列出所学主要课程以及在校期间所担任的职务、获得的各种奖励和荣誉等。

3. 工作经历

列明工作经历。根据时间顺序,列出曾工作的单位、日期、职位和工作性质等。

4. 自我评价

根据个人特长，结合求职目标及个人期望的工作职位，进行工种、职位等适合程度的自我评价。

（三）撰写简历的礼仪

1. 内容真实

撰写简历的最基本原则就是确保内容真实。有许多初次求职者，为了能让企业对自己有一个好的印象，往往会给自己的简历造假。比较典型的有假文凭、假职务、夸大工作职责和更改在职时间等。

简历应提供客观的证明或者佐证资历、能力的事实和数据。编造的工作经历或业绩在面试中很快就会被识破，一些大的企业（尤其是外企）在面试前很可能会根据简历和相关资料对应聘者进行背景调查。

2. 条理清晰

条理清晰的目的是便于招聘人员阅读。由于时间关系，招聘人员可能只会花短短几秒钟审阅应聘者的简历，因此，简历撰写一定要重点突出。通常，简历的长度以 A4 纸 1 页为限，简历越长，被认真阅读的可能性就越小。

简历排版时需要综合考虑字体大小、行和段的间距、重点内容的突出等因素。个人基本资料、教育背景、工作经历（包括职责和业绩）是重点内容。对于不同的企业、不同的职位、不同的要求，求职者应当事先进行必要的分析，有针对性地设计简历。

3. 有针对性

简历中应清楚地罗列具备的相关行业经验和良好的销售业绩，这就是针对性。写求职信、跟进信及感谢信时，针对性也十分重要。

4. 有价值性

使用语言要平实、客观、精炼。简历篇幅视工作所限为 1—2 页，工作年限 5 年以下的，通常以 1 页为宜；工作年限在 5 年以上的，通常为 2 页。简历中要提供能够证明工作业绩的量化数据以及职业含金量较高的成功经历。独特的经历一定要体现出来，比如在著名的某公司从业的经历、参与某著名培训会议及论坛的经历、与著名人物接触的经历等。

案例

中式简历[①]

个人概况

姓名：某某　　　性别：男　　　出生年月日：×年×月×日

民族：汉　　　　政治面貌：中共党员

学历（学位）：大学本科　　　　专业：电气自动化

联系电话：　　　　　　　　　　手机：

联系地址：北京市朝阳区小庄路××号1-2-201

邮编：100013

E-mail：＊＊＊＊＠sina.com

教育背景

毕业院校：山东大学（1993年7月—1997年7月）

其他培训情况：

有英文中级口译证书；

熟练应用计算机以及其他各种办公软件；

接受Hayes技术培训，获得Hayes工程师认证。

工作经历

1999年9月至今：龙华网络技术公司

任职：市场主管

职责：建立战略伙伴关系；建立国外合作伙伴关系；建立和维护基础渠道；市场调查并向公司提出需求；拟定市场计划并付诸实施。

成绩：1999年度华北地区销售第一

[①] 李兰英、肖云林、葛红岩、郑陵红：《商务礼仪（第二版）》，上海财经大学出版社2012年版，第201—202页。

自我评价

　　优秀的销售成绩,具有丰富的客户拓展经验、良好的产品渠道开发和举办产品展示会的管理能力。性格开朗,喜爱运动,具有很强的团队意识。

　　案例思考:为自己撰写一份中式简历。

(四)撰写简历的技巧

1. 仔细检查,杜绝错误

仔细检查已成文的个人简历,绝对不能出现错别字、语法和标点符号方面的低级错误。简历是商业沟通的形式,应简洁、正式书写,不应出现"我"字样,要尽量少用冠词。

2. 标准照片,黑白字体

简历照片应以1—2寸的彩色半身职业近照为佳。照片中,男士穿白衬衫、单色领带和深色西装外套;女士可穿带衣领的白色或浅色衬衫加单色小西装或者外套,以便给招聘单位留下好的第一印象。

个人简历最好用A4标准复印纸黑白打印,字体最好采用常用的宋体或楷体,不要使用花哨的艺术、彩色字体。排版要简洁明快,忌标新立异。

3. 简洁明了,突出重点

要保证自己的简历让招聘方在30秒之内即可判断出应聘者的价值,并决定是否给予面试机会。简历要重点突出对申请的工作有意义的经历和经验,与申请工作无关之事不要写。

没有丰富实习或兼职经历的大学毕业生,可以用其他一些方面的经验来弥补,如学生工作、社团活动、社区义工等。

4. 附件完整,谨慎递交

完整提供个人简历中提到的业绩和能力的复印证明资料,作为附件附在个人简历之后。不要寄原件给招聘的企业,以防丢失。

5. 忌谈薪水,信息齐全

除非招聘单位有要求,否则,不要在简历上提出对薪水的要求。薪金问题留待面试之后再说。应聘者要价过高,应聘单位有可能会认为应聘者自命不凡而拒绝提供面试机会。

个人基本信息里的联系方式一定要齐全,包括手机号码、固定电话、E-mail等,以便招聘方通知应聘者参加面试或发布面试结果。

资料1：

如何"丰满"应届毕业生的简历？[1]

应届毕业生制作"丰满"简历的小技巧有：

- 基本信息可以用表格来表现，这样既能使招聘方看得清楚，也显得简历很丰满。
- 教育背景中列出主修课程和相关成绩，这样就比单单写一个毕业学校名字好看得多。不过也不能为凑字数，把所有的课程都罗列出来。通常，写主修课程即可。若是有与所应聘职位相关的且成绩很好的课程，也可以写上。
- 奖学金可以一项一项或者分年写。有的同学四年都有奖学金，就写了一行字"大学期间获得四年奖学金"，未免有点单调了。如果奖项多还好，可是有的同学就只有奖学金，没有别的奖项，分开来写就显得比较充实、好看。
- 很自然地换行，这样HR看得明了，同时也能拉长简历。
- 可以用小四字号，使用1.5倍行距，简历会好看而利索。
- 实习经历、暑期兼职写在工作经历中，并且写上自己从中学到的东西和心得总结，这样会让人觉得你是一个爱学习、会动脑筋的学生。
- 有时候，也可以写中学的内容，如果你有很值得骄傲的东西就可以写。

以上七条，可以让你的简历变得丰满、充实。不过，千万记住不可乱凑！简历已经很丰富的同学就不要再故意把简历弄得烦琐了，那样反而会给HR留下坏印象。

资料2：

HR人员筛简历时的心态[2]

- 如果收到的简历是现场手写的，字迹潦草，涂改超过3处，一般说明此人比较粗心。
- 年龄、职级是否匹配。中层管理者一般在25岁以上；高层一般在30岁以

---

[1] 参见《应届生简历写不出东西来怎么办？》，丁香园，2012年8月15日。
[2] 参见百度百科"简历"。

上;超过40岁还是中层管理的,需慎重考虑应聘者的发展潜力。

- 填写是否完整。无须保密的内容出现两处以上未填写,可认为此人求职态度较随意。
- 工作经历连续性。如出现工作经历断层,需解释原因。因为工作经历断层时,一般是个人处于创业、身体健康不佳、找不到工作等状态。
- 工作稳定性。在一家企业工作两年(普工一年)为合格,3—5年可视为稳定,一次以上出现一年(或以内)换一家企业的,可视为稳定性差或工作能力不胜任要求。
- 企业背景。如果从知名企业到不知名企业,职位或收入层次一样的话,可能是能力水平有问题。如果从不知名企业到知名企业,如果层位上有很大的提升,则可能有水分存在,需认真考查。如果5年以上都在小规模非规范化企业工作,此人层面、水平都不会太高。
- 行业经历。如果几份工作都是跨行业跳槽,则此人职业规划、自身定位模糊。
- 教育背景。学历不必说了,管理类职位最好要有专业培训经历及证书。
- 待遇要求。可判断此人的求职意向,如要求待遇明显高于职位提供范围,说明求职者有一定的投机心理。如要求过低,可能是因为求职者对自己信心不足。
- 离职原因。可判断此人的价值取向、发展欲望。
- 工作职责。如与任职岗位能力有明显偏离,则可能为虚假经历。

资料思考:1. 如果你是在校或者应届毕业生,试着给自己撰写一份"丰满"的简历。

2. 你认为资料2中所分析的HR人员筛选简历时的心态是否准确?为什么?

案 例

合格的简历照片[①]

宁宁是一名应届毕业生。写求职简历当然少不了证件照,但她觉得真实的证件照比较丑,于是跟风拍了"最美证件照"。

---

① 参见宋霞:《证件照好像"一家子" 花天价钱图啥?》,《北京青年报》2019年12月9日。

求职者标准证件照"撞脸"

宁宁回忆,拍"最美证件照"的过程比一般证件照要"复杂"。

先是与工作人员预约拍照时间;到了店内,有工作人员帮忙化淡妆,大概用时 20 分钟;之后是选择照片底色、尺寸等。"如果是非常规的底色尺寸,则需要额外收费,照片隔天取。"

拿到照片后,宁宁感觉每个人的成片都差不多,"就像网上流行的修图软件,把每个人美颜成一个样子,无论你长的什么脸型,成图都是瓜子脸、尖下巴,女生多半就是中分长直发,男生相对还多一些版本"。宁宁有点茫然自己拍这照片的意义,因为她也不知道是不是在求职中真的有用。

不只宁宁有此疑虑,有些用人单位也对此深有感触。一沓沓的简历看完后,没有区分度的头像风格真的是"看谁像谁",没有留下特殊印象,识别度还很低。

《北京青年报》记者从多位求职者处了解到,现在某些网红照相馆有一套完整的流程,包括提供化妆、服装、拍照、修图等一系列服务,"感觉比较专业,拍的照片都比较好看,我身边的同学基本人手一张"。晓琪告诉北青报记者,店家的操作很流程化,像流水线一样,有专门的化妆人员、摄影师、修图师。她去的店有三四个修图师,动作很熟练,"如果不满意,还可以根据客人的要求,'完美'修图"。

她还介绍说,这种照相馆大多开在商场里,店面装修会比较显档次,受年轻人的欢迎,"去里面拍照的基本也都是年轻人,但价格也比普通的照相馆高不少"。之所以会将这类型的照片放在简历上,晓琪坦言是因为看着比较好看,"觉得会对求职有帮助"。

对此,某照相馆的员工也表示,一样的妆容、一样的拍照姿势、一样的修图标准,导致拍出来的效果都差不多。"乍一看还行,但是一刷朋友圈大家拍的都一模一样,确实有点尴尬。"还有一家照相馆的店长解释道:"我们都是流程化的操作,一方面是因为顾客的职业要求,另一方面也是根据大众的审美在不断进行探索。"

美颜过度的应聘者求职被拒

有位 HR 人员在分享经验时指出,自己在工作中见过太多的图片与本人不符的情况,很多人都喜欢把照片修得跟写真一样,其实很容易影响求职者在HR心中的初始印象。

  一次,这位HR人员面试一个女生,简历中的证件照形象很好,但是等助理拿着简历去电梯门口接人,竟然没敢认。HR人员建议简历上可以用修过的照片,但是不要跟本人出入太大。简历上贴证件照的原因就是为了更好地展示你的形象,如果P图过度,不仅失去了自己原来的样子,还给面试官留下不好的印象。

  北青报记者检索发现,早在2016年,就有媒体报道,招聘单位嫌简历照片过于"美颜"而失真,导致一应届生小刘在面试中被刷掉。当时,小刘解释道:"其实我就是在眼皮、胖瘦上进行了美颜,认识的人还是能看出来是我的。"因平时就非常擅长PS图片,她就给自己"美颜"了一张很漂亮的简历照。"人力资源主管问我好几遍这照片上的人是不是我,我说'是',后来她让我出去等。结果,我被告知他们已经有中意的人选了。"小刘觉得对方是只看颜值,不看个人能力。

  2018年,有一种新兴的简历类型在年轻人中火了——视频简历。小美刚刚毕业没多久,在网上听说了视频简历,于是,小美拍摄视频时对自己进行了"千雕万琢"。投递出去之后,小美很快被一家机构相中,给小美发出了面试邀请。面试的时候,因为简历中的她美颜使用过度,视频和本人差距太大。这家公司认为小美简历中的其他方面也有造假嫌疑。

  对此,小美表示:"平时大家拍照、录视频的时候都会使用美颜、滤镜,我也不例外。通过美颜可以让自己看起来更好看,能让自己变得更自信。"小美还说,之前自己也投递纸质简历、电子简历,上面的照片也都是PS过的,没觉得有什么不合适。小美称,现在流行的视频软件都自带美颜功能,还可以替换声音。这些功能在某些视频简历中同样具备,在拍摄完一段视频之后,可以进行美颜、换声等操作。

照片须符合相貌特征

  国家一级人力资源管理师、具有15年人力资源管理经验的张先生告诉北青报记者,简历中放照片还是很重要的,从应聘者角度讲,它既体现了应聘者对简历阅读者的尊重,也体现了应聘者对工作机会的重视,还体现了应聘者的自信。

从面试官的角度讲,照片可以判断应聘者的相貌特征,可以判断应聘者的职业化程度。他坦言,在工作中,所谓的"最美证件照"确实很常见,女生基本都是瓜子脸、齐肩短发。"美颜更普遍,不美颜几乎不太可能,如果太过计较反倒以貌取人,因为习以为常了,反而觉得很正常。"但是他也认为,没有必要花大价钱去拍各种照片。

"面试官看照片不是为了选美。"他还强调,即使美颜也不要差异过大,避免有落差,照片也决定不了最终的结果。照片只要传递出个人信息,显示出自信即可。"一般建议放免冠证件照,但也有人放学士服那种证件照,简洁大方即可。不要放生活照,这不正式。艺术照会带偏主题。"

前程无忧招聘工作人员也表示,HR 每天要查看成百上千份简历,一份简历在 HR 这里平均只有 30 秒的停留时间,有简历的照片绝对是一个不错的加分项。站在 HR 的角度,有照片的简历显得更加完整、有诚意,能获得更多青睐,所以简历上有照片跟没照片的区别是显而易见的。

既然放照片是加分项,什么类型的照片更容易获得 HR 的好感呢?该工作人员称,HR 拒绝美颜过度的"照骗"。"淡妆,白衬衫,背景简单,自然清新,端庄大方就好。"有多位担任过面试官的主管也告诉北青报记者,在面试时他们并不会太在意简历上的照片,因为企业最看重的还是个人能力和工作岗位的匹配度。

案例思考:简历上使用的照片应该注意哪些细节问题?

第三节　商务面试礼仪与技巧

企业招聘面试是寻找符合其工作要求的员工所必需的过程。如何在面试时充分发挥自己的优势,要依靠应聘者的专业知识、人格、气质及临场应变等能力的表现。通常,中国和日本的企业喜欢具有忠厚老实人格气质的应聘者,欧美企业则较重视求职者的事业心。规模较大的公司,用人常以忠诚度为标准,不喜欢稳定性较差的人;而规模较小的公司,因为没有完善的培育人才计划,通常以有经验、招聘后即可使用的人才为录取原则。因此,在应聘时,应聘者应了解招聘单位的特性与要求,在面试过程中注重礼仪细节,充分表现出自身的良好素质和能力。

一、面试的类型

面试是用人单位招聘时最重要的一种考核方式,是招聘单位经过精心设计的,以交谈与观察为主要手段,以了解应聘者素质与能力为目的的一种测评方式。面试的灵活性和综合性既能考核应聘者的业务水平,也能考察其口才和应变等方面的能力。

面试的类型有很多种,常见的有以下几种划分类型。

(一)根据面试的结构化(标准化)程度划分

根据面试的结构化(标准化)程度,面试可以分为结构化面试、半结构化面试和非结构化面试三种。

结构化面试是指面试题目、面试实施程序、面试评价、面试官构成等方面都有统一的和明确规范的面试;半结构化面试是指只对面试的部分因素有统一要求的面试,例如,有统一的程序和评价标准,但面试题目可以根据面试对象而随意变化;非结构化面试是对与面试有关的因素不作任何限定的面试,也就是没有任何规范的随意性面试。

正规的面试一般都是结构化面试,例如,公务员录用面试就是结构化面试;非结构化面试的组织很随意,类似于人们日常生活中的非正式交谈,主考官事前没有精心准备与系统设计。目前,非结构化的面试越来越少。通常,企业多采用半结构化面试。

(二)根据面试对象的多少划分

根据面试对象的多少,面试可分为单独面试和集体面试。

所谓单独面试,是指面试官个别地与面试者单独面谈。这是最普遍、最基本的一种面试方式。单独面试的优点是能提供一个面对面的机会,让面试双方较深入地交流。单独面试又有两种类型：只有一个面试官负责整个面试过程，这种面试大多在较小规模的招聘录用较低职位的人员时采用；由多位面试官参加整个面试过程，但每次只与一位面试者交谈。

集体面试又称小组面试，是指多位面试者同时面对面试官的情况。在集体面试中，通常要求面试者作小组讨论，相互协作解决某一问题，或者让面试者轮流担任领导主持会议、发表演说等。这种面试方法主要用于考察面试者的人际沟通能力、洞察与把握环境的能力、领导能力等。

无领导的小组讨论是最常见的一种集体面试法。在不指定召集人且面试官也不直接参与的情况下，面试者自由讨论给定的题目。题目通常取自拟任工作岗位的专业需要或是现实生活中的热点问题，具有很强的岗位特殊性、情景逼真性和典型性的特点。讨论中，面试官坐于一旁，不参加提问和讨论，通过观察和倾听讨论过程为应试者进行评分。

（三）根据面试目的的不同划分

根据面试目的的不同，可以将面试划分为压力性面试和非压力性面试。

压力性面试是将面试者置于一种人为的紧张气氛中，让其接受诸如挑衅性的、非议性的、刁难性的刺激，以考察其应变能力、压力承受能力、情绪稳定性等。典型的压力性面试是面试官以穷究不舍的方式连续就某事向面试者发问，问题刁钻、棘手，面试者常常穷于应付。面试官以此种压力发问方式逼迫面试者充分表现出对待难题的机智灵活性、应变能力、思考判断能力、气质性格和修养等方面的素质。

非压力性面试则是在没有压力的情景下考察面试者有关方面的素质。

（四）根据面试的进程划分

根据面试的进程，可以将面试分为一次性面试和分阶段面试。

一次性面试是指用人单位对面试者的面试集中于一次进行。在一次性面试中，面试官的阵容一般都比较强大，通常由招聘方的人事部门负责人、业务部门负责人及人事测评专家组成。在一次面试的情况下，应试者能否过关并被最终录用就取决于这一次面试的表现。因此，面试者必须集中所长，认真准备。

分阶段面试又可分为依序面试、逐步面试两种类型。

依序面试一般分为初试、复试与综合评定三步。初试是从众多面试者中筛选出较好的人选，初试一般由招聘方的人事部门主持，主要考察应试者的仪表风度、工作态度、上进心、进取精神等。初试合格者则进入复试，复试一般由招聘方的部门主管主持,以考察应试者的专业知识和业务技能为主,衡量应试者对拟任工作岗位是否合适。复试结束后再由人事部门会同用人部门综合评定每位面试者的成绩,确定最终合格人选。

逐步面试一般是由招聘方的高层管理者、中层主管和一般工作人员组成面试小组,按照小组成员的层次由低到高的顺序依次对应试者进行面试。面试的内容依层次各有侧重,低层一般以考察专业及业务知识为主,中层以考察能力为主,高层则实施全面考察与最终把关。

(五)根据面试内容设计的重点不同划分

根据面试内容设计的重点不同,可将面试分为常规面试、情景面试和综合性面试。

常规面试是主考官和应试者面对面以问答形式为主的面试。在这种面试环境中,面试官处于积极主动的位置,面试者一般为被动应答。面试官提出问题,面试者应根据提问作答,以展示自己的知识、能力和经验。面试官根据面试者对问题的回答及其仪表、仪态、应变情况等对面试者的综合素质作出总体评价。

情景面试是面试形式发展的新趋势,它引入了无领导小组讨论、公文处理、角色扮演、演讲、答辩、案例分析等人员甄选中的情景模拟。这种面试的具体方法灵活多样,模拟性、逼真性强,面试者的才华能得到更充分、全面地展现,面试官对面试者的素质也能作出更全面、深入、准确的评价。

综合性面试兼有前两种面试的特点,而且是结构化形式,面试内容主要集中在与工作职位相关的知识技能和综合素质方面。

(六)根据面试的功能划分

根据面试的功能,可以将面试分为鉴别性面试、评价性面试和预测性面试。

鉴别性面试就是依据面试结果把面试者按相关素质水平进行区分的面试;评价性面试是对面试者的素质作出客观评价的面试;预测性面试是指对面试者的发展潜力和未来成就等方面进行预测的面试。

(七)根据面试结果的使用方式划分

依据面试结果的使用方式,可以将面试区分为目标参照性面试和常模参照性面试。

目标参照性面试就是面试结果须明确面试者的素质水平是否达到某一既定的目标水平,通常分为合格与不合格两种;常模参照性面试就是根据面试结果对面试者按素质水平高低进行排序,从而作出优胜劣汰决策的面试,结果往往分为若干档次。

不论面试者应对的具体某种形式的面试场景,面试过程中所要注意的礼仪规范都是相同的。

二、面试前的礼仪

人们对一个人各方面的评价往往依赖于初次印象。在对一个人的第一印象形成中,55%取决于外表,包括服装、个人面貌体形、发色等;38%是如何自我表现,包括语气、语调、手势、站姿、动作、坐姿等;7%是所讲的内容。面试属于与他人的初次见面,面试前服饰、仪容等外表礼仪的准备对求职者十分重要。

(一) 着装正式,干练利索

参加面试的应聘者,应给人以稳重、干练的感觉。男士宜穿合体的深色西装和浅色衬衣,系领带;穿深色袜子和深色皮鞋,皮鞋以黑色为佳,尽量不要选有攻击性感觉的尖头款式皮鞋;皮带和包的颜色与皮鞋相同;不要将钥匙、手机、零钱等放在西服套装的口袋中。

女士得体的衣着以西装套裙为佳,裙子不可过短或是皮质面料;应穿黑皮鞋,肉色长筒丝袜;不佩戴昂贵的或者颜色鲜艳、造型夸张的饰品,饰品的数量不超过三件。不论是男士还是女士,都不宜穿着新衣服去面试,因为这样可能会因自己不习惯而变得不自信,七八成新的服装最自然妥帖。

(二) 妆容得体,整洁大方

应聘者不宜留个性、时尚的发型(演艺界等除外),应提前5天左右理发。男士在面试前要修剪鼻毛、胡须和指甲。

女士须淡妆,化淡妆是对面试官和自己的尊重。淡妆无须涂眼影、画眼线,但一定要画眉和涂色彩适中的口红或唇膏;头发要梳理整齐,简单、大方的盘发或短发型为佳。应聘者不论是男士还是女士,最好不要喷洒香水。

(三) 注意细节,饮食合理

面试前要仔细检查鞋袜、衣服的扣子、拉链、衣领、袖口等处是否完好和整洁。注意合理饮食,面试前不能喝酒或吃异味食物,避免出现腹泻、口臭等现象,以免影响面试的效果。

(四) 充分准备,调整心态

面试前,应聘者要通过各种渠道充分了解应聘单位的信息,做好流畅应答面试官提出的与应聘单位相关问题的准备。

如果不清楚自己的住处到面试单位的具体线路,应聘者可以在面试前几天实地勘查一次,做到乘车或者开车线路及车况心中有数,把握好面试时路途所用时间,避免因迟到而失去工作机会的结果。

充分的准备能增添应聘者的自信心,有了自信心,心态就会放松,从而有利于面试时更好地发挥自己的水平。面试时,切忌有家人或朋友陪伴,因为这说明面试者心态紧张,缺乏自信,独立能力不强。

案例

面试的着装[①]

又到了高校毕业生求职的高峰时段。沪上各个校园里的企业宣讲会、招聘会一个接着一个,大四学生人人都忙着"赶场子"。记者在几个招聘会现场看到一个现象:大学求职者中,衣着华丽、打扮时髦的不少。在松江大学园区的一场招聘会上,上海外国语大学的一名女生一身名牌,她为了更有把握地找工作,不惜投资数千元买了几件"能出场面"的衣服。她说,很多同学都如此,一套衣服花上千元的不足为奇。

大学生求职时的形象投资不只是服装,还包括艺术报名照、简历包装、发型设计及各类化妆品。多所高校的问卷调查均表明,如今大学生的求职成本中,形象包装占支出的第一位,平均费用约为每人 1 000 元。

近年来,毕业大军剧增,就业压力可想而知。大学毕业生在自己的形象上搞点投资,令自己更加成熟,以增加就业筹码,也为自己的社会角色做必要的转变,原本是可以理解的。但求职专家提醒,大学生过分注重形象投资没有必要。上海某外资公司的人事主管说,学生自己的应聘实力才是关键,过硬的专业知识、自信的仪态等最能赢得企业的青睐。着装给企业面试方留下的初步印象的

[①] 参见《从简历到签约——校招求职全攻略》,http://wenku.baidu.com/view/8bf13e73f46527d3240ce021.html,2012 年 5 月 1 日。

确重要,但大学生的着装打扮不必太过奢华,符合大众的审美观,整洁、大方、得体就行。

在松江大学园区的六校联合招聘会上,某区烟草公司的一位负责人告诉记者,以他的眼光来看,面试时应聘者所穿的衣服、衬衫、裤子和皮鞋等都不宜给人以崭新发亮的感觉,不可修饰过分,但也要注意整洁大方,不可邋遢。

总的来说,求职者的着装应给人一种干净利落、有职业精神的印象,男生应显得干练大方,女生应显得庄重优雅。

专家提醒那些准备下大本钱完美自己形象的大学生,切勿走入过度"包装"的误区。

钱花得越多,名牌服装越多,未必就能得到越好的面试结果,有时反而会给对方留下不踏实的感觉。对求职者来说,考虑的应是着装的风格,注意细节修饰,形象设计适度即可。

一般来说,选择服装要看职位要求,例如,应聘银行、政府部门、文秘工作,穿着要偏向传统正规;应聘公关、时尚杂志等,则可以适当地在服装上加些流行元素,显示出自己对时尚信息的捕捉能力。

仪表修饰最重要的是干净、整洁,不要太标榜个性,除了应聘娱乐、影视、广告这些行业外,最好不要选择太过突兀的穿着。

对应届毕业生来说,允许有一些学生气的装扮,即使面试大企业,也可以穿得体的休闲类套装。它相对正规套装来说,面料、鞋子、色彩的搭配自由度更高,开支也能降低不少。

案例思考:如果你是面试官,你认为什么样的着装符合面试的要求?

三、面试中的礼仪

(一) 遵时守信

遵时是职业道德的基本要求。提前10—15分钟到达面试地点效果最佳;提前半小时以上到达,会被视为没有时间观念和缺乏自信心;面试时迟到,不管是什么理由,都会被视为缺乏自我管理和约束能力的表现。面试者遵时,一方面可以表示面试者的诚意和对应聘企业及面试官的尊重;另一方面,提前到场还可以稳定情绪,有助于增强面谈效果。

若是因突发事情不能按时参加面试,应迅速与面试方取得联系,尽量减少因迟到带来的负面影响,这种做法有时也会给面试官留下面试者判断力果断的正面印象。

(二) 注重细节,仪态大方

讲究细节礼节既反映出一个人的良好道德修养,也是对他人的尊重。整洁得体的仪表、自然大方的谈吐、文明礼貌的举止、热情真诚的态度是面试成功的一半。面试中的礼仪细节主要表现在:

- 面试者到达招聘企业后,对遇见的职员都应礼貌问候。在面试官未到达面试会场前,招聘方人员会指示面试者在等候室等待。求职者在未得到指示前,不要随意乱坐。

- 面试时,应先力度适中地敲门,征得许可后方可进入。要神态自然,面带微笑,举止大方地向面试官问好,得到面试官明示坐下时,要先说"谢谢"再落座。

- 面试官没有握手之意时,不要主动伸出手,要遵从"尊者先伸手"的原则。当面试官的手朝你伸过来之后,你的握手应坚实有力,面带微笑,双眼直视对方。不要用拥抱式握手,这种方式在外资企业看来不够专业。

- 随身所带的包不能随意摆放,可放在座椅的右侧地上;如果是小包,还可放置在座椅后。若需要递交材料,应起座,微微欠身,双手递上。

- 保持良好的姿态。落座以坐满椅子的 2/3 为宜,抬头挺胸,上身略微前倾。面试时不可以做小动作,如折纸、转笔、摸头发、耳朵等行为会显得很不严肃。用手捂嘴是一种紧张的表现,应尽量避免。

- 谈话时要专注,正确使用眼神交流。眼睛要适时地注视对方,不要乱瞟面试官桌上的材料。如果有多名面试官在场,在关注与你交谈的面试官的同时,也要常用目光扫视一下其他面试官,以示尊重。

- 不要随意打断面试官的讲话。对面试官的话,要认真聆听并适时点头或答话呼应,反应要适度。

- 回答面试官的提问时,口齿要清楚,说话音调平静,音量适中。回答问题要层次分明、简洁明了,少用虚词、感叹词,不要使用简称、方言、土语和口头语。当不能回答某一问题时,应如实告诉面试官,含糊其辞和胡吹乱侃必然失败。

- 面试过程中,应将手机关机,这既是对面试官的尊重,也以免自己因手机忽响或震动而尴尬和情绪不稳,从而影响面试效果。

- 不要过分打听报酬、福利等待遇问题，不要过多地提问或反问。

四、面试后的跟进礼仪

（一）礼貌告别

- 面试结束时，可以强调自己对应聘该项工作的热情，并感谢对方抽时间与自己进行交谈，礼貌地道声"再见"、"再会"、"谢谢"等。
- 起身离座后，将座椅轻手推至原位置。不要背对着面试官离开，应侧身打开门，面带微笑再次面对面试官道别，然后轻关房门。
- 面试结束时，如果面试官当场表态可以接收你，要向对方致谢，并表示将为应聘单位尽心尽力工作的信心。
- 面试结束时，如果面试官没有表态接收你，不要逼着对方当场表态。
- 面试结束时，如果面试官当场表示不能接收，也不要失态，相反，要表示理解对方，礼貌告别。

（二）跟进致谢

为了加深招聘方人员的印象和增加求职成功的可能性，面试后的两三天内，求职者最好给招聘企业写封信表示感谢。感谢信要简洁，不要超过一页纸。信的开头应提及自己的姓名、简况以及面试的时间，并对招聘人员表示感谢；感谢信的中间部文要重申对应聘职位的兴趣；信的结尾可以表示对自己的信心以及为应聘企业效力之心。

（三）及时询问

通常，在面试两周后或在面试官许诺的通知时间到了后，还没有收到对方的答复，可主动打电话到应聘企业的人事部门查询。

招聘奇问"雷倒"应聘者[①]

2009年10月30日，四川省内高校为2010届毕业生举办的首场招聘会在

[①] 参见汪玲：《招聘突发奇问"雷倒"学生一片》，《成都商报》2009年10月31日第2版。

四川现代职业学院举行。和往年不同,不少企业在选才中启用了一些新方法。招聘会现场共有70多家企业提供了700多个岗位,近2 000名大学生参加了招聘会。

在百度公司的展台前,应聘者很多,负责招聘的工作人员只用几十秒"扫"了一位应聘者的简历,就问"你想应聘哪个岗位?"待应聘者简要说了理由后,他便指着桌上的签字笔问她:"这支签字笔有5个特点,你说有哪5个?"对面的应聘者立即脸红、语塞,顿了一分多钟才回过神来:"它是塑料做的,黑色的,今早刚开始用……嗯……我刚用它填了报名表……嗯,现在它是一个考题。"应聘者的回答,引得考官和其他面试者笑成一片。

几米外的另一家公司,面试的题目也不容易。"假如你是一台电脑,你会怎么过你的一天?""如果你是我,你最想问对面的应聘者什么问题?"一位在场的面试者告诉记者,企业的招聘手法确实很新颖,自己在一旁看了很久,也倍感压力。

"这些问题本没有准确答案,无非是想用这样的方式测试一下应聘者的应变能力。"百度公司的招聘负责人告诉记者,由于公司招聘的是客服专员和商务代表,除了具备基本的业务知识和文化素质外,企业非常看重的就是应聘者的现场解决问题和处理问题的能力。

这一模式得到了许多企业的认同。一地产公司的负责人告诉记者,即使是建筑、制造等技术性岗位,必要的应变能力也是必需的。

案例思考:评估分析你的应变能力,并寻求提高自己应变能力的途径。

五、应答面试问题的技巧

对每一位求职者而言,最大的困难就是如何回答面试官的问题。虽然每家企业的问法五花八门,但万变不离其宗,他们提出的所有问题都有其清晰、明确的目的。如果应聘者能做好充分的准备,掌握面试常规的方法和技巧,保持临场的镇定,针对不同类型的问题灵活应答,就可以在面试时成功地推销自己。

以下是常见的招聘中面试官提出的问题。

> **请自我介绍一下自己。**

提示:这是面试的必考题目,介绍内容要与个人简历相一致,最好事先以文字的形式写好背熟,表述方式上尽量口语化。一般人回答这个问题过于平常,只说姓名、年龄、爱好、工作经验,这些在简历上都有。其实,招聘方最希望知道的是求职者能否胜任工作,包括技能、研究领域、个性、做过的最成功的事以及主要的成就等。回答这个问题时,要突出积极的个性和做事的能力。

> 你觉得你个性上最大的优点是什么?

参考答案:沉着冷静、条理清楚、立场坚定、顽强向上、乐于助人和关心他人、适应能力和幽默感、乐观和友爱。经过一到两年的培训及项目实战,加上实习工作,会使自己适合这份工作。

> 说说你最大的不足。

提示:招聘方问这个问题的概率很大,他们通常不希望听到直接回答的不足是什么。如果应聘者说自己小心眼、爱忌妒人、非常懒、脾气大、工作效率低,企业肯定不会录用这样的人。但也绝不要自作聪明地回答"我最大的不足是过于追求完美",有的人以为这样的回答会显得自己比较出色,事实上,这会让面试官反感。

招聘方喜欢求职者从自己的优点说起,中间加一些小缺点,最后再把问题转回到优点上,突出优点的部分。因此,回答这个问题时,不宜说自己没不足,不宜把那些明显的优点说成不足,不宜说出影响应聘工作的不足,不宜说出令人不放心、不舒服的不足。可以说出一些对所应聘工作"无关紧要"的不足,甚至是一些表面上看是不足但从工作的角度看却是优点的不足,如"有时候有些固执"等。

> 谈谈你对加班的看法。

提示:很多招聘方都会问这个问题,但并不证明一定要加班,只是想测试应聘者是否愿意为企业做奉献。

参考答案:如果是工作需要,自己会义不容辞地加班,自己也会尽力提高工作效率,尽量减少不必要的加班。

> 你对薪酬有什么要求?

提示:如果应聘者对薪酬的要求太低,显然是在贬低自己的能力;如果应聘者对薪酬的要求太高,又会显得你分量过重,企业受用不起。企业通常会事先对每一个职位定下开支预算,因而他们第一次提出的价钱往往是他们所能给予应聘者的最高价钱,他们问应聘者只不过想证实一下这笔钱是否足以引起应聘者对该工作的兴趣。

参考答案一:我对工资没有硬性要求,我相信贵公司会合理处理这一问题的。

我注重的是找对工作机会。

参考答案二：我受过系统的软件编程的训练，不需要进行大量的培训，而且我本人也对编程特别感兴趣。因此，我希望公司能根据我的情况和市场标准的水平，给我合理的薪水。

参考答案三：给出一个具体的数字，表明你已经对当今的人才市场做了调查，知道像自己这样学历的员工有怎样的价值。但不要说一个宽泛的范围，那样你极有可能得到最低限度的薪资。

➢ 在未来的五年里，你的职业规划是什么？

提示：这是每一个应聘者都不希望被问到的问题，但是几乎总会被问到，比较多的答案是"管理者"。回答这一问题时，可以说出自己感兴趣的职位，如产品销售部经理、生产部经理等一些与你专业相关背景的职位。因为面试官喜欢有进取心的应聘者，如果说应聘者回答"不知道"，或许这会使你丧失一个好机会。

参考答案：我准备在技术领域有所作为；我希望能按照公司的管理思路发展。

➢ 你的朋友对你有什么评价？

提示：招聘方想从侧面了解一下应聘者的性格及与人相处的问题。

参考答案一：我的朋友们都说我是一个可以信赖的人。因为我一旦答应别人的事情，就一定会做到。如果我做不到，我就不会轻易许诺。

参考答案二：我的朋友们认为我是一个比较随和的人，与不同的人都可以友好相处。在我与人相处时，我也总是能站在别人的角度考虑问题。

➢ 你还有什么问题要问吗？

提示：招聘方的这个问题看上去可有可无，其实很关键。对一个很注重员工的个性和创新能力的企业而言，企业不喜欢说"没问题"的人。企业也不喜欢应聘者问个人福利之类的问题，应聘者提出的问题要能体现出对学习的热情、对企业的忠诚度及自己的上进心。

参考答案：贵公司对新入公司的员工有没有什么培训项目？贵公司的晋升机制是什么样的？

➢ 如果这次面试我们录用了你，但工作了一段时间后，发现你根本不适合这个职位，你该怎么办？

参考答案：如果经过一段时间发现自己不适合这个职位，但确定自己热爱这个职业，那就要不断学习，虚心向上司和同事学习业务知识和处事经验，力争适合这个职位，相信自己通过努力，一定能够胜任这项工作。

➢ **在完成某项工作时，你认为领导要求的方式不是最好的，自己还有更好的方法，你应该怎么做？**

参考答案：原则上我会尊重和服从领导的工作安排，同时私底下找机会以请教的口吻，婉转地表达自己的想法，看看领导是否能改变想法；如果领导没有采纳我的建议，我同样会按领导的要求认真地去完成这项工作；还有一种情况，假如领导要求的方式违背原则，我会坚决提出反对意见，如领导仍固执己见，我会再向上级领导反映。

➢ **如果你的工作出现失误，给本公司造成经济损失，你该怎么办？**

参考答案：我本意是为公司努力工作，如果造成经济损失，我认为首要的问题是想方设法去弥补或挽回经济损失。如果我无能力负责，希望公司帮助解决；如果是我的过错，我会承担应有的责任；如果是团队中别人的失误，我会尽力安慰同事并且帮助同事查找原因。一个人的一生不可能不犯错误，重要的是能从自己或别人的错误中吸取经验教训，并在今后的工作中避免发生同类的错误。

➢ **如果你做的一项工作会受到上级领导的表扬，但你的主管领导却说是他做的，你该怎么办？**

参考答案：我不会找上级领导说明这件事，但我会主动找我的主管领导沟通，因为沟通是解决人际关系的最好办法。

➢ **谈谈你对跳槽的看法。**

提示：肯定正常的跳槽能促进人才合理流动，应该支持；指出频繁的跳槽对企业和个人都不利，应该反对。

➢ **工作中你难以和同事、上司相处，你该怎么办？**

参考答案：我会服从领导的指挥，配合同事的工作；我会认真地从自身找原因，如果是自己为人处事方面做得不好，我会努力改正；如果我找不到原因，我会找机会和他们沟通，请他们指出我的不足，有问题及时修正；我也会做好本职工作，虚心向他们学习，营造和谐相处的氛围。

➢ **如果你在公司成绩比较突出，得到领导的肯定，但同时你发现同事们越来越孤立你，你怎么看这个问题？**

参考答案：一方面，得到领导的肯定是件好事情，以后要更加努力工作；另一方面，也要检讨自己是不是对工作的热心度超过了与同事间的交往沟通，自己会加强与同事间共同兴趣爱好的交流和沟通等。

> **你的座右铭是什么?**

提示:座右铭能在一定程度上反映应聘者的性格、观念、心态,这是面试官问这个问题的主要原因。不宜说那些容易引起不好联想、太抽象、太长的座右铭。座右铭最好能反映出自己的某种优秀品质。

参考答案:只为成功找方法,不为失败找借口。

> **你对我们公司了解多少?**

回答提示:面试前了解该公司的主营业务。例如,贵公司有意改变策略,加强与国外大厂的OEM合作,自有品牌的部分则透过海外经销商。

> **请说出你选择这份工作的动机。**

提示:这是招聘方想知道应聘者对这份工作的热忱及理解度,并筛选因一时兴起而来面试的人。如果是无经验者,可以强调"就算职种不同,也希望有机会发挥自己的经验"。

> **你最擅长的技术方向是什么?**

提示:要谈与应聘职位相关的课程或技术,不要漫谈与应聘工作无关的话题。

> **你能为我们公司带来什么?**

提示:招聘方很想知道未来的员工能为企业做什么,应聘者应强调自己的优势,表明自己的能力以及可以节省招聘方的一些费用。

参考答案一:我已经接受过近两年的专业培训,可以立刻上岗工作。

参考答案二:就我的能力而言,我可以发挥能力,做一个优秀的员工,给公司带来高效率和更多的收益。

参考答案三:我可以开发大量的新客户,同时,对老客户做更全面周到的服务,开发老客户的新需求和消费。

> **最能概括你自己的三个词是什么?**

提示:结合具体例子向面试官解释。

参考答案:我常用的三个词是适应力强、有责任心和做事有始有终。

> **你有什么业余爱好?**

提示:业余爱好能在一定程度上反映应聘者的性格、观念、心态,这是招聘单位问该问题的主要原因。最好不要说自己没有业余爱好,也不要说自己有那些庸俗的、令人感觉不好的爱好;不要说自己仅限于读书、听音乐、上网,这样可能令面试官怀疑应聘者性格孤僻,最好能有一些户外运动的业余爱好来衬托形象。

➢ 作为被面试者给我打一下分。

提示:列出几个优点和一个非常小的缺点。例如,可以抱怨一下设施,没有明确责任人的缺点是不会有人介意的。

➢ 你怎么理解你应聘的职位?

提示:把岗位职责和任务及工作态度阐述一下。

➢ 你喜欢这份工作的哪一点?

提示:每个人的价值观不同,喜欢的标准也会不同。在回答面试官这个问题时,不能太直接地把自己的心里话说出来,尤其是薪酬方面。交通便利、工作性质及内容符合自己的兴趣等都是不错的答案。

➢ 为什么要离开前一个公司?

提示:回答这个问题时要格外小心,就算是对前一个企业有很多怨言,也不能表现出来,尤其要避免对原公司主管的批评,以免引起面试官的负面情绪及印象。回答时要避免把"离职原因"说得太详细、太具体。

参考答案:我离职是因为效力的这家公司经营状况不佳。我在那里工作了三年多,有较深的感情。从去年始,由于市场形势突变,公司的局面急转直下,我觉得很遗憾,但还要面对现实,重新寻找能发挥我能力的舞台。

➢ 说说你对行业、技术发展趋势的看法。

回答提示:企业对这个问题很感兴趣,有备而来的求职者才能出色作答。求职者可以直接在网上查找到行业信息,只有深入了解才能产生独特的见解。企业喜欢预先了解行业现状和问题的求职者。

➢ 你对工作的期望与目标是什么?

回答提示:这是招聘方用来评判求职者是否对工作有一定期望的途径。通常,有期望的人比较容易快地进入工作状况。

参考答案:我的目标是能成为一个超级业务员,将公司的产品广泛地推销出去,达到最好的业绩成效。

➢ 谈谈你的家庭。

提示:企业面试时询问家庭问题不是要探究个人隐私,而是要了解家庭背景对求职者的塑造和影响。招聘方希望听到的重点也在于家庭对求职者的积极影响。回答这个问题时,要简单地罗列家庭人口,强调温馨和睦的家庭氛围、父母对自己教育的重视、各位家庭成员的良好状况、家庭成员对自己工作的支持、自己对家庭的责任感等。

➢ **就你申请的这个职位，你认为你还欠缺什么？**

提示：招聘方喜欢问求职者的弱点，但精明的求职者一般不直接回答。企业喜欢能够巧妙地躲过难题的求职者。

参考答案：对这个职位，我相信自己是可以胜任的。虽然目前缺乏经验，但我的学习能力很强，我想我能在进入公司后以最短的时间来解决这个问题。

➢ **你欣赏哪种性格的人？**

参考答案：诚实、不死板、容易相处、有实际行动的人。

➢ **你通常如何处理别人的批评？**

参考答案：沉默是金，不必说什么，否则，情况会更糟。不过我会接受建设性的批评，学会感谢折磨我的人。

➢ **你怎样对待自己的失败？**

参考答案：人生本来就不是十全十美的，我相信我会尽力不让失败重来。

➢ **什么会让你有成就感？**

参考答案：为贵公司效劳，尽我所能，完成每一个项目。

➢ **目前，什么是你生活中的最重要部分？**

参考答案：对我来说，能在这个领域找到工作很重要，能在贵公司任职是我生活中最重要的部分。

➢ **你为什么愿意到我们公司工作？**

提示：对这个问题要格外小心回答。如果已经对该公司做了研究，你可以回答一些详细的原因。这可以显示出应聘者已经做了一些调查，并对自己的未来有了较为具体的远景规划。

参考答案：公司本身的高技术开发环境很吸引我；公司一直都稳定发展，近几年来在市场上很有竞争力。

➢ **你和别人发生过争执吗？你是怎样解决的？**

提示：这是面试中最险恶的问题，其实是面试官布下的一个陷阱，千万不要说任何人的过错，因为成功解决矛盾是一个协作团体中成员所必备的能力。假如应聘服务行业工作，这个问题成了最重要的一个环节。应聘者能否获得工作，将取决于这个问题的回答。面试官希望看到应聘者是成熟且乐于奉献的，他们通过这个问题了解应聘者的成熟度和为人处事能力。在没有外界力干涉的情况下,通过妥协的方式来解决争执是正确的答案。

➢ **你做过的哪件事最令自己感到骄傲?**

提示:这是面试官给应聘者展示自己把握命运的能力,能体现应聘者的综合能力。

➢ **客户来找你解决问题,你努力了,可始终达不到客户的满意要求,他投诉了你们部门,你这个时候该怎么做?**

参考答案:首先,我会保持冷静。作为一名工作人员,在工作中遇到各种各样的问题是正常的,关键是如何认识它、积极应对它和妥善处理它。

其次,我会找出客户不满意的原因。看是否是自己在解决问题上的确有考虑不周的地方;看是否是客户不太了解相关的服务规定而提出超出规定的要求;看是否是客户了解相关的规定,但提出的要求不合理。

再次,根据原因采取对策。如果是自己确有不周之处,按照服务规定做出合理的安排,并向客户作出解释;如果是客户不太了解政策规定而造成的误解,我会向他作出进一步的解释,消除他的误会;如果是客户提出的要求不符合政策规定,我会明确地向他指出。

最后,我会将整个事情的处理情况向主管作说明,希望得到他的理解和支持。

最关键的,我不会因为客户的投诉而丧失了工作的热情和积极性,我会继续努力地做好为客户服务的工作。

➢ **对这项工作,你有哪些可预见的困难?**

提示:通常,问这个问题表明面试者录用的希望就比较大了,因为已经在谈工作细节。面试官询问这个问题不是想了解应聘者对困难的态度,而是想了解应聘者是否在行,能说出这个职位中一般不可避免的困难,了解应聘者解决困难的方法。

➢ **如果录用你,你将怎样开展工作?**

提示:这个问题的主要目的是了解应聘者的工作能力和计划性、条理性,而且重点是面试官想要知道细节。如果面试官引导几次后,应聘者仍然采用回避式回答(例如,"首先听取领导的指示和要求,然后就有关情况进行了解和熟悉,接下来制定一份近期的工作计划并报领导批准,最后根据计划开展工作"),此人绝对不会被录用。

> ➢ 你希望与什么样的上级共事?

提示:通过应聘者对上级的"希望"可以判断出应聘者对自我要求的意识。最好回避对上级的具体希望,多谈对自己的要求。

参考答案一:希望我的上级能够在工作中对我多指导,对我工作中的错误能够立即指出。

参考答案二:作为刚步入社会的新人,我应该多要求自己尽快熟悉环境、适应环境,而不应该对环境提出要求,只要能发挥我的专长就可以了。

> ➢ 如果我们公司这次没录取你,但过了一段时间,其他被录取的人没能通过试用期,这时再通知你,你会来吗?

提示:面试官其实是想通过这个问题,了解应聘者对应聘公司的认可程度,并借此考察应聘者的性格。

参考答案:这说明我是一个替补队员,不过能给一个强队当替补,也是很幸运的事,我肯定会来,并会努力为公司作贡献,感谢公司给了我这次机会。

> ➢ 您在前一家公司的离职原因是什么?

提示:回答这个问题,最重要的是应聘者要使招聘单位相信应聘者在前一家公司离职的原因在此家招聘公司将不会存在。不能把离职原因说得太详细、具体;不能掺杂主观的负面感受,如"太辛苦"、"人际关系复杂"、"管理太混乱"、"公司不重视人才"等;不能涉及自己负面的人格特征,如不诚实、缺乏责任感、不随和等;不要用薪资作为理由。但也不能躲闪、回避离职原因。

参考答案:个人原因,如两地分居等。

> ➢ 你工作经验欠缺,如何能胜任这项工作?

提示:如果招聘方对应届毕业生提出这个问题,说明招聘公司并不真正在乎经验,关键看应聘者怎样回答。对这个问题的回答,最好要体现出应聘者的诚恳、机智、果敢及敬业。

参考答案:作为应届毕业生,在工作经验方面的确会有所欠缺,因此在读书期间我一直利用各种机会在这个行业里做兼职。我也发现,实际工作远比书本知识丰富、复杂。但我有较强的责任心、适应能力和学习能力,而且比较勤奋,所以在兼职中均能圆满完成各项工作,从中获取的经验也令我受益匪浅。学校所学和兼职的工作经验一定会使我胜任这项工作的。

➢ **如果你在这次面试中没有被录用,你打算怎么办?**

参考答案:现在的社会是一个竞争的社会,从这次面试中也可看出这一点,成功的背后有许多困难和挫折,丰富的经验积累才能塑造出成功者。我会正确看待这次失败的。我会保持自信,认真总结,正确评价自己。

➢ **如果你晚上要送家人去机场,可单位临时有事非要你办不可,你怎么办?**

参考答案:我觉得工作是第一位的,但家人也很重要,这个问题我觉得要按照当时具体的情况来决定。如果家人是晚上9点的飞机,而我的加班到晚上8点就能够完成的话,那就最理想了,干完工作去机场,皆大欢喜;如果工作不是很紧急,加班仅仅是为了明天上班的时候能把报告交到办公室,那可以跟领导打声招呼,先去机场然后回来加班,晚点睡就可以了;如果工作很紧急,在两者不可能兼顾的情况下,我会请朋友帮忙送一下我的家人。

➢ **谈谈你过去做过的成功案例。**

提示:举一个最有把握的例子,把来龙去脉说清楚,而不要说了很多却没有重点。切忌夸大其词,把别人的功劳说成自己的。很多主管为了确保要用的人是最适合的,有时会通过一些渠道了解求证应聘者所说的真实性。

➢ **谈谈你过去的工作经历中最令你受挫折的事情。**

提示:应聘方想借此问题了解你对挫折的容忍度及调解方式。

参考答案:曾经接触过一个客户,原本就有耳闻他们以挑剔出名,所以事前的准备工作做得十分充分,也投入了相当多的时间与精力。双方的谈判进行得比较顺利,原以为从此可以合作愉快,可最后却得知客户因为预算问题选择了另一家代理商,我们之前的努力因而付诸流水。尽管如此,我还是从这次经历中得到了很多经验。

➢ **我们为什么要在众多的面试者中选择录用你?**

提示:回答这个问题时,不可过度吹嘘自己的能力,这样很容易给人留下爱说大话、不切实际的印象。

参考答案:根据我对贵公司的了解以及我在工作上所累积的专业经验和人脉,相信我正是贵公司所要找寻的人才。我在工作态度、情商等方面也有圆融、成熟的一面,和主管、同事、客户都能愉快合作。

➢ **为什么选择我们公司?**

提示:去面试前先做功课,了解一下该公司的背景,让对方觉得你真的很想得到这份工作,而不只是探探路。

参考答案:曾经在报纸和杂志上看过关于贵公司的报道,与自己所追求的理念一致。而贵公司在业界的成绩也是有目共睹的,对员工的教育培训、升迁等也很有制度章法。

> 除了本公司外,还应聘了哪些公司?

提示:这是很多企业都会问的问题,其用意是想知道应聘者的求职志向,因此,这并非是一个绝对负面答案的问题。如果不便说出公司的名称,也应回答"是同行业的公司";如果曾经应聘的其他公司是不同业界,很容易让人产生无法信任的感觉。

> 你何时可以到职?

提示:大多数招聘方都会关心就职时间,最好的回答是"如果被录用的话,到职时间可以按照公司的规定要求上班"。但如果还未辞去上一个工作,上班时间又太近,似乎有些强人所难,因为交接工作至少要一个月左右的时间,此时,应进一步说明原因,录取的公司也会通融的。

> 你并非毕业于知名院校,请谈谈你对这一问题的看法。

参考答案:是否毕业于知名院校不重要,重要的是有能力圆满完成公司交给我的每一项工作。我接受过专业培训,掌握的技能完全可以胜任贵公司现在的工作。

案 例

落败的牛津高材生[①]

小金,北京女孩,有骄人的学习经历:从北京某市属重点中学毕业,考入全国高校排名前10的综合院校经济学专业;本科毕业后又到英国牛津大学金融专业学习。2008年10月,小金以牛津大学金融专业硕士毕业生的身份回国求职,直到2009年7月,小金的工作仍没有着落。

---

① 红石:《面试官手记》,机械工业出版社2010年版,第2—8页。

求职者自述

我是去年 10 月毕业回国求职的,因我毕业于牛津大学金融专业,最初的设想就是加入国际著名投行。不过,席卷全球的金融危机很快打消了我这个念头。

我初期求职时很自信,但寄出的简历过百,得到的面试机会并不多,更别提拿到 offer 了。求职经历很不顺畅,但我也说不出自己到底哪里有问题。回忆起来,有几次面试经历让我印象非常深刻。

外地文凭遭白眼

一次是去某外资金融机构面试。那时我刚回国,比较看重在外企找工作,而且这家外企的名气很大,我自认为学历过硬,又得到了面试机会,便欣然前往,自觉有七八分成功的把握。

面试我的是这家公司的 HR 主管,一位 30 来岁的女士。她拿起我的简历劈头就问:"你怎么在外地上的大学?"

我一听就懵了,不知她是何意,赶忙解释:"因为这所学校很好。"

HR 主管不以为然,继续道:"北京小孩很少去外地念书的,你是高考成绩不好才选择外地学校吧?"

我当时很生气,我所上的大学毕竟也是众人皆知的全国名校,她这样知名企业的 HR 怎么会连这个都不知道。于是我反驳:"其实,正是因为我学习成绩好,才有资格考到这所学校。"

HR 主管还是不认同:"不会吧?你即使考不上北大、清华,北理工也总比这所学校强吧?"

我彻底惊呆了,不过还是跟她解释了好久。令我奇怪的是,她一直不问我上牛津大学的事。后来我听好友说,现在的海归学历鱼龙混杂,HR 经理没有统一的判断依据,所以,一般遇到海归都要看他们在国内的求学经历。

在这家公司的面试不了了之。整个面试过程中,HR 主管基本都在纠缠于我为何选择外地学校,总共不到 10 分钟就结束了面试。让我想不通的是,自己难道还输在本科报考的是外地高校上了?

没料到，这样的对话并非只此一家，后来我又在数家外企面试中遇到同样的质疑。还好，他们倒没有对我的牛津学历产生什么怀疑。不过据我所知，有同学毕业于美国常春藤名校康奈尔大学，但很多外企 HR 经理居然不知其为何校。

海归反而没优势

在外企求职的失败，让我的自信心备受打击，随即我便开始扩大择业面，并尝试应聘一些国有金融机构，如银行、保险公司、证券公司等。这些国有企业的 HR 倒是没有再质疑我的本科学历，但令人哭笑不得的是，这次我的牛津学历又成为绊脚石。

2009 年年初，我得到一家大型国有银行的面试机会，因为怕再被质疑我的本科院校的水平和名气，我特意在简历上附了说明："这是一所全国重点'211 工程'院校，排名前五……"我觉得那家银行的主面试官是一位典型的国有企业人事干部，在一排面试官中，他直截了当地告诉我："我们银行一般不招海归应届生，如果你是清华、北大毕业来的，我们还可以考虑。"

这又当头给我一闷棍，早先打好的腹稿被突如其来的问题扰乱了，我只好解释："其实，牛津跟清华、北大也没什么区别。如果我有幸加入贵行，一定会为贵行作出不小贡献。"我当时的确是这么想的，依我的学历和能力，如果顺利获得这份工作，我会尽全力做好它。

谁知这位人事经理颇不以为然道："牛津毕业的又能怎样？来我们这里的名校生多了，我们不在乎多你一个还是少你一个，你来不来对我们也不会产生多大影响。"

他的话很伤人自尊，我从小到大都没遇到过这种场面。应该说，找工作使我颇感疲累的一大原因就是，我会不时受到各种意想不到的精神打击。我当时就想，这样的单位还是不来的好，因为他们连最起码的尊重都没有。

我的面试机会就这样一个个溜走了，有质疑我学历的，还有嫌我身高不足 160 cm 的，更有人认为我是女生，没工作经历也没实习经历。这段时间我的自信心备受打击，想起来，唯有中国银行的面试才让我重新找回些自信。我过五关、斩六将,通过中国银行的笔试和面试,才得以进入中国银行国际业务部的"终面"。虽然这次也没拿到 offer,但我内心还能接受这样的结果。一方面,据我所知,中国银行国际业务部的岗位确实是非常抢手的;另一方面,他们在面试中起码没有质疑我的本科院校和牛津学历,而且,我还在一系列笔试和面试中感到他们的专业精神和对应聘者的尊重。另外,我想还有一个原因,中国银行等一些国有企业 2009 年按国家政策重点招录了不少奥运志愿者,而我没有这方面的经历。

我的简历可谓"海投",甚至连肯德基餐厅的管理岗位都投过,对一些消费品、传媒业的岗位,简历 95% 石沉大海。大半年来,我参加过的面试也有十几次了,一次次扫兴而归,至今仍没有工作线索。如果再给我一次从头再来的机会,我要做到下面几点。

第一,一定要广泛调动一切可以调动的资源,抓住一切可以抓住的机会。

我最初只看重投行的职位,直到屡屡碰壁才想到要扩大就业面,因此错过了最佳求职期。我从一回国就拒绝父母的帮助,因为我觉得,自己在英国时都可以一人独闯北爱尔兰,我也能像西方青年那样主宰自己的生活。可现实情况是,我是在中国这样一个充满关系的社会中生存。好友笑称我不寻求父母帮助就是"求职态度不端正",现在我深切感受到这句话很在理。

第二,要充分利用业余时间进行社会实践。

虽然是应届生身份,但 HR 一样看重应聘者的社会工作能力,哪怕是在我看来一些微不足道的实践经历也足以令其眼前一亮。不管你只当了 3 天学生会干事还是做过 5 天社会调查,尽量在你的简历里把这份工作经历夸大,当然不要说谎。

第三,不要因海归身份洋洋自得,更不要以名校海归而自大,因为海归在本土职场上已无优势可言。

这可能是我求职近一年来的最大感受,大家都以为海归,特别是名校海归属于"皇帝女儿不愁嫁",即使找不到工作也是一时的,早晚会"嫁出去"。可我发现,跟我同病相怜的海归不在少数,与本土毕业生相比,我们的竞争力越来越弱:学历上的风光已不再,语言优势在本土企业基本等于零,又无本土院校毕业生的校园网、职前培训和政府部门的政策倾斜,某种程度上讲,我们更像"弃儿"。

面试官点评

小金所讲述的求职失败经历中凸显出以下几大问题。

1. 职业目标出现断点

小金从报读本科起就明确了今后的职业意向,出国深造后更加细化了其专业目标,即金融学投资银行方向。这一求学路径非常清晰,可以说这为小金未来职业发展打下了良好基础。可惜天有不测风云,小金在毕业之际遭遇了全球性的金融危机,小金一直以来锁定的择业方向——投资银行受到重创。投行裁人已是普遍现象,哪里还来得及招纳新员工呢?这个不幸的事件也重创了小金的职业规划,并且完全打乱了小金的心态,可以说这时候的小金不仅面临重新选择和规划职业的再思考,而且小金一直以来顺风顺水的心绪也被搅乱了套。作为一名毫无投行从业经验的应届生,进入投行机会渺茫,但此时小金并未及时调整职业目标,直到连续遇挫后,才被迫选择其他金融行业。这种目标断点令她在求职过程中准备不充分,求职主动性也不及当初,对自己未来到底从事何种工作也无明确规划。

2. 自身定位不切实际

由于理想的职业目标无法实现,小金被迫调整其求职意向,但对自身定位并未做出及时调整。国内名校到牛津硕士的不凡经历使其在求职之初难以用"平常心"面对求职。因此,无论应对面试提问还是选择行业都或多或少有些不切实际,缺乏对自身的明确认识和脚踏实地的精神。小金从中学到大学再到国际顶尖名校牛津大学,一直是一帆风顺,受过的打击和挫折极少。但在求职伊始或者说在脱离校园之后,她遇到的都与她想象的不同,心理落差极大,自信心遭到重挫。因受外界因素干扰心态不平衡,甚至被"精神打击"搞得一团乱,再投简历、再去面试都是随波逐流,这时的小金已完全没有了"自身定位",她甚至向肯德基投简历。这种情绪和心态反映到小金的求职经历中,就会给她"减分"。因此,小金在离开校园前或求职之初需要接受一些职业规划辅导,甚至是心理辅导。

3. 缺乏基本的面试技巧

小金述说屡遭人事经理对其学历的质疑，乍听起来这些面试官的行为令人匪夷所思，其实是她对面试官提问的理解出现偏差。作为一名合格的面试官，在有限时间内进行的提问很少会对表面问题进行纠缠，其背后的深意是，面试官欲通过应聘者的陈述考察其语言表达能力、分析判断能力及其性格特点。以小金被外企HR"逼问"为何要到外地念大学为例，这位面试官其实是想通过小金的解释了解其当初选择大学的过程，以考察其决策力，再通过其叙述考察组织语言能力，同时这一问题的提出有一定挑战性，面试官试图通过"打压"小金的"气势"，考察其现场应变力和个性特点。显然，小金的回答与表现过于"针锋相对"，甚至陷入对这一问题的深度纠缠中。

4. 个性冷漠是其在面试中的败笔

从笔者和小金的接触中可见，小金给人的第一印象就是"冷漠"，虽然和她交谈超过半小时后，笔者就改变了这种观感，但在金融行业的面试中，大多数公司至多留给应聘者10分钟时间表现自己，小金显然未很好地把握住这10分钟。她的"冷漠"也许才是她真正的绊脚石，而银行、保险等金融行业的入门工作基本都要和客户打交道，待人热情、平易近人、有亲和力几乎是每家金融机构用人的基本要求。

5. 小金的求职风格过于低调

这一点从其简历包装就能看出，小金未充分展示自己的特长和经历，甚至在社会实践一栏中以空白示人。其实，小金也一直在课余时间做义工，但这种不凡经历被小金看成是与职业无关的事情。她在自我叙述时，坦言在校时很少参加学校活动并喜欢谦虚低调的做人风格。这种个性描述在做同学、朋友时是受人欢迎的，但作为一个社会人，谦虚低调的表现有时反映出来的是不求上进和没有工作激情。当HR只给你10分钟的时间展现自己时，你只有使尽浑身解数充分发挥你的潜能，恰到好处地表现你的优势和优点。有些低调、有些自我，又有些冷漠的小金显然在9个月的应聘过程中遮掩了自己的优胜之处，让HR看不到她牛津学历背后是否有较好的判断力、表达力和进取心。

案例思考：求职面试中，容易犯的错误有哪些？

本章小结

1. 求职前先要进行职业生涯规划。职业生涯规划分为探索、确立、维持、削弱四个阶段。制定职业生涯规划的步骤是：自我评估，确定职业发展目标；确定职业生涯发展目标，制定职业生涯行动计划与措施；根据个人需要和现实变化，调整职业生涯发展目标与计划；落实职业生涯规划的各个环节。

求职前，要了解企业确定人员的需求、招聘计划、人员甄选、录用招聘的基本流程；通过与应聘企业的员工交谈、查阅报纸刊物、互联网等途径筛选应聘的企业；准备求职书面材料；做好心理准备和礼仪模拟演练。

2. 求职书面材料包括求职信、个人简历、相关技术等级证书、职业资格证书、各级荣誉证书、其他相关数据六个方面的内容。

求职信的撰写格式要规范。基本格式包括收信人称呼、正文、结尾、署名、日期和附录共六个方面的内容。要注意撰写求职信的禁忌。

简历主要分为中式、港式、英式和美式四种。简历的撰写内容包括个人基本情况、教育背景、工作经历、自我评价等方面。撰写简历要坚持真实性、条理性、针对性、价值性的原则。撰写简历的技巧有仔细检查，杜绝错字；标准照片，黑白字体；简洁明了，突出重点；附件完整，谨慎递交；忌谈薪水，信息齐全。

3. 面试有不同的形式，但不论是哪种形式的面试，面试过程中所要注意的礼仪规范都是相同的。面试前要着装正式，干练利索；妆容得体，整洁大方；注意细节，饮食合理；充分准备，调整心态。

面试中要遵时守信、注重细节、仪态得体。面试后要礼貌告别、跟进致谢、及时询问。此外，熟悉掌握应答面试问题的技巧也是极为重要的。

本章实训练习

1. 模拟求职面试场景：某教育科技公司招聘1名广告执行员，要求大专以上学历，性别不限。

岗位职责：负责旗下广告资源管理和维护，制定并推行广告投放标准和规则；对广告资源进行排期管理，定期提供空余广告资源排期信息反馈；监督全站广告投放是否正确，定期进行排查，及时处理问题广告；负责广告效果分析，为客户及相关业务部门提供广告数据支持。

任职要求：对教育互联网行业有一定认识，1年以上相关工作经验；较好的沟通能力，能妥善地处理各种突发情况；能吃苦耐劳，工作主动积极，具有团队合作和共享精神；具备全面的广告和营销知识，有较强执行力，能熟练使用办公软件。

(1) 请根据上述招聘广告，做好相关应聘面试的准备。

(2) 两组学生（人数不宜过多），一组作为招聘方提问，一组作为应聘方回答。

(3) 学生情景模拟后，先让学生自评，然后老师进行点评。

2. 语言表达能力测试。

表达能力是一种将自己的感觉正确地传递给他人的能力，传递的途径有很多种。可以通过表情或者形体语言暗示给别人，但最重要的表达方式还是语言。假如语言表达能力比较差，你就很难在面试中获得成功，也很难与别人交际，无法告诉别人你所想的和你所愿的。

以下语言表达能力测试题，每题均有"是"或"否"两个测试结果。答"是"的得1分，答"否"的得0分。

(1) 我在表达自己的情感时，很难选择准确、恰当的词汇。

(2) 别人难以准确地理解我口语和非口语所要表达的意思。

(3) 我不善于与和我观念不同的人交流感情。

(4) 我对连续不断的交谈感到困难。

(5) 我无法自如地用口语表达我的情感。

(6) 我时常避免表达自己的感受。

(7) 在给一位不太熟悉的人打电话时，我会感到紧张。

(8) 向别人打听事情对我而言是困难的事。

(9) 我不习惯和别人聊天。

(10) 我觉得同陌生人说话有些困难。

(11) 同老师或是上司谈话时，我感到紧张。

(12) 我在演说时思维变得混乱和不连贯。

(13) 我无法很好地识别别人的情感。

(14) 我不喜欢在大庭广众中讲话。

(15) 我的文字表达能力远比口头表达能力强。

(16) 我无法在一位内向的朋友面前轻松自如地谈论自己的情况。

(17) 我不善于说服人,尽管有时我觉得很有道理。

(18) 我不能自如地用非口语(眼神、手势、表情等)表达感情。

(19) 我不善于赞美别人,感到很难把话说得自然亲切。

(20) 在与一位迷人的异性交谈时,我会感到紧张。

语言表达能力测试结果:得分在14分以上,表示语言表达能力较弱;9—14分,表示语言表达能力一般;5—8分,表示语言表达能力较好;5分以下,表示语言表达能力非常好。

以下是给希望提高语言表达能力者的建议:

(1) 读一本讲授如何提高语言表达能力的书。

(2) 增强信心。

(3) 广泛涉猎多种学科的基础知识,这样,无论与何种人交谈,都会有共同话题。

(4) 与人谈话时,要真诚、饱含热情、自然。

(5) 试着和陌生人谈话,这是提高语言表达能力的难点,也是提高语言表达能力的捷径。

(6) 每天坚持写日记、空间日志或博客、微博,这不仅能练文笔,还能让你无话不谈。

(7) 利用业余时间体验做个促销员或是业务员,多实践锻炼。

本章思考题

1. 不论你处在人生的哪一个职业阶段,请给自己制定一份包含短期、中期、长期目标的职业生涯规划。

2. 了解不同类型简历的特点,并为自己制作一份中式简历和一份美式简历。

本章参考文献

1. ［美］姜佩蓉、李佩仪：《佩蓉谈商务礼仪和沟通》，西木、于乐译，中华工商联合出版社2012年版，第52—54页。

2. 百度百科：

http：//baike.baidu.com/view/58922.htm。

http：//baike.baidu.com/view/47809.htm#refIndex_1_47809。

3. 《求职者需看：面试方法大集合》，http：//topic.yingjiesheng.com/qiuzhiliyi/gushi/043050B262012.html。

4. 李月华、周一萍：《商务礼仪》，华东科技大学出版社2012年版，第156—175页。

5. 百度文库：

http：//wenku.baidu.com/view/bf398bf9910ef12d2af9e7c6.html。

http：//wenku.baidu.com/view/04d5424de45c3b3567ec8bc7.html。

http：//wenku.baidu.com/view/bb83cd6caf1ffc4ffe47acc6.html。

http：//wenku.baidu.com/view/7c8a430a6c85ec3a87c2c5c6.html。

6. 《求职信的格式》，http：//mynews.goodjob.cn/qiuzhixinzmexie/qiuzhixinzmexie-2917.html。

7. 李兰英、肖云林、葛红岩、郑陵红：《商务礼仪（第二版）》，上海财经大学出版社2012年版，第189—219页。

8. 《如何应对面试中的65个常见问题》，http：//www.xinli001.com/info/500/。

9. 红石：《面试官手记》，机械工业出版社2010年版。

10. 《面试的种类》，http：//yjbys.com/mianshi/jiqian/425127.html。

第五章　商务办公礼仪

> 今天的商务人士在办公中不仅需要具备职业技能,还要遵循前辈遗留下来的规则,诸如忠诚、正直、诚实。你可以将其称为"做人的技巧"或者是"优雅的礼仪"。
>
> ——利蒂希娅·鲍德瑞奇[①]

本章学习目标

1. 正确把握办公室礼仪;
2. 掌握商务通信礼仪;
3. 了解商务接待、拜访礼仪及商务谈判礼仪;
4. 清楚商务馈赠礼仪的内涵。

---

① 利蒂希娅·鲍德瑞奇(1932—2012),美国人,国际最顶尖的礼仪权威,曾是美国前第一夫人杰奎琳·肯尼迪的礼仪事务官,并且先后为其他四任美国第一夫人提供着装建议。

商务礼仪

本章知识结构

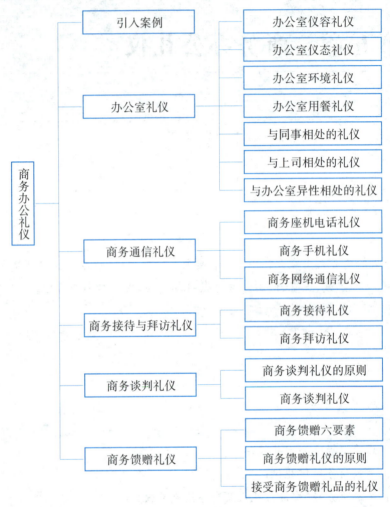

引入案例

微信群引发的劳动争议[1]

微信是人们日常交流的社交平台,不少企业建立了微信工作群进行工作交

---

[1] 参见《微信工作群"说错话",被公司状告赔偿46万元?》,《工人日报》2019年8月25日。内容有改动。

流。然而,因在微信中公私混淆而发生劳动争议的事件频发。《工人日报》记者采访发现,企业缺乏微信群管理办法,有的员工不把微信当作公开场合,发表无礼的负面言论,常常会产生不良后果,企业可能为此处罚员工过重,致使劳动纠纷不断。

姜汉是大连一家驾校的教练,2014年工作至今。为方便与学员联络,姜汉建立了"老姜车友会"微信群,成员38人。今年3月,一名学员称没时间继续练车,不想学了,问是否可以退费。此前,因驾校体制改革,大约一周时间学员都练不了车。考虑到该学员只练了两次车,姜汉认为应当退费,便请示了驾校领导。得到领导同意后,姜汉在车友会的微信群中发消息:"驾校有份协议不能签,上面写的'个人原因',但这是驾校重组的原因,要全额退款。"签了这份协议就意味着学员承认是因个人原因申请退款,这样就拿不到全部退款,因此,姜汉就想给学员提个醒。没想到,这一提醒引发微信群内外300多名学员要求退费。驾校遂状告姜汉并要求与他解除《经营合作合同》,赔偿经济损失26万元和名誉损失20万元。

接到法院传票时,姜汉非常吃惊。他认为,其他学员要求退费,学校应当依照双方签订的合同,本着诚实守信、公平的原则处理,与自己无关。驾校一方则主张,姜汉既然是公司员工,就应当遵守驾校规章制度,他在微信群发布的言论有损企业经营形象,已造成不良后果,他应当被辞退并赔偿驾校损失。

法院经审理后认为,姜汉并没有煽动性言论,造成驾校损失无证据支持。关于300多名学员退费一事,系自身原因退学,并就学费问题与驾校达成一致,不能证明退费与姜汉言论有因果关系,对赔偿诉求不予支持。

"员工发布言论不实,并造成恶劣后果的,应当负法律责任,而情节较轻的不应被重罚甚至辞退。"沈阳市一位审理此类案件的法官郑虹告诉记者,自己工作中遇到过诸多"祸起微信群"的解雇案例。例如,甲员工酒后在工作群里发几句牢骚,被同事和客户看见,公司认为损害了公司形象和声誉,属于严重违规行为,将其辞退;乙员工在公司同事微信群里发布言论表达对人事主管不满,公司以"降低人事主管社会评价"为由,索赔精神损失费并将其辞退;丙员工在工作群里发布不雅视频,被公司以违反《治安管理处罚法》解除劳动关系。

郑法官表示,微信群里的工作纠纷案件在审理过程中,仅凭员工的发言,是否就能造成严重后果?造成后果后,应当被处罚还是直接辞退?员工私人言论能否作为违反公司规章制度的证据?这些都需要进一步判断。

"私话"还是"公言",谁说了算

记者随机采访了 28 位企业员工,每个人都有 1 个以上的工作群。他们均认为微信群是"私下"社交工具,仅一定范围内的人知道,而非公开场合,"私话"不应被企业当作"公言"看待。

然而,企业方大多不这样看。

"你当着全单位人的面乱发言,行为不当还不让公司管吗?"辽宁某建筑公司人事部门工作人员孟凤琴发出质疑。

根据 2017 年实施的《互联网群组信息服务管理规定》第 9 条,互联网群组建立者、管理者应当履行群组管理责任,依据法律法规、用户协议和平台公约,规范群组网络行为和信息发布,构建文明有序的网络群体空间。孟凤琴认为,工作群就是企业工作的一部分,进群就要守"群规",否则,群主可处罚,处罚自然是作为群主的企业方说了算。

员工微信不当"发牢骚",被公司辞退

"各位,我要离开公司了,老板洗钱、骗钱,工资大概只能发到 4 月,大家早做准备吧。"某信息科技有限公司市场营销总监崇伟在公司微信群里发了这条信息。老板得知后,以其散布谣言、严重违反公司规章制度为由将其解雇。崇伟将公司以违法解雇为由告上法庭。经过一裁两审,法院终审判决单位不构成违法解雇,无须支付赔偿。

案件审理过程中,单位提交微信截屏作为证据,崇伟认可其真实性,该证据显示他在群里确实发表了不良言论。根据公司规章制度中"在公司内、外做出严重损害国家或公司声誉及利益的行为,属于重大过失"的条款,法院认定他的做法属于损害公司声誉的行为。

互联网是自由的，也是有秩序的

无论什么平台，发布不实言论都要担责。互联网是自由的，也是有秩序的。互联网群组成员若利用互联网群组传播法律法规和国家有关规定禁止的信息内容，利用信息网络侵害他人合法权益，就应承担相应的法律责任。对于群主来说，要对自己建的群负责，履行好管理职责。全体成员在群里沟通、交流时，都要遵守法律法规，文明发言，理性表达，共同维护文明的网络空间秩序。

受不良言论侵害最多的便是名誉权，可对于侵权如何处罚、处罚到何种程度，企业并没有相关规定。记者采访的28位员工所在企业，都没有"微信群管理办法"、"微信群违规说明"之类的规范。

微信群属于自然人合意自治范畴，法律和法规不会也不可能作出更多更细的规制。企业很容易建起工作群，但后期规章制度不完善，致使纠纷频发。

对于微信群引发的劳动争议，辽宁省社会科学院社会学研究所所长王磊认为，微信工作群具有对全体群成员公开，并可以截屏公开传播的特点，因此，全部发言都应该被看作是"公言"。本着谁建谁负责的原则，企业有管理权，可以要求成员诚实守信、遵纪守法，对于发布不实言论的成员可以追责。

案例思考：商务人员在个人微信、企业微信工作群中传播信息时，应该注意哪些礼仪和法律方面的问题？

第一节 办公室礼仪

办公室是处理企业业务的场所。办公室礼仪不仅是对同事的尊重和对企业文化的认同，更重要的是个人为人处事和礼貌待人的最直接表现。

一、办公室仪容礼仪

商务办公室人员穿着打扮要适合自己的职业身份，得体的着装与工作职责是融为一体的,是办公室礼仪的组成部分。

办公室人员须仪表端庄、整洁。具体要求是:

头发:经常清洗,保持清洁,无异味和头皮屑;男士无发帘、鬓角,发长不过7 cm;女士应梳短发或盘发。

指甲:指甲不能太长,应注意经常修剪;商务女士不要涂指甲油,尤其是有色指甲油。

面部:女士应化职业淡妆,男士不能留胡须。

口腔:保持清洁,上班前不能喝酒或吃有异味的食品。

着装:商务场合的着装应稳重,不追求修饰。商务男士最适合穿黑、灰、藏青三色的西服套装,注意西装、衬衫颜色相配;应佩戴领带,领带不得肮脏、破损或歪斜松弛;衬衫领子与袖口要洁净。商务女士最好穿西装套裙,不能穿露、透、短的衣服到办公室。男士、女士的鞋子应保持清洁,如有破损应及时修补,不穿鞋掌带钉子的皮鞋。

香水:办公室人士不宜使用香水。办公室的空间相对比较封闭,尤其是在使用空调的状态下,香水的味道会让其他同事难以忍受。

配饰:商务男士、女士在办公室尽量不要佩戴贵重或廉价的配饰。贵重的配饰会给人以炫耀之感,廉价的配饰则会让人质疑佩戴者的品位和工作能力。

二、办公室仪态礼仪

商务办公室人士应举止大方、仪态优雅。具体要求是:

姿态:工作场合应保持正确的坐姿、站姿和行姿。公司内与同事相遇应点头致意,握手大方热情;无论在自己的公司还是拜访其他公司,在办公场所不能大声说话、唱歌或吹口哨等;走通道、走廊时要放轻脚步,遇到上司或客户要礼让,不能抢行。

进入房间:要先敲门,听到应答再进。进入后,回手关门,不能大力、粗暴。进入房间后,如对方正在讲话,要稍等静候,不要中途插话;如有急事要打断说话,也要看准机会,并说:"对不起,打断你们的谈话了。"

递交物件:递文件等纸质材料,要把正面文字对着对方递上去;递笔、刀子或剪刀等有尖角的物品,要把笔尖、刀尖朝向自己或他处,使对方容易接着。

三、办公室环境礼仪

商务人士在工作过程中,如果情绪积极、稳定,就会很快进入工作状态。洁净、舒适的办公室环境能使商务人士充满活力与干劲,产生积极的情绪,提升工作业绩。反之,就会降低工作效率,影响工作质量。办公室环境礼仪具体要求如下:

- 不在公共办公区吸烟、扎堆聊天、大声喧哗。
- 保持卫生间清洁。
- 不在办公家具和公共设施上乱写、乱画、乱贴。
- 进出办公室房门,应用手轻推、轻拉、轻关,态度谦和,讲究顺序。
- 饮水时,如不是接待来宾,应使用个人的水杯,减少一次性水杯的浪费。
- 不擅自带外来人员进入办公区,会谈和接待应安排在指定区域。
- 个人办公区要保持办公桌位清洁,非办公用品不外露,桌面码放整齐。当有事离开自己的办公座位时,应将座椅推回办公桌下。
- 下班离开办公室前,应该关闭所用电脑等电器的电源,将台面的物品归位,锁好贵重物品和重要文件。最后离开办公区的人员应关电灯、关门窗等。

四、办公室用餐礼仪

通常,不宜在办公室用餐。但由于很多企业没有固定的员工用餐室,因此,商务人士不可避免地会在办公室用餐。办公室用餐应注意以下礼仪:

- 在办公室的用餐时间不宜过长。因为他人可能要进入工作或休息状态。
- 开了口的饮料罐,长时间摆在桌上有碍办公室雅观,应尽快扔掉或放在不被人注意的地方。
- 嘴里含有食物时,不要讲话。
- 弄得乱溅以及吃声很响的食物,会影响他人,最好不吃;若是要吃,也应尽量注意。
- 有强烈气味的食品,不要带到办公室。气味弥散在办公室难以很快消除,会影响办公环境和企业形象。
- 食物掉在地上,要马上捡起扔掉。餐后要将桌面和地板打扫干净。
- 用准备好的餐巾纸擦拭油腻的嘴。

● 要及时将餐具洗干净。若是一次性餐具,应立刻清除,保持办公室环境的整洁。

五、与同事相处的礼仪

职场同事的关系已经发展成为一种互惠互利的新型关系,职场上的升迁与能否礼貌地尊重和对待同事有很大的关联,即使是和最难相处的人在一起共事,也应该礼貌恭敬地对待他们。即使不可能做到与每一个同事非常友好地相处,也可以通过日常的礼节和宽宏大量的气度赢得尊重。不要把自己的注意力放在别人的缺点上,要学会肯定他人的成绩和优点。与办公室同事相处时,应注意以下礼仪。

(一) 注意交谈的礼仪

办公室的工作氛围是比较矜持的,办公时间不能大声笑谈,与他人交流问题时应起身走近,声音以不影响其他人员为宜。不同工作环境中的商务人士,都应运用礼貌用语与同事交谈,即使办公室其他人的资历都不如自己老,也不要对同事呼来唤去和摆架子。休息时间和上级闲谈足球等体育比赛时,也应注意交谈礼仪。

(二) 与同事保持适当的距离

"远则疏,近则不逊。"与办公室同事相处时,不搞小圈子,同每一位同事保持友好的关系,尽量不要被人认定自己是属于哪个圈子的人。尽可能跟不同的人打交道,不搬弄是非;不翻看同事办公桌上那些不属于自己负责范围的材料及保密信息;对其他同事的客户也要热情;在未征得许可前不能随便使用同事的物品;同事之间应相互尊重,借东西要还,并要表示感谢。

(三) 善于提供和请求帮助

职场上,每个商务人士在工作中都会遇到一些困难,当看到办公室同事需要帮助时,应主动伸出援助之手。当然,这种帮助不应该喧宾夺主,只是用行动告诉同事自己的真诚友善。

当自己工作遇到困难时,可以请求同事援助,对方也是很乐意施以帮助的。当一位同事放弃了午餐或者休息时间帮助自己的时候,一张小卡片、一个小礼物、一次午餐的邀请是很有必要的,这能增进同事间的互助交流。

(四)帮助新员工

初来乍到的新员工,虽然可能有很强的能力,但仍然有很多要学习的方面,老员工应热心主动地提供帮助,如办公室同事的名字、企业的政策规则、工作的要点、企业周边的餐饮地点等。但不要散布办公室的流言蜚语或向新员工倾诉自己工作的苦恼或隐私。

(五)接受和给予同事赞扬

每个人都需要偶尔的称赞,商务人员也不例外。赞扬会使同事感到对方是一个情商比较高的人,但也不能太轻易或者经常去赞扬别人,因为这样会让别人感觉对方可能比较虚伪。当别人赞扬你时,最妥当的回答是说声"谢谢"。

(六)妥善处理工作中与同事的意见分歧

工作中,与办公室同事出现意见分歧时,应该明确自己的观点,但应谨慎争论。同事间的分歧应私下解决,但如果是同事随手拿走了企业的财物或者利用企业的时间、资源做私事一类的事情影响了合作的工作,你可以把争论留给相关管理人员处理。

整个工作过程中的冲突是难免的。讨论工作时,若是注意到大多数人反感或者不满自己所提的观点,就应该停止话题。

(七)冷静解决办公室的流言蜚语

流言蜚语会危及传言者和被传言者的声誉,最好不要参与其中。谈论或含沙射影别人的隐私甚至是上司的隐私,在企业内外都是极其不礼貌的,轻则给人留下口无遮拦、办事不慎重的印象,重则会影响个人职业的口碑。当自己的年龄、收入、社会关系、性特征或政治问题成为被人流言蜚语的主角时,可以私下查出流言蜚语的始作俑者并予以警告,尽量避免采取愤怒的态度。

资料:

办公室友谊破裂的几种常见情形[①]

1. 泄露秘密。所谓秘密,当然就带着些不可告人或不愿公之于世的隐情,基于对好友的信任或是为了表明自己对好友的信任,才会将私密全盘托出。如

[①] 参见《办公室友谊破裂的六种死法》,新浪网,2009年12月3日。

果在别人口中听到了自己的私密曝光,不用问,"凶手"只有一个。被出卖的人一定懊恼曾经付出的友谊和信任。如果秘密中牵涉到第三方,更会使事情一发而不可收。所以,不论是善意或恶意的秘密泄露,都是办公室友情的大忌。

2. 独自升职。如果你比好友先升职,恐怕这段友谊很快就变调,因为两人的地位不平等,加上心理上微妙的竞争和比较,酸溜溜的滋味很快就会弥漫开来,因为不安全感而发酵出的自卑也将作怪。当然,不会有人因为顾及好友的心理而放弃升职机会,但如果发生了,记得体谅对方的心情,做出适当反应,并尽可能加以宽慰纾解。

3. 巴结老板。如果好友之一喜好巴结老板,向老板争宠,通常会引起另一方看不惯而影响感情。如果真需要巴结,就两人相约去巴结。不要私下做一些启人疑窦的小动作,让对方怀疑你对友谊的忠诚度,甚至怀疑你的人格,同时也担心平常对老板的抱怨会被你出卖,借着献情报而爬上高阶。办公室中"最有益身心的运动"之一就是共同在背后批评老板,许多情愫都是因"共同敌人"而衍生出的革命感情,如果被发现你偷偷当了耳目,友情从此完蛋。

4. 公私不分。"公事公办"也是友情的杀手之一。也许一方想着,我们这么要好,何必对我要求这么严格?即使出了事,也该罩着我才是。但另一方却想,明知我们这么要好,就不该为难我,把事情做好让我好对上面交代,不该老出一些情况害死我!如此无法达成共识,将会造成许多不便和伤害,尤其在公务上出现差错,其中一方因此承受公司的惩罚时,这段友情再也无法挽回。建议办公室好友们先找个时间将界线划清,公私分明,而非一味在心里嘀咕着"你怎会这样做?"

5. 借钱。临时借钱调度,只能引发朋友间的冲突。借钱者开了口却借不到钱时,会埋怨对方不够意思,觉得平常那么好,原来都只是表面功夫;被借钱者会觉得友谊出现了杂质,还要担心是否有去无回。若未能如期还钱,可能会引起被借钱者的反感:都这么熟了,竟然跟我来这一招,太过分了!欠钱者也会不满:这种情形又不是如我所愿,朋友就是患难见真情,如果有一天你像我一样倒霉,难道不希望我伸手相援?如此互相埋怨,压力之下友谊就无法长存。

资料思考:你认为办公室友情能够长久吗?为什么?

部门聚餐的份子钱①

单位同事之间聚餐,采用"AA制"的方式结账,想必大家都屡见不鲜,说透点就是谁也不吃亏,体现出一种契约关系。然而,这样再寻常不过的小事却闹出一场小小的"风波",引发网友的热议。

2019年4月12日,重庆某单位部门聚餐结账时,负责统一收钱的刘某和女同事发生了争执。此次聚餐本属于员工"AA制",可这位女同事带了家属来,却只交一份钱。随着争吵升级,刘某忍不住直接指出女同事每次聚餐带家属的不妥。

原来,该公司部门一位同事过生日时,大家决定一起去吃顿大餐,原本是由寿星请客。但当晚,7名同事按"少数服从多数"的原则,选择一家高档餐厅尝鲜。而该餐厅人均花费较高,便临时改为"AA制"付款。落座不久,女同事小张的男朋友也赶了过来。

刘某说,此前的聚餐或者活动,要么就是某个领导请客,要么是同事请客,与此次的"AA制"不同。餐后,刘某开始依次找同事收钱。可轮到小张这里时,她却只转一人份的钱。

刘某说,为顾及小张的面子,她把小张拉到一边解释称,这次聚餐费用她是按照8人等份来算的,小张这里来了两个人就需要出两份钱,也就是410元。

但小张却认为,部门聚餐应该由员工来承担费用,家属不应该算份子钱。随后,刘某和小张便争执了起来。刘某忍不住说:"你每次聚餐都喊家属,现在需要付份子钱就不乐意了,这样不好吧?"

眼见二人争执越发激烈,同事们纷纷来劝解。最终,过生日的同事当了"和事佬",让小张和男友先回家,剩余的钱则由他帮忙付了。

这件事之后,刘某和小张陷入冷战之中。刘某说,小张今年25岁,进入该公司半年多,每次部门聚餐或是公司团建活动时,小张就会询问"可以带家属

---

① 参见《和同事聚餐带男友,结账只掏一份钱!网友吵翻了》,新华网重庆频道,2019年4月22日。内容有改动。

吗?"得到的也总是肯定的答复,随后,小张便会喊来男友参与其中。

刘某心里则很不服气。她说,除了这次"AA制"的事情以外,每次聚餐、聚会,只有小张一人执意叫来家属,给大家添了不少麻烦和尴尬。刘某举例说,大家都是从公司一起去目的地,只有小张的男友是从其他地方赶来,这样大家就时常需要在餐厅等小张的男友。同在该部门的一位同事也说:"有同事家属在,有些内部的八卦大家也不好说,有些玩笑也不好意思开。"

小张则认为,是刘某故意刁难:"开始说的寿星请客,然后改为'AA制'时,说好由同事们分摊,没有说家属要参与分摊。"

小张说,自己每次喊来男友,一是因为家里管得严,平时和男友相聚时间并不多;二是因为自己才进公司不久,和大家不太熟,男友在场的话自己心里会感觉踏实一些。最后,小张还说,她以后聚会也不再喊家属了,寿星帮自己多付的205元她会如数归还。

公司团建、聚会的目的,除了增进同事之间的感情以外,还会利用这样的氛围探讨一些工作上的合作事宜等。此时,如果喊来家属参加,就会显得和整体氛围格格不入,互相都可能会觉得尴尬。因此,公司聚会是否带家属,一定要先把聚会的目的搞清楚。如果明确主题为员工"家属交流会",则可以带上;如若不是,建议最好不要带。不把工作和生活搅在一起,也是对自己的一种保护。

案例思考:与办公室同事相处应该注意哪些方面的礼仪?

六、与上司相处的礼仪

在商务人员的职业生涯中,会遇见不同类型的上司。不管如何,作为一个商务人员,必须清楚:上司也是人,要尽力做好本职工作,让上司抓不住自己的把柄。

(一) 了解上司的工作喜好

与上司相处,必须要了解上司喜欢什么样的下属。

- 上司喜欢能提出新见解的下属。
- 上司喜欢事先做好工作准备的下属。
- 上司喜欢组织能力强、相关资料文件准备充分、汇报工作简洁明了、不浪费上司时间的下属。

- 上司喜欢主动性强、能解决工作问题的下属。
- 上司喜欢指挥和指导员工,因此,上司喜欢向他工作求助的下属,这样可以表现出上司的经验丰富。当然,求助上司并不代表下属没有足够的工作能力。
- 上司喜欢有团队意识、善于团队合作的下属。
- 上司喜欢在公开场合支持自己决定的下属。
- 上司喜欢会适当恭维自己的下属。
- 上司喜欢不越权、不威胁自己地位的下属。
- 上司喜欢对行为负责、对工作敬业的下属。
- 上司喜欢在自己有错时能给自己台阶下的下属。
- 上司喜欢不与自己抢功的下属。

(二) 与上司相处的技巧

1. 与不同类型上司相处的技巧

职场中,你会遇到许多不同类型的上司,对待不同的上司有不同的相处之道。

(1) 工作狂型上司

工作狂型上司精力过剩,热衷于工作,认为自己是天下最能干的人,希望下属也变成"工作狂"。与这类上司相处,最好的对策就是甘拜下风,不断向他请教,让他感到你是在他的领导下努力工作并取得成就的,进而得到上司的赏识。

(2) 强势型上司

强势型上司总是威胁下属服服帖帖地干好工作。与这类上司相处,你必须常常让他感觉到你的存在价值。尤其当你预见到上司将会对你恶语相向时,你必须事先想好回敬措辞,最重要的是不要被上司吓倒。

(3) 多疑型上司

多疑型上司常常疑心下属在偷懒。与这类上司相处,最好的办法是每天(至少是每周)给上司一份你都做了哪些工作的报告,让上司放心,你也安心。

(4) 优柔寡断型上司

优柔寡断型上司往往多谋少断,已定好的决策,只要别人提出一点意见,就能让他改变初衷。与这类上司相处,在让上司不感到有失身份的前提下,你可以大胆地和他商讨一些决策,帮他下决心。

(5) 健忘型上司

健忘型上司很健忘,讲过的事,不久就会否认。与这类上司相处,最好的办法是当上司在讲述某个事件或表明某种观点时,下属要多问上司几遍,也可提出自己不同的看法,故意引起讨论来加深上司的印象。最后,还可以对上司的陈述进行概括,用简短的语言重复给上司听,让上司记住。

(6) 模糊型上司

模糊型上司布置工作时含糊笼统,没有明确具体的要求,既可理解成这样,又可理解成那样,前后互相抵触,下属根本无法操作和实施,一旦出错,上司就会责怪。与这类上司相处,在接受任务时,一定要详细询问其具体要求,特别在完成时间、人员落实、质量标准、资金数量等方面尽可能明确些,并一一记录在案,让上司核准后再去行动。

(7) 无知型上司

无知型上司自己对业务不懂、外行、不擅长,但却装懂、装内行,处处想显示自己。与这类上司相处,重要的、带有原则性的问题,下属可直接阐明观点,或据理力争,或坚决反对,不能迁就,即使正面建议无效,也要想方设法迂回前进;若是无关大局的一般性问题,下属则可灵活对付,尽量避免正面冲突和矛盾激化。

(8) 内向型上司

内向型的人比外向型的人更常使用电子邮件。与这类上司相处,相对于面谈或听电话,上司可能更喜欢读 E-mail,并以此方法与下属沟通。但当下属要与上司谈一件重要的事时,最好别用 E-mail,最直接有效的沟通是面谈。

2. 得罪上司后相处的技巧

职场上,不要与上司关系过于密切。一方面,这种关系很可能成为升迁的最大障碍,因为每个上司都不喜欢被别人看成只提拔"亲信"的人;另一方面,和上司的过多接触往往会暴露出别人平常不易察觉到的弱点,这些弱点也可能成为自己职业发展的阻碍。

此外,和上司过于密切,会让自己可能知道上司生活中的一些隐私,这会在无形中成为与上司友好相处的隐患。与上司过于密切的关系,常常容易让人跨越正常的上下级关系,不经意间就得罪了上司。

(1) 不要希望得罪上司后,能得到同事的理解和支持

无论何种原因得罪了上司,可以向本企业外的朋友倾诉减压,但不要向同事诉苦。如果失误在于上司,同事对此不好表态,也不愿介入。假如是自己造成的,倾诉会让居心不良的人添枝加叶后反馈给上司,加深自己与上司间的裂痕。要解决

这个问题,最好的办法是自己清醒地理清问题的症结,找出合适的解决方式,使自己与上司的关系重新有一个良好的开始。

(2) 找个合适的机会,主动与上司沟通

消除与上司之间的隔阂,最好的办法是自己主动伸出橄榄枝。如果是自己错了,就要有认错的勇气,找出分歧的症结,向上司作解释,表明自己会以此为鉴;假如是上司的原因,在较为宽松的时候,以婉转的方式把自己的想法与对方沟通一下,无伤大雅地请求上司宽宏大量,这样既可达到沟通目的,又可为上司提供一个体面的台阶下。

(3) 利用一些轻松的场合,自然而然地化解与上司的矛盾

在一些轻松的场合,如会餐、联谊活动等,向上司问好、敬酒,表示自己对上司的尊重,这有助于上司排除或淡化不满;或者请与自己和上司都相熟的位尊者做调停人,安排一次用餐,在酒桌上化解矛盾。

对商务人员而言,保持良好的心态很重要。上司也是一个普通人,需要承担各种压力,如果能多换位思考,就可以和上司建立一种和谐的关系氛围。

七、与办公室异性相处的礼仪

(一) 办公室异性相处的礼仪

据相关统计数据表明,美国一半的夫妻是在办公楼里认识的[①]。在商务办公室中,与异性同事相处,如果两性关系处理不当,不仅会给双方带来负面影响,还会给企业造成一定影响。与办公室异性相处应注意以下礼仪:

1. 衣着得体

办公室场合,在异性面前,男士不要把衬衫敞开,这是对女士的不尊重。女士则更要注意自己的穿着,不能张扬自己的性感,如裙子过短、坐姿不雅以至于走光等失礼的举止。

2. 语言恰当

异性同事在办公室交谈要有分寸。男士私下常有粗话或黄色玩笑,但不要在办公室中传讲,尤其是有女同事在场时。男士在恭维女士时,要避免挑逗性的语

---

① [美]佩吉·波斯特、彼得·波斯特:《商务礼仪指南(第2版)》,李琳娜、刘霞译,电子工业出版社2006年版,第93页。

言,以免给对方造成错觉。

3. 动作有度

男士不要当着女同事的面,松动皮带把衬衣塞入裤子中,否则,会引起误会。女士也不能做一些挑逗性动作,尤其是体姿语,比如在男同事面前梳玩头发、触摸男同事的衣服、用头发垂打男人的面颊等。通常来说,这些都是性暗示。

4. 交际有分寸

办公室中,要注意把握自己和异性同事交往时的分寸。如果大家是要好的同事,当然可以多些交流,但最好不要把自己的私生活带入其中。婚姻不如意的人,不宜对异性同事过多倾诉,否则会被对方认为你有移情的想法。如果被同事当成了诉说的听众,不妨向对方多谈谈自己婚姻生活中美好的一面,使对方尽早避免情感上的投入。工作配合极为默契的异性同事,也只在工作上更好地配合,多给对方提出良好的建议,而在交往中,不要相处密切。

(二) 办公室性骚扰

性骚扰以带性暗示的言语或动作针对被骚扰对象,从而引起对方的不悦感。性骚扰通常是加害者肢体碰触受害者性别特征部位,妨碍受害者行为自由并引发受害者的抗拒反应。

性骚扰者可能是同性,也可能是异性;被骚扰者可以是直接的受害者,也可以是间接的受害者。办公室的性骚扰现象如今非常普遍,对办公室性骚扰问题的界定也比较宽泛,不仅包括言语骚扰和行动骚扰,还包括短信骚扰和相对比较亲密的动作骚扰等。

(1) 易受到办公室性骚扰者的类型

- 容貌漂亮,富于性别魅力的人。
- 性格软弱、柔顺,独立性差,逆来顺受的人。
- 举止轻浮,行为不注意者。
- 处于被异性支配和操纵地位的人。
- 婚后生活不幸福的已婚者;择偶失败或情场失意的未婚者。当他们个人隐私被泄露时,易受到性骚扰。

(2) 易对异性实施性骚扰者的类型

- 攻击性、侵犯性强、支配欲强和占有欲强的人。
- 掌握某些社会资源,如权力、财富和地位等的人。

- 婚后生活不幸福、择偶屡遭失败,造成自己情爱和性欲长期得不到满足的人。
- 思想淫乱、道德败坏的人。
- 性心理障碍者。

(三)应对办公室性骚扰的技巧

据不完全统计,50%的性骚扰发生在公交车、地铁等公共场合;50%来自工作场所,其中,36%来自上司,14%来自同事。办公室性骚扰由于牵涉到多方利益关系,被骚扰者大都会怕影响自己的工作和前途而选择忍受[①]。

通常,应对办公室性骚扰的方法有:

- 着装得体,避免与异性同事,尤其是异性上司有暧昧的接触。
- 遇到单位异性同事故意对自己讲黄色笑话,不予理睬,嗤之以鼻,对方会自知无趣。
- 工作时间累了,上洗手间或者走走,避免单独一人趴在办公桌上睡着;避免夜间单独加班,若实在需要加班,可将工作带回家完成,或者请好友、男友、家人等陪同。
- 单独进异性上司的办公室,举止大方而自然,房门保持打开的状态。若上司示意关门,应虚掩着门,不要锁上。
- 遇异性同事或上司突然搂抱,身体应保持僵硬状态,竭力挣扎,从头到尾始终反抗,并用手脚踢打周围物品,弄出巨大声响,以引起其他人的关注,同时大声语言警告。若事态紧急,用力踢对方裆部是个最好的办法。
- 尽量避免与办公室异性同事或上级因公务出差而在宾馆等房间内独处,这种场景最易遭受性骚扰。避免夜很晚了去串门。出现两个人单独在房间的情况时,要保持房门不锁、灯光全亮、窗帘拉开的自然气氛,相处时间不要超过半个小时。
- 有些商务人士因职业之故不可避免地要同异性上司或客户在餐桌上喝酒,此时应保持清醒头脑,尤其是女士,不能喝千万不要喝,一旦开了头后面就很难控制;不要主动敬酒,不要顾虑对方怎么看你,更不要考虑面子问题;酒桌上要注意矜持,对方来敬酒时,可以端起酒杯意思一下;如果不可避免地要喝,喝完后可以去洗

[①] 参见《办公室骚扰 你还要继续忍下去吗?》,http://lady.163.com/special/00261M1G/jf0418.html。

手间,将喝下去的酒处理掉;如果觉得餐桌上有可能被灌醉,餐前应提前告知家人或朋友,以便他们及时出现,避免意外发生。

● 女性在办公室遭遇性骚扰时,自己抵制性骚扰的态度一定要明确。如收到语气暧昧的短信,要尽量将这些短信保存下来作为证据;如遭遇猥亵的动作骚扰或者言语挑逗,为保护自己,被骚扰者一定要在第一时间离开现场,到有其他同事的地方去;如果在晚上办公室没有他人的情况下遭遇性骚扰,应果断报警,以保护自身的权益。

第二节　商务通信礼仪

随着现代信息科技的发展,商务往来不再只局限于座机电话、手机和 E-mail,商务活动的交流已经扩展到 MSN、QQ、微博、微信等通信联系手段上。这些即时、便捷的通信方式,往往成为很多客户对企业第一印象的源头。因此,商务通信礼仪成为企业发展业务的必要环节。商务人士学习和掌握通信礼仪和技巧非常有必要,这将有助于更好地树立企业形象。

一、商务座机电话礼仪

座机电话是商务工作中最主要的一种交流沟通方式,客户通常首先是通过座机电话感知一家企业。因此,接打电话的商务人士的态度和专业性、交流的技巧、用语以及处理问题、应答咨询的能力决定了企业与客户商务合作往来的开始。

(一) 接听商务座机电话的礼仪

1. 接听座机电话的准备

(1) 准备好纸和笔

纸和笔是平时事先就应该准备好的。当对方需要留言时,商务人员为了找记录的纸、笔而让对方在电话里等候,这是失礼的。

(2) 停止无关的动作

听到电话铃声时,应停下正在做的事情,不要在接到电话以后让对方感觉到接电话者正在因为处理其他事情而心不在焉。

(3) 保持正确的接听姿态

不同的姿态会使人在说话时发音的部位发生变化,这些在电话中对方都是能听出来的。有时,因为姿态不正确,电话可能会从手中滑到桌面或地上,发出刺耳的声音,这些都会让对方感到不满。

2. 得体接听,简要自我介绍

人们在交谈时,面带微笑能带来亲切的态度。接听商务电话时,虽然双方不见面,但微笑带动的积极情绪还是能通过声音语调传送给对方。适中、清晰、柔和的声音是电话交谈的基础。

得体的接听,应该在电话铃响的第二声之后,迅速地在三声之内拿起电话。如果电话铃声响三声之后仍然无人接听,拨打者往往会认为这个公司员工的精神状态不佳。如果电话铃响了五声以后才拿起电话,接听者应该向对方道歉"对不起,让您久等了"。接听时,为了清楚地倾听和与对方通话,要把耳朵贴近电话的听筒端,并且让传话筒与嘴之间保持 4 cm 左右的说话距离。

接到电话后应问好,然后自报家门,介绍自己的公司,如果接听者想让对方知道是在和谁通话,不妨在介绍完公司名称后再说出自己的名字。例如,"你好,这里是＊＊＊公司(我是＊＊＊部门的＊＊＊),请讲。(请问我有什么可以帮助你的吗?)"接听者微笑的话语会让对方感觉到自己是受欢迎和被人尊重的。

3. 确定对方的身份,礼貌搁置、转接电话

一般来说,拨打电话者要找的人有三种情形:接听电话者恰好是对方要找的人;接听电话者不是对方要找的人,但对方要找的人就在旁边;接听电话者不是对方要找的人,对方要找的人恰好不在办公室。

第一种情形,接听电话的人可以说:"我就是,请问您是哪位?"第二种情形,接电话的人可以说:"他就在旁边,请稍候。"第三种情形,接电话的人可以说:"对不起,他刚好出去。您需要留言转告吗?"切忌一声"不在",就把电话挂了。打电话人需要留言时,应清晰地记录下对方的姓名、单位、回电号码和主要内容。

如果接到的电话是找上司的,不要直接告诉对方自己的上司在还是不在,可以问清对方的姓名和大概意图,然后说:"请您稍等,我帮您看看他(她)在不在。"接听者通报上司后,上司接不接听电话,由上司决定。如果上司不想接听这个电话,接听者可以对拨打者说:"对不起,让您久等了,他(她)不在办公室(正在开会),您需

要留言转告吗?"

通话过程中,如果接听者有意外事情打断了双方的交谈,需要对方等待,应该先征求对方的同意,并告知需要等待多长时间。

如果来电需要转接到其他分机时,应该告诉对方要转的分机号码以及将转接给谁,以备电话意外挂断后,对方也可以自己拨打过去。

4. 通话结束后,轻放电话

结束通话一般应由拨打电话一方提出,然后接听者礼貌地感谢对方的来电,彼此客气礼貌地道别。拨打电话的一方挂断电话后,接听者才能挂断电话。切忌接听者先急躁地抢先挂断电话,这样,再完美的电话交谈都会在对方心里留下阴影。

(二)拨打商务座机电话的礼仪

1. 拨打座机电话的准备

(1)选择对方便利的时间

如果双方没有约定通话的具体时间,拨打电话尽量不要占用对方的休息时间,尤其是节假日;尽量在对方上班时间 10 分钟后到下班时间 30 分钟前拨打电话;打电话前清楚各地区、各国的工作时差;如果客户留下了家中的座机电话号码,拨打电话者也要尽量避开早上 8 点前、午餐午休时间以及晚上 8 点后的时间段拨打客户的家中电话。如果电话影响了对方的休息,拨打者须说"对不起,打扰您了"。

(2)准备相关的资料,调整情绪

拨打电话前,应准备好相关资料、记录本、笔等。给所要讲的内容列个提纲顺序,以免自己讲得没有条理,也避免对方听得烦躁。拨打电话前,调整好自己说话的姿态,面带微笑,保持良好的情绪。

2. 遵守"三分钟"原则,内容简洁

拨打电话要遵守"三分钟"原则,即打电话时,拨打者应自觉地将通话时间控制在三分钟内。接通电话,问候对方后,报上自己企业的名称、自己的姓名和职务,确认对方是不是你要找的人。如果请人转接电话时,一定要向对方致谢。电话交谈,拨打电话者应清晰、简洁、有礼貌地说明来电的目的、内容。交谈要务实,不能反复絮叨,否则,会让对方觉得拨打电话者缺少素养。如果通话时间较长,超过了三分钟,应该征得对方的同意,并在结束时表示歉意。

3. 电话结束前,要向对方道谢致歉

结束通话前,电话拨打者要用简洁的言语对自己给对方带来的打扰表示歉意,向对方表明自己的真诚谢意。挂断电话前,再次彼此问候。

(三)商务电话应对技巧

1. 接到打错的电话,态度要友好

当商务人员接到对方打错的电话时,不要冷冰冰或恶狠狠地回应:"找错人了。"应该礼貌地告知对方:"您打错了。"礼貌地处理打错的电话,会给对方留下好的印象,也许从此,对方会成为接听电话者所在企业的客户。

2. 听不清对方的话时,语气要平缓、客气地请求重复

不管是什么原因,当听不清楚对方的言语时,应礼貌地说:"对不起,我没有听清您刚才的话,请再说一遍好吗?"切忌急躁地使用上扬的语调质问对方"你刚才在说什么?听不清楚"。这会让对方难堪。

3. 遇到自己不清楚的事情,应明确告知对方

电话中,遇到对方所谈之事是自己不知道的,或者不属于自己负责的,不能佯装清楚,应该礼貌地明确告诉对方:"很抱歉,这事我不清楚,但我可以请相关负责人来接您的电话。"

4. 如果通话时间有限,要明确告知对方

如果接到一个电话,对方有很多问题要和接听者沟通,但接听人的时间却很紧。这种情况下,接听者应该一开始就直接而真诚地说出时间紧的缘由,然后说:"抱歉,我必须长话短说,让我们在5分钟之内结束这个电话吧。"

如果电话里对方的问题需要更多的时间沟通解决,接听者可以通过彼此协商,安排下一次谈话时间来结束电话。

5. 重视来电显示电话、语音留言电话和传真的礼仪

来电显示的座机电话能让接听者在接听电话前就有了充分的心理准备,但请不要接起电话就说出对方的名字,这样做会让对方产生戒备心理,也会让接听者在对方的眼里变得不可信赖。此外,也许打电话的人可能不是来电显示的号码的主人。

如今,越来越多的企业使用了办公室座机电话的语音留言功能。使用语音留言时,应该在电话上设置一个简洁明了的问候语及自我介绍。例如,"您好,我是×××公司的×××。请您留下您的名字和电话号码,我回来后会尽快给您回电话的。"要经常检查办公室的语音电话信箱并及时更新。如果离开办公室的时间比较长,要让致电者知道座机电话主人离开的这段时间里应该和谁联系。

如果是拨打电话者打电话给对方,对方电话启用了语音留言,需要留言时,切

记要缓慢而清晰地说出自己的名字,然后直奔主题,最后,留言结束时,再重复一次拨打者的名字和电话号码。即使对方知道拨打者的电话号码,拨打者也一定要留下电话号码以便对方回复电话。电话语音留言要简短,因为没有人喜欢听长的电话留言,而且很长的电话留言会破坏语音邮件系统。

当传真者要传真给对方文件时,为了保证对方能够收到传真,传真应该有封面,封面上要写清楚收件人的姓名、部门、企业名称、传真的总页数以及传真者的姓名和联系方式。文件应该使用稍大一点的字号,以便对方看得清楚。

在发送多页的传真文件前,应该给对方打个电话。因为页数很多的文件可能会用掉收件人传真机大量的墨,收件人也许希望传真者能发电子邮件或通过邮寄的方式传送文件。不要通过传真机发送对方不需要的广告材料,这种行为除非是对方许可的。

6. 及时回复商务电话

当需要回复电话时,要尽快回复,这样也许可以赢得重要的业务,如果不能及时回复或者不回复电话,会给人留下冷淡的印象,致电者会觉得自己不被重视。

7. 接到客户的投诉电话,应该注意倾听

如果接到了客户的投诉电话,应采用同理倾听和同情倾听的方式,耐心地听客户诉说。

同理倾听是指接听电话的商务人士要表现出关心、尊重的态度,对电话投诉者的观点进行理解。倾听者不能对投诉者进行回击,或者是一言不发,而是应让来电者发泄一会,缓解对方积累起来的怨气。当你觉得对方的怨气已经发泄得差不多时,简单评论一下,显示你听得很认真,并且已清楚对方投诉的问题的重要性。

同情倾听是指接听电话的商务人士要表现出怜悯、同情,甚至被投诉者表达的感情深深感动的态度。以上这两种方式都可以让投诉者感受到倾听者已经理解了自己的痛苦和愤怒。

很多时候,客户的投诉就是寻求心理发泄的过程,商务人士注意倾听投诉者的电话,能帮助企业挽回一些负面影响。如果接听电话者不能解决客户提出的投诉要求,应及时告诉上司,由上司来处理这个投诉电话。

即使客户在投诉电话里说了一些过激的话,道别时,还是应该说:"谢谢您的投诉电话,以后我们的工作会进一步改进,以避免类似事情的发生。"接听投诉电话,永远不要许诺自己做不到的事情。

8. 一定要使用电话礼貌用语

常见的电话礼貌用语有：

- 您好！这里是×××公司×××部门,请问您找哪位？
- 我就是,请问您是哪位？……您请讲。
- 请问您有什么事？
- 您放心,我会尽力做好这件事。
- 不用谢,这是我们应该做的。
- ×××不在,我可以替您转告吗？（请您稍后再来电话好吗？）
- 对不起,这项业务请您向×××部门咨询,他们的电话号码是……（××不是这个电话号码,他（她）的电话号码是……）
- 您打错号码了,我是×××部门,……没关系。
- 您好！请问您是×××公司×××部门吗？
- 我是×××公司×××部门的×××,请问如何称呼您？
- 您好,能帮我找×××接电话吗？谢谢！
- 对不起,我打错电话了。
- 对不起,让您久等了。
- 请稍等,我这就去看看你要找的×××在不在。
- 对不起,这个问题……请留下您的联系电话,我们研究后给您答复,好吗？

二、商务手机礼仪

移动电话通常称为手机,早期又有"大哥大"的俗称,是可以在较广范围内使用的便携式电话终端。自1973年美国摩托罗拉公司的马丁·库帕发明了世界上第一部推向民用的手机至今,手机不仅成为人际沟通联系的常用通信工具,也成为商务人员实现快速顺畅沟通、高效完成商务活动的保证。

正确使用手机,可以给商务往来带来极大的便利,但如果使用不当,手机对商务关系的破坏性比任何通信方式都来得快速。商务手机的使用要遵从以下礼仪规范：

（一）手机的摆放要合乎礼仪的常规位置

摆放手机的常规位置有：随身携带的公文包,这个位置最正规；上衣的内袋

（尽量避免放在这里，以免破坏着装整齐）；放在不起眼的地方，如手边、手袋里，但不要放在桌子上，特别是不要将手机对着正在面谈的客户。即使手机再好看、再小巧，商务女士也不能将手机挂在脖子上当作饰物。

（二）拨打手机时，应该考虑对方是否方便接听

拨打手机电话时，应考虑这个时间对方是否方便接听，同时要做好对方不便接听的心理准备。要注意从听筒里听到的回音来鉴别对方所处的环境。如果很静，应想到对方在会议上，因为通常会场较大，手机里能感到一种空阔的回声；如果听到噪声，对方就很可能在室外，室外嘈杂的声音也是可以从手机中听出来的。有了初步的鉴别，对能否顺利通话就有了准备。

不论在什么情况下，是否通话要由对方来决定。因此"现在通话方便吗？"一般是拨打手机问候过后的第一句话。在没有事先约定和不熟悉对方的前提下，尽量使用其他联络方式，不要冒昧地拨打对方手机。通常可以先拨打对方办公室的座机电话，如果对方不在办公室，再拨打手机电话。

（三）拨打手机时，要把握通话时间

接听手机时，如果没有特殊原因，与对方进行通话的时间不应当超过5分钟。拨打他人的手机应保持耐心，如果对方未接听，拨打者挂断电话后，一般应当等候对方10分钟左右。在此期间，不宜再同其他人进行联络，以防对方回拨时，自己的电话频频占线。

不及时回复他人电话，或用座机电话拨打他人手机后迅速离去，或是转而接他人的电话，都被视作失礼行为。如果暂时不便使用手机联系，可在语音信箱上留言，说明具体原因，告之来电者自己的其他联系方式。有时，还可采用呼叫转移的方式与他人保持联系。

（四）必要时，要关掉手机或调至静音状态

会议中、与别人洽谈时或商务餐桌上等场合，最好把手机关掉或调至静音状态，这样既显示出对别人的尊重，又不会打扰谈话者的思路或大家就餐时的心情。

（五）收发手机短信时，要注意场合

在一些不合适打手机的场合，如果一定要给对方回话，可以采用静音方式发送短信。不要边和别人说话，边查看手机短信，这是对别人的不尊重行为。在短信的内容选择和编辑上，应该和通话一样文明礼貌。

(六)接听或拨打手机时,要尽量控制声音和挑选场合

在公共场合,特别是在办公室、电梯、楼道或者办公大楼的洗手间等处,不能旁若无人地使用手机,应把自己的声音尽可能地压低。打电话时,旁边有别人,最好不要说任何私人的或者个人的事情,如果一定要说,可以找一个能进行私人谈话的地方进行手机通话交流。使用有免提功能的轿车电话或者手机蓝牙,虽然可以降低驾车时的危险,但最恰当的做法是将车停靠在路边后再接听或者拨打电话。

案 例

"喜欢"接电话的欧盟委员会主席容克[①]

据新华国际客户端报道,欧盟委员会主席让-克洛德·容克[②]7日怒斥有关他开会玩手机的言论,称他当时是在工作,和希腊总理亚历克西斯·齐普拉斯通过短信磋商事务。

2015年7月7日,欧盟委员会主席让-克洛德·容克出席在法国斯特拉斯堡举行的欧洲议会会议,数小时后欧盟将举行希腊问题紧急峰会。在欧洲议会上,包括英国独立党议员在内的多名欧洲议员指责这位欧盟委员会主席会议期间频频玩手机,心不在焉。

容克显然被激怒,他用法语回应:"那些说我开会时一直看手机的人请闭嘴!我是在发短信,给希腊总理发短信。"

他接着说:"我不清楚你们是否有机会做同样的事情,但我今天不得不这么做。我在做我的工作,所以,请停止对我的冷嘲热讽,那很愚蠢,没有理由。"

在2017年7月27日举行的一场新闻发布会上,容克的手机又响了。起初,他以为是老婆打来的,准备接听电话。但在拿起手机看过后,发现来电的其实是德国总理默克尔。于是,他默默地把手机放回口袋,没有接。

[①] 参见朱梦颖:《欧委会主席容克开会发言又接电话:老婆打的,我不接她不会停》,环球网,2019年2月26日。
[②] 让-克洛德·容克(1954—),欧盟委员会主席,1995年1月20日至2013年7月10日任卢森堡首相,是欧洲任职时间最长的政府首脑,2005年1月1日至2013年1月21日任欧元集团主席。2014年11月1日正式接替欧盟委员会主席巴罗佐,任期五年。

据英国《每日邮报》2019年2月25日报道[①],容克当天在埃及沙姆沙伊赫出席阿盟-欧盟峰会。他当时正在发言,发言主题是关于中东和平进程和贸易。但他的手机突然大声响了三次。

报道称,包括埃及总统阿卜杜勒·法塔赫·塞西及欧洲理事会主席图斯克在内的其他发言人还看到容克好几次把手伸进他的西装口袋,希望关掉这"叽叽喳喳"的声音。

于是,容克被迫中断自己的讲话,接听电话。"我希望停一下,因为我电话响了,我道歉。"容克在接听电话前说道。

在对着手机小声地说了几句话后,容克笑称:"这是'惯犯',我妻子。"

现场响起一阵笑声。

"我必须停一下,因为她是不会停的。"容克继续解释道。

案例思考:在工作场合,接打电话应该注意哪些方面的礼仪?

三、商务网络通信礼仪

网络是用物理链路将各个孤立的工作站或主机相连在一起,组成数据链路,从而达到资源共享和通信的目的。通信是人与人之间通过某种媒体进行的信息交流与传递。商务网络通信是商业组织通过网络平台,实现商业间的信息交流与传递,如商务电子邮件、博客、微博、即时通信等。商务网络通信礼仪的表现直接关系到企业的商业形象和口碑。

(一)商务电子邮件礼仪

电子邮件是商务人员经常使用的一种商务交流方式,很多商务材料通过电子邮件传递非常快捷。电子邮件是商务人员个人、企业组织与其他人、其他企业组织沟通的工具,因此,在使用电子邮件时,要注重礼仪。

1. 电子邮件的主题要简洁清晰

在电子邮件的"主题"或"标题"一栏,一定要写清楚信件的主题或标题。出于避免"中毒"的心理,人们对标题古怪或没有标题和发信人的邮件通常采取立刻直接删除的方式。邮件的主题要避免过长的句子,除非必要,一般主题不要使用标注

---

① 参见刘学:《不专心|欧盟主席开会玩手机》,新华网,2015年7月8日。

紧急程度的用词,如"紧急"和"重要"的字样。

2. 电子邮件撰写的内容要简短规范

电子邮件的撰写要遵循"KISS"(Keep it short and simple)原则,确保内容简短。商业邮件属于商业信件,因此,不管是使用中文还是英文撰写邮件,内容都应遵照普通书写信件的格式和要求。邮件正文要简洁,以便收件人阅读。用语要礼貌,以示对收件人的尊重。注意使用标点符号,正确地断行、断句。发送邮件前必须再仔细阅读一遍。

3. 电子邮件慎用图释

有人喜欢加图释、缩写或表情符号在电子邮件中,但在正式的用于处理商务的电子邮件中使用这些符号,显得过于随意,应当予以避免。因为各种电子邮件的表情会让收件人觉得发件人不够职业和成熟,会对收件人的可信度产生怀疑。

4. 电子邮件的附件添加要谨慎

如果所发邮件有附件,一定要在信件内容里加以说明,以免对方没有注意到。不要附太大的文件,以免挤占收信人的邮箱空间;尽量不要发送压缩打包的较大附件,因为收件人也许没有安装解压程序;不要随意复制、转寄他人发送的商务邮件正文和附件。

5. 定期检查电子邮箱

定期打开收件箱查看邮件,以免遗漏或耽误重要邮件的阅读和回复。一般应在收到邮件的当天予以回复。如果涉及较难处理的问题,要先告诉对方你已收到邮件,来信处理后会及时给予正式回复。

6. 及时保存重要的电子邮件

电子邮箱的空间有限,有的网站会对邮件进行自动删除管理,所以,商务人士要定期整理收件箱,对不同邮件分别予以保存和删除。对有价值的电子邮件,应复制后进行专门保留。对和公务无关的垃圾邮件或者已无实际价值的公务邮件,要及时删除,以免影响正常商务电子邮件的收发。

7. 及时妥善地回复电子邮件

收到电子邮件后,应避免在情绪激动的状态下回信,要考虑清楚后再及时回复对方。如果对方的内容中带有情绪,最好是先给对方发个简单的邮件表示你已经收到了,需要多一点的时间来处理这个问题,然后建议双方最好能面谈。回复邮件时要附加原邮件,必要时使用模板来回答频繁的常规问题。除非需要,发送电子邮件时不要过多地使用"回复所有人"或请求收件人发送阅读回执。如果出去差旅或者度假,要设置自动回复,自动回复中最好留有其他人的联系方式。

8. 增强网络安全意识

网络是电子邮件、电子商务等诸多应用的重要入口。网络病毒的互联网化加剧了互联网的不安全状况。垃圾消息、诈骗信息、木马病毒的传播范围在大面积扩散,商务人士应该自觉增强网络安全习惯和意识,不发送或转寄包含损害名誉的、诽谤的、攻击性的、种族主义的或淫秽语言以及含有病毒的电子邮件。

(二)商务博客礼仪

博客即网络日志,是一种通常由个人管理、不定期张贴新文章的网站。典型的博客结合了文字、图像、其他博客或网站的链接及其他与主题相关的媒体,能够让读者以互动的方式留下意见。比较著名的有新浪、腾讯、网易、搜狐等博客。

博文一经发出,就将长久地存在于网络空间,通过搜索引擎很容易检索到,还会被别人转载扩散。如果是个人的博客,博主可以通过设置浏览权限来避免外人看到自己的价值观;如果是商务博客,内容、语气和措辞就要健康、礼貌和正式。商务博客要注意以下礼仪。

1. 不冒犯他人

博文的语气、措辞不冒犯别人,不给个人、企业的品格、信任度或名誉带来消极影响。

2. 客观思维

内容要言之有理,要保持客观的思维方式,这有助于树立良好的个人及企业的网络形象。

3. 内容可信

商务博客要经常更新,不要以复制粘贴应付,也不要转载缺乏可信度的所谓的实用图文知识。产品的宣传文章要真实可靠,不要夸大其词。

4. 尊重他人成果

图片、思想和文字的来源应当标明原始作者或者原始出处,要尊重别人的智力和产品成果。

5. 理性地面对评论

博客的互动性很强,因此,商务人员应该理性地面对读者和客户的批评和赞扬，不要为溢美之词陶醉，也不要为偏激的批评愤怒。

（三）商务微博礼仪

微博是微博客的简称，是一个基于用户关系的信息分享、传播及获取的平台，用户可以通过WEB、WAP等各种客户端组建个人社区，以140字左右的文字更新信息，并实现即时分享。最早、最著名的微博是美国的Twitter。2007年，Twitter崭露头角，奥巴马在竞选美国总统时，就在Twitter上开辟个人网页，吸引了15万粉丝（follower）。与此同时，Twitter的成功经验也被带入中国。2007年5月，我国第一个定位于即时信息交流的网站"饭否网"正式运营，意味着微博概念平台的架设。2009年8月，新浪微博推出内测产品，并将其微博产品命名为"围脖"。新浪通过大规模邀请知名公众人物开通微博的方式，打开了我国微博时代的名人战略，使其短时间内注册用户数量激增，新浪微博市场迅速获得领先地位。截至2012年12月底，我国微博用户规模为3.09亿，成为世界第一大微博用户国。2019年6月，微博月活跃用户达到4.86亿人。

微博的出现给互联网生活带来巨大的改变，也衍生出微博营销的网络推广模式，商务型的微博概念应运而生。商务微博是通过以商业社交为主体的微博平台，以企业、公共机构和公共组织为主体，通过电脑、手机等数字载体在微博网站发布以商业事务为目的的信息传播方式。商务微博利用其宣传的即时性、广泛性和互动性，为客户即时提供商业资讯及在线交流。

1. 商务微博与个人微博的异同

相同点：

- 传播的普遍性和透明化促进了信息的交流。
- 微博内容微小，会造成信息的错误和浪费，影响信息传达的完整性。
- 发布微博的个体的言行举止礼仪会影响到个人和组织的形象及声誉，受损面有时很难预料。

不同点：

- 商务微博与个人微博的专注点不同。传统微博专注于个人与个人的联系，由个人的观点和论断引发的信息传播和网络社交占很大比重，内容比较倾向于生活化和娱乐化；商务微博是以企业之间、企业与个人之间商务为主要的传播主体，内容以产品宣传营销、商务信息发布等为主，间或为了吸引更多人的关注，也会发布、转载一些生活化、哲理化等内容。

● 商务微博与个人微博的目的不同。个人微博以显示自我价值为目的;商务微博以企业组织为主题,以 B2B 为原点,具备良好的扩展性(向 B2C、C2C 方向拓展),有效进行网络营销,更好地服务于客户。

● 商务微博与个人微博的信息分类不同。传统微博信息量庞大、纷杂,很多信息趋向于娱乐化,很难提炼出对企业有利的信息;商务微博以商务社交为核心,受众精确,对企业和个人的商务需求信息有专业的搜索机制,可直接进行商务操作。

2. 商务微博礼仪

企业的官方微博是展现其品牌内涵的窗口。商务微博的操作权限是由商务人员实施的,个人的言行代表着一个企业的账号在公共平台上的互动交流。与公众的关系不再是"我"与"你",而是直接以企业组织的形象及相关权限身份与众人在线的会面。因此,商务人员在经营商务微博的过程中,应更加注重方法技巧与礼仪规范。

(1) 准确定位微博

商务微博代表企业,属于官方微博,在选择微博头像时,要选择能给别人留下积极正派印象的照片,签名档的内容要简洁、有意义,这是陌生人、潜在客户对商务微博的第一印象。在商务微博上的发言不要包含任何扭曲企业形象、抒发个人偏见或是可能置企业于诉讼的信息。不要利用官方微博去随意发表任何带有政治、宗教等色彩的观点。

(2) 态度真诚、友好

商务微博中对粉丝和公众亲切、谦逊的态度会给人们留下一个良好的印象。负责商务微博的商务人士应有服务意识、大局观念、责任感、使命感及荣誉感,要避免在线互动中出现不良行为。

(3) 选择合适的时间发布微博

选准发布微博的黄金时间,如 7:00—9:00、12:00—14:00 和 20:00—24:00。

(4) 微博内容的表述要遵循礼仪规范

微博礼仪大多是通过微博的发布、回复、评论及私信得以体现的。商务微博语言要礼貌、生动、风趣,这不仅是一种积极健康的心态,也是一种热情、亲和、开放合作的精神体现。微博文字中的"小表情"也可很好地辅助传递情绪和体现人性化的感性内涵。

(5) 恰当地使用私信

商务微博上是可以发布个人内容和回复的,但所有人都可以看见此状态(不管他们是不是粉丝)。如果一些带有敏感性问题不适合公开交流,不妨私信对方。如果没有必要进行私密沟通,应尽可能不以发私信的形式来处理,以免让对方反感,甚至拉黑。

(6) 避免置身于微博论战中

商务微博不能断章取义,商务人员不要转发自己不了解的事情。评论微博时要了解原文并客观地发表自己的意见,不能妄加评论。商务人士要容纳他人的意见,情绪不好时尽量不发微博。当有人在网上发表言论攻击和诽谤商务人员及企业时,最好的方法就是理智地、有风范地回应。

(7) 参与公益活动的转发

公益活动有很强大的号召参与力,如果平时商务微博能够响应一些好的公益活动,不管是对树立企业的品牌形象还是增加粉丝数量都会起到很好的作用。

(8) 对于消费者的求助,应慷慨给予帮助

给予别人等于给予自己,付出越多,收获越多。对于消费者的求助,应热情回应并给予帮助。主动帮助了他人,他人会十分感谢,可以增加对商务人员的好感以及对企业品牌的信任度。

(9) 产品的微博宣传要有度

当人们了解到经过网络认证的商务人员的微博是宣传企业的产品和服务渠道时,商务人员就可以用微博作为平台与大众分享企业产品的最新动态,为自己的产品做广告。但不要在别人的微博上为自己的产品和服务做宣传,这种未经允许私自占用他人微博空间的做法会使对方产生厌烦和逆反情绪。

(四) 商务即时通信礼仪

CNNIC 数据显示,2011 年中国互联网即时通信用户规模达 5.13 亿人,占整体网民的比例达到 80.9%。2018 年中国互联网即时通信用户规模达 8.29 亿人,占整体网民的比例达到 95%。2019 年第一季业绩报告显示,首季微信月活跃账户数达 11.12 亿,同比增长 6.9%。QQ 的智能终端月活跃账户数同比略有增长至逾 7 亿,同比增长 0.9%。其中,年轻用户在 QQ 平台的活跃度提升,其月活跃账户数同比录得双位数增长[①]。随着互联网的发展,即时通信已经成为人们日常生活中

---

① 参见《2019 年一季度微信用户数量达 11 亿 2019 年即时通信用户规模分析》,中商情报网,http://www.askci.com/news/chanye/20190516/1346051146282.shtml,2019 年 5 月 16 日。

重要的交流沟通工具,企业也认识到 QQ、MSN、微信、百度 Hi 等众多即时通信对整体商务业务的重要性,越来越多的商务人员通过这些即时通信工具与同事、客户进行着广泛的商务事宜的联络。因此,商务人员必须清楚并遵循即时通信的礼仪规范。

1. 商务 QQ 礼仪

(1) 规范使用个性名称

QQ 等网络即时通信都可以随意设置个性名称,但商务往来使用时,不能采用容易引起歧义的过于个性化的名称,要使用规范名称,如公司名称、个人姓名等,以方便辨认。如果对方是个性名称,可以通过"更改对方昵称"等方式,改成"对方单位简称+对方姓名"。个人签名要避免使用过于消极或者不健康的内容。交流称呼上应和见面称呼一样,不能随意、失礼。

(2) 注意内容的表述

即时通信具有及时性的特点,发送的内容对方即时就能看到,所以,商务人士要养成发送前再审核一遍所发内容的习惯,不要有错别字、容易引起歧义的话或图释以及可能泄露公司机密的内容。表述方式上尽可能多用短句,勤用段落,这样更加方便对方阅读。注意标点符号的使用,否则,会让对方感到发送人正在不耐烦的状态中。

(3) 慎用图释

与满屏的文字比起来,适当地使用图释能显得生动而有趣。但在商务交流使用时,应少用,要避免使用容易产生误会或格调不高的图释。

(4) 礼貌对"话"

正式"说话"之前应先打招呼,沟通结束后应有礼貌道别。上班时间使用即时通信,应始终保持显示自己在线的状态,因忙于其他事而无暇顾及网络即时通信时,最好将状态设置为"忙碌"、"开会"、"接听电话"等,以免让同事或者客户产生错觉。上班期间,QQ 应该服务于工作,而不是私聊的工具。克制游戏、私聊等行为是商务人士起码的职业道德修养。商务即时通信应在工作时间使用,尽量不要在非工作时间和别人聊工作,除非事先有约。

网络即时通信虽便捷,但毕竟还是辅助通信手段,不能当成主要的通信方式。重要的、正式的和紧急的事宜必须通过传统方式完成,如电话、书面信函、面谈等形式。

2. 商务微信礼仪

微信(WeChat)是腾讯公司于2011年1月推出的一款支持S60v3、S60v5、Windows Phone、Android以及iPhone平台的类Kik软件。微信是用户可以通过智能手机客户端与好友分享文字与图片并支持分组聊天和语音、视频对讲功能的智能型手机聊天软件。微信软件本身完全免费,使用任何功能都不会收取费用。微信用户数在微信推出的当年9月就突破了2亿。

微信在功能上允许用户之间免费收发短消息、图片和语音信息,传播主体呈现出年轻化、高学历的特点,因此,企业在销售宣传活动中广泛使用微信媒介。

使用微信进行商务活动时,需要注意以下礼仪。

(1) 语言规范

微信传播实现了文字、图片、声音和视频多元化的交流。微信主打语音聊天,通过声音来传达情感,更好地把握传受双方的心理。因此,在声音、文字、视频传播中,商务人士要注意礼貌用语,避免因为口误而引起对方的反感。此外,要避免滥发图片。

(2) 把握时间

微信是全方位、立体化的社交网络,可以24小时传递信息。但商务微信要尽量在工作时间使用,不要占用他人工作之外的休息时间发送语音商务信息,影响他人的正常生活。

(3) 信息一致

虽然微信信息停留在传受双方的移动终端上,只有传受双方可以看到和听到,其他用户无法在自己的界面获知,但在传送商务信息时,尤其是产品的报价时,对不同的客户所报价格要保持一致,因为商务人员无法预计到自己的微信客户们是不是彼此也都有联系,不同的产品报价会让你失去一部分客户。

(4) 谨慎转发

一些"微信病毒"隐藏在相册链接等处,当对方接收点击了商务人员转发的要求点击后登录微信时,微信账号有可能会被强制发送其他欺诈微信给好友们,从而引发一连串的消极影响。

(5) 适当设置

微信广告可借助微信实现多级化传播,但不是所有的资讯都适合强制推送给好友们,因此,当要发布的消息不是大众喜好时,可以通过微信的自动回复设置功能设置"特定字词",让用户自行获取消息。

此外，在使用其他商务通信方式时，可参照以上通信礼仪规范，以确保企业的商务活动能够有序、有效地顺利进行。

案例

用微信觅到生意伙伴[1]

职场上，很多企业一直都很重视运用新媒体开展商务活动。这些企业充分利用微信公众平台发布功能，以丰富的多媒体形式和亲切的语言打造信息动态，获得商机。

宜宾一家公司的营销经理迟先生一直在为公司产品联系广告代理商，由于地段、费用等原因，一直没有找到合适的合作伙伴。喜欢用手机微信的他灵机一动，把微信的签名改成公司的业务、地址和电话。"没有想到早上挂出的签名，当天就有3家公司通过微信和我联系。"迟先生说。

"能看到我签名的都是1 000米范围之内的人，我们距离很近，相约见面非常方便。"可喜的是，一周之后，通过双方的了解，迟先生真的与附近一家广告公司达成了合作协议。

案例思考：你认为网络信息的可信度高吗？使用微信进行商务活动应该注意哪些问题？

资料：

2018年中国微信登录人数、微信公众号数量及微信小程序数量统计[2]

微信已成为全民级移动通信工具。根据腾讯2018年一季报数据，微信及WeChat合并MAU达到10.4亿，超过2017年年底我国7.53亿的手机网民规模，微信已实现对国内移动互联网用户的大面积覆盖，成为国内最大的移动流

---

[1] 参见《微信打广告算不算骚扰?》, http://www.ybxww.com/content/2012-10/30/201210301007586896479.htm, 2012年10月30日。

[2] 参见《2018年中国微信登录人数、微信公众号数量及微信小程序数量统计》, http://www.chyxx.com/industry/201805/645403.html, 2018年5月30日。内容有改动。

量平台之一。

微信完全融入国内网民生活，成为生活方式。微信占据国内网民23.8%的时间，排在第二位的腾讯视频仅占据4.9%的时间，微信已经培养出用户高度的依赖性。《2017年微信经济社会影响力报告》显示，2017年由微信驱动的信息消费达到人民币2 097亿元，拉动流量消费1 191亿元，拉动行业流量收入达34%，微信已深入渗透至日常生活和商业之中。

自2011年1月上线以来，微信经历三个不同的发展阶段，从最简单的移动通信工具成长为多功能的生态系统。

1. 用户积累阶段：广度、深度两个层面奠定生态运营的用户基础

微信在发布之初仅被定义为熟人间移动端聊天工具，但2011年3月微信2.0和3.0版本上线了"附近的人"、"摇一摇"、"漂流瓶"等功能后，定位开始从熟人社交向泛社交关系延伸，用户广度快速扩大。2012年5月，微信推出的4.0版本新增"朋友圈"功能，大幅增加了用户间的互动，将微信的定位从通信工具向日常生活拓展，从深度层面为微信向生态圈发展奠定了巨大的用户黏性。

2. 基础设施建设阶段：开启移动支付，丰富多样化服务入口

2013年8月5.0版本的微信上线"微信支付"，使微信具备移动支付能力。其后，"红包大战"风潮，极大地刺激了微信用户银行卡的绑定比率，大幅打通微信平台的支付环节。新版本的微信还增加了"订阅号"与"服务号"功能，为用户提供了新的信息获取方式，满足用户在微信内即可获取资讯以及进行长文阅读的需求，并为企业和组织提供了基于微信平台开展营销和服务的渠道。

3. 生态丰富阶段：向多元商业融合的生态系统拓展

自2014年10月发布6.0版本以来，"小程序"、"小视频"、"卡包"功能的上线使微信向多功能方向发展，特别是微信小程序正引发对电商、O2O服务[①]、移

[①] O2O是online to offline的缩写，即在线离线/线上到线下，是指将线下的商务机会与互联网结合，让互联网成为线下交易的平台。这个概念最早来源于美国。O2O的概念非常广泛，既可涉及线上，又可涉及线下，可以通称为O2O。主流商业管理课程均对O2O这种新型的商业模式有所介绍及关注。

动游戏等领域的巨大革新。从更宏观的角度看,围绕微信公众号、小程序等渠道开展营销、电商、运营等商业活动的第三方参与者越来越多,微信已进入既联结人与人又联结人与服务的生态系统建设的轨道。

微信公众号保持稳健增长,使用公众号已成为用户习惯

2012年7月,微信上线"公众号"功能,以订阅号、企业号、服务号的模式将用户与资讯、服务连接在一起。根据《2017年微信经济数据报告》和《2017微信用户研究和商机洞察》数据,截至2017年年底,微信公众号已超过1 000万个,其中,活跃账号350万,较2016年增长14%,月活跃粉丝数为7.97亿,同比增长19%。截至2018年6月底,微信公众号已超过2 000万个,月活跃用户规模9.3亿,其中,活跃账号350万,月活跃粉丝数为8亿。2019年首季,微信及WeChat的合并月活跃账户数达11.12亿,同比增长6.9%。公众号已成为用户在微信平台上使用的主要功能之一。微信公众号已形成成熟的流量变现模式。经过数年发展,庞大的创作群体加速了微信公众平台的快速发展,尤其是粉丝数量的激增促使公众号从单纯内容输出向商业化、专业化转变。企业通过企业号、服务号发布官方信息并直接与用户沟通,订阅号通过打赏、推广广告等方式进行流量变现。微信公众号已形成广告推广、电商、内容付费、付费打赏等清晰的商业模式,并围绕公众号产业链集聚了大量第三方运营企业。

鼓励高质量原创内容、与小程序相互引流,公众号将进入新一轮发展阶段。2017年微信团队加入公众号付费阅读功能,通过提高原创作者的广告分成并开通原创声明功能保护原创者版权,以提高公众号推文质量。小程序的上线使得公众号运营方通过增加小程序可关联促进两者相互引流、增强公众号变现渠道。同时,公众号迁移功能的开放,既解决实际运营者与账号所有者不一的问题,又为运营者开辟了新的涨粉通道,公众号正脱离独立运营模式,加强与小程序、微信支付的结合,融入微信生态圈中去。

小程序增速迅猛,成为重要的商业流量的入口

小程序凭借优势迅速受到微信用户的关注。自2017年年初正式发布以来,凭借无须安装、触手可及、用完即走的优点以及小程序自带的社群属性,小程序在微信生态内迅速成长。根据腾讯 2018 年一季报,截至 2018 年 3 月底,微信小程序月活跃用户已经超过 4 亿,上线小程序数量高达 58 万个,主要涉及零售、电商、生活服务、政务民生等 200 多个领域,小程序在微信中的渗透率已达 43.9%,显示出较强的成长性。

上游开发商快速涌入,中游运营商以高频消费类为主。由于国内 APP 市场竞争激烈,在超级 APP 占据大量流量的背景下,小程序市场对广大中小型 APP 而言则是一片蓝海,已促进众多开发商迅速涌入。《2017 年中国微信经济影响力报告》的数据显示,截至 2017 年 12 月底,微信小程序开发者超过 100 万,第三方开发平台超过 2 300 万个。同时,小程序广泛连接线上线下各场景,促进高频消费行业发展。2018 年 3 月用户访问量最多的小程序类型主要为游戏、电商、餐饮、出行、教育。

微信支付已深入渗透进生活,为生态圈提供最重要的支付工具

移动支付已被广泛接受,腾讯系移动支付居行业第二。随着消费者支付观念转变以及移动支付技术的不断成熟,据艾瑞咨询数据,2017 年中国移动支付用户规模已达 5.62 亿,较 2016 年增长 21.6%,移动支付已逐渐成为国内大部分城市居民的主要支付方式。微信支付凭借国民级社交工具入口的优势,与 QQ 钱包一道占据 2018 第一季度国内第三方移动交易规模市场 40.7% 的份额,仅次于支付宝。微信团队利用微信的社交属性,每年推出不同的红包玩法,"红包大战"的本质在于刺激用户在微信平台内绑定银行卡,将庞大的社交用户群体同金融和支付对接,为微信生态圈完成了可靠的支付环节建设。

微信支付持续下沉,不断衍生外延业务。一方面,微信支付不断延伸线下支付场景:除大众点评、饿了么等 O2O 商户以及线下商外,微信支付不断入驻出行工具、无人零售机器等新场景。《移动支付时代的无人零售报告》显示,2017 年在无人零售场景下使用微信支付购买的用户已超过 6 000 万,支付次数超 6 亿次。另一方面,微信支付向 B 端深耕。微信支付可以为商户提供消费数据,帮助商户识别行业趋势,解读消费习惯,提升行业效率,从而促进企业进行精准营销。

微信生态圈开启"质量变现"的后移动互联网时代

截至2017年年底,国内手机网民数量已达到7.53亿,同比增速仅为4%,移动网民整体渗透率达到97.5%,考虑到现有潜在新网民用户的开发难度较大,当前国内移动网民规模已接近天花板,移动互联网的人口红利时代已趋于结束。

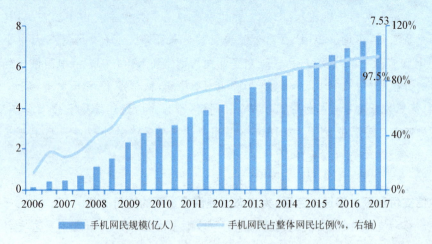

1. 小程序具有高度社交化属性,成为生态圈重要的独立应用平台和引流渠道

小程序以"线下扫码"、"转发至微信群"、"微信内下拉搜索"等形式作为进入方式,先天具备较强的社交特点,其使用过程中易产生流量转换、推广、消费。对于手握流量的第三方APP、平台、网站及公众号而言,小程序不仅增加了应用场景和新的变现渠道,而且在微信体系内社交化的传播反复增强了产品的曝光和消费机会。

2. 公众号为生态圈提供成熟、庞大的流量金库

对于公众号而言,2017年4月发布的新版本允许公众号和不同主体的小程序进行关联,大幅打通了公众号与小程序间的联系,使得进入成熟期但已积累海量流量的公众号端在传统如广告营销的变现路径之上,更加容易获得如电商、流量导流等新的盈利模式。对小程序来说,不同公众号多渠道的跳转又提高了用户的打开频次,一举两得。

3. 微信支付构成生态圈新商业模式落地的核心前提

微信支付通过不断简化支付过程,让商户与用户之间的互动更加有效便

捷,在微信生态圈中完成了最后一环。用户可以从朋友圈和公众号获取商品或服务的信息,小程序可以提供具体的功能和服务,最终通过微信支付帮助流量完成购买行为,将消费沉淀在生态圈中。

4. 微信生态圈商业模式各环节相辅相成、协同共赢的流量变现系统

由于微信、小程序、公众号、微信支付的流量既能相互流转又各具特色,因此,容纳各环节的微信生态圈将在展示广告、内容付费、打赏等传统业务基础上,衍生出社交电商、流量推广、小游戏、工具应用等多层次、生态化的新业务模式。这将是移动人口红利消失背景下对移动互联网流量更加深度的变现。

资料思考:微信在商务活动中有什么作用?

第三节　商务接待与拜访礼仪

一、商务接待礼仪

商务接待是企业对商务活动中的来访者所进行的迎接、接洽和招待活动,是双方商务人员相互交往的方式。商务接待是一项展示企业形象、水平、实力的工作。

(一)商务接待的原则

1. 身份对等的原则

接待方在接待客户、合作伙伴等客人时,要根据对方的身份、来访性质以及双方之间的关系,按照一定的商务接待标准,确定与来宾身份大体相当的人员出面迎送来宾,参与礼节性的会晤或正式谈判、宴请等活动。身份对等原则能使对方得到与其身份相称的礼遇,有利于促进双方关系的稳定发展。在一些特殊情况下,有可能接待方人员的身份要高一些,这要视具体情况而定。

2. 礼宾次序的原则

在商务接待过程中,介绍、握手、行走、乘车、会议座次的安排、拍照留念等要按照礼仪次序进行。

3. 热情周到的原则

商务接待中,不论来访者的身份、目的如何,都应该热情接待。这关系到企业

的形象问题，也影响着商务活动的顺利进行。

(二) 商务接待礼仪

1. 接待前的准备礼仪

(1) 了解来访者的基本情况

在接待来访者前，要全面了解来访企业概况、来访者姓名、职务、人数、民族、来访目的、抵达日期、抵达地点、参观地点、停留时间、交通工具等情况，以便安排接待。

(2) 确定合适的接待规格

接待规格是根据来访者的身份、地位等来确定接待时费用的支出、陪同领导的级别以及规模的大小等情况。接待规格有高规、对等、低规三种。高规接待是主要陪同人员比来宾的职位要高的接待，例如，上级领导派工作人员来了解情况、传达意见以及企业派人来商量要事等，就需高规接待；对等接待是最常用的接待规格，即主要陪同人员与客人的职位同等的接待；低规接待是主要陪同人员比客人的职位要低的接待。

案例

接待规格的理念[1]

上午10点多钟，某公司最大的客户来了。一行三人，由老总陪着在公司参观了一下，然后就驱车去了酒店。

11点多，税务局的两位专管员也到了公司。老总不在家，办公室主任出面接待。寒暄了几句，专管员们就提出因为刚分到这个片区，所以想见一下老总。办公室主任心里明白：这无非是想"意思意思"。于是，悄悄地打了个电话给老总，想问下红包要封多厚合适。老总一听，说："我马上回来。"办公室主任对专管员们说："老总正往公司赶，大家一起吃个午饭吧！"专管员们也没有推辞，于是大家有一句没一句地闲聊起来。

不一会，楼下又来了两辆车。办公室主任一看，是辖区派出所所长一行人。

---

[1] 参见刘浪：《接待规格》，《南方都市报》2006年7月21日。

所长向办公室主任介绍走在中间的那位:"这是区分局负责治安工作的贾副局长,下来搞治安调研,听说你们企业屡次被盗,所以来看一看。"一听是副局长,办公室主任不敢丝毫怠慢,赶紧将他们引到楼上小会议室,打开空调,又下来安排人员上茶。

不久,老总回来了。老总问办公室主任:"客人呢?"办公室主任说:"在小会议室。"老总径自上了楼。

公安局副局长此时大驾光临,一餐饭肯定也免不了。按级别,老总肯定要陪副局长吃饭。于是,办公室主任对正百无聊赖地翻着报纸的专管员们说:"公安局的一个副局长来了,老总要陪客人。这样吧,我陪你们去外面吃个饭。"专管员们站起来,说:"既然你们老总忙,那就算了,我们走了。"看得出,他们是嫌办公室主任陪客的级别不够。办公室主任竭力挽留,专管员们还是走了。

过了一会,看时间已经12点多了,办公室主任正准备打电话去酒店订餐,老总陪着公安局的客人下楼走了。办公室主任问老总怎么回事? 老总说:"局长下乡公干,有所长呢,哪轮到咱们? 对了,税务局的客人呢?"办公室主任说:"走了,没留住。"老总问:"怎么回事? 没看到我专程赶回来吗?"办公室主任将情况一说,老总气得脸色铁青:"有没有专管员们的电话?"办公室主任赶紧拿出专管员们的名片。老总抓起电话打了过去,先解释了一通,又非常客气地说了半天。

放下电话,老总说:"这次有惊无险,下次一定要注意,按规格接待不错,但要搞清楚利害关系。局长再大,和我们企业无关。专管员虽小,那可是税务局把关的,你没有见我连公司最大的客户都不陪了吗?"

案例思考:商务接待中应该注意哪些方面的接待规格礼仪?

(3) 布置好接待环境

良好的接待环境是对来访者的尊重和礼貌的体现。接待的会客室或会议室要布置得整洁、美观、便利,可以适当地布置一些花卉、盆景、字画等来衬托环境内涵。商务接待除了准备水果、茶点外,还要准备一些文具用品和相关的资料,以便使用和查询。

(4) 做好迎接安排工作

当来访者到企业拜访或会谈时,要事先准备好宣传手册、宣传片等相关资料。

如需派人员前往机场、码头、车站迎接,接待方应提前订好车辆和确定相关人员;如需鲜花、迎宾牌,也要提前做好准备;如果来访者的食宿是由接待方承担的,接待方应根据客人的民族习俗、身份及要求,提前预订好来访者下榻的酒店。

2. 接待中的礼仪

(1) 热情迎接问候

可以派专人提前在企业门口或者电梯进出口等适当的位置恭候如约而至的来访者。接待时要面带微笑,握手力度适中,并说"欢迎光临"、"欢迎,辛苦了!"等问候语。

(2) 奉茶之礼

来访者和接待方坐定,未谈正事前,接待方的服务人员就要为双方会谈者送上茶水或咖啡等饮料。上茶不能太迟,否则,会打断双方会谈者的谈话,也有可能为了放茶杯而移动桌上的文件,进而妨碍商谈的进行。

奉茶的顺序要从职位最高的来访者开始,给每位来访者上好茶后,再为本公司的人由尊而卑地顺序上茶。茶水的温度以 80 度为宜,水量最多为茶杯容量的七至八分满。

(3) 谈话礼仪

接待者与来访者交谈时要注意肢体语言,认真倾听。谈话中要避免被手机等通信设备的铃声打断。如果谈话或会议超过预定结束时间 30 分钟时,要准备饮料和茶点或者安排用餐等。

3. 送客的礼仪

接待方要"出迎三步,身送七步",有始有终才是真正的送客之道。送客时一定要注意身体语言,微笑与细致的关照都会在无形中增进对方的好感,为商务合作奠定基础。

(1) 真诚挽留

当商务会谈结束或来访者告辞时,接待人员不要马上就送客,应该真诚挽留,表达惜别之意。如来访者执意要走,接待者要主动为客人取下衣帽,握手道别,应由来访者先伸手,接待者随后伸手,说些"欢迎以后再来"等礼貌用语。

(2) 赠送礼品

在送客的适当时机,可以将精心准备的纪念品送给来访者,以表示接待方的热情。

(3) 送客有道

根据来访者的重要程度和本地、外地之分,送客可以采用不同的形式。本地来访者、一般来访者可以在办公室道别;与对方常有来往,接待者可以送到办公室门口或电梯门口;如果对方是初次来访或者是重要来访者,接待者应该至少送至办公区域之外。

如果是外地来访客户,接待方可以根据情况为其设宴饯别或安排人员专程用车送客。这种送客方式最能显示出接待方的热情与周到。

送行人员应该在来访者乘坐的交通工具离开自己的视线以后再转身回去。

二、商务拜访礼仪

商务拜访是指拜访者到与自己企业有业务关系的单位或个人处去拜见访问的行为。拜访有事务性拜访、礼节性拜访和私人拜访三种,事务性拜访又有商务洽谈性拜访和专题交涉性拜访之分。但不管是哪种拜访,都应遵循一定的礼仪规范。

(一) 商务拜访的原则

1. 预约的原则

事先约定是进行拜访活动的首要原则。未曾约定的拜会属失礼之举,是不受欢迎的。

2. 不失约的原则

准时赴约是商务交往的基本要求。宾主双方约定了会面的具体时间后,作为访问者应履约守时、如期而至。因故不能准时抵达时,应及时通知对方,郑重道歉。必要的话,还可将拜访改期。在对外商务交往中,更应严格遵守时间,例如,德国、日本等国安排拜访时间常以分为计算单位。

3. 适可而止的原则

拜访对方时,一定要注意在接待方的办公室停留的时间长短。不要因为自己停留的时间过长,打乱对方既定的其他日程安排。礼节性的拜访,尤其是初次登门拜访,应控制在一刻钟至半小时之内。重要的拜访,往往需由宾主双方提前议定拜访的时间和长度。

拜访者要主动提出告辞,虽对方表示挽留,仍须执意离去,但要向对方道谢,并请对方留步。有意邀请对方回访时,可在同对方握别时提出。回程中,切勿在接待方电梯及走廊中窃窃私语,以免被接待方误解。

(二) 商务拜访礼仪

1. 拜访前的准备礼仪

(1) 预约拜访时间

没有与对方约好就登门拜访是失礼的,这种做法易使接待方对拜访者产生不信任感,从而丧失合作的机会或导致商业合作的中断。

上午9点到9点半和下午2点到3点之间是拜访的最佳时间段。此时,双方的精力都很充沛,有充足的时间来进行深入的沟通和交流。其他时间段拜访他人,需看拜访对象是谁以及预计拜访时间有多长。不要在上午或下午刚上班或下班前半小时去拜访,这些时段往往是对方处理杂事、安排工作或准备下班的时间。

(2) 全面了解相关的信息

拜访者应提前了解接待者的姓名、性别、职位、年龄、话语权、专业知识熟练程度、地址、电话、兴趣爱好等相关信息。如果前期沟通到位,拜访者还可以获悉对方的民族、籍贯、学历、经历等若干信息。这些信息有助于拜访者在正式拜访时恰到好处地与对方进行沟通、交流,从而促成商业合作的达成。

(3) 认真准备拜访资料

拜访者应提前准备好相关的拜访资料,包括宣传资料、个人名片、笔记本电脑、记录本等。如有必要,还需带上公司的合同文本、产品报价单等。拜访者还可以携带小礼物赠送给对方,礼物价值不能太高,否则,会被对方误以为行贿而不敢收取。

2. 拜访中的礼仪

(1) 穿着得体,仪容端庄,提前到达拜访地点

作为客人去对方企业等处拜访时,应该穿着得体,仪容端庄。如果是跟随上司前去拜访,穿着不能比上司好。拜访者应该提前10—15分钟抵达拜访地点;如果拜访者到达拜访地点的时间过早(最好避免这种情况),可以先熟悉周围环境,缓解一下情绪;当拜访者准时到达时,可以递上自己的名片以便助理能通知对方。

(2) 友好交流,言谈诚恳,注重礼仪细节

拜访开始,应先通过简单的介绍和沟通来"预热",围绕对方感兴趣的话题展开,与之建立良好的沟通氛围,然后再言谈诚恳地切入主题。但交谈时的前奏不宜

过长,通常要把握在 10 分钟之内。

3. 拜访辞别的礼仪

(1) 适时辞别

初次拜访很难实现双方之间的合作,需要在辞别时与对方约好下一次拜访的时间。如对方时间难以确定,一定要暗示下次再来拜访,可以说"下次再来拜访您,商讨细节";同时,也可以邀请对方回访自己的企业,表达自信和诚意。

(2) 礼貌辞别

即便拜访不太成功,也要真诚地说声"谢谢"。对方如要相送,应礼貌地请对方留步。辞别后,不要在对方的办公区域停留,以免对方误解。

资料:

拜访礼仪的错误细节[1]

当您和一位客户会面时,以下的 20 个拜访礼仪错误是你绝对必须要避免的:

错误 1:没有为登门拜访做计划。

修正:拜访前做好充分准备。

错误 2:对前台无礼。

修正:彬彬有礼,友好而恭谦。

错误 3:对行政人员粗鲁无礼。

修正:无论是对工作人员还是其他人,请友好并尊重他们。

错误 4:和一群人一起出现。

修正:当你需要让其他人也参与进来时,请使用网络会议。

错误 5:没有人注意你的穿着打扮。

修正:拜访客户要注意仪容和着装。

错误 6:假装顺道来拜访。

修正:预约会面时间,专程而来。

错误 7:迟到。

---

[1] 刘凤云:《现代社交礼仪》,南京大学出版社 2012 年版,第 81—82 页。

修正：总是提前15分钟到达。

错误8：一开始过于商业化。

修正：微笑而友好，但不要太容易动感情。

错误9：一开始不太友好。

修正：怀着对每位潜在客户时间的尊重和恰当的礼貌接近他们。

错误10：说得比听得多。

修正：对客户表示好奇并提问。

错误11：与对方争辩。

修正：询问对方为什么这么想，然后倾听。

错误12：讨论政治或宗教。

修正：将讨论限制在业务或中性的领域。

错误13：对你的产品高谈阔论。

修正：在推销之前，了解对方的需求。

错误14：显得轻率或讽刺。

修正：在任何时候都要注意你的言行举止。

错误15：缺乏必要的产品知识。

修正：确保你在登门拜访之前，对目前的产品有充分的了解。

错误16：忘了对方的名字。

修正：做张图表，写下每个人的姓名。

错误17：打听私人问题。

修正：将谈话的重点放在业务问题上，特别是放在客户的需求上。

错误18：接听你的手机。

修正：把手机关机或调成振动，放在公文包里。

错误19：逗留的时间太长。

修正：限定拜访时间。

错误20：谈话偏离了主题。

修正：为此次谈话列个简短的提纲。

资料思考：你认为在拜访客户时要注意哪些礼仪细节？

第四节　商务谈判礼仪

商务谈判是指不同的经济实体为了自身的经济利益和满足对方的需要，通过沟通、协商、妥协、合作、策略等各种方式，把可能的商机确定下来的活动过程。

商务谈判能帮助企业增加利润。美国通用汽车是世界上最大的汽车公司之一。通用汽车早期曾经启用了一个叫罗培兹的采购部经理，他上任半年里只做一件事，那就是经过有效的谈判，为通用省下 20 亿美元。

一、商务谈判礼仪的原则

（一）知己知彼、礼敬对方的原则

"知己"就是清楚地知道自己的 SWOT 分析及谈判目标，准备多套方案，以期达到满意的结果；"知彼"就是要通过各种途径了解谈判对手的礼仪习惯、谈判风格和谈判经历。如果是涉外商务谈判，还要了解由于特定的历史发展和地域差异所形成的不同区域和国家独特的文化传统和文化模式。在谈判中，应尊重谈判对手的传统习惯、价值观念、宗教信仰、思维方式等，礼敬对方。

（二）平等协商、互惠互利的原则

商务谈判是智慧的较量，谈判桌上要以礼对人、以理服人、平等协商。商务谈判的根本目的是通过协商达成彼此的商业合作，互惠互利是商务谈判的基础，因此，商务人士在商务谈判中要尊重对方，在不损害自身利益的前提下，尽可能地为谈判对手着想，主动为对方保留一定的利益。

（三）人与事分、求同存异的原则

在谈判桌上，谈判者在处理自己与对手之间的相互关系时，要做到人与事分，即朋友归朋友、谈判归谈判。商务谈判要使谈判各方都有收获，就必须坚持求大同存小异的原则，注意在各种礼仪细节问题上彼此包涵。即使发生了不愉快的事情，也应以宽容之心待之。

二、商务谈判礼仪

（一）商务谈判前的礼仪

1. 谈判人员要做好个人礼仪的准备

商务谈判是很正式的商务事宜，所选谈判代表要具备良好的综合素质。谈判穿着应正式庄重，仪容应进行适当的修饰。男士西装革履，整洁大方，面部清爽，提前一周修剪头发；女士穿正式套裙、肉色丝袜、黑色高跟鞋，梳理端正干练的发型，化职业淡妆。谈判前，忌用有特殊气味的餐饮等。

2. 谈判会场环境布置安排适宜

环境会影响人的感知。因此，主方谈判会场布置的环境要有利于双方谈判的顺利进行。谈判场所要显得洁净、典雅、庄重；谈判场所不应临街或在施工场地附近，门窗隔音效果要好，周围没有电话铃声、脚步声、人声等噪声干扰；室内使用空调和加湿器，温度控制在20℃，相对湿度控制在40%—60%，要保证空气的清新和流通。

会场宜采用长方形或椭圆形的谈判桌，门右手的座位或门对面的座位为尊，应礼让给谈判客方，以营造尊重对方的谈判氛围。

（二）商务谈判中的礼仪

1. 把握好谈判开场的礼仪

谈判双方接触的第一印象十分重要，言谈举止要创造出友好、轻松的良好谈判气氛。名片要双手接递，按顺序做成员介绍，被介绍到的人应起立并微笑示意。介绍完毕，稍做寒暄，以沟通感情，创造温和气氛。

2. 谈判人员言行举止规范

商务人士的言行举止对把握谈判气氛起着重要作用。谈判中，谈判者的目光要关注对方，手势不宜过多，以免造成轻浮之感；不要双臂在胸前交叉而显得十分傲慢无礼等。

谈判中要认真倾听对方，观察对方的举止表情，并适当给予回应，这样既可以表现出尊重与礼貌，又可以了解对方的意图，甚至发现对方的破绽。

谈判是一种很敏感的交流，因此，谈判中要避免出现说错话。谈判时，交流的语言要简练和有针对性。如果表达的内容有很多信息，如合同书、计划书等，应该在讲述或诵读时语气抑扬顿挫，重要地方需提高音量、放慢速度，以引起对方的关注、思考。谈判中,伶牙俐齿、咄咄逼人的气势会引起对方的反感和抵触情绪。

3. 注意处理谈判冷场的礼仪

商务谈判的实质性阶段主要是报价、查询、磋商、解决矛盾、处理冷场。

报价要明确无误,恪守信用,不欺蒙对方,报价不得变换不定,对方一旦接受价格,即不再更改。查询要选择气氛和谐时提出,切忌气氛比较冷淡或紧张时查询,言辞不可过激或追问不休,对方回答查问时不宜随意打断,答复完时要向解答者表示谢意。磋商双方利益时,要保持风度,心平气和,求大同存小异,发言措辞应文明礼貌。解决矛盾要就事论事,保持耐心和冷静,避免怒气甚至人身攻击或侮辱对方的行为。处理谈判中的冷场要灵活,主方要主动提出话题,不要让冷场持续过长,也可以暂时转移话题,稍做松弛,如果确实无话可说,则应当机立断,暂时中止谈判,稍做休息后再重新进行。

(三)谈判后的礼仪

谈判后的签约仪式上,双方参加谈判的全体人员都要出席,共同进入会场,相互致意握手,一起入座。双方都应设有助签人员,分立在各自一方代表签约人外侧,其余人则排列站立在各自一方代表身后或依礼面向签字席就座。

助签人员要协助签字人员打开文本,用手指明签字位置。双方代表各在己方的文本上签字,然后由助签人员互相交换,代表再在对方文本上签字。签字完毕后,双方应同时起立,交换文本,并相互握手,祝贺合作成功。其他随行人员则应该以热烈的掌声表示喜悦和祝贺。

谈判签约结束后,进入履行合同和客户服务阶段,要维护与客户的良好关系,就要与客户保持畅通的联系,做好签约后的接待、回访等方面的事宜。

资料:

谈判中的倾听与提问[①]

美国谈判学家卡洛斯说:"如果你想给对方一个你丝毫无损的让步,这很容易做到,你只要注意倾听他说话就成了,倾听是你能做的一个最省钱的让步。"

[①] 参见《谈判中的商务礼仪》,http://www.welcome.org.cn/tanpanliyi/2008-5-20/TanPanZhongDeShangTanLiYi.html,2008年5月20日。内容有改动。

商务礼仪

恰当的提问,则有助于倾听。

在人际交往中,善于倾听的人往往给人留下有礼貌、尊重人、关心人、容易相处和理解人的良好印象。有经验的谈判者往往利用认真倾听来获得对方的信任与尊重,这为谈判成功奠定了良好的基础。

倾听的礼仪

倾听是指听话者以积极的态度,认真专注地悉心听取讲话者的陈述,观察讲话者的表达方式及行为举止,及时而恰当地进行信息反馈,对讲话者做出反应,以促使讲话者全面、清晰、准确地阐述,并从中获得有益信息的一种行为过程。

1. 专注

谈判者在会谈中,内心必须时刻保持清醒和精神集中,一般人听话与思索的速度大约比讲话快4倍,所以,听别人讲话思想非常容易开小差;同时,根据有关研究资料,正常的人最多只能记住他当场听到的60%—70%的内容,倘若不专心,记住的就更少。因此,倾听别人讲话一定要全神贯注,努力排除环境及自身因素的干扰。

2. 注意对方说话方式

对方的措辞、表达方式、语气、语调都传递了某种信息,认真予以注意,可以发现对方一言一语后面隐喻的需要,真正理解对方传递的全部信息。

3. 观察对方表情

察言观色是判断说话者态度及意图的辅助方法。谈判场合的倾听,是"耳到、眼到、心到、脑到"四种综合效应。"听"不仅运用耳朵去听,而且运用眼睛观察,运用自己的心去为对方的话语作设身处地的构想,并用自己的脑子去研究判断对方话语背后的动机。

标准的倾听,是不允许一边听一边在脑子里构想轮到自己讲话时该说些什么,思考着说话者应该如何解决自己的问题或筹划着自己将要提出的忠告,思考着由听到的内容而联想起的自己某些相似经历并筹划着如何或是否要告诉说话者自己的经历等。一定要集中注意力,聚精会神地去获得说话者的信息,这样发散的思维就会消失。

4. 使用恰当的方式

例如目光的注视、关切同情的面部表情、点头称许、前倾的身姿及发出一些表示注意的声音,促使讲话者继续讲下去。

5. 学会忍耐

对于难以理解的话,不能避而不听,尤其是当对方说出不愿意听,甚至触怒自己的话时,只要对方未表示说完,都应倾听下去,不可打断其讲话,甚至离席或反击,以免上"钩"、失礼。对于不能马上回答的问题,应努力弄清其意图,不要匆忙表达,应寻求其他办法解决。

提问的礼仪

提问对于了解对方、获取信息、促进交流都有很重要的作用。一个掌握了提问的礼仪要求、善于提问的人,不但能掌握交谈的进程,控制谈判的方向,而且能开启对方的心扉,拨动对方的心弦。

1. 把握提问的时机

提问的时机包括以下几方面的要求。

当对方正在阐述问题时不要提问,"打岔"是不尊重对方的表现。

在非辩论性场合应以客观的、不带偏见的、不具任何限制的、不加暗示、不表明任何立场的陈述性语言提问。例如,有些领导在开会一开始就讲:"关于这个问题,我们的立场是……请问大家有什么意见?""这项计划基本上不再做什么更改了,诸位还有什么建议?"这种过早带有限制的提问,往往给人以虚假的感觉,人们会认为既然领导已经决定,自己表态就没有什么意义。

在辩论性场合要先用试探性的提问证实对方的意图,然后再采用直接性提问方式,否则,提问很可能是不合时宜的或招致对方拒绝。例如,谈判者可以说:"我不知自己是否完全理解了您的意思。我听您说……您是这个意思吗?"如果对方肯定或否定,谈判者才可以说:"如果是这样,您为什么不同意这个条件呢?"

有关重要问题要事先准备好(包括由谁提问、提问的措辞等),并设想对方的几种答案,针对这些答案设计好己方的对策。

对新话题的提问不应在对方对某一个问题谈兴正浓时提出,应诱导其逐渐转向。

2. 要因人设问

提问应与对方的年龄、职业、社会角色、性格、气质、受教育程度、专业知识深度、知识广度、生活经历相适应,对方的特点决定了提问是否应当率直、简洁、含蓄、委婉、认真、诙谐、幽默、周密、随意等。

3. 分清提问的场合

是公开谈判还是秘密谈判,是个人间谈判还是组织间谈判,是"场内"桌面上谈判还是"场外"私下谈判,是质询还是演讲等,都要求提问者注意环境场合的影响。

4. 讲究提问的技巧

(1) 审慎组织语句

在谈判活动中,谈判者为了获得有利的谈判地位或显得尊敬有礼,会对谈判语言进行语序及结构的变换,使听话者产生语意判断上的错觉,并对之进行积极呼应。例如,不少国外谈判理论著述中都举过一个典型例子。一名教士问主教:"我在祈祷的时候可以抽烟吗?"主教感到这位教士对上帝极大的不尊,断然拒绝了他的请求。而另一名教士也去问这位主教:"我在抽烟的时候可以祈祷吗?"主教感到他念念不忘上帝,连抽烟时都想着祈祷,可见其心之诚,便欣然同意了。后一名教士的请求之所以获准,正是由于他审慎组织语句的结果。

心理学的研究表明,人们难以接受那些对自身带有攻击性的、违背社会规则的、违反伦理道德的行为或事物。如果人们感觉到别人对其说话的方式和意图是善意的、和缓的、尊重的,就愿意接受。后一名教士利用语序变化在自己真实目的不变的情况下改变语意,使听话者产生错觉,在态度上形成积极的呼应,减少对抗、戒备、敌视等不良反应。这种技巧不仅可用在提问时,也可运用在陈述、演讲、说服等语境中。

(2) 简明扼要地提问

提问太长、太多有碍于对方的信息接收和思考,当问题较多时,每次问一个问题,待搞清楚或对方表示回答完后,再接着往下问,这样的节奏显得有礼。

(3) 对敏感问题提问要委婉

由于谈判的需要,有时需要问一些对方敏感的、在公共场合下通常忌讳的问题,最好是在提问之前略加说明理由,这是人们避免引起尴尬的技巧。例如,有的女士对年龄很敏感,则可以说:"为了填写这份表格,可以问问您的年龄吗?"提问后允许对方有思考后作答的时间,不要随意搅扰对方的思路。

资料思考:商务谈判中有哪些交谈的礼仪和技巧?

第五节 商务馈赠礼仪

商务馈赠是企业在商务活动中或会议、节日等时机和场合,为了加强与其他企业、政府部门等组织间的感情及商务交流而赠送给对方纪念性的礼品。调查显示,47%的人认为商务礼品在答谢客户、发展业务方面非常有效,给企业带来了商机,使已有的关系得到进一步的加强;39%的人认为多少有点效;仅有2%的人认为是无效的[1]。在国外,61%的企业通过商务送礼表示对他人的赞赏和慰问,54%的企业借商务送礼促进业务关系发展。美国的企业每年花在商务往来送礼的费用高达40亿美元。来自中国商业部门的统计显示,我国礼品市场正以每年接近20%的速度增长,总规模已超过600亿元,其中,商务礼品增长量处于世界领先地位[2]。

一、商务馈赠六要素

得体的商务馈赠要考虑六要素(5W+1H),即馈赠对象(Who)、馈赠目的(Why)、馈赠内容(What)、馈赠时机(When)、馈赠场合(Where)和馈赠方式(How)。

(一)馈赠对象

馈赠对象是馈赠礼品的接受者。商务往来的工作关系中,可以是下属送给上级礼物和同事间礼尚往来地送礼,也可以是上级送给下属礼物和企业送给商业客户礼物。不管礼物的接受者属于哪一类,馈赠时都要考虑到馈赠对象的性别、年龄、职位、身份、性格、喜好、数量等因素。

不同对象的需要和喜好不同,例如,外宾喜欢代表民族特色的礼物,书法爱好者喜欢字画,邮票收藏者喜欢珍藏邮票。馈赠礼品时,还要根据馈赠对象的具体情

---

[1] 参见百度百科"商务礼品"。
[2] 参见《送对商务礼品 打开财富之门》,http://www.qiaoya.net,2007年9月15日。

况注意民族、职业、个人等方面的禁忌。

(二) 馈赠目的

馈赠目的就是馈赠动机。任何馈赠都是有目的的,其目的大体可以分为以下几种。

1. 以交际为目的的商务馈赠

这是一种为达到交际目的而进行的商务馈赠,这类礼品要与送礼者的形象一致。

2. 以巩固和维系人际关系为目的的馈赠

这类馈赠就是人们常说的"人情礼"。其商务礼品的种类、价值的轻重、档次的高低、包装的精美、蕴含的情义等方面都呈现多样性和复杂性。

3. 以酬谢为目的的馈赠

这类馈赠是为答谢他人的帮助而进行的。礼品的选择上十分强调物质价值。礼品的贵贱厚薄取决于他人帮助的性质、目的。

4. 以公关为目的的馈赠

多发生在对经济、政治利益的追求和其他利益的追逐活动中。

(三) 馈赠内容

馈赠内容就是馈赠物,是情感的象征或媒介,包括赠言和赠物两类。赠言的形式多样,如书面留言、口头赠言、临别赠言、毕业留言等;赠物可以是一束鲜花、一张卡片或一件纪念品。选择礼品以突出礼品的纪念性、独特性为佳。

1. 商务馈赠礼品的选择

(1) 礼品的选择要投其所好

每个人都有自己的兴趣爱好,选择礼品时,馈赠者可通过仔细观察或打听了解收礼者的爱好,有针对性地选择合适的礼品。

(2) 礼品的选择应避开收礼者的忌讳

礼物品种、色彩、图案、数目和包装等的选择,要考虑到风俗禁忌以及物品的谐音和隐喻,避免产生歧义和触犯收礼者的忌讳。例如,商务场合忌讳给别人送书(谐音"输")、送伞(暗示关系会"散")、送鞋(暗示关系会"走远")、送钟表(送"终")、送绿色的帽子("戴绿帽")、白色的花(除非用于葬礼)等。此外,商务礼品如果是花卉,一定要了解每种花卉的花语,以免引起接收礼物者的反感。

(3) 礼品的选择不要涉及国家机密和违反国家法律、法规

商务礼品的选择要遵守国家的有关规定,不能选违法、违规的物品作礼品。例如,不能将涉黄涉毒的物品作礼品送人;忌送现金、信用卡和有价证券;忌送价格过

高的奢侈品。许多国家对公司商务人员及公务员接受礼品有明确的规定,送礼价值过重不仅有行贿之嫌,还会置接收礼品一方于受贿之地。

(4) 不要以私人用品作为商务礼品

忌送易使异性产生误解之物,如香水、内衣、玫瑰花等。

(5) 不宜使用广告物品作为商务礼品

不要将带有广告标志或广告语的东西作为商务礼品,以免让人产生替你免费宣传的嫌疑。

资料:

花　语

花语是在一定的历史条件下逐渐形成的。花语是人们用花表达人的某种感情与愿望的一种"语言"。花语最早起源于古希腊,那个时候不只是花,就连叶子、果树都有一定的含义。在希腊神话里记载过爱神出生时创造了玫瑰的故事,玫瑰从此就成了爱情的代名词。花语盛行于19世纪的法国,花语信息在宫廷园林及建筑中得到了完美的体现。随着时代的发展,花卉成了社交的一种馈赠礼品,花语代表了赠送者的意图。常见的花语有:

瓜叶菊:快乐,喜悦快活

波斯菊:纯真并永远快乐着

雏菊(延命菊):愉快、幸福、纯洁、天真、和平

紫罗兰:请相信我、永恒的美、无尽的爱

吊兰:朴实、天真、淡雅、纯洁、希望、宁静

龙舌兰:为爱付出一切

蝴蝶兰:高雅、博学

剑兰:幽会、用心、坚固

石斛兰:父亲之花

君子兰:高贵、宝贵、丰盛、有君子之风

樱花:生命、幸福、一生一世永不放弃

天竺葵:偶然的相遇

向日葵:爱慕、光辉、忠诚、无望的爱

鸢尾(爱丽斯)：想念你、信仰者的幸福
梅花：坚强、傲骨、高雅
杜鹃：爱的喜悦
荷花：坚贞、纯洁、孤傲、冰清玉洁、自由脱俗
雪莲：清韵出尘
睡莲：依赖、纯洁、甜美
茶梅：清雅、谦让、理想的爱
三色堇：思念、思虑、沉思
百合：顺利、心想事成、祝福、高贵、百年好合
风信子：重生的爱、忘记过去的悲伤、开始崭新的爱
郁金香：走出孤独、邂逅永恒的爱情
康乃馨：女性之花、美好典雅的典范
蔷薇：坚强
水仙花：多情、想你
牵牛花：爱情、冷静、虚幻
矮牵牛：安全感、与你同心
虞美人：安慰、遗忘、休息
桔梗花：永恒的爱、无望的爱、真诚不变的爱
彼岸花：分离、伤心、不吉祥、死亡之美
丁香花：光辉
山茶花：质朴、希望
牡丹：圆满、浓情、富贵、雍容华贵
文竹：永恒
蒲公英：停不了的爱、永不止息的爱
金盏花：悲哀
金橘：招财进宝
金银花：献爱、诚爱
木棉花：英雄之花、珍惜眼前的幸福
红豆：相思

红掌：大展宏图

薄荷：愿再次与你相遇、永不消失的爱

大丽花：大吉大利、华丽

满天星：关心、纯洁、喜悦

勿忘我：永不变心

石楠花：庄重

橙花：贞洁

杏花：疑惑

风铃草：温柔的爱

鸡冠花：多色的爱

凤仙花：惹人爱

圣诞红：祝福

薰衣草：等待爱情

含羞草：知廉耻、敏感、礼貌

狗尾巴草：暗恋

扶桑：相信你、永远新鲜的爱

腊梅：坚贞不屈、慈爱心

迷迭香：留住回忆

铃兰：纯洁、幸福的到来、幸福降临、吉祥和好运

仙人掌：坚强

海棠花：温和、美丽

天堂鸟：永远不要忘记你爱的人在等你

栀子花：原地守候你的爱

含笑花：美丽、庄重、含蓄、矜持、纯贞、高洁

花石榴：成熟的美丽

桃花：爱情俘虏

凤梨花：完美无缺

荼蘼：末路之美

洛丽玛丝玫瑰：死的怀念

蓝色妖姬：相守是一种承诺

双枝蓝色妖姬：心灵的交汇让我们有诉不尽的浪漫情怀

三枝蓝色妖姬：你是我最深的爱恋

玫瑰（红）：热情、热爱着您、热恋

玫瑰（粉红）：感动、爱的宣言、铭记于心、初恋

玫瑰（黄）：珍重祝福、嫉妒、失恋、分手、褪色的爱、想分手

玫瑰（绿）：纯真简朴、青春长驻

1朵玫瑰代表——我的心中只有你

2朵玫瑰代表——这世界只有我俩

3朵玫瑰代表——我爱你

4朵玫瑰代表——至死不渝

5朵玫瑰代表——由衷欣赏

6朵玫瑰代表——互敬、互爱、互谅

7朵玫瑰代表——初恋

8朵玫瑰代表——感谢你的关怀、扶持及鼓励

9朵玫瑰代表——想和你一辈子

10朵玫瑰代表——十全十美、无懈可击

11朵玫瑰代表——一生一世只爱你一个

12朵玫瑰代表——对你的爱与日俱增

13朵玫瑰代表——你是我暗恋的人

14朵玫瑰代表——骄傲

15朵玫瑰代表——月圆之夜

16朵玫瑰代表——拜倒在你的石榴裙下

17朵玫瑰代表——你是我的妻子

18朵玫瑰代表——祝你永远青春美丽

19朵玫瑰代表——忍耐与期待

20朵玫瑰代表——我仅有一颗赤诚的心

21朵玫瑰代表——真诚的爱

22朵玫瑰代表——祝你好运

25 朵玫瑰代表——请你也爱我

27 朵玫瑰代表——老婆,我爱你

30 朵玫瑰代表——爱上你是我最大的光荣

37 朵玫瑰代表——我在心里说我爱你

40 朵玫瑰代表——誓死不渝的爱情

47 朵玫瑰代表——你是我的唯一

50 朵玫瑰代表——邂逅不期而遇

99 朵玫瑰代表——天长地久

100 朵玫瑰代表——百分百的爱

101 朵玫瑰代表——最爱

108 朵玫瑰代表——求婚

144 朵玫瑰代表——爱你生生世世

365 朵玫瑰代表——天天想你

999 朵玫瑰代表——天长地久

1001 朵玫瑰代表——直到永远

1314 朵玫瑰代表——爱你一生一世

资料思考：什么情况下,花卉可以作为商务馈赠礼品?

2. 商务馈赠礼品的种类

商务馈赠礼品的种类很多,选用不同类型的礼品效果不同。普通商务礼品可以让客户记住你,趣味新奇类的礼品能让客户对你印象深刻,与公司品牌、产品紧密相关的礼品能传递公司形象与品牌实力等信息。

• 办公礼品。商务办公名笔、保温功能水杯、台头办公摆件、办公套装礼品、奖杯奖牌礼品、名片盒、名片座等。

• 箱包礼品。皮具套装礼品、手提电脑包、公文布包、钱包、钥匙包等。

• 休闲礼品。健身套装礼品、户外休闲礼品、野餐套装礼品、运动水壶礼品、渔具礼品、星巴克礼品卡、SPA 水疗消费券等。

• 电子礼品。礼品 U 盘套装、数码相框、移动电源、电子万年历、计时器笔筒、加湿器、电热水壶等。

- 布艺礼品。真丝领带、商务丝巾等。
- 家居礼品。韩式餐具、床上用品、咖啡茶具、园艺工具套装等。
- 工艺礼品。脱蜡琉璃工艺礼品、景泰蓝保健球工艺礼品、紫砂茶具礼品等。
- 纪念礼品。纪念邮票邮册、定制纪念邮票、个性邮票定制、纪念币收藏册等。
- 文化艺术礼品。芭蕾舞演出门票、戏剧门票、电影门票等。

(四)馈赠时机

馈赠时机即馈赠的具体时间,主要根据馈赠主客体的关系和馈赠形式来把握。赠送时机一般应选择在以下时机为宜。

- 传统的节日。春节、元旦、中秋、圣诞节等传统节日。
- 重要纪念日或喜庆日。新公司成立日或开业庆典、公司成立纪念日、公司乔迁、大客户的生日等。
- 惜别送行。退休、商务接待、拜访离别时等。
- 酬谢他人。感谢商务伙伴、上司、下属、同事等在合作上给予的帮助等。

(五)馈赠场合

馈赠场合就是馈赠的具体地点和环境。商务馈赠场合分公开场合与私人场合两种。馈赠时,应根据礼品用途和馈赠目的选择不同的赠送场合。供家庭使用的礼品最好直接送到馈赠对象的家中,而不是办公室;有象征意义的商务礼品,要在公开场合赠送。

(六)馈赠方式

馈赠方式主要有面交、寄交、转交。礼品要进行包装,这样可以让对方感受到赠送方的重视。最好是当面交给对方,如果是寄交或转交,则要附上一张祝福话语之类的卡片。

与工作有关的特殊礼品的赠送方式可以隆重一些。例如,职员的退休,礼品一般以集体的方式赠送;下属得奖或签订了一个大单子,上司请下属们吃大餐,以奖励职员给公司带来的利益。

二、商务馈赠礼仪的原则

(一)礼品轻重得当的原则

礼品太轻,意义不大,很容易让对方误解为轻视自己;礼品太贵重,又会使接受礼品的人有受贿之嫌,特别是对上级和客户而言。因此,以对方能够愉快地接受为尺度,选择轻重适当的礼品。

(二)送礼间隔适宜的原则

商务馈赠礼品的时间间隔是有讲究的,频繁地送礼容易让人觉得送礼者目的性太强。本着礼尚往来的原则,对方也厌烦频繁回礼之举。一般来说,以选择重要节日、喜庆、寿诞送礼为宜,送礼者既不显得突兀虚套,收礼者也能心安理得地接受。

(三)了解风俗禁忌的原则

送礼前应了解收礼人的身份、爱好、民族习惯,以免适得其反。例如,不要给生病的上海人送"苹果",因为上海话"苹果"的发音与"病故"相同;不要给伊斯兰教徒送有以猪形象作装饰图案的礼品等。

(四)礼品有意义的原则

礼品是感情的载体,选择礼品时要考虑它的思想性、艺术性、趣味性、纪念性等多方面的因素。

任何礼品都表示送礼人的特有心意,或酬谢,或求人,或联络感情等。因此,选择的礼品必须与送礼人的心意相符,并使收礼者觉得你的礼品非同寻常,倍感珍贵。最好的礼品应该是根据对方兴趣和爱好选择的富有意义、耐人寻味、品质不凡却不显山露水的礼品。

(五)遵循礼尚往来的原则

不论是国内还是国际商务场合,"来而不往,非礼也"。接受商务馈赠时不能即刻回礼(特殊情况除外),否则就有等价交换和划清界限之嫌。但受他人的馈赠,一定是要回礼的,回礼可以选择在对方的节日庆典或者重大活动时,登门拜访对方时送上与对方相赠之物同类、价格大体相同的礼物;或者在对方有困难时提供帮助。选择恰当的时间,以适当的方式回赠对方,既合乎礼仪,又能进一步加强彼此间的个人及商务联系。

(六)适当包装的原则

馈赠礼品是一门学问,礼品的包装是一门艺术。在馈赠的过程中,人们不仅以礼品本身的物质功能来传达自己的心意,更借助礼品的包装来强化自己的用心。馈赠礼品包装的颜色、主题和形状要精心选择,尤其是在正式场合赠送的礼品,都要认真地适当包装一下,给人以赏心悦目的感觉。但是,过度包装的礼品容易给人留下虚伪、不实的印象。

商务礼仪

案例

美国公司怎么送礼[1]

在美国第一次见面就送人礼物是很少见的。用加州圣地亚哥州立大学商学院教授 Lois Olson 的话说,中国人送礼表达的意思更多的是"欢迎"和"很高兴认识你",而美国人送礼表达的意思更多的是"谢谢你"。

在商务交往中,很多美国公司对接受礼品的价值有具体规定,送不好容易导致误解或造成尴尬场面。除了促销用的圆珠笔等小礼品外,美国公司很少正式送礼。即便送,也常常是认识以后,在过圣诞、新年时寄张贺卡,或事情办完后寄一张感谢卡,非常特殊的情况下送一瓶酒、一束花或一个果篮。

很多公司规定,员工可以接受的礼品价值上限是 20—25 美元。少数公司规定极其严格,例如,沃尔玛雇员连客户的一杯咖啡都不能喝。因为怕麻烦,一些商务人员索性对外说礼品都不能收。有时候,商务人员收到其他公司寄来看起来比较贵的礼物,还要花钱、花时间寄回去。不宜邮寄的礼物还得送到慈善组织捐掉。

一些公司对员工送出礼品的价值也有严格规定,以免招惹不必要的麻烦。美国金融业自律组织全国券商协会在一份四页纸的文件里规定,券商送客户的礼品价值不能超过 100 美元。一位做公关的朋友在一位客户生病住院期间送了一个 75 美元的果篮,结果还被自己公司的财务部门追问了一番。

这并不是说美国就不存在用美酒佳肴和豪华旅游来拉关系的现象。只要涉及钱和权的地方就有发生这种事情的可能。每周四晚上,曼哈顿高级餐馆里总是坐满了用公司信用卡消费的证券业人士和律师。很多公司都会买热门体育比赛的包厢邀请客户参加,也有的在很好的旅游点举办客户会议或陪重要客户到有名的高尔夫球场打球。但这些活动里哪些算"过分"、哪些算"适度",全国券商协会没有像对礼品一样有具体规定,只是说此类活动只要不是太经常或太铺张就属正常商务活动。

案例思考:如何给美国商务合作伙伴馈赠礼品?

---

[1] 参见《美国人怎样送礼》,http://www.xmnn.cn/jr/jrsl/200910/t20091014_1196336.htm,2009 年 10 月 14 日。

三、接受商务馈赠礼品的礼仪

(一) 尊重习俗,礼貌受礼

在商务场合接受礼品时,没必要再三推辞,否则会让馈赠方不知所措。得体的做法是落落大方地面含微笑,目视对方,双手捧接,并郑重地向对方道谢。日本、韩国、新加坡、印度尼西亚和中国等东方人,收礼人一般不当面打开礼品,只表示感谢,以显示他们重视的是送礼这一行为,非礼品本身;西方人为了表示尊重,其风俗是当面将礼品打开,同时表示感谢和赞美,可以说"非常感谢,这么好的礼物,我会永远珍惜的"和"谢谢,我很喜欢"等。不管是否喜欢礼品,接受者都应露出愉快的神情,以示尊重。

(二) 婉言拒绝,及时退还礼品

由于某种原因,对不便收受的礼品,应有礼貌地、婉转地拒绝或将礼品退回。可婉言相告,也可以直接说清缘由。尤其是对附加条件和居心叵测的送礼者,要当场感谢对方,并告诉其所送礼品不能接受。

有时候,为避免赠送人善意行为所产生的场面尴尬,可采取事后退还法。退还礼品最好在 24 小时内完成。退回时,附上专门的信函,感谢馈赠方的同时,表明退回礼品的原因,比如礼物的价值超过了公司规定的限额、身份不允许等。手写的信函既可以说明收礼者的慎重,又避免了更深的误解,保护了收礼者同馈赠者未来工作关系的良性发展。

资料:

国外官员收礼规定

部分国家官员收礼金额限定[①]

俄罗斯: 由于一些俄罗斯政府官员索贿受贿,严重影响了政府的声誉。为了整顿官场秩序,俄罗斯最高仲裁法院出台了一份新的法律草案,对政府官员收受礼品的数额作出严格规定。根据这一草案,允许俄政府官员一次性收受的礼品价值从目前的 500 卢布(约 150 元人民币)提高到 4 000 卢布(约 1 200 元人民币)。而个人收受礼品总价值如果超过 10 万卢布(约 3 万元人民币),就

[①] 参见柳玉鹏:《各国官员收礼金额一览:美规定收礼不超 305 美元》,http://news.sina.com.cn/w/2006-09-25/121511099444.shtml,2006 年 9 月 25 日。

必须向上级报告，否则将被追究法律责任。

美国：政府工作人员收受外国赠送的礼品价值不得超过305美元（约2 440元人民币），超过这一数额应在60天内交给政府部门。同时规定，下级不得向上级送礼品，违反者将被开除。如果收受礼品总价值超过7 000美元（约5.6万元人民币），将对其处以3倍的罚金，并可判处15年以下监禁。

新加坡：对国家公务员要求十分严格，公务员在任职之初必须申报个人财产情况，且每年都要申报一次。同时规定，公务员接受礼品金额不得超过50新元（约250元人民币），超过部分必须上缴或个人出资买下。

德国：德国政府规定，官员收受礼品的价值不得超过50欧元（约500元人民币），否则就要受到不同程度的纪律处分。根据收受金额数量，将受到警告、严重警告、开除公职直至追究刑事责任的处分。

英国：英国政府规定官员收受礼品的价值不能超过140英镑（约2 000元人民币），超过部分官员可以花钱购买。否则，未来有可能丧失领取退休金的资格。

韩国：根据韩国政府的规定，官员一年之内收受与本人业务无关的礼品总额不得超过15万韩元（约1 200元人民币），但不能接受与本人职业有关的礼金和礼品。

法国：法国政府规定，官员接受礼品的最高限额为35欧元（约350元人民币），超过部分必须归还赠送者，否则将受到法律处罚。

加拿大：加拿大法律规定，政府官员无权收受任何礼品，所有收受的礼品都需要个人花钱买下。违反这一规定将被追究法律责任。

美国官员收礼原则[①]

1992年，美国政府颁布了《行政部门雇员道德行为准则》，这是一部跨部门的法规，联邦政府所有官员和雇员都必须遵守。

《道德行为准则》的开头明确写道：公共服务是一种公众的信任。每个雇员对美国政府和公民负责，把对宪法、法律和道德规范的忠诚置于个人利益之

---

① 参见江玮、孟思奇：《美国官员如何收礼》，《21世纪经济报道》2013年3月23日。

上。为了确保每个公民对联邦政府的恪尽职守抱有完全的信心,每个雇员都应该尊重并坚持道德行为原则。

《道德行为准则》对美国政府官员的收礼作了明确规定。在这部行为准则中,礼物被定义为有货币价值的任何东西,它包括任何奖励、好处、折扣、娱乐、款待、贷款、债务偿还期延长,也包括服务、培训、交通、旅游、食宿等。

对于礼物,美国政府对其雇员的一般准则是:不得直接或间接地索取或接受礼物。在《道德行为准则》中,礼物被分为两种类型,一为外部来源,二为政府行政雇员之间。

对于外部来源的礼物,政府人员禁止接受如下人员的礼物:正在寻求雇员所在机构采取官方行动,与雇员所在机构有业务往来或寻求业务往来;所进行的活动由雇员所在机构管理;其利益可能因为雇员履行或不履行公职而受到实质性影响。

但美国政府官员并非与礼物绝缘,美国对于预防公务员个人腐败非常严格,20美元的标准从定下来执行到现在,即便其中有通货膨胀也未曾改变。他们可以接受不高于20美元的礼物,每人每年从同一个来源中收到的礼物价值不得超过50美元。如果他们不能确定礼物的市场价值,可以参考同类品质的商品零售价来估算其市场价格。此外,日常三餐之外适度的食物和饮料,如软饮料、咖啡和油炸圈也被认为是可以接受的。

举个例子,一个政府官员到外部机构进行拜访。在此前的工作拜访中,该机构已经向他提供了一次10美元的午饭和两次20美元的晚饭。在这次会面过程中,该机构的工作人员又送给这位政府官员一本印制精美的日历。但根据《道德行为准则》,政府官员不得收下这本日历,因为此前他从这一机构接受的礼物已经达到50美元。

在另一种情况下,证券交易委员会的一名雇员及其配偶受邀去看百老汇的演出,邀请者是一家被监管公司的代表。演出票价为每张30美元,两张票价总和比20美元的标准超出40美元,因此,这对夫妇将不被允许接受赠票,他们只有在自掏腰包支付60美元票价之后才能去观看这场演出。

不仅不能收受他人的礼物,就连商家的优惠如果不是因员工本人的消费得来也不能接受。《道德行为准则》规定,员工不得将政府出钱并拥有的任何利益

商务礼仪

据为己有。例如,航空公司给旅客的优惠,其中由政府支付成本的旅行所带来的利益属于政府部门,而不属于员工个人。又如,某个政府机构进行采购,商家在采购数量达到一定程度后提供了赠品,采购人员不得将赠品据为己有,因为这属于政府的财产。

如果收到了禁止接受的礼物,政府官员必须选择如下三个选项中的一项进行处置:退还给送礼人;支付市场价格;那些易腐坏又不容易退换的礼物(如鲜花、果篮等)则可以捐赠给慈善机构,或者与办公室的人分享。

对于政府雇员之间的礼物,除特殊情况外,政府官员不得向上级官员送礼或者从另一个比他收入更低的同事那里收礼,因为官员对上级官员送礼可能造成同事怀疑他会因此得到特别的对待。但在一些特殊的场合,比如生日或周年庆,政府官员可以送给他的上级或者收入比他高的人一些非现金形式的礼物,礼物的市场价格应在 10 美元以内。

不仅仅是行政部门,作为美国立法部门,美国国会议员在接受外部来源的赠予时也保持着特别的谨慎。2007 年,美国国会通过"牙签法案",这份法案被戏称为改写了华盛顿的菜单。因为据其要求,国会议员在接受企业代表、说客的邀请赴宴时,酒会上所有的食品都只能用牙签或者手指头拿着吃,不得有正式的饭菜。

在这项规定通过后,一个原本提供企业高管和国会议员交流的午餐招待会改成了开胃小吃,因为主办者认为国会议员可能担心违反规定而不愿出席。

美国海鲜产业的说客每年都会设宴招待国会议员,生牡蛎和牡蛎面食这两道菜原本都出现在菜单上。但在该法案通过后,只有生牡蛎得以继续保留,面食则被取消,因为无论是牙签还是手指都不好用来吃面。

资料思考:在涉外商务活动中,给外国官员赠送礼品有什么禁忌?

本章小结

1. 办公室是处理企业业务的场所,办公室礼仪不仅包括商务人员的个人仪容、仪态礼仪、办公室环境礼仪、办公室用餐礼仪等,还包括与办公室同事以及不同类型上司相处的礼仪。商务人士要掌握与异性同事相处以及避免性骚扰的技巧，要正确地处理办公室的人际关系。

2. 通信礼仪常常会影响到企业的形象。

接听商务座机电话的礼仪：接听前，要做好接听电话的准备；得体接听，简要自我介绍；接听中，要确定对方的身份，礼貌搁置、转接电话；礼貌通话结束后，轻放电话。

拨打商务座机电话的礼仪：选择对方便利的时间，准备相关的资料，调整情绪，做好拨打电话的准备；通话中，要遵守"三分钟"原则，内容简洁；电话结束前，要向对方道谢。

商务座机电话应对技巧：接到打错的电话，态度要友好；听不清对方的话时，语气要平缓，客气地请求重复；遇到自己不清楚的事情，应明确告知对方；如果通话时间有限，要明确告知对方；重视来电显示电话、语音留言电话和传真的礼仪；及时回复商务电话；接到客户的投诉电话，应该注意倾听；一定要使用电话礼貌用语。

商务手机礼仪：手机的摆放要合乎礼仪的常规位置；接听手机或者拨打对方手机时应该考虑对方是否方便；把握手机通话的时间；必要时，关掉手机或调至静音状态；收发短信要注意场合；打手机时要尽量控制声音和选择场合。

商务电子邮件礼仪：主题要简洁清晰；撰写的内容要简短规范；慎用图释；附件添加要谨慎；定期检查电子邮箱；及时保存重要的电子邮件；及时、妥善地回复电子邮件；增强网络安全意识。

商务博客礼仪：不冒犯他人；客观思维；内容可信；尊重他人成果；理性面对评论。

商务微博礼仪：准确定位微博；态度真诚、友好；选择合适的时间发布微博；微博内容表述要遵循礼仪规范；恰当地使用私信；避免置身于微博论战中；参与公益活动的转发；对消费者的求助应慷慨给予帮助；产品的微博宣传要有度。

QQ等即时通信的商务礼仪：规范使用个性名称；注意内容的表述；慎用图释；礼貌对"话"。

商务微信礼仪：语言规范；把握时间；信息一致；谨慎转发；适当设置。

3. 商务接待是企业组织对商务活动中的来访者所进行的迎接、接洽和招待活动，是双方商务人员相互交往的方式。

商务接待的原则：身份对等；礼宾顺序；热情周到。

商务接待礼仪：接待前，了解来访者的基本情况，确定接待规格，布置接待环境，做好迎接安排；接待中，接待迎接问候得当，谈话礼仪规范；送客时要婉言相留，赠送礼品，送客有道。

商务拜访的原则：预约；不失约；适可而止。

商务拜访礼仪：拜访前，要预约拜访时间，了解相关的信息，准备拜访资料；拜访中，要穿着得体，仪容端庄，提前到达拜访地点，友好交流，言谈诚恳，注重礼仪细节；适时、礼貌辞别。

4. 商务谈判是指不同的经济实体为了自身的经济利益和满足对方的需要，通过沟通、协商、妥协、合作、策略等各种方式，把可能的商机确定下来的活动过程。

商务谈判礼仪的原则：知己知彼、礼敬对方；平等协商、互惠互利；人与事分、求同存异。

商务谈判礼仪：商务谈判前，谈判人员的个人礼仪要规范，谈判会场环境布置安排要适宜；商务谈判时，要把握好谈判开场礼仪，谈判人员仪态规范，注意处理谈判冷场的礼仪；商务谈判结束后，签约仪式礼仪规范，要注重签约后的跟进礼仪。

5. 商务馈赠是企业在商务活动中或会议、节日等时机和场合，为了加强与其他企业、政府部门等组织间的感情及商务交流而赠送给对方纪念性的礼品。

得体的商务馈赠要考虑六要素（5W＋1H）：馈赠对象（Who）、馈赠目的（Why）、馈赠内容（What）、馈赠时机（When）、馈赠场合（Where）、馈赠方式（How）。

商务馈赠礼仪的原则：礼品轻重得当；送礼间隔适宜；了解风俗禁忌；礼品有意义；遵循礼尚往来；适当包装。

接受商务馈赠礼品的礼仪：尊重习俗，礼貌受礼；婉言拒绝，及时退还。

本章实训练习

2013年2月13日，安徽某公司行政部接到一封拜访函件，内容简要描述如下：

2月27日至3月4日，上海某公司一行7人将来我公司访问，涉及合作、现场参观等内容。行政经理请示公司领导，领导考虑对方来访人员职务后，决定高规格接待，相关部门负责人届时将出席交流会，具体工作交由行政部负责。

请根据上述背景,以行政经理的身份按领导要求及个人经验制定一份接待预案,其中,上海某公司人员的职位自定。

本章思考题

1. 作为一名商务人员,如何处理好办公室人员间的关系?
2. 商务通信中应该注意哪些方面的礼仪?
3. 怎样处理商务谈判中的冷场?
4. 商务馈赠有哪些原则?

本章参考文献

1. 百度百科:

http://baike.baidu.com/view/2198268.htm。

http://baike.baidu.com/view/6914197.htm。

2. 社交礼仪网,http://www.eexb.com/bgsly/。

3.《与上司相处的技巧》,http://publish.dongao.com/kjzx/sqdp/200711/8835.html。

4.《办公室与异性相处的礼仪》,http://wenku.baidu.com/view/617260f07c1cfad6195fa7a4.html。

5.《礼仪专家靳斓告诉您易忽略的网络通信礼仪》,http://wenku.baidu.com/view/0ea5067f31b765ce050814bf.html。

6. [美]马蒂·布朗斯坦:《有效沟通》,北京燕青联合传媒管理咨询中心译,机械工业出版社2008年版,第203—252页。

7. [美]利蒂希娅·鲍德瑞奇:《礼仪书》,修文乔、韩卉译,中国人民大学出版社2012年版,第3—32页。

8. [美]姜佩蓉、李佩仪:《佩蓉谈商务礼仪和沟通》,西木、于乐译,中华工商联合出版社2012年版,第136—149页。

9. 刘凤云、黄绮冰:《现代社交礼仪》,南京大学出版社 2012 年版,第 68—96 页。

10. 袁非武:《拜访客户的 20 大注意事项》,http：//www.360doc.com/content/11/0114/10/5458456_86424342.shtml。

第六章　商务宴请礼仪

> 外国人吃饭不但要席正,而且挺直腰板,把食物送到嘴边。我们"食不厌精,脍不厌细",要维持那种姿势便不容易。
>
> ——梁实秋[①]

本章学习目标

1. 了解商务宴请的类型和准备程序;
2. 掌握中、西餐礼仪的异同;
3. 了解商务自助餐和鸡尾酒会的礼仪。

[①] 梁实秋(1903—1987),中国著名的散文家、学者、文学批评家、翻译家。代表作有《雅舍小品》、《英国文学史》等。

商 务 礼 仪

本章知识结构

引入案例

商务宴请是一把双刃剑[①]

蒋佩蓉女士是商务礼仪和儿童礼仪培训专家,也是麻省理工学院中国总面试官。蒋佩蓉女士曾经应聘过一个工作,经过和几十人竞争之后,她被录取了,但在和公司正式签约前,她被邀请和老板一起用餐。当时,她有些忐忑与不解,后来她才了解到大型公司在招聘新人,特别是高等专业人员,且在所在的部门要面对客户时,最后一步的面试环节就是和老板进餐,老板视你进餐的仪态来决定是否与你签约。幸好蒋佩蓉女士从小受到了很好的家教,她顺利地通过了所有面试,得到了那份工作。

商务交往中,很多宝贵的资料和信息都是在进餐中得到的,许多商务关系

[①] [美]姜佩蓉、李佩仪:《佩蓉谈商务礼仪和沟通》,西木、于乐译,中华工商联合出版社2012年版,第152页。

也是通过餐桌上的交流和沟通才加固的。美国一家企业咨询机构的调研结果显示,公司有将近一半的合同是在餐桌上签的。在餐桌所营造的温馨氛围中,人们解除了戒备,卸下了伪装,消除了不信任感,表现出更真实的自我,仪式化的商务关系之外,又增进了私人的交流和了解;但商务宴请是一把双刃剑,正因为餐桌上人们坦诚相见,如果一方没有把握好进餐礼仪的分寸,就会让自己在对方心目中的形象大打折扣。

案例思考:为什么说"商务宴请是一把双刃剑"?

第一节 商务宴请礼仪概述

宴请是商务交往中企业与客户之间沟通感情的重要手段之一,也是公务、社交乃至国际交往中最为常见的活动。商务宴请规范、到位与否,关系到企业的商务形象和经济效益。

一、商务宴请形式

商务宴请形式有很多,根据活动目的、邀请对象及经费开支等因素,宴请可以划分为以下几种常见的形式。

(一)正式宴会

正式宴会是规格比较高的商务宴请,宾主均按身份排位就座。许多国家正式的商务宴会很讲究规格,请柬上会注明对客人服饰的要求。

(二)便宴

即非正式宴会。常见的有午宴、晚宴,有时也有早餐宴。这类宴会形式简便,不作正式讲话,菜肴道数少。便宴较随便、亲切,宜用于商务日常友好交往。

(三)家宴

家宴是在家中设便宴招待商务客人,以示亲切友好的宴请形式。家宴往往由主妇亲自下厨烹调,家人共同招待。在一些国家,商务家宴是接待的最高待遇。

(四)自助餐

自助餐也称冷餐会,用餐形式较随意,是目前国际上通行的一种非正式的宴会形式。正式的商务接待活动中不单独选用自助餐作为宴请形式,而是穿插在正式的商务活动(会议)之中,作为辅助的招待形式。

(五)鸡尾酒会

鸡尾酒会形式较活泼随意,便于广泛地接触和交谈,酒会举行的时间较灵活。近年来,国际上举办的一些大型活动大多采用酒会形式。

(六)茶会

茶会是一种简便的接待形式。茶会讲究茶叶和茶具的选择,也可不用茶而用咖啡。

(七)工作餐

工作餐是现代国际交往中经常因日程安排紧而采用的一种非正式宴请形式,利用进餐时间,边吃边谈。此类餐会只请与工作有关的人员,双方工作进餐通常用长形餐桌,座次与会谈座次相同,以便于交谈。

二、商务宴请筹备礼仪

(一)确定商务宴请的目的、对象、范围与形式

商务宴请的目的多种多样,例如为庆祝企业的某一纪念日、为展览会的开幕和闭幕以及为某项工程的动工和竣工等。在国际交往中,还会根据需要举办一些日常的商务宴请活动。

商务宴会邀请对象主要依据主、客方身份对等的原则进行确定。

邀请范围是指商务宴请根据宴请性质、主宾身份、国际惯例等因素,综合考虑邀请方和具体的人数。邀请范围确定之后,即可草拟具体的邀请名单。被邀请人的姓名、职务、称呼以至对方是否有配偶的信息都要准确。

商务宴请采取的形式通常取决于当地的惯例。正式、高规格、人数少的宴请以正式宴会形式为宜;一般规格、人数多的宴请采用冷餐或酒会形式更合适;商界的活动多采用茶会的宴请形式。

(二)确定商务宴请的时间、地点

商务宴请的时间要适合主、客双方,切忌选择对方的重大节假日、重要活动或

禁忌的日子和时间。例如,若有信奉基督教的人士参加,就不能选在13号,更不要选在13号且又是星期五的日子;伊斯兰教在斋月内白天禁食,宴请宜在日落后举行。

小型宴请应首先征询主宾意见,最好口头当面约请,也可用电话联系。主宾同意后,时间即被认为是最后的确定,可以按此时间约请其他宾客。

正式隆重的商务宴请通常安排在环境优雅的大酒店举行,其余的商务宴请则可按活动性质、规模大小、形式、主人意愿及实际可能选定地点,选定的场所要能容纳全体宴请人员。举行小型的正式宴请时,宴会厅外最好设有休息厅(等候厅),以供宴会前交谈使用,待主宾到达后再一起进宴会厅入席。

(三) 发出邀请和邀请函的格式

发出邀请函前要致电或者通过邮件、传真确认被邀请者可否参加商务宴会,然后再次确定参加者的名单和人数,之后再正式发出邀请。

最正式和有效的邀请方式是发邀请函(请柬)。商务正式宴请一般都会发邀请函,这既是一种礼貌,也具有对被邀请者的提醒功能;商务便宴经约妥后,可发也可不发邀请函;工作餐则不发邀请函。

邀请函要尽早发出,一般要提前一周至两周发送。大型的商务宴请活动则要提前2—4周。因为邀请函的印刷需要时间(人数少的商务宴请可以直接使用买来的邀请函);邀请人也需要时间及早安排工作事宜。邀请函发出后,最好再通过电话告知被邀请人注意查收邀请函。

邀请函的内容包括邀请人的姓名、举行的时间及地点、活动形式等。如果是以企业的名义邀请的宴会,不但要注明企业的名称,还要有具体邀请人的名字;如果不便写明具体邀请人的姓名,至少也要在邀请函上写出具体邀请人的职位,如"米格思国家银行董事会主席很荣幸地邀请您……"。

邀请函中所提到的人名、单位名称、节日名称等都要使用全称。邀请函的内容可以印刷,也可以手写,手写能给人很重视的感觉。举办大型正式的宴会时,最好由书法家或写得一手好字的人来负责书写邀请函。

邀请函信封上被邀请人姓名、职务书写要准确。按国际惯例,一对夫妇只发一张请柬。如果是正式宴会,最好能在发邀请函之前就排好用餐时的席次,并在邀请函信封下角注上席次号。邀请函发出后,应及时落实出席情况,以便调整席位。

每份邀请函都应在一周内得到回复。受邀者可以采用电话、邮件、传真等回复方式,但最得体的是发送一份正式的、手写的回复信函。

(四) 制定商务宴会的菜单

宴请的酒菜要根据活动的形式和规格在规定的预算标准以内安排。选菜不要以主人的爱好为准,主要应考虑主宾的喜好与禁忌,例如,伊斯兰教徒不饮任何带有酒精的饮料,印度教徒不吃牛肉,佛教僧侣和一些教徒吃素,有人因身体原因不能吃某种食品等。宴会上,若有个别人有特殊的饮食需要,也可以单独为其上菜。

大型的商务宴请应照顾到各个方面,菜肴的道数和分量都要适宜,应制定有地方特色的菜肴。无论哪一种宴请方式,事先都应开列菜单,获得主管负责人同意后,就可印制菜单。每桌至少要保证摆放一份菜单,通常可以是2—3份菜单,讲究一些的可为每人提供一份菜单。

(五) 商务宴会席位的安排

正式宴会均排席位,也可只排重要客人的席位,其他人只排桌次或自由入座。无论采用哪种坐法,宴请方都要在入席前通知到每一位出席者。宴会现场要有人引导,以免混乱。

按国际惯例,桌次高低以离主桌位置远近而定,右高左低。桌数较多时,要摆上桌次牌。同一桌上,席位高低以离主人的座位远近而定。国外习惯是男女掺插安排,以女主人为准,主宾在女主人右上方,主宾夫人在男主人右上方。中国的惯例是按各人职务排列,以便于谈话。如夫人出席,通常把女方排在一起,即主宾坐男主人右上方,其夫人坐女主人右上方。两桌以上的宴会,其他各桌第一主人的位置可以与主桌主人位置同向,也可以面对主桌的位置为主位。

商务宴请的席位排妥后,应着手写座位卡。中方举行的宴会,中文写在上面,外文写在下面,卡片打印或者手写均可。便宴和家宴可以不放座位卡,但邀请方对参加宴请的客人座位都要有安排。

(六) 现场布置

宴会厅和休息厅的布置取决于活动的性质和形式。正式商务宴请场所的布置应该严肃、庄重、大方,可以点缀少量的鲜花等。

宴会可以用圆桌,也可以用长桌或方桌。多桌席宴会的桌与桌之间距离要适当,各个座位之间也要距离相等。如有乐队席间演奏,不要离得太近,乐声宜轻。宴会休息厅通常放小茶几或小圆桌,与酒会布置类同;如人数少,宴会休息厅则同客厅布置式样相同。

自助餐的菜台用长方桌,通常摆在房间的中间,靠四周陈设作点缀。如果自助餐需要坐下用餐,可摆四五人一桌的方桌或圆桌,座位要略多于全体宾客人数,以便客人自由就座。

酒会一般只摆放小圆桌或茶几,以便放花瓶、烟缸、干果、小吃等。也可在四周放些椅子,供参加者就座。

三、商务宴请礼仪

(一)热情迎宾,顺序就座

邀请方一般在门口迎接客人。如果是正式隆重的活动,主办方主人(出席宴会的主办方最高管理者)与主要人员应排列成行迎宾,通常称为迎宾线。其位置宜在客人进门存衣处至休息厅之间。与客人握手后,客人由工作人员引进休息厅(如无休息厅或休息厅较小或宴会规模大,也可以请主桌以外的客人先入座,贵宾席最后入座)。休息厅内有相应身份的人员应酬客人,主宾到达后,由主人陪同进入休息厅与其他客人见面。如其他客人尚未到齐,由迎宾线上其他人员代表最高管理者在门口迎接。主人陪同主宾进入宴会厅,全体客人就座,宴会开始。

家庭便宴则较随便,没有迎宾线。客人到达后,主人主动握手。若是主人正与其他客人交谈,客人应前去握手问好。

(二)致辞祝酒,用餐交谈

按照惯例,宴会开始之际,主人会以站立的姿势迎宾祝酒。流程如下:

- 主人先向客人祝酒,然后饮自己杯中一点酒,坐下。
- 客人对主人的欢迎表示感谢(客人少时,大家可以说一些"很高兴出席"等类似的言语),然后举起手中的酒杯,回敬主人。现场所有人举杯共饮。
- 当主宾回敬主人后,其他希望祝酒的客人就可以开始进行了。应该让重要人物先敬酒,注意不要抢风头。祝酒时,应起身站立,声音尽量柔和动听,并注意清晰度,不要开粗俗的玩笑。
- 当主人祝酒说:"所有的美好都有结束的时候,我的宴会也一样。感谢所有到场的来宾。"这就意味着宴会即将结束。

通常,在自助餐和酒会上,主人与客人间、客人与客人间的交谈更充分自由。

案例

商务宴会祝酒词[1]

祝酒词是在酒席宴会开始时,主人表示热烈欢迎、诚挚感谢以及客人进行答谢并表示衷心祝愿的应酬之辞,是招待宾客的一种礼仪形式。祝酒词的内容以叙述友谊为主,一般篇幅短小,文辞庄重、热情、得体、大方,是一种演讲文体。范文如:

尊敬的女士们、先生们:

晚上好!中国国际××展览会今天开幕了。我谨代表中国国际贸易促进委员会××市分会对各位朋友的光临表示热烈的欢迎!

中国国际××展览会自上午开幕以来,已引起了我市及外地科技人员的浓厚兴趣。这次展览会在上海举行,为来自全国各地的科技人员提供了经济技术交流的好机会。我相信,展览会在推动这一领域的技术进步以及经济贸易的发展方面将起到积极作用。

今晚,各国朋友欢聚一堂,我希望中外同行广交朋友,寻求合作,共同度过一个愉快的夜晚。

最后,请大家举杯,为中国国际××展览会的圆满成功,为朋友们的健康,干杯!

案例思考:祝酒词有哪些特点?

(三)礼貌送客,告别有道

宴会后如无喝茶等活动,即可陆续与主人握手告辞。主宾告辞,主人送至门口。主宾离去后,原迎宾人员顺序排列,与其他客人一一握别。

在欧美,如果是商务家宴,女主人为第一主人时,往往以她的行动为准。入席时女主人先坐下,并由女主人招呼客人开始就餐。餐毕,女主人起立,邀请全体女宾与之共同退出宴会厅,然后男主人、男宾起立,进入休息厅或留下抽烟。男女宾客在休息厅会齐后,即上茶或咖啡交谈。之后,再陆续告别。

---

[1] 参见百度百科"祝酒词"。内容有改动。

第二节　商务中餐礼仪

生物环境的不同决定了人们的食物种类、获食方式、饮食活动,以及形成的饮食文化内涵各自有异。在中国,世界饮食文化的类型有三种比较有影响的分类法,即中西论、板块论和文化生态论①。

中西论将世界饮食文化分为中餐和西餐两大代表类型;板块论把世界饮食文化分为以中国菜为代表的东方类型、以法国菜为代表的西方类型和以土耳其菜为代表的伊斯兰类型;文化生态论将世界饮食文化分为以非洲为代表的采集—手抓饮食类型、以中国为代表的精耕—杆箸饮食类型和以欧洲为代表的渔猎—刀叉饮食类型。

本章第二节和第三节主要讲述中、西类型的饮食文化中的部分内容——餐饮礼仪。日式料理、韩式料理、伊斯兰等类型的餐饮礼仪将在第八章"中国主要贸易伙伴国商务礼仪"中具体涉及。

一、中餐菜系特点

中餐就是指中国风味的餐食菜肴。

唐墓壁画《宴饮图》

宋墓壁画《宴饮图》

---

① 都大明:《中华饮食文化》,复旦大学出版社2011年版,第15—18页。

在中国历史上的宋朝,中国各地的饮食已经有了区别。沈括在《梦溪笔谈》卷24记载:"大底南人嗜咸,北人嗜甘。鱼蟹加糖蜜,盖便于北俗也。"当时,北方人喜欢吃甜,南方人喜欢吃咸。南宋时,蒙古的饮食影响了北方的饮食文化。随着北方人口大量南迁,北方的饮食文化又逐渐影响了南方。明末,中国饮食分为口味偏咸的京式和偏甜的苏式、广式。

清代中期,随着原产于墨西哥的辣椒在明朝末年传入中国后的广泛种植和食用,川菜产生了。到了清末,四大菜系形成,即京(鲁)、苏(淮扬)、广(粤)、川菜系。

随着苏式菜系分为苏菜、浙菜和徽菜,广式菜系分为粤菜和闽菜,川式菜系分为川菜和湘菜,民国时期形成了中国著名的鲁、川、苏、粤、闽、浙、湘、徽"八大菜系"[1]。

(一) 鲁菜

鲁菜即山东菜系,是宫廷最大菜系,由齐鲁、胶辽、孔府三种风味组成,其中,以孔府风味为代表。

齐鲁菜以济南菜为代表,在山东北部、天津、河北盛行。菜清香、鲜嫩、味纯,一菜一味,百菜不重,用高汤调制。特色菜有糖醋鲤鱼、宫保鸡丁(鲁系)、九转大肠、汤爆双脆、奶汤蒲菜、南肠、玉记扒鸡、济南烤鸭等。

胶辽菜起源于福山、烟台、青岛,以烹饪海鲜见长,口味以鲜嫩为主,偏重清淡,讲究花色。代表菜肴有肉末海参、香酥鸡、家常烧牙片鱼、崂山菇炖鸡、原壳鲍鱼、酸辣鱼丸、炸蛎黄、油爆海螺、大虾烧白菜、黄鱼炖豆腐等。

孔府菜以曲阜菜为代表,流行于山东西南部和河南地区,同江苏菜系中的徐州风味相近。孔府菜有"食不厌精,脍不厌细"的特色,其用料之精广、筵席之丰盛堪与皇宫御膳相比,它与江苏菜系的淮扬风味并称为"国菜"。代表菜肴有一品寿桃、翡翠虾环、海米珍珠笋、炸鸡扇、燕窝四大件、烤牌子、菊花虾包、一品豆腐、寿字鸭羹、拔丝金枣等。

(二) 川菜

四川菜系以川西成都乐山为中心的上河帮、川东重庆为中心的下河帮、川南自贡为核心的小河帮为主,各地风味比较统一,主要流行于西南地区和湖北地区。川菜是中国最有特色的菜系,也是民间最大的菜系。

---

[1] 参见百度百科"八大菜系"。

川菜的主要特点在于味型多样。辣椒、胡椒、花椒、豆瓣酱等是主要调味品,不同的配比化出了麻辣、酸辣、椒麻、麻酱、蒜泥、芥末、红油、糖醋、鱼香、怪味等各种味型,无不厚实醇浓,具有"一菜一格"、"百菜百味"的特殊风味。

川菜在烹调方法上,有炒、煎、干烧、炸、熏、泡、炖、焖、烩、贴、爆等 38 种之多。在口味上特别讲究色、香、味、形,兼有南北之长,以味多、广、厚著称。历来有"七味"(甜、酸、麻、辣、苦、香、咸)和"八滋"(干烧、酸、辣、鱼香、干煸、怪味、椒麻、红油)之说。川菜系有取材广泛、调味多样、菜式适应性强三大特征。由筵席菜、大众便餐菜、家常菜、三蒸九扣菜、风味小吃五个大类组成一个完整的风味体系。川菜中的六大名菜为鱼香肉丝、宫保鸡丁、夫妻肺片、麻婆豆腐、回锅肉、东坡肘子。

(三) 苏菜

苏菜即江苏菜系,由南京、徐海、淮扬和苏南四种风味组成,是宫廷第二大菜系。现今的国宴仍以淮扬菜系为主。

江苏菜系选料讲究,刀工精细,口味偏甜,造型讲究,特色鲜明。由于江浙地区气候潮湿,又靠近沿海,往往会在菜中增加糖分,以去除湿气。江苏菜很少放辣椒,因辣椒虽能去除湿气,但易上火。因此,江浙菜系以偏甜为主。

徐海菜以徐州为代表,流行于徐州、连云港和河南地区,同山东菜系的孔府风味较近。徐海菜鲜咸适度,习尚五辛,五味兼崇,清而不淡,浓而不浊。其菜无论取料于何物,均注意"食疗、食补"作用。徐州菜多用大蟹和狗肉,尤其以全狗席著名。徐海风味菜的代表有霸王别姬、沛公狗肉、彭城鱼丸、地锅鸡等。

淮扬菜以扬州、淮安菜为代表,主要流行于以大运河为主的广大地区,南至镇江,北至洪泽湖、淮河一带,东至沿海地区。淮扬菜选料严谨,讲究鲜活,主料突出,刀工精细,擅长炖、焖、烧、烤,重视调汤,讲究原汁原味,并精于造型,瓜果雕刻栩栩如生。口味咸淡适中,南北皆宜,并可烹制"全鳝席"。淮扬菜点造型美观,口味繁多,制作精巧,清新味美。著名菜肴有清炖蟹粉狮子头、大煮干丝、三套鸭、水晶肴肉等。

南京菜主要流行于以南京为中心,一直延伸到江西九江地区。烹调擅长炖、焖、叉、烤。南京菜以善制鸭馔而出名,素有"金陵鸭馔甲天下"的美誉。金陵菜的代表有盐水鸭、鸭汤、鸭肠、鸭肝、鸭血、豆腐果和香菜(芫荽)等。

苏南菜主要流行于苏锡常和上海地区,同浙菜、徽菜系中的皖南、沿江风味相近。苏南菜擅长炖、焖、煨、焐,注重保持原汁原味,花色精细,时令时鲜,甜咸适中,酥烂可口,清新腴美。苏南名菜有香菇炖鸡、咕咾肉、松鼠鳜鱼、鲃肺汤、碧螺虾仁、响油鳝糊、白汁圆菜、叫花童鸡、西瓜鸡、鸡油菜心、糖醋排骨、桃源红烧羊肉、太湖银鱼、太湖大闸蟹、阳澄湖大闸蟹等。

(四) 粤菜

粤菜即广东菜,由广府、客家、潮汕三种风味组成,以广府风味为代表,是国内民间第二大菜系。世界各国的中餐馆多数以粤菜为主。

广府菜以广州菜为代表,集南海、番禺、东莞、顺德、中山等地方风味的特色,主要流行于广东中西部、香港、澳门和广西东部。广府菜注重质和味,口味比较清淡,力求清中求鲜、淡中求美。随季节时令而口味有所变化,夏秋偏清淡,冬春偏浓郁。食味讲究清、鲜、嫩、爽、滑、香,调味遍及酸、甜、苦、辣、咸。代表菜肴有广州文昌鸡、龙虎斗、白灼虾、烤乳猪、香芋扣肉、黄埔炒蛋、炖禾虫、狗肉煲、五彩炒蛇丝等。

客家菜又称东江风味,以惠州菜为代表,流行于广东、江西和福建的客家地区,有浓厚的古代中州之食风,同福建菜系中的闽西风味较接近。客家菜下油重,口味偏咸,酱料简单,但主料突出。喜用三鸟、畜肉,很少配用菜蔬、河鲜、海产。代表品种有东江盐焗鸡、东江酿豆腐、爽口牛丸、酿豆腐、酿三宝等。

潮汕菜以潮州菜为代表,主要流行于潮汕地区,同福建菜系中的闽南风味较近。潮汕菜以烹调海鲜见长,刀工技术讲究,口味偏重香、浓、鲜、甜。喜用鱼露、沙茶酱、梅羔酱、姜酒等调味品,甜菜较多,款式百种以上,都是粗料细作,香甜可口。潮州菜的另一特点是喜摆十二款,上菜次序有喜头、尾甜菜,下半席上咸点心。秦以前潮州属闽地,其语系和风俗习惯接近闽南而与广州有别,因渊源不同,故菜肴特色也有别。代表菜肴品种有潮州卤鹅、潮州牛肉丸、水晶包、萝卜糕、猪肠灌糯米、豆酱鸡、护国菜、什锦乌石参、葱姜炒蟹、干炸虾枣等。

(五) 闽菜

闽菜是以闽东、闽南、闽西、闽北、闽中、莆仙地方风味菜为主形成的菜系。以闽东和闽南风味为代表。

闽东风味以福州菜为代表,主要流行于闽东地区。闽东菜有"福州菜飘香四海,食文化千古流传"之称。选料精细,刀工严谨,讲究火候,注重调汤,喜用佐料,口味多变。著名菜肴有佛跳墙、鸡汤氽海蚌、淡糟香螺片、荔枝肉、醉糟鸡、太极芋泥、锅边糊、肉丸、鱼丸、扁肉燕等。

闽南风味以泉州菜为代表，主要流行于闽南、台湾地区，同广东菜系中的潮汕风味较近。闽南菜具有清鲜爽淡的特色，讲究佐料，擅长使用辣椒酱、沙茶酱、芥末酱等调料。闽南菜的代表有海鲜、药膳和南普陀素菜。闽南菜还包含当地的风味小吃，无论是海鲜类的海蛎煎、鱼丸、葱花螺、汤血蛤等，还是肉食类的烧肉粽、酥鸽、牛腩、炸五香等，以及点心类的油葱果、韭菜盒、薄饼、面线糊等，都很有特色。

闽西风味又称长汀风味，以长汀菜为代表，主要流行于闽西地区，是客家风味，同广东菜系的客家风味较近。闽西位于粤、闽、赣三省交界处，以客家菜为主体，多以山区特有的奇味异品作原料，有浓厚山乡、多汤、清淡、滋补的特点。著名的菜肴有芋子饺、白头翁饧、苎叶饧、苦斋汤、冬瓜煲、白斩河田鸡、烧大块等。

闽北风味以南平菜为代表，主要流行于闽北地区。闽北特产丰富，历史悠久，湿润的亚热带气候为闽北盛产各种山珍提供了充足的条件。著名菜肴有八卦宴、文公菜、幔亭宴、蛇宴、茶宴、涮兔肉、熏鹅、菊花鱼、双钱蛋茄、茄汁鸡肉、建瓯板鸭等。

闽中风味以三明、沙县菜为代表，主要流行于闽中地区。闽中菜以其风味独特、做工精细、品种繁多而著称，小吃居多。其中，最有名的是沙县小吃。

莆仙风味以莆田菜为代表，主要流行于莆仙地区。莆仙菜以乡野气息为特色，著名菜肴有五花肉滑、炒泗粉、白切羊肉、焖豆腐、回力草炖猪脚、土笋冻等。

（六）浙菜

浙菜风味包括杭州、宁波、温州、金华等地方的菜点特色。浙菜就整体而言，有比较明显的特色，又具有选料讲究、烹饪独到、注重原味的共同特点。文化色彩浓郁是浙菜一大特色，浙菜多以风土雅韵来命名，造型优美，许多菜肴都有美丽的传说。

杭帮菜重视原料的鲜、活、嫩，以鱼、虾、禽、畜、时令蔬菜为主，讲究刀工，口味清鲜，突出本味。其制作精细，变化多样，并喜欢以风景名胜来命名菜肴，烹调方法以爆、炒、烩、炸为主，清鲜爽脆。名菜有西湖醋鱼、东坡肉、龙井虾仁、油焖春笋、排南、西湖莼菜汤等。

宁波菜咸鲜合一,以烹制海鲜见长,讲究鲜嫩软滑,重原味,强调入味。口味甜、咸、鲜、臭,以炒、蒸、烧、炖、腌制见长,讲求鲜嫩软滑,注重大汤大水,保持原汁原味。著名菜肴有雪菜大汤黄鱼、苔菜拖黄鱼、木鱼大烤、冰糖甲鱼、锅烧鳗、溜黄青蟹、宁波烧鹅等。

温州素以"东瓯名镇"著称,菜因此被称作"瓯菜",口味清鲜,淡而不薄。温州菜以海鲜为主,烹调讲究"两轻一重",即轻油、轻芡、重刀工。烹调方法多用烧、蒸、炖、煨、炸。代表名菜有三丝敲鱼、双味蝤蛑、橘络鱼脑、蒜子鱼皮、爆墨鱼花等。

金华菜以火腿菜为核心,火腿菜品种达 300 多道,讲究保持火腿独特色香味。著名菜肴有薄片火腿、拔丝金腿、火踵神仙鸭、八宝香肚、婺江春、火踵蹄髈等。

(七) 湘菜

湘菜即湖南菜系,包括湘江流域、洞庭湖区和湘西山区三个地区的菜点特色。湖南菜系各地风味统一,主要流行于湖南地区,是民间第三大菜系。

湘江流域菜点以长沙、衡阳、湘潭为中心,是湘菜的主要代表。其特色是油重色浓,讲求实惠,注重鲜香、酸辣、软嫩,尤以煨菜和腊菜著称。洞庭湖区的菜以烹制河鲜和家禽、家畜见长,特点是量大油厚、咸辣香软,以炖菜、烧菜、蒸菜出名。湘西菜擅长制作山珍野味、烟熏腊肉和各种腌肉、风鸡,口味侧重于咸香酸辣,有浓厚的山乡风味。

湖南菜的最大特色是辣和腊。著名菜点有东安子鸡、剁椒鱼头、腊味合蒸、组庵鱼翅、冰糖湘莲、红椒腊牛肉、发丝牛百叶、干锅牛肚、平江火焙鱼、吉首酸肉、湘西外婆菜、换心蛋等。

(八) 徽菜

徽菜即徽州菜系,主要流行于徽州地区和浙江西部,同苏菜系中的苏南菜、浙江菜系较近。

徽菜的主要特点是烹调方法上擅长烧、炖、蒸,而爆、炒菜少,重油、重色、重火功。主要名菜有火腿炖甲鱼、腌鲜鳜鱼、黄山炖鸽等上百种。

除了八大菜系,中式菜系还有东北菜、京菜、冀菜、豫菜、鄂菜、沪菜(本帮菜)、赣菜、清真菜、台湾料理、客家菜、陕西菜等。此外,中国不同的民族还有本民族独具特色的菜肴。

二、中餐礼仪

（一）中餐座次礼仪

1. 一般座次

居右为高。当两人一同并排就座时，通常以右为上座，以左为下座。这是因为中餐上菜时多以顺时针为上菜方向，居右者因此比居左者优先受到照顾。

中座为尊。三人一同就餐时，居中坐者在位次上要高于在其两侧就座之人。

面门为上。依照礼仪惯例，座次应以面对正门为上坐，背对正门为下座。

观景为佳。在一些高档餐厅用餐时，其室内外往往有优美的景致或高雅的演出，可供用餐者观赏，此时应以观赏角度最佳处为上座。

临墙为好。在某些中低档餐厅用餐时，为了防止过往侍者和食客的干扰，通常以靠墙之位为上座，靠过道之位为下座。

2. 宴会座次

举办中餐宴会一般用圆桌，每张餐桌上的具体位次有主次尊卑之分。

宴会的主人应坐在主桌上，面对正门就座；同一张桌上位次的尊卑，根据距离主人的远近而定，以近为上，以远为下；同一张桌上距离主人相同的位次，排列顺序讲究以右为尊，以左为卑。

在举行多桌宴会时，各桌之上均应有一位主桌主人的代表，作为各桌的主人，其位置一般应以主桌主人同向就座，有时也可以面向主桌主人就座。每张餐桌上的就餐人数一般应限制在10个人之内，并且为双数。

在每张餐桌位次的具体安排上，还可以分为三种情况：

第一种是每张桌上一个主位的排座法。每张餐桌上只有一个主人，主宾在其右首就座，形成一个谈话中心，如左图。

第二种是每张桌上有两个主位的排座法。例如，主人夫妇就座于同一桌，以男主人为第一主人，女主人为第二主人，主宾和主宾夫人分别坐在男女主人右侧，桌上形成两个谈话中心，如下图。

第三种情况是当主宾的身份高于主人时，为表示对他的尊重，可安排主宾在主人位次上就座，主人则坐在主宾的位置上，第二主人坐在主宾的左侧；如果本单位出席人员中有身份高于主人者，可请其在主位就座，主人坐在身份高者的左侧。这种情况也可以不做变动，按常规予以安排。

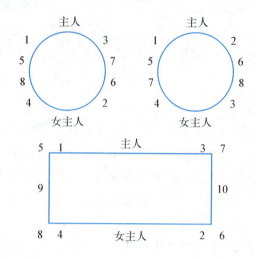

案例

古代传统宴会座次[①]

《礼记·少仪》云:"尊者,以酌者之左为上尊。"

我国古代建筑一般坐北朝南,前堂后室。堂和室共覆一个房顶,堂大于室,堂室之间以墙为隔,墙内为室,隔墙上靠西边有窗,靠东边有门,堂和室以此相通,因此有"登堂入室"之说。古人在堂上以南向为尊,在室内以东向为尊。《史记·项羽本纪》中有一段关于著名的"鸿门宴"的描写:"项王、项伯东向坐,亚父南向坐……沛公北向坐,张良西向侍。"鸿门宴在军帐中举行,从席位安排可以看出,项羽居中,其左手位南向坐的亚父范增位高于右手位北向坐的刘邦。

《红楼梦》第三回描写贾府设宴接待林黛玉时的席次安排:"王夫人遂携黛玉穿过一个东西穿堂……见王夫人来了,方安设桌椅……贾母正面榻上独坐,两边四张空椅,熙凤忙拉了黛玉在左边第一张椅上坐了,黛玉十分推让。贾母笑道:'你舅母你嫂子们不在这里吃饭。你是客,原应如此坐的。'黛玉方告了座,坐了。贾母命王夫人坐了。迎春姊妹三个告了座方上来。迎春便坐右手第一,探春左第二,惜春右第二。"

案例思考:我国历史上"以左为尊"、"以右为尊"座次礼仪是如何变化的?

[①] 参见《中餐宴会的席位安排主宾位》,http://wenku.baidu.com/view/42f4ea3e87c24028915fc370.html,2013年2月6日。

（二）中餐点菜礼仪

商务宴请一方的相关人员要提前到达宴请地点，查看菜单，以便点菜时不铺张浪费，花费控制在预算内。一般可以点套餐或包桌，这种做法能使菜肴的档次和数量相对固定，也比较省事；也可以根据预算，在用餐时现场临时点菜。

如果是现场点菜，宴请一方常常会出于礼貌让被请者点菜。被请者在点菜时，可以告诉宴请方自己没有特殊要求，请宴请方随便点，这种做法会很受宴请方欢迎；也可以认真地点上一个不太贵又不是大家忌口的菜，再请别人点。对别人点的菜，不能说三道四。

如果宴请方的老板在酒席上，宴请方的人员不能因为要尊重自己的老板或是认为老板应酬经验丰富而让老板来点菜，除非是老板自己主动要求，否则，会使老板觉得不够体面，不够有"腔调"。

点菜时，应该注意以下几方面：

● 通常，点菜时人均一菜是比较通用的规则，若是男士较多的宴请，可适当加菜、加量。

● 一桌菜要有荤有素，有冷有热，尽量做到全面。若是男士较多的宴请，可多点些荤食；若是女士较多的宴请，则可多点几道清淡的蔬菜。

● 普通的商务宴请，平均一道菜在50—80元便可。如果宴请的对象是比较关键的人物，则要点上几道有分量的菜。

● 点菜时不应问服务员菜肴的价格或是讨价还价，这样会让宴请方的企业显得小气，令被宴请者不自在。

● 中餐上菜的次序通常是冷盘—热炒—主菜—点心和汤（广东等地习惯于将汤放在最开始时上）—果盘。如果上咸点心的话，讲究上咸汤；如果上甜点心的话，就要上甜汤。了解中餐标准的上菜次序，有助于在点菜时巧做搭配。

● 宴请外宾时，一些菜虽不是很有分量，但却需要具有鲜明的中国特色，这样很受外宾的喜欢，如炸春卷、煮元宵、蒸饺子、狮子头、宫保鸡丁等。很多国家的人不吃宠物、稀有动物、动物内脏、动物的头部和脚爪等，并且按照本国的餐饮礼仪，不太会将咬到嘴中的食物再吐出来。因此，宴请外宾时，要尽量少点啃食的菜肴。

- 若是被宴请方非本地人,可以点些本地特色的菜肴,如西安的羊肉泡馍、湖南的毛家红烧肉、北京的涮羊肉等,这会更受被宴请者好评。
- 很多餐馆都有自己的特色菜,点上一份该餐馆的特色菜,能说明宴请者的细心和对被宴请者的尊重。
- 如果是商务家宴,主人会做几个自己拿手的菜。虽然拿手菜不一定十全十美,但只要是主人亲自动手,足以让被宴请者感觉到主人的尊重和友好。
- 商务宴请点菜时,要考虑参加宴请者的宗教信仰、健康状况、职业等特殊禁忌。例如,伊斯兰教徒不吃猪肉、不喝酒等;高血压、高胆固醇、胃溃疡等患者不合适吃甲鱼、喝鸡汤等;驾车的商务人员不能饮酒等。

(三)中餐主要餐具使用的礼仪

中国从战国开始,用餐具替代手指取食的方式才逐渐成为人们餐饮的习俗①。

1. 筷子

筷子又称箸,是用竹、木、金属等材质制作的夹饭菜或其他东西的细长棍儿。筷子是手指的有效扩展,其在中国的历史长达七千年以上②,《史记·宋微子世家》中记载"纣始为象箸"。用象牙做箸,是富贵或奢侈挥霍的标志③。"筷子"的称谓起自明代,船家怕船抛锚停住,"箸"与"住"同音,因此改称"箸"为"快儿",意为让船快行。随着称谓的变化,筷子也成为婚礼上的必需品,因为"子"是"快子"词的后缀,它也有"儿子"或"孩子"的意思,"快子"可以解释为"很快有了孩子或儿子"之意④。筷子乃竹木所制,久而久之,后人就把"快"加了个竹字头,称作筷子。

在中国古代,筷子也被用作占卜的工具,古人相信筷子有着神秘的力量。他们认为从一个人执筷的方式,能预测其命运。如果孩子执筷的手指离筷尖较远,接近顶部,预示着孩子长大后会远离父母,自谋生活。直到19世纪末期,筷子仍然是一些中国人的宗教崇拜对象,他们定期"请筷子神",向其膜拜、祈祷,以求好运⑤。

唐代,箸传入日本,如今日本依旧把筷子叫作箸。日本是世界上生产筷子最多的国家,平均年产130亿双筷子,其中90%是只用一次的"剖箸"。日本人把每年的8月4日定为"筷子节"。

---

① [美]王晴佳:《筷子:饮食与文化》,汪精玲译,生活·读书·新知三联书店2019年版,第18页。
② 刘云:《中国箸文化史》,中华书局2006年版,第51—61页。
③ [美]王晴佳:《筷子:饮食与文化》,汪精玲译,生活·读书·新知三联书店2019年版,第49页。
④ 同上书,第248页。
⑤ 刘云:《中国箸文化史》,中华书局2006年版,第239页。

做筷子的材料有很多种，考究的有金筷、银筷、象牙筷，一般的有骨筷、竹筷、塑料筷。湖南的筷子最长，有的长达两尺左右。日本的筷子短而尖，这是因为吃鱼片等片状食物之故。

正确使用筷子的方法是：用右手执筷，大拇指和食指捏住筷子的上端，另外三个手指自然弯曲扶住筷子，并且筷子的两端一定要对齐。

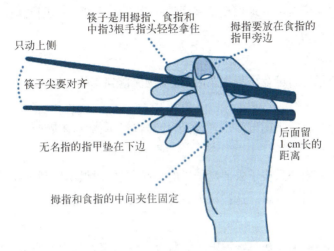

用餐前，筷子一定要整齐地码放在饭碗的右侧；宴请上菜时，应等主人邀请，主宾动筷子后，其他人才能动筷子；用餐后，要把筷子整齐地竖向码放在饭碗的正中。

中餐筷子的使用有以下忌讳：

（1）三长两短

忌讳在用餐前或用餐过程中，将筷子长短不齐地放在桌上。中国人认为人死后是要装进棺材里的，在没有盖棺材盖时，棺材的组成部分是前后两块短木板，两旁加底部共三块长木板，五块木板合在一起做成的棺材正好是三长两短。因此，"三长两短"和"长短"皆意为"死亡"，极不吉利。

（2）仙人指路

忌讳用大拇指和中指、无名指、小指捏住筷子，而食指伸出。这在中国人眼里叫"骂大街"。当人们伸出食指指向他人时，大多带有指责的意思。所以，吃饭用筷子时用手指人，无异于在指责别人，形同骂人。

（3）品箸留声

忌讳用餐时将筷子的一端含在嘴里，用嘴来回去嘬，并不时地发出咝咝的声响。这被视为无礼和缺少家教的行为。

（4）击盏敲盅

忌讳吃饭时用筷子敲击盘碗。因为过去只有要饭的人才用筷子击打要饭盆，其发出的声响再配上嘴里的哀告，使行人注意并给予施舍。

（5）执箸巡城

忌讳用餐时旁若无人地用筷子来回地在菜盘里寻找或者扒拉。这是目中无人和缺乏教养的行为。

（6）泪箸遗珠

忌讳用筷子往自己盘子里夹菜时，将菜汤流落到其他菜里或桌上。

（7）颠倒乾坤

忌讳用餐时将筷子颠倒使用，这种做法显得饥不择食，不顾脸面。

（8）定海神针

忌讳用餐时用一只筷子去插盘子里的菜品，吃饭时做出这种举动，类似在欧洲当众对人伸出中指的意思。这被认为是对同桌用餐者的一种羞辱。

（9）当众上香

忌讳将一副筷子插在一碗饭中递给对方。这会被人视为大不敬。因为传统的为死人上香祭祀时才会这样做。

（10）交叉十字

忌讳用餐时将筷子随便交叉放在桌上。这是对同桌其他人的否定，也是对自己的不尊敬，因为过去吃官司画供时才打叉。

此外，在中国餐饮文化习俗中，忌讳折断筷子，因为这预示着突然的死亡。忌讳吃饭时将筷子不小心落在地上——"落第"，这会被视为不吉利，尤其是对掉落筷子的考生而言。

2. 勺子（调羹、汤匙）

勺子是中国人最早用来进食的主要用具。当筷子第一次出现在新石器时代，匕首形勺（历史文献中的"匕"或"匙"）在当时已经广泛使用了[①]。

勺子的主要作用是舀取汤、菜肴、食物。有时，用筷子取食时，也可以用勺子来辅助。用勺子取食物时，不要过满，免得溢出来弄脏餐桌或自己的衣服。在舀取食

[①] ［美］王晴佳：《筷子：饮食与文化》，汪精玲译，生活·读书·新知三联书店2019年版，第39页。

物后,可以在原处暂停片刻,汤汁不会再往下流时,再移回自己的碗盘中。

暂时不用勺子时,应放在自己的碟子上,不要把它直接放在餐桌上或是让它在食物中"立正"。如果取用的食物太烫,不要用嘴对着吹,也不可用勺子舀来舀去以求快点晾凉。不要把勺子塞到嘴里或者反复吮吸、舔食。

3. 碗

中餐的碗可以用来盛饭、盛汤。进餐时,可以手捧饭碗就餐。拿碗时,用左手的四个手指支撑碗的底部,拇指放在碗端。吃饭时,饭碗的高度大致和下巴保持一致。

4. 盘子(碟子)

稍小点的盘子就是碟子,主要用来盛放食物或调料品。食碟是盘碟的一种,用来盛放从公用菜盘里取来的菜肴。食碟里不要取放过多的菜肴,一是菜肴会相互"窜味",二是会给人留下贪婪、失礼的印象。不吃的残渣、骨、刺不要吐在地上、桌上,应轻放在食碟前端,放的时候不能直接从嘴里吐在食碟上,要用筷子夹放到碟子旁边。如果食碟放满了,可以让服务人员撤换。

5. 汤盅

汤盅是用来盛放汤类食物的餐具。用餐时,将汤勺取出放在垫盘上,并把盅盖反转平放在汤盅上,表示汤已经喝完,汤盅可以撤走了。

6. 水杯

水杯主要是用来盛放清水、汽水、果汁、可乐等软饮料时使用的盛器。不要用它来装酒,也不要倒扣水杯。喝进嘴里的东西不能再吐回水杯。

7. 餐巾

中餐桌上的餐巾分为餐巾、擦手毛巾、湿纸巾、餐巾纸等,用途不一。

按国际惯例,餐巾"取左不取右",因此不要拿错邻座的餐巾。不同花型、高度、颜色的餐巾显示了宾主的位置,特殊的、显眼的餐巾处就是主位。正式宴请时,主位之人拿起餐巾,其他人才可以拿起餐巾,摊放在自己的腿上。

餐巾最主要的用途就是擦嘴、擦手,不能当作抹布擦拭餐具。用餐巾擦嘴的正确方法是:用餐巾的末端顺着嘴唇轻按几下,并将弄脏的部分向内侧卷起。擦嘴时可以稍稍低头,但不要弯腰埋脸擦嘴,这会显得很猥琐。

比较讲究的宴请时,餐前会有服务人员为每位用餐者送上一块用来擦手的湿毛巾,擦手后,应该放回盘子里,由服务人员拿走。正式宴会结束前,会再上一块湿毛巾,它只能用来擦嘴,却不能擦脸、抹汗。

8. 牙签

牙签是中餐桌上的必备之物。它主要用于扎取食物和剔牙。用餐时尽量不要当众剔牙,若是剔,也一定要用另一只手掩住口部。不要当众观赏剔出之物,也不要随手乱弹、随口乱吐。剔牙后,不要长时间叼着牙签,更不要再用此牙签扎取食物。

(四) 中餐用餐礼仪

1. 尊重传统习俗

中餐有许多传统习惯和寓意。例如,鱼表示"年年有余";渔家、海员、驾驶员吃鱼时,忌讳把鱼翻身,因为有"翻船"、"翻车"之意。

2. 举止文雅

正式宴请场合用餐时,主人或位尊者动筷说"请"之后,其他人才能动筷用餐。用餐时,应遵循"不马食、不牛饮、不虎咽、不鲸吞,嚼食物不出声,嘴唇边不留痕,骨与秽莫乱扔"的规矩。否则,既影响自己的形象,也败坏别人的食欲。

取菜时,不要左顾右盼,在公用的菜盘内挑挑拣拣,夹起来又放回去,缺乏教养。多人一桌用餐,取菜要相互礼让,依次而行,取用适量。夹不到的菜,可以请人帮助,不要起身或离座去取。

用餐时,不要比比划划、当众修饰等。如有清嗓子、擤鼻涕、梳头发、化妆补妆、脱袜鞋等之需,应及时去洗手间或化妆室。

3. 注重宗教禁忌

商务用餐时,要特别注重宗教禁忌,比如佛教禁食荤、伊斯兰教禁食猪肉、印度教禁食牛肉、犹太教禁食无鳞的鱼等。

4. 尊重外宾的饮食习惯

在商务中餐宴请场合，要尊重外宾的饮食习惯。应主动询问外宾是否会用或者喜欢用筷子，是否需要另配刀叉进餐。许多中国人用餐前习惯用餐巾纸或餐巾擦拭餐具，但这会使外宾认为餐具不洁，没有经过消毒处理，进而影响外宾的进餐情绪。

招待外宾不要说"没有什么菜"、"招待不周"之类的客套话。这种中国式的谦虚会被外宾误认为对他们重视不够。正确的说法应该是："今天的菜肴是我们精心为你们准备的，希望你们吃得开心。"

5. 礼貌道别

参加宴会最好不要中途离去，万不得已时应向同桌的人说声对不起，同时还要郑重地向主人道歉，说明原委。用餐尾声，应等大家都放下筷子且主人示意可以散席时才能离座。

宴会完毕，要依次走到主人面前，握手并说声"谢谢"，向主人告辞，但不要拉着主人的手不停地说话，以免妨碍主人送别其他客人。

案　例

周代时形成的饮食礼仪[①]

最晚在周代，饮食礼仪形成了一套相当完整的制度。饮食内容的丰富和居室、餐具等饮食环境的改善，促使高层次的饮食礼仪产生，与礼仪相关联的一些习惯也逐渐形成。周代的饮食礼仪经过儒家的精心整理，比较完善地保存在《周礼》、《礼仪》和《仪记》中。

客食之礼

作为客人赴宴，入座的位置非常有讲究，要求"虚坐尽后，食坐尽前"。席地而坐，要坐得比尊者、长者靠后一点，以表示谦虚。饮食时要尽量靠近摆放在自己面前的食案，以免食物掉在座席上失礼。

[①] 都大明：《中华饮食文化》，复旦大学出版社2011年版，第271—273页。内容有改动。

有贵客到来时,所有客人都要起立,以表示恭敬。如果来宾地位低于主人,必须端起食物面向主人道谢,等主人寒暄完毕后,客人才可以落座。

用餐时,主人要指点肉食让客人享用,还要告知客人所上肉食的名称,请客人细细品味。讲究"三饭",即客人吃三小碗饭后就要说吃饱了,然后需要主人再劝而食肉。宴饮将近结束,主人不能先吃完饭而撤下客人,为了表示对客人的尊重,要等客人吃完饭后才可以停止进食。

"仆从"待客的礼仪

仆从安排宴席时,对食品的排放有严格的规定。例如,饭食要放在客人的左边,肉羹要放在右边,脍炙等肉食要放在外围,酒浆和酱醋等调料品要放在离客人近一些的地方。肉脯之类还要注意摆放的方向。

仆从端出菜肴时,不能面向客人和菜盘子大口喘气。回答客人问话时,要将脸侧向一边,避免呼气和唾沫溅到盘中或客人的脸上。

侍食礼仪

小辈陪长辈饮酒,要给长辈斟酒。长辈一杯酒没饮尽,小辈不得先饮尽。长辈赐小辈和童仆酒食,不必辞谢,因为地位差别太大,作为小辈和童仆没有辞谢的资格。

陪侍年长位尊的人共食,小辈要先"尝饭",但不能先吃饱,必须等长辈吃饱后才能放下碗筷。小辈吃饭要小口吃,且要快咽,准备随时能回答长辈的问话,以防有喷饭的情况发生。

对熟食制品,侍者、小辈都得先尝尝。如果是水果之类,则必须让尊者先食。尊者赐小辈水果,如桃子、李子、枣子之类,吃完这些果子,剩下的果核不能扔下,必须放在怀里拿回家,否则便是极不尊重的行为。如果尊者将没有吃完的食物赐给小辈,若是盛食物的器皿不易洗涤干净,得先倒在自己的餐具中,然后才能食用。

进食礼仪

《周礼》等古籍记载,进食时无论主宾,对如何使用餐具、吃饭食肉等都有一系列具体的行为规范,这些规范主要是下面18个"毋",对现代餐饮礼仪仍有指导意义。

• 共食不饱。同别人一起进食,不能吃得太饱,要注意谦让。

• 毋抟(音"团")饭。不要把饭抟成大团,大口大口地吃,有争饱之嫌。

• 毋放饭。要入口的饭不要再放回容器中,别人会感觉不卫生。

• 毋流歠(音"出")。不要长饮大嚼,让人觉得自己是想快吃、多吃。

• 毋咤食。咀嚼时,不要让舌头在口中作声,有不满主人饭食之嫌。

• 毋啮骨。不要啮骨头,一是容易发出不中断的声音,使人感觉不稳重;二是怕主人感到肉不够吃,要啮骨头至饱;三是啮得满嘴是油,面目可笑。

• 毋投于狗骨。客人自己不要啮骨头,也不要把骨头投给狗啮,否则,主人会认为你看不起他准备的饭菜。

• 毋反鱼肉。自己吃过的鱼肉不要再放回去,应当接着吃完。

• 毋固获。"专取曰固,争取曰获。"这是说不要喜欢吃某一食物就只独吃那一种或者争着去吃,有贪吃之嫌。

• 毋扬饭。不要为了要吃得快些,就扬起饭料以散去热气。

• 饭黍毋以箸。吃黍饭不要用筷子,但也不提倡用手去抓。吃饭时用匙,筷子是专门吃羹中之菜的,不可混用。

• 毋嚃羹。吃羹时,不可吃得太快,快到连羹中的菜都顾不上嚼,既易出恶声,也有贪多之嫌。

• 毋絮羹。客人不要自行调和羹味,这会使主人怀疑客人更精于烹调。

• 毋刺齿。进食时,不要随意剔牙,如牙塞,须等饭后再剔。周墓中曾出土过很多牙签,说明周代并不是绝对禁止剔牙的。

• 毋歠醢(音"海")。不要直接端起肉酱就喝。肉酱本来很咸,是用于调味的。

• 濡肉齿决,干肉不齿决。湿软的肉可以直接用牙齿咬断,不可用手去撕。而干肉则不要用嘴去撕咬,需要用刀匕去帮忙。

• 毋嘬炙。大块烤肉或大块烤肉串不要一口吃下去,如此不经细嚼,狼吞虎咽,仪态不佳。

- 当食不叹。吃饭时不要唉声叹气。吃饭时要忘记忧愁,不可哀叹。

案例思考:周代时的饮食礼仪对中餐礼仪的形成有什么影响?

(五)中餐酒水礼仪

1. 宴请的饮酒礼仪

中餐饮酒,一般选用白酒、红酒、黄酒等,啤酒通常只在吃便餐时才选用。酒的度数越高,酒具就越小。

(1)顺序斟酒,礼貌拒酒

侍者或者主人、主陪应面带微笑地按照位高者先、年长者先、远道而来者先的顺序为宾客斟酒。客人一般不亲自斟酒。

斟酒时应站在客人的右侧,酒杯应放在桌上,酒瓶的口不要与酒杯相碰,酒不宜斟得太满。

当主人斟酒时,接受者应起身或微笑致意,并作扶杯状或欲扶杯状,以示感谢或谦恭。拒绝斟酒时,应礼貌示意,并说明缘由,以茶代酒。无法拒绝时,不可藏杯或将杯子反扣在桌子上,可让主人少斟一点酒,留着不喝即可。对于拒绝斟酒者,主人也不应固执坚持,以免彼此难堪。

按照国际惯例,不可让客人用同一个杯子饮两种酒。

(2)得体敬酒,控制饮量

宴会开始后,宾客不能喧宾夺主。主人先向宾客敬酒,以示欢迎、祝福等。如果主人双手持杯,客人也要双手持杯,待主人饮时,客人才可跟饮。

在主人向来宾敬酒和主宾回敬过主人后,来宾之间就可以按照职位高低、年龄大小、宾主身份顺序依次敬酒。

敬酒给对方时,应将酒杯杯沿举至与眼睛同高的高度。如果对方是尊者,应自觉地在碰杯时将酒杯举得比对方稍低,被敬酒者饮酒时,敬酒者才能饮酒。敬酒时,要避免交叉碰杯的情形出现。

正式场合的干杯,可将杯中的酒饮去一半,然后双方再对视一下,之后饮尽。敬酒方应向被敬方道一声"谢谢",如被敬方已起立,应说声"请坐",示意对方坐下后再离开。席间的干杯或共同敬酒一般以一次为宜,敬酒要适度,不可勉强别人,尤其不能勉强女士饮酒。

饮酒要有度,最好不要超过自己酒量的 1/3,以免醉酒失态、失礼。如果不会喝酒或不打算喝酒,可以明确表示自己不宜饮酒,但最好还是以茶水、果汁之类的饮料奉陪感谢对方。

在正式场合饮酒,最好不要猜拳、行令和吆喝。

(3) 尊重习俗,应付自如

酒能助兴,也能败兴。在饮酒时,不论是主人还是客人,都要尊重对方,避免引起宗教、习俗等方面的误会。

商务宴会敬酒中,当邀请方积极调动席间气氛时,客人也要积极回应,尽量使彼此之间的沟通更顺畅、关系更融洽,从而更有利于商务交往的发展。

2. 宴请的品茶礼仪

商务宴请品茶时,要注意了解三个方面。

(1) 了解茶叶的历史

中国是茶叶的原产地之一。历史上,茶也有"荼草"、"蒣"、"皋芦"、"槚"、"茗"等名称。茶虽是植物,但自然生长环境决定了其本身是一种素雅之物。品茶是一种韵事、雅兴,是一种艺术,具有极高的文化内涵。中国历史上,茶叶最早仅作药用。《神农本草经》记载:"神农氏尝百草,日遇七十二毒,得荼(茶)而解之。"《本草纲目》、《本草求真》等史籍也都明确记载了茶叶的药用功能。

汉代前,饮茶方式为熬茶(类似中药的熬制方法)。西汉时"煮作羹饮"①,即将茶叶蒸压成砖,饮用前用火炙烤,捣成细末,放至锅中加水煎煮,并投入葱、姜、橘皮、薄荷等作料煮成"茶粥"。魏晋南北朝时,饮茶普及。唐代陆羽的《茶经》使中国茶文化进入到一个新境界,茶由饮用变为品饮,饮茶由一种习惯、爱好升华为一种修养、文化。宋朝,斗茶流行,王安石在《论茶疏》中有"茶之用,等于米盐,不可一日无"之语。明朝是中国茶文化的转折时期,茶叶制作完成了炒青工艺,茶叶开始分为绿茶、青茶、黑茶和白茶,煮茶改为冲泡,宜兴的紫砂壶应运而生。清朝开创了红茶制作的先河,此时,龙井、碧螺春、蒙顶茶、六安瓜片等茶成名。

(2) 了解品茶的讲究

中国品茶艺术包括观茶、闻香、冲泡、品味四个方面。品茶讲究五境之美,即茶

---

① 崔进:《旅游文化纵览》,中国旅游出版社 2000 年版,第 333—335 页。

叶、茶水、火候、茶具、环境。

① 茶叶

茶叶的分类方式有很多种,如可以按茶的颜色、发酵程度、焙火程度、采茶的季节、萎凋程度等来分类。按照国际上较为通用的发酵度分类法,中国的茶叶可分为六类:

绿茶:不发酵的茶(发酵度为零),如龙井茶、碧螺春等。

黄茶:微发酵的茶(发酵度为10%—20%),如白牡丹、白毫银针、安吉白茶等。

白茶:轻度发酵的茶(发酵度为20%—30%),如君山银针等。

青茶:半发酵的茶(发酵度为30%—60%),如铁观音、文山包种茶、乌龙茶等。

红茶:全发酵的茶(发酵度为80%—90%),如祁门红茶、正山小种等。

黑茶:后发酵的茶(发酵度为100%),如六堡茶、普洱茶等。

此外,茶叶还有再加工茶类,如花茶、紧压茶、果味茶、保健茶等。商务宴请品茶时,自然以选择名茶为佳。

② 茶水

中国历史上,古人就很讲究品茶之水,尤其是唐宋以后,更加强调水清、甘、活、轻。清人张大复在《梅花草堂笔谈》中写道:"茶性必发于水,八分之茶,遇十分之水,茶亦十分矣;八分之水,试十分之茶,茶只八分耳。"

如今,商务宴请品茶场合,沏茶之水以矿泉水为佳。

③ 火候

火候指煮水的火力。陆羽在《茶经》中把煮水过程的初沸到全沸分为"三沸之汤":"其沸如鱼目微有声,为一沸;缘边如涌泉连珠,为二沸;腾波鼓浪为三沸。"沸水或嫩或老都不宜冲茶。明人田芝蘅在《煮茶小品》中写道:"汤嫩茶力不足,过沸则水老而茶乏,惟有花而无衣,乃得点泡之候耳。"

④ 茶具

茶具又称茶器具,有广义和狭义之分。广义茶具泛指完成泡饮全过程所需设备、器具、用品及茶室用品的统称;狭义茶具仅指泡和饮的用具,即主茶具。

茶具对茶汤的影响主要在于:茶具颜色对茶汤色泽的衬托,茶具的材料对茶汤滋味和香气的影响。

品茶的乐趣不仅注重茶叶的色、香、形、味及品茶的心态、环境和话题,还注重用什么茶具加以配合。中国古代茶人给茶具取了很多高雅的名字,例如,给风炉取别号为苦节君,尊称为卢相国,取名鼎,字师古,号调和先生。宋代,对茶具统称玉川先生。其他茶具的名称有:建城——藏茶的箬笼;湘筠焙——焙茶的箱子;云屯——盛泉水的罐;水曹——洗茶具的桶;乌府——炭篮子;鸣泉——煮茶釜;品司——竹编的篓子,放茶用;沉垢——放用过的水,盛器;分盈——水杓;执权——称茶的秤,当时规定一两茶、二升水;合香——茶盒;归洁——洗壶的刷帚;商象——古石鼎;降红——火筷子;啜香——茶杯;易持——茶杯托;国风——扇炉之扇;撩云——茶勺;等等。

⑤ 环境

品茶非常讲究环境。茂林修竹、画舫游船、小榭山亭都是品茶的佳境。商务宴请品茶时,也可选择装潢考究、环境优美的茶室。

(3) 了解品茶的礼仪

请客人品茶,应根据对方的生活习惯和喜好来选择茶叶。一般而言,南方人喜欢喝绿茶;北方人喜欢喝花茶;东南沿海一带的人爱喝乌龙茶;欧美人爱喝红茶,尤其是袋装的红茶。

沏茶时,要用茶勺取茶,或是直接用茶罐将茶叶倒进茶壶或茶杯。加水时,加到七分满,九分满则是热情的极限,太满容易滴洒,还有"欺人"之嫌。

在专门的茶室,由服务人员按照尊卑位次为品茶者上茶;在企业的会客室或办公室接待来客,一般由秘书或者接待人员为来客上茶;接待重要来宾时,应由在场的本企业职位最高者亲自奉茶;若是来客较多,应遵循"由尊而卑"的原则依次上茶。

若是主人向客人奉茶,应双手将茶杯奉至客人面前,并躬身道"请",客人则应起身或欠身,用双手接过茶杯道谢。

刚沏好的茶会很烫,客人应等其稍凉后再饮。饮用时,如果茶面上浮起少许茶叶,可用杯盖将其轻轻拂去再喝。

以茶待客,讲究为客人勤斟茶、续水,寓意"慢慢喝,慢慢聊"。品茶时,讲究小口品饮,一苦二甘三回味。大口吞咽茶水是失礼的。喝茶时,若是有茶叶入口,不要吐出来或用手从嘴里拿出来,最好的方法就是悄悄地吃掉。

案例

名茶冲泡方法[1]

一、武夷山大红袍

泡茶工具：大红袍，电水壶一个，基本功夫茶具一套（包括茶海一个、竹节茶道六件套一个、紫砂壶一个、陶瓷储茶罐一个）。

| 茶海 | 茶道六件套 | 武夷山大红袍 | 仿古壶 |

泡茶过程：

①—③ 温杯：用沸水温茶具，使茶具均匀受热。

④—⑦ 洗茶：用茶匙取适量茶叶放入紫砂壶，洗茶讲究一个"快"字，只要把茶叶的香味唤醒即可，无须泡出茶味。

---

[1] 参见《中国十大名茶冲泡方法》，http：//wenku.baidu.com/view/d96fcee90975f46526d3e105.html，2018年6月30日。

⑥  ⑦

⑧—⑪ 泡茶：弃去洗茶之水，倾入沸水，盖上壶盖泡 4—5 秒，其间要用沸水浇注壶身，以 3 次为佳，高温之下才能使浓郁的茶香充分散发出来。

⑧  ⑨

⑩  ⑪

⑫—⑮ 出汤：将泡好的茶汤倒入公道杯中，低倒，快速，防止茶香飘逸。将公道杯中的茶汤分到小口杯里，即可品茶香，观茶形。

⑫  ⑬

⑭

⑮

二、西湖龙井茶

泡茶工具：洁净的阔口透明玻璃杯一个，西湖龙井茶，电水壶一个，基本功夫茶具一套（包括茶海一个、茶道六件套一个、陶瓷储茶罐一个）。

泡龙井茶特别要注意水温，应用约 75 摄氏度到 85 摄氏度的水。因为龙井茶是没有经过发酵的茶，所以茶叶本身十分嫩。如果用太热的水去冲泡，就会把茶叶滚坏，而且还会把苦涩的味道一并冲泡出来，影响口感。最好是先把沸水倒进一个公道杯，然后再倒进茶盅冲泡，这样就可轻易地控制水温。还有一点要紧记，就是要高冲、低倒。

茶海

茶道六件套

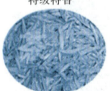
特级特香

陶瓷储茶罐

泡茶过程：

① 用刚烧的开水温杯。

②—④ 用茶匙从茶叶罐里取适量茶叶（一般一次放 5—7 克，根据个人口味而定），采用下投法放入玻璃杯中。

①

②

③
④

⑤—⑥ 待开水凉至 85 摄氏度左右,悬壶高冲,冲入适量的水,以覆盖所有茶叶为佳。

⑤
⑥

⑦—⑩ 摇香 30 秒左右,手捧玻璃杯,朝一个方向轻轻摇动玻璃杯,让茶叶湿润均匀受热。

⑦
⑧
⑨
⑩

⑪—⑭ 再用悬壶高冲法注入开水七至八分满,35秒后,即可饮用。

⑪  ⑫

⑬  ⑭

案例思考:了解不同类型茶叶的冲泡方法。

第三节　商务西餐礼仪

一、西餐菜系特点

西餐可分为欧美式和俄式两大菜系。欧美菜系主要包括英、法、美、意菜以及少量的西班牙、葡萄牙、荷兰等地方菜。

1. 英式菜

英式菜的特点是油少、口味清淡。调味很少用酒,调味品大多放在餐台上由顾客自己选用。常备佐料有醋、生菜油、芥末、番茄沙司、辣椒油、盐、胡椒粉。烹调的方法多用烧、烤、熏、煮、蒸、焓。主要名菜、名点有薯烩烂肉、烤羊鞍、野味派、冬至布丁、牛排腰子布丁等。

2. 法式菜

法式菜的特点是选料广泛,如蜗牛、马兰、百合、大鹅肝等均可入菜。调味用酒较重,菜与酒的搭配也有严格的规定,比如清汤配葡萄酒、海味配白兰地、火鸡配香槟、水果和甜点配甜酒或白兰地等。法国人爱吃冷盘,喜食沙丁鱼、火腿、奶酪以及各类禽的肝酱,配料爱用大蒜头,喜欢清汤及酥面点心、蒸点心。他们还特别爱吃新鲜水果和新鲜奶酪。法式菜还讲究生吃,如生吃蚝、牛肉,羊腿只需七八成熟。重视蔬菜,每道菜都必须配蔬菜。

法国菜之所以享有盛名,还在于它有许多客前烹制表演,厨师们会在顾客面前表演烹制青椒牛扒、苏珊特饼燃焰等。主要的法式名菜、名点有马赛鱼羹、巴黎龙虾、法式蜗牛、红酒山鸡、奶油千层酥等。

3. 美式菜

美式菜的特点是咸里带甜,烹调方法大致和英式菜相似,但铁扒菜较为普遍。美国人一般对辣味菜不感兴趣,常将水果烧在菜里作为配料,如菠萝焗火腿、苹果烤鸭、紫葡萄烧野味等,点心和色拉也大多用水果作原料,早餐普遍爱喝各种果汁。主要名菜、名点有丁香火腿、美式火鸡、苹果色拉或火腿等。

4. 意大利菜

意大利菜的特点是味浓,讲究原汁原味,烧烤菜较少,烹调以炒、煎、炸、红烩、红焖等方法著称。意大利人喜爱面食,将各种面条、通心粉、饺子、面疙瘩作为佳肴。意大利面条品种很多,长、短、粗、细、空心、圆形、扇形、弯曲等各种形状都有,烹制方法也五花八门。意大利的番茄酱、腌腊、奶酪等制品比较著名。主要的名菜、名点有通心粉素菜汤、铁扒干贝、焗馄饨、奶酪焗通心粉、比萨饼等。

5. 俄式菜

俄式菜的特点是油大、味重,制作较为简单。肉类、家禽及各式各样的肉饼菜均烧得很熟才吃,口味一般喜欢酸、辣、甜、咸,喜欢用碎肉末、鸡蛋和蔬菜制成发面包子。咸鱼和熏鱼大多是生吃,调味喜欢用酸奶油。主要的名菜、名点有串烧山鸡、什锦冷盘、鲭鱼饺子、酸黄瓜汤、冷苹果汤、鱼肉包子、白塔鸡卷、果酱酸奶油等。

二、西餐礼仪

(一) 西餐座次礼仪

西餐宴请要事先与餐厅预约,说明宴请的时间、人数、目的、要求等,以便在预定时间到达前就排定座次。西餐的座次排列与中餐有很大区别,中餐多使用圆桌,而西餐一般都使用长桌。

如果男女二人同去餐厅,男士应请女士坐在自己的右边,还得注意不可让她坐在人来人往的过道边;若只有一个靠墙的位置,应请女士就座,男士坐在她的对面;如果是两对夫妻就餐,夫人们应坐在靠墙的位置上,先生则坐在各自夫人的对面;如果两位男士陪同一位女士进餐,女士应坐在两位男士的中间;如果两位同性进餐,靠墙的位置应让给其中的年长者。

举行正式宴会时,桌次多时应摆上桌次牌。座席按国际惯例排列(如下图):桌次的高低依距离主桌位置的远近而定,且右高左低;同一桌上席位的高低也是依距离主人座位的远近而定。西方习俗是男女交叉安排,即使是夫妻也是如此。

横向餐桌

不偕夫人的场合:

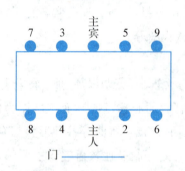

偕夫人的场合:

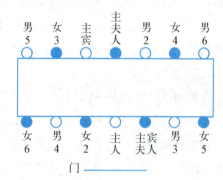

纵向餐桌

不偕夫人的场合:

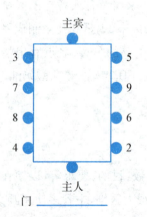

偕夫人的场合:

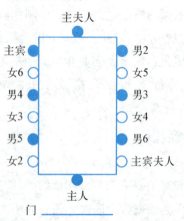

（二）西餐点菜礼仪

点菜是一门艺术。西餐的点菜有两种：一种是套餐，另一种是随意点。

最正式的法国菜套餐流程是：咸点心、前菜、汤、鱼、第一道肉、雪泥、第二道肉、奶酪和红酒、甜点和咖啡。一般的套餐流程是：前菜、汤、鱼、肉、甜点、咖啡。虽然西餐套餐的道数多，但每盘量少而精。套餐中的每一个流程的菜肴也有许多选择，若是点了套餐，可以在其规定的菜式中选择适合自己口味的菜肴。

选择了随意点菜方式后，如果不了解西餐厅菜单中的某一道菜，可以大方地询问侍者。西餐的菜肴是为酒而创制出来的，点菜时，最规矩的方法是先点酒，然后根据"红酒配肉，白酒配海鲜，玫瑰酒全配搭"的原则，再点菜（参看本章西餐酒水礼仪）。

随意点菜方式可以先点前菜，也可以先点主菜，然后以此为据，再点其他几道菜。点菜的原则是不重复同样的食材、不重复同样的口味、不重复一样的烹调手法、先淡后浓、先清后腻。

出于礼貌，随意点菜方式一般至少要点上两道菜。前菜一定要点，因为在西餐中，前菜是开胃菜，量虽少，但食材丰富，这是厨师最富有创意的一道菜。随意点菜时，最简单的点法就是点一道前菜和一道主菜，或者再加一道汤或沙拉或面、饭类。

正规的西餐厅，不论同一餐桌的人各自点了几道菜，餐厅都会在同一时间上最后的主菜。点菜道数少的人，在主菜上来之前，要配合同桌其他人的用餐进度。

如果两位就餐者想彼此分享各自点的美食，最好在点菜时预先告知餐厅的侍者将一盘菜肴分成两人份，以免用餐时出现你递我接的不雅举止。

在欧洲点菜，如果共餐的人少，一般是女士先告诉共餐的男士自己点了什么菜，再由男士转告侍者；如果是多人共餐，那就各自告诉侍者自己所点的菜肴。

（三）西餐主要餐具使用的礼仪

1. 西餐餐具的名称和摆放

如下图所示的对应的西餐餐具名称分别为：

1. 装饰盘　　2. 餐巾　　3. 汤匙　　4. 前菜用刀
5. 前菜用叉　6. 鱼用刀　7. 鱼用叉　8. 肉用刀
9. 肉用叉　　10. 水果刀　11. 水果用叉　12. 冰激凌匙
13. 咖啡汤匙　14. 面包盘　15. 香槟杯　16. 红葡萄酒杯
17. 白葡萄酒杯　18. 水杯　19. 奶油盘　20. 奶油刀

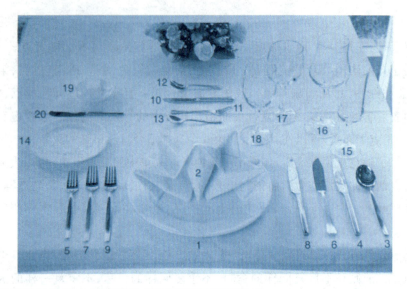

西餐餐具按照上菜顺序和使用便利的原则排列。

西餐餐具以餐盘摆放的位置为准,左放叉,右放刀或匙,上放点心餐具,叉齿及匙面朝上,刀直摆时刀刃朝左,刀横摆时刀刃朝下。依餐具使用习惯,左右两侧餐具应按照使用先后由外向内摆放。左右刀叉成对,取用时,每上一道菜,就拿最外侧的左右一副刀叉便可。

为避免餐桌显得杂乱无章和不整洁,左右两侧餐具原则上不超过3—4件;为讲究摆设的变化,两种相同形状、大小的餐具不同时摆在一起。唯一例外的是左侧可同时摆两只大餐叉,其中,一支餐叉与餐刀成对,另一支为单独使用;有些餐具可放在底盘中一起端上,如咖啡匙放在底盘上。

杯子有酒杯和水杯之分,在正式宴请中,杯子放在右前方,就餐时,不要拿错别人的杯子。酒杯摆设也与使用习惯有密切关系,餐桌摆设不超过4个酒杯,酒杯摆设以靠近餐盘的大餐刀上端为基准点,根据葡萄酒饮用顺序,以左上右下的位置逐一摆放,水杯应放在最后使用的葡萄酒杯的左方。

2. 西餐主要餐具的使用礼仪

(1) 刀叉

① 刀叉的用法

西餐最基本的礼仪是正确使用刀叉。西餐用餐时,要端正坐好,将肩膀与手腕放松,两臂贴着身体,手肘不可过高或过低,左手持叉,右手持刀,由上方握住刀与叉,两手食指按在刀叉上使用(如左图所示)。刀与餐盘的角度保持在15°左右。以叉子压住食物的左端固定,顺着叉子的侧边用刀切下约一口大小的食物,将刀子拉回时不可用力,而是在往前压下时用力,这样才能利落地将食物切开,然后,叉子即可直接扎起切好的食物送入口中。

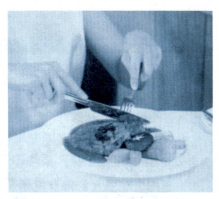

叉子可依食物的特性自由地变换拿法,变通使用,以方便用餐。当叉起食用时,叉子的背面必须向上。如果是食用米饭、玉米、青豆等小颗粒食物时,可先将豆类和米饭轻轻压扁一下,把叉子反过来当汤匙般使用,将食物用刀聚集在叉子凹陷处,舀着食用。

欧洲人用餐时,右手持刀,左手持叉,边切边叉,将食物送入口中。美国人则是每切一口食物后,将右手的刀放下,把叉子换到右手,再以叉子正面将食物送入口中。吃法并无优劣,只要入境随俗便可。

② 刀叉的餐语

盘子没有空时,如用餐者还想继续用餐,将刀叉分呈八字形,服务人员就不会把用餐者的盘子收走。

在准许添加饭菜的宴会上或在食用有可能添加的一道菜时,盘子已空,但用餐者还想用餐,把刀叉分开放,呈八字形,服务人员就会再给用餐者添加饭菜(如下图1—2所示)。

每吃完一道菜,把刀叉并拢,刀锋朝自己,叉背朝下,依钟表6—12点方向垂直放在盘子上,或4—10点、8—2点并排斜放在盘上,服务人员即知可收盘子了(如下图3—4所示)。已设置好的餐具不可随意改变位置,不过如果你是左撇子,在吃的时候可将刀叉互相更换使用(左撇子原则上还是左手叉、右手刀的使用方法,这最符合用餐礼仪),只是在用餐完毕后,餐具必须依右撇子者的用法放置,这样做的原因主要是为了便于服务人员的工作。

欧美乡村,在大众化非正式的餐厅用餐时,自始至终,不论有几道菜只用一副刀叉。一道菜结束,盘子收走,用过的刀叉还会留在桌上继续吃下一道菜。这时,刀叉的摆放是将刀口放在叉齿间,刀刃朝下(如下图5所示)。

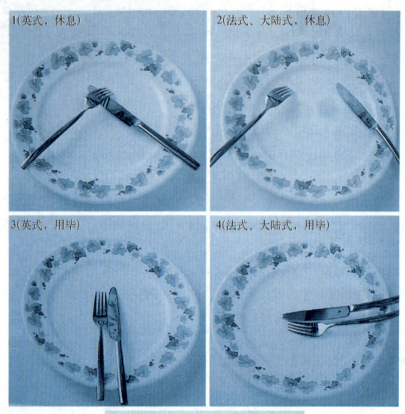
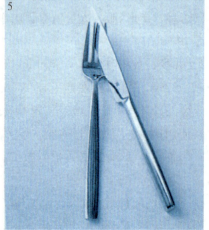

③ 刀叉使用的礼仪禁忌

刀是用来切割食物的,忌用刀挑起食物往嘴里送。

和别人交谈时,忌手里拿着刀叉指手画脚,应将刀叉放在盘上再说话才合乎礼仪。

叉起适量食物一次性地轻轻放入口中,牙齿只碰到食物,忌咬叉以及让刀叉在齿上或盘中发出声响。

若是刀叉不慎落地,可请服务人员代捡,并取新的替换。忌钻到桌下捡拾餐具。

(2) 汤匙

① 汤匙的用法

商务、社交等正式用餐场合,汤匙有多种:小的用于咖啡和甜点心;扁平的用于涂黄油和分食蛋糕;比较大的用来喝汤或盛碎小食物;最大的是公用分食汤匙。

用餐时,左手拇指尖接触汤盘的边缘,再将食指与中指托住汤盘,右手以握笔的姿势握持汤匙,轻舀汤①,然后送入口中②,一口喝下。汤快喝完时,左手可轻轻将汤盘内侧抬起,汤汁集中于盆底一侧,用勺舀食。如果盛汤的是有两耳的汤碗,可以用双手端起,以碗就口地喝;单耳的汤碗可以单手拿着,像拿咖啡杯一样地喝。但正式的宴请场合,汤喝到不好舀时最好就停止。

② 汤匙的餐语

汤没喝完还要继续喝时,汤匙就放在汤盘或汤碗里。

汤匙横放在汤盘或汤碗外的托盘里,匙心向上,表示"喝好了,请拿走用汤餐具"。

③ 汤匙使用的礼仪禁忌

- 用汤匙舀汤时,忌很重地一勺到底;
- 舀汤大约控制在七分满左右,忌舀得太满而溅出来;
- 舀汤时,尽量不要来回搅拌,忌汤匙碰到汤碗发出声音;
- 以汤匙入口,忌将勺子含在嘴里或发出响声;

---

① 英国人和法国人都认为,用汤匙喝汤应将汤匙的"里"朝向自己,"表"朝向对方,这样才合乎礼节。但英国人以汤匙凹处为表,法国人则以凸面为表。所以,英式用汤匙舀汤是从自己的方向朝外舀,法式用汤匙是从外朝自己的方向舀汤。

② 英式喝法是汤匙横摆着喝汤,法式喝法是将汤匙直朝着嘴全部送入口中。如果喝的是清汤(牛肉汤),既可以用英式也可以用法式喝法;如果是有食物在内的浓汤(玉米、蔬菜汤等),就使用法式喝法,因为法式喝法不易使汤匙上的食物沾到嘴唇。

- 勺子不用时,忌立在杯碗中;
- 忌将汤匙放在桌布上,以免弄脏桌布;
- 忌怕汤烫热而用口吹,汤匙盛汤后,应稍做停留,让汤自然凉了再喝。

(3) 餐巾

① 餐巾的用法

餐巾是西餐用餐时第一个使用、离席时最后一个使用的用品。餐巾有 75 cm^2 或 50 cm^2 大小两种类型。高级餐巾通常使用纯白麻纱的材质,硬挺度和质感与棉质餐巾不同。

餐巾的主要功能是防止食物弄脏衣服以及擦掉嘴唇与手的油渍。用餐前,餐巾一般有各种折法放在装饰盘上或者水杯中。

若是宴会上有主人和主宾致辞,要等到致辞完毕干杯后,主人和主宾拿取餐巾时,其他人才可以将餐巾打开。小的餐巾可以完全摊开在腿上;大的餐巾则对角折、对折或者前折三分之一,折扣朝外,平铺在腿上。

用餐巾擦拭嘴时,只要单手拿起餐巾的一角,轻轻按压嘴便可。喝酒前,最好用餐巾按一下嘴唇,以免有油污或口红的印迹留在杯口上。

如果忽然咳嗽或者打喷嚏,要将脸侧向一边,用餐巾遮掩一下。

② 餐巾的餐语

用餐中途离席时,将餐巾随意折叠,放在座椅上或者搭在座椅靠背上,表示用餐者只是暂时离开,之后还会回到座位上继续用餐。

若是将餐巾略叠成四分之一大小或者将腿上的餐巾从中间挑抓起来放在自己面前餐桌的左边(弄脏的餐巾部分要折在里面),表示用餐结束,对餐厅很满意。

若是将餐巾整齐折叠放在餐桌上,表示用餐结束,用餐者对餐厅不满意,以后不大会再来了。

③ 餐巾使用的礼仪禁忌

- 用餐时,忌用餐巾擦拭餐具;
- 忌用餐巾擦脸拭汗、擦眼镜等;
- 忌将餐巾挂在胸前或腰间;
- 当同桌其他用餐者还在享受食物时,或者主人、主宾、女士还没有将餐巾放在桌上时,忌将餐巾放在餐桌上"告诉"别人自己用餐已结束,以免破坏了用餐气氛。

(4) 可以不用餐具吃的食物

有些食物不用餐具而是用手吃的。

在餐厅点好餐前酒或在上菜前,会有一小盘薄面包或是饼干上面放火腿、熏鱼等的咸点心让空腹的客人先垫一下。这种咸点心是用手来拿着吃的。

面包基本上是用手掰一口就一点奶油吃。用手掰容易碎渣的面包时,可以用刀把一片面包切成两半,全部抹上奶油后,直接用手拿着分成几口吃。

食用鹅肝酱时可以用刀叉吃,也可以用手撕下一口面包,然后抹上一口量的鹅肝酱吃。

比萨的边缘皮厚,中间软薄。如果用手拿着吃不太方便,可以先用刀切下前半的三角尖,软的地方用叉子盛着吃,硬的地方可以直接用手拿着吃。

一般场合下,汉堡、三明治等可以直接用手拿着吃,但在正式场合,如果汉堡、三明治等食物太大,就要用手将汉堡、三明治等剥成小口,或者用餐刀切成合适大小,然后用手拿着吃。

资料:

西餐主要餐具的源起[①]

西餐餐具中无论是刀子、叉子、汤匙还是盘子,都是手的延伸,例如,盘子是整个手掌的扩大和延伸;而叉子则更是代表了手上的手指。随着文明的发展,这许多象形的餐具逐步合并简单化,例如,在中国最后就只剩下筷子和汤匙。而在西方,到现在为止,在进餐时仍然摆了满桌的餐具,如大盘子、小盘子、浅碟、深碟、吃沙拉用的叉子、叉肉用的叉子、喝汤用的汤匙、吃甜点用的汤匙等。说明在饮食文化上,西方不仅起步较晚,进展也十分迟缓。

大约在13世纪以前,欧洲人吃东西还都用手指头。在使用手指头进食时,还有一定的规矩:罗马人以用手指头的多寡来区分身份,平民是五指齐下,有教养的贵族只用三个手指,无名指和小指是不能沾到食物的。这一进餐规则一直延续到16世纪,仍为欧洲人所奉行。

[①] 参见百度百科"西餐餐具"。内容有改动。

叉子

进食用的叉子最早出现在11世纪的意大利塔斯卡地区,只有两个叉齿。当时的神职人员对叉子并无好评,他们认为人类只能用手去碰触上帝所赐予的食物。有钱的塔斯卡尼人创造餐具是受到撒旦的诱惑,是一种亵渎神灵的行为。意大利史料记载:一个威尼斯妇人在用叉子进餐后,数日内死去,其实很可能是感染瘟疫而死去,而神职人员则说,她是遭到天谴,警告大家不要用叉子吃东西。

12世纪,英格兰的坎特伯爵大主教把叉子介绍给盎格鲁-撒克逊王国的人民,据说,当时贵族们并不喜欢用叉子进餐,但却常常把叉子拿在手里,当作决斗的武器。对于14世纪的盎格鲁-撒克逊人来说,叉子仍只是舶来品。

当时的大部分欧洲人,都喜欢用刀把食物切成块,然后用手指头抓住放进嘴里;如果一个男人用叉子进食,那就表示即便他不是个挑剔鬼,也是一个娘娘腔。

18世纪法国贵族偏爱用四个叉齿的叉子进餐,于是,叉子变成了地位、奢侈、讲究的象征,随后逐渐变成必备的餐具。

餐刀

西方餐具中至今仍保留用刀子的习惯,其原因是许多食物在烹调时都切成大块,而在吃的时候再由享用者根据个人的意愿切成大小不同的小块。这一点与东方人(特别是中国人)在烹调开始前将食物切成小块的肉丝、肉片等然后再进行加工的方法不同,也许这便是西方烹调技术一直落后于东方(特别是中国)的重要原因之一。

餐刀很早便在人类的生活中占有重要地位。人类的祖先就开始用石刀作为工具,刀子挂在他们的腰上,一会儿用来割烤肉,一会儿用来御敌防身。只有有地位、有身份的头领们,才能有多种不同用途的刀子。

法国皇帝路易十三在位期间,深谙政治谋略的黎塞留大公,不仅为法国跻身于欧洲强国之列作出了贡献,还对一般的生活细节做出了新的创举。当时,餐刀的顶部并不是今天的椭圆形状,而是锋利的刀尖。很多法国的官僚政要在用餐之余,把餐刀当牙签使用,用它来剔牙。黎塞留大公则命令家中的仆人把餐刀的刀尖磨成椭圆形,不准客人当着他的面用餐刀剔牙,影响所及,法国吹起了将餐刀刀尖磨钝的时尚旋风。

汤匙

汤匙的历史更是源远流长。早在旧石器时代,亚洲地区就出现过汤匙。古埃及的墓穴中曾经发现过木、石、象牙、金等材料制成的汤匙。

希腊和罗马的贵族则使用铜、银制成的汤匙。15世纪的意大利,在为孩童举行洗礼时,最流行的礼物便是送洗礼汤匙,也就是把孩子的守护天使做成汤匙的柄,送给接受洗礼的儿童。

餐巾

希腊和罗马人一直保持用手指进食的习惯,所以,在用餐完毕后用一条毛巾大小的餐巾来擦手。更讲究一点的则在擦完手之后捧出洗指钵来洗手。洗指钵里除了盛着水之外,还飘浮着点点玫瑰的花瓣;埃及人则在钵里放上杏仁、肉桂和橘花。

将餐巾放在胸前或腿上,其目的是为了不把衣服弄脏。西餐中常有先喝汤的习惯,一旦喝汤时弄脏了衣服,常会让人变得很沮丧。

餐巾发展到17世纪,除了实用意义之外,还更注意观赏性。1680年,意大利已有26种餐巾的折法,例如教士僧侣的诺亚方舟形、贵妇人用的母鸡形,以及一般人喜欢用的小鸡、鲤鱼、乌龟、公牛、熊、兔子等形状,美不胜收。

资料思考:你是否认可资料中"在饮食文化上,西方不仅起步较晚,进展也十分迟缓"和"西方烹调技术一直落后于东方(特别是中国)"的观点?为什么?

(四)西餐上菜的礼仪

1. 西餐上菜的程序

(1)头盘

西餐的第一道菜是头盘,也称开胃品。开胃品的内容一般有冷头盘或热头盘之分,常见的品种有鱼子酱、鹅肝酱、熏鲑鱼、鸡尾杯、奶油鸡酥盒、焗蜗牛等。因为是要开胃,开胃菜一般都具有特色风味,味道以咸和酸为主,而且数量较少,质量较高。

(2) 汤

与中餐有极大不同的是,西餐的第二道菜就是汤。西餐的汤大致可分为清汤、奶油汤、蔬菜汤和冷汤 4 类。品种有牛尾清汤、各式奶油汤、海鲜汤、美式蛤蜊周打汤、意式蔬菜汤、俄式罗宋汤、法式焗葱头汤等。冷汤的品种较少,有德式冷汤、俄式冷汤等。

(3) 副菜

鱼类菜肴一般作为西餐的第三道菜,也称副菜。品种包括各种淡水鱼类、海水鱼类、贝类及软体动物类。通常,水产类菜肴与蛋类、面包类、酥盒菜肴品均称为副菜。因为鱼类等菜肴的肉质鲜嫩,比较容易消化,所以放在肉类菜肴的前面,叫法上也和肉类菜肴主菜有区别。西餐吃鱼菜肴讲究使用专用的调味汁,品种有鞑汁、荷兰汁、酒店汁、白奶油汁、大主教汁、美国汁和水手鱼汁等。

(4) 主菜

肉、禽类菜肴是西餐的第四道菜,也称主菜。肉类菜肴的原料取自牛、羊、猪、小牛仔等各个部位的肉,其中最有代表性的是牛排。牛排按其部位又可分为西冷牛排(也称沙朗牛排)、菲利牛排、"T"骨形牛排、薄牛排等。其烹调方法常用烤、煎、铁扒等。肉类菜肴配用的调味汁主要有西班牙汁、浓烧汁、蘑菇汁、白尼斯汁等。

禽类菜肴的原料取自鸡、鸭、鹅,以及兔肉和鹿肉等野味。禽类菜肴品种最多的是鸡,有山鸡、火鸡、竹鸡,可煮、可炸、可烤、可焖。主要的调味汁有黄肉汁、咖喱汁、奶油汁等。

(5) 蔬菜类菜肴

蔬菜类菜肴可以安排在肉类菜肴之后,也可以与肉类菜肴同时上桌,既可以算是一道菜,也可以称之为一种配菜。蔬菜类菜肴在西餐中称为沙拉,与主菜同时上的沙拉称为生蔬菜沙拉,一般用生菜、西红柿、黄瓜、芦笋等制作。沙拉的主要调味汁有醋油汁、法国汁、千岛汁、奶酪沙拉汁等。

一些熟食蔬菜,如花椰菜、煮菠菜、炸土豆条等,通常是与主菜的肉食类菜肴一同摆放在餐盘中上桌的,称为配菜。

沙拉除了蔬菜之外,还有一类是用鱼、肉、蛋类制作的,这类沙拉一般不加味汁,在进餐顺序上可以作为头盘食用。

(6) 甜品

西餐的甜品是主菜后食用的,可以算作是第六道菜。从真正意义上讲,它包括所有主菜后的食物,如布丁、煎饼、冰激凌、奶酪、水果等。

(7) 咖啡、茶

西餐的最后一道是上咖啡或茶。饮咖啡一般要加糖和淡奶油,茶一般要加香桃片和糖。

2. 西餐上菜的礼仪

(1) 法式上菜礼仪

法式上菜的侍者需具备一定的专业技术。当客人就座后,侍者送上饮料,再将厨房中初加工好的半成品菜肴放进手推小车上,推至客人面前,然后当着客人的面将未烧好的半成品菜肴加工为成品,调味汁也需由侍者在客人面前调好,烧好的菜放入盘里后送给客人。

面包、白脱、色拉或其他小物品装盘时,侍者用左手从客人左边送上,其他所有食品都从客人右边用右手送上,包括饮料。撤盘时仍用右手从客人右边拿走,端盘时应使用大拇指、食指和中指,手指不要碰到盘边的上部,以保证卫生。待所有客人吃完以后,要清除台面。主菜撤去后,将调味瓶也撤下,此时就可以送上甜点了。法式上菜的程序让客人倍感舒适,但侍者要一直工作。

(2) 美式上菜礼仪

美式上菜速度快,方法简便。用餐前,侍者应在客人的右边将水杯内倒满冰水,如有不喝冰水的客人,应为其送上鸡尾酒或其他开胃酒。之后,再为所有宾客送上面包、白脱、汤中开胃品(色拉)等,用左手从左边送上,将开胃酒杯从右边撤下,再上主菜。主菜一般是在厨房里装盘,放在托盘内送出,同时将汤和开胃品盘从右边撤下。主菜从客人左边送上,咖啡须从客人右边上,用右手把咖啡杯倒满。如果有甜点,把主菜盘撤走,再自左侧送上甜点盘。

(3) 俄式上菜礼仪

客人就座后,侍者先上饮料,食物在厨房内已完全备好。当侍者将大盘菜从客人的左边用右手分送给客人时,按逆时针方向进行。另外,大盘内分剩的菜可重新送回厨房再利用,减少浪费。

(五) 西餐用餐礼仪

1. 注重服饰搭配

欧美人非常讲究穿着得体地去餐厅用餐,再昂贵的休闲服也不能随意穿着去正式的西餐场合。去高档的西餐厅,男士要穿正装,女士要穿晚礼服或套裙。因餐厅内的光线较暗,女士要化稍浓的妆容。如果宴请对着装有正式规定,男士一定要打领带。

2. 讲究姿态礼仪

正式场合下,进入餐厅后要先把外套、雨伞、帽子、围巾、大包等交给餐厅的柜台衣帽处(贵重物品随身带),女士只拿皮包、披肩入内。当侍者带位时,尊者(女士、长者、上司、客人等)走在侍者的后面。就座时,侍者会替尊者拉椅子,当椅子被拉开后,身体在几乎碰到桌子的距离处站直,领位者会把椅子推进来,腿弯碰到后面的椅子时,就可以坐下来了。其他人正立等待尊者坐下后,才能坐下。

在餐厅就餐时最得体的入座方式是从左侧入座,因为大多数人是右手比较顺,右手拉开椅子比较便利。餐桌离席时,也从左侧离开。

就座后,坐姿应端正,但不僵硬,双手手腕靠在餐桌边(据说在中世纪的意大利,大家相聚用餐时,为了表示自己没带武器、没有毒药,所有用餐者都会将双手手腕靠在餐桌边,以示和平之意)。上身自然往前倾一点,能显示出用餐者对参加宴请的积极性和对其他人的诚意。

入座后,随身的小包可以放在自己的背与椅背间,或者放在餐巾下的腿上。比较大的包则放在自己右侧椅脚边,因为正式的餐厅大多是从用餐者的左边上菜的。切忌将皮包等物品放在餐桌上,以免影响餐桌的美观。

用餐时,腹部和桌子保持约一个拳头的距离。餐桌下的两脚要避免交叉、伸腿、抖脚等姿态,切忌脱鞋的行为。

用餐中,不要频频离席或挪动座椅,也不要出现随意摆弄餐具和餐巾、摘掉领带、卷起衣袖、头枕椅背打哈欠、伸懒腰等不合礼仪的举止体态。

3. 讲究规范食用

(1) 肉类

切牛排等肉类时,坐姿要端正,双肘自然向腋下靠拢,用指尖的力量按住左手的叉子,右手的餐刀也只使力在刀尖上,这样就很容易切。叉子的顶点和刀子越靠近,切起肉来就越稳。牛排有 1—2 分熟、3—4 分熟、5—6 分熟和全熟几种,切牛排时更需要指尖上的力量。

牛排等肉类应由外侧向内切,一次切一口大小,然后用叉放进嘴里。不能切一小块叉在叉子上再分几口咬食,也不能一次将牛排等全部切成小块,这样做既失礼,又会让鲜美的肉汁流失。

肉块切的大小一定要适中,以免一口吃进后嘴里塞得鼓鼓的,很不雅观。咀嚼时,嘴不能张开,要避免发出声音。口中食物未吞下前,不要再送食物入口。

吃带骨头的肉、小羊排、鸡腿、法国烤鸭等时,一定要使用刀叉。以羊排为例:先用刀将羊排的肋骨与肋骨之间切开,用叉子叉住肉,再用刀子顺着骨头将肉和骨分开,将骨头聚集在盘子的一角,然后将肉切成一口大小享用。

(2) 贝类海鲜

贝类海鲜应该以左手持壳,右手持叉,将其肉挑出来吃。

吃鱼片时,可用右手持叉进食,避免使用刀具,因为细嫩的鱼肉很容易就会被切碎而变得难以收拾。遇到一整条鱼时,先吃鱼的上层,再用刀叉剔除鱼骨,切忌翻身。

吃龙虾时,可以先用手指去掉虾壳,然后再用刀叉食用。若是自始至终都使用刀叉食用龙虾,更能显示出西餐优雅的用餐礼仪。使用刀叉时,可以左手叉住虾身,然后右手用餐刀从尾部切,刀在虾肉下,顺着虾壳把肉与壳分开,将整块肉取出食用。

吃蜗牛时,可以左手拿着专用的夹子夹住蜗牛,右手用叉子取出蜗牛肉。吃了蜗牛肉后,蜗牛汁也是美味精华。蜗牛汁多用奶油蒜汁做成,可将面包掰成小块蘸汁食用,或者直接将小块面包放进蜗牛汁中,然后叉着吃。

(3) 水果

西餐中,吃水果一般也使用刀叉等餐具,尽量不用手取食水果。

水分多的水果用小汤匙取食,如奇异果等。

苹果、桃类及瓜类水果,正规餐厅一般都会洗净去皮切片或块状,吃的时候用小叉子取食。

草莓类多放于小碟中,用匙或叉取食均可。

香蕉要用刀叉去除头尾,从中间切开、剥皮,然后切成块片状,用叉子食用。

葡萄可以用手去皮,不容易去皮的葡萄(如提子)可以用刀在蒂口划伤一个十字,然后用手剥皮,葡萄籽要吐在自己做成杯状的手掌中,然后放在自己的果碟里。

吃水果时,餐厅通常还会提供洗手钵,里面放置了花瓣或柠檬,以供洗手之用。洗手时,只要将手指尖浸入便可,然后用自己的餐巾擦干手。

(4) 甜点

一般蛋糕及饼类用小叉子分割取食;较硬的则需要用刀切割后用叉食用;如果是小块的硬饼干,可以直接用手取用。

冰激凌或布丁等用小汤匙取食。有时餐厅上冰激凌时会附上一块小饼干,因为冰激凌会使舌头冷麻,饼干就是用来暖舌用的。冰激凌和饼干可以交替着吃,但不可以将冰激凌放在饼干上食用。

此外,西餐中的面食要用叉子卷着或者叉着吃,如意大利面、通心粉等。奶酪也是要使用刀叉来帮助食用的。

4. 西餐用餐礼仪禁忌

● 正式的餐厅里,点菜、上菜的是侍者,点酒、上酒的是酒侍,两者从服装上就能分辨出来,酒侍通常穿着黑背心,腰部围着黑围裙。男女共餐时,由男士召唤侍者或酒侍。召唤时,只要让自己的视线和侍者或酒侍交汇后以眼、头示意,或者举手轻挥一下即可。忌拍手、弹响指、大声召唤等行为。

● 用餐不能发出声音,要闭嘴咀嚼。嘴里的鱼刺、骨头不能直接外吐,要用餐巾掩嘴,用手取出,或轻轻吐在叉上,放在菜盘内。

● 取菜时,不要盛得过多。盘中食物吃完后,如不够,可以再取。如由侍者分菜,需增添时,待侍者送上时再取。如果是本人不能吃或不爱吃的菜肴,当侍者上菜或主人夹菜时,不要拒绝,可取少量放在盘内,并表示"谢谢,够了"。对不合口味的菜,忌显露出难堪的表情。

● 无论是主人、陪客或宾客,都应与同桌的人交谈,特别是左右邻座。不要只同几个熟人或只同一两个人说话。邻座如不相识,可先自我介绍。交谈时,切忌声音过大,引起邻座或邻桌人的不满。嘴内有食物时,忌与人谈话。

● 忌随意剔牙,剔牙时应用手或餐巾遮口。吃剩的菜、用过的餐具和牙签都应放在盘内,忌放置在桌上。

● 商务宴请时,一些外国客人有餐前做祈祷的习惯,没有宗教信仰的就餐者,忌在别人做祈祷时喧哗。

(六)西餐酒水礼仪

1. 西餐饮酒礼仪

(1) 西餐酒的主要种类

西餐中,饮用酒的种类很多,主要有以下几种。

① 红酒

红酒的原料是黑色和紫色葡萄,酿制时将果皮、果肉和种子一起发酵,因此,酒会呈现红色、紫色和黑紫色等。黑葡萄的皮和种子含有大量的丹宁酸,红酒的涩味就是由此而来的。丹宁酸是强碱性,可以中和肉类的酸性,涩味可以让口里的油脂变得清爽。

② 白酒

白酒是将葡萄压榨后,除去了外皮和种子等,只留下果汁发酵。白酒的颜色有琥珀色、浅黄、金黄和透明色。白酒的丹宁酸成分少,没有涩味,果香较浓。白葡萄酒含的酒石酸、苹果酸等酸类成分能更加衬托出鱼肉和海鲜类的清淡、鲜美。

③ 玫瑰酒

玫瑰酒的酿法基本上和红酒一样,不同的是,在酿造初期就除去了葡萄皮和种子,因而酒呈现出玫瑰色。玫瑰酒没有涩味,与鸡肉类、火腿、香肠的菜肴很配。

④ 香槟

香槟只能用来称呼法国香槟区所产的气泡酒,其他地区所产的气泡酒只能称作气泡酒或者其他名字。香槟是将事先酿成的静态无气泡的白葡萄酒装到瓶中,然后添加糖汁与酵母,在瓶中进行二次发酵,这样能让酒产生气泡。香槟可以当开胃酒,也可以当餐酒来饮用。香槟有甜、中辣、干辣之分,其口感能很好地化解菜肴的油腻,同时气泡能使人感觉舒爽。

(2) 西餐酒具

由于西方酒的种类很多,每种酒又各有特点,这些特点必须通过合适的酒具才能充分地表现出来,因此,西餐酒具非常多样。西餐酒具大多为玻璃或水晶制品,因此,英文中的酒具被称为玻璃器(glassware)。酒具主要包括以下几种。

① 啤酒杯

主要有两种,一种是扎啤杯,一般体大、壁厚、带把儿,适于盛放啤酒,多在餐前

饮用啤酒时用;另一种是正餐用的啤酒杯,与水杯类似,可以作水杯。

② 威士忌酒杯

一般是平底、瓶口和瓶底直径大而且基本相等的杯子,适于放冰块。

③ 白兰地酒杯

口小肚大的高脚杯,适于聚集白兰地的酒香。

④ 红葡萄酒杯

椭圆形杯肚的高脚杯,适于手握杯肚,用体温捂暖酒液。

⑤ 白葡萄酒杯

球形杯肚的高脚杯,杯柱较长,适于手握杯柱,以免手温破坏酒味。

⑥ 鸡尾酒杯

锥形杯肚的高脚杯,容易看出鸡尾酒勾兑出的层次和线条。

⑦ 香槟酒杯

造型多样,以细长杯身多见,形状优美,倒入香槟酒后可以看出气泡的升线。

⑧ 甜酒杯

一般比较小,杯身类似中国的白酒酒杯。

以上不同类型的酒杯是一些最基本的杯型,在这些酒杯的基础上,还有很多的变化。但不管其造型如何变化,都与酒品本身的特点相关。

除了以上酒杯以外,西餐中还常看到两种杯子:一种是水杯,一般都是直筒杯,易于盛放液体,也可以用作啤酒杯或者饮料杯;另一种是冰激凌杯,一般杯口很大,杯身较浅,易于盛放冰激凌。

西餐酒具虽然很多,但通常餐桌上摆放的酒具和水杯不超过 4 个。

(3) 西餐菜肴与酒的搭配

欧洲菜肴的演进是为了配合葡萄酒才创造出来的[①]。西餐很注重搭配酒,一餐饭的不同阶段会饮用不同的酒。

① 餐前酒

西餐进餐前,多喝开胃酒,如香槟、基尔酒、雪利酒、马提尼、毡酒、金巴利苏打或血红玛丽(番茄汁加上少许烈酒、胡椒及酱油)等,也可以喝些不包含酒精的果汁、矿泉水,但最好不要喝啤酒,因为啤酒很容易让人饱腹。

---

① 陈弘美:《用刀叉吃出高雅——西餐礼仪》,生活·读书·新知三联书店 2012 年版,第 26 页。

② 餐中酒

如果是隆重的商务晚宴,进餐时,主人会为前菜、主菜、甜品等不同阶段的菜肴分别配上不同的餐酒。

如果前菜吃鱼子酱,就配浓烈的伏特加或清香而不带甜味的香槟酒;如吃煎鹅肝,就配甜酒。

主菜一般会配葡萄酒。白酒配吃鱼肉和海鲜类,红酒配吃猪、牛、羊、鹿肉等,玫瑰红酒可以配吃各种海鲜和肉类。

吃甜品时,则配以甜酒。如果吃奶酪,则可配葡萄酒。

③ 餐后酒

喝完咖啡聊天时,可来点餐后酒,通常是烈酒,如白兰地、干邑(只有产在法国东南部干邑区的白兰地才称作干邑)、苹果白兰地、威士忌以及意大利的格拉伯酒等;也可以是酒精浓度较高的甜酒,如咖啡酒、香橙酒、杏仁酒、葡萄酒或冰酒等。

(4) 西餐点酒的礼仪

① 依据点酒

点酒通常由请客的主人负责。主人可以先向餐厅人员取酒单,根据产地①、葡萄品种、酒庄(酿酒厂)②、年份③及价钱选择点酒。高级餐厅都有品酒师向客人提供点酒的意见以及开瓶、换瓶醒酒与侍酒的服务。

② 依客点酒

普通的商务西餐宴请,无须为每道菜配以不同的餐酒,只要点适合的餐酒配主菜便可。若主人和客人点主菜时分别点了海鲜和红肉,主人可以根据客人的喜好选择点酒,或者分别点杯装的红酒和白酒(一般餐厅供应的餐酒以每杯、半瓶或整瓶出售),或者直接点可以同时配红肉、海鲜和白肉的玫瑰红酒。

---

① 葡萄酒的产地分为旧世界、新世界两大产地。旧世界包括法国、意大利、西班牙;新世界包括澳大利亚、新西兰、美国、南非、智利、阿根廷等。葡萄产地以法国波尔多、勃艮第最著名。
② 种植葡萄和酿酒的酒庄本身就是一个品牌。
③ 葡萄酒并非以最老年份为最好,而是看哪一年收成的葡萄最好。例如,法国波尔多红酒最好的年份为 1959、1961、1982、1985、1989、1996、2000、2005、2009 年等。

③ 依价点酒

西餐餐酒的价格有贵有便宜,有的佳酿会贵过一顿饭。若是企业商务宴请的预算不多,宴请方可以预先到餐厅或在电话订位时和餐厅沟通,点价格能让宴请方承受的餐酒,如此,能避免有客人在时宴请方因询问餐厅人员酒的价格而引起尴尬。

④ 依规试酒

点酒后,应该先确定酒瓶上的标签是否与所点的餐酒相同,尤其是核对年份,因为不同年份的酒的价格差别很大。确认无误后,开瓶拔起软木塞,酒侍会先闻一下塞底,确认酒的品质(点酒人没有必要去闻木塞)。然后,酒侍会倒一点酒让负责点酒的主人试酒(品酒)。试酒的目的是为了再次确认酒的品质,因为有时酒瓶的软木塞会有所损坏,使酒变质。

试酒时,先端起酒杯,看酒的颜色是否正常,但不要对着灯看,这样会看不出来酒的原本色(品质坏掉的酒色不透明且有杂质);然后将酒杯紧靠鼻子,闻酒香,之后,再轻转三四下杯子,让酒加速氧化后,再一次将杯口斜靠鼻子,闻其香(品质坏掉的酒会有醋酸味);最后饮啜一口,让酒在舌头上轻滚一下,多品味一下承载的味道,之后才吞下(人的舌头构造是前端感觉甜味,两侧感觉酸味,中间感觉涩味,根部感觉苦味)。

⑤ 依法醒酒

如果试出酒已坏掉,餐厅有责任供应另一瓶。试酒没有问题后,酒侍会将酒从酒瓶改倒至杯肚大、瓶口小的醒酒瓶中,此举会让尘封多年的佳酿大面积接触空气,快速氧化,使酒味更加圆和。醒酒的时间应该根据酒的年份等由经验丰富的酒侍决定。

醒酒后,由酒侍按照尊卑座次为客人的酒杯注入五成至六成满的酒,最后再为主人的酒杯斟酒。

(5) 饮酒的礼仪

① 依礼倒酒

在商务等正式宴请场合,一般由酒侍服务倒酒。若是酒侍没有注意到客人的杯子空了,就由主人或者男士替客人、女士倒酒。女士不必回倒酒给男士,因为在欧美,很多为男士倒酒的女士是属于特殊行业者。

别人替自己倒酒时,不要拿起杯子,放在桌子上即可,但手上的刀叉要暂停,以示谢意。

② 依酒端杯

盛白葡萄酒及香槟的酒杯为高脚杯,喝时拿住杯脚下面部分,不要持着杯身,因为白葡萄酒及香槟会预先冰冻,侍酒温度以 5—10 摄氏度最适宜,若是手持杯身,会让酒温热起来。

盛红酒的酒杯杯脚较短,杯身较圆大,以便让红酒有较多的空间"呼吸",喝时拿近杯身,手的温度有助于红酒释放香味。红酒的温度以维持在 14—18 摄氏度为佳。

③ 依次敬酒

用餐前,主人通常会向客人致简短的欢迎词。致辞后,主人微笑地向客人敬酒。宴会过程中,客人也要由尊而卑依次回敬主人,以示感谢。

隆重的宴会上甜品时,主人可以起身建议在座所有人向重要来宾敬酒,所有宾客也会尊重主人同样起身站立敬酒。宴请活动的客人较少而且活动也不是很隆重时,敬酒时可坐可站。

参加正式隆重的宴会场合,干杯时,举杯到眼睛的高度即可,不要碰撞杯子。若是在一般商务场合或私人场合,可以轻轻碰杯腹。

④ 依意敬酒

"随意"是良好的西餐桌礼仪。喝酒既有配合食物以增进食欲和味道之实,又有助兴之用。因此,不能过于勉强别人喝酒,尤其是劝人醉酒。醉酒既会让饮酒者失去理性,又会令在场的其他人感到扫兴。

对酒过敏或因故不能饮酒者,可以礼貌地告知他人和酒侍,不要将酒杯反转放置而失礼;如果不想多喝,最好在酒杯中留有相当分量的酒,或者当酒侍为你斟酒时,你把右掌按住酒杯,酒侍就会明白所示之意。

⑤ 得体饮酒

喝酒会导致身体缺水,因此,喝酒时要多喝水以做补充。喝酒前,用餐巾轻按一下嘴唇,以避免口红和嘴上油腻印在杯子上而显得不雅。西餐桌上,一切餐具都有各自规定的位置,酒杯放置的位置在餐盘的右上角,每次饮酒后,酒杯应该放回原位。

2. 咖啡礼仪

18 世纪正式命名的"coffee"一词源自埃塞俄比亚一个名叫卡法(kaffa)的小

镇,希腊语中的意思是"力量与热情"。咖啡与茶叶、可可被称为世界三大饮料。

随着咖啡广泛地交易,咖啡除了作为饮料的功能之外,咖啡的政治、社会及经济地位日益显示出来。人们开始在咖啡吧里进行社交、商务等活动,欧洲的思想家们还把咖啡当作锐化思想的工具。

在商务、公务等正式场合,喝咖啡的举止礼仪不仅体现着个人的身份和教养,还体现着企业等组织的文化内涵。

(1)喝咖啡的时间

咖啡是社交、宴请、办公中常见的饮品。接待来访客人、业务会谈时,都会以咖啡或茶作招待。

在家里用咖啡待客,不论是会友还是纯粹作为饮料,不要超过下午4点钟。因为有很多人在这个时间过后不习惯再喝咖啡。邀人外出,在咖啡厅会客时喝咖啡,最佳的时间则是午后或傍晚。

正式的西餐宴请,咖啡往往是最后的压轴助兴之品。很多西餐宴请通常是在晚上举行,所以在宴会上喝咖啡通常是在晚上。为照顾个人习惯和喜好,宴会上咖啡的同时也会备有红茶,由来宾自己选择。

(2)喝咖啡的场合

喝咖啡最常见的场合主要有客厅、写字间、花园、餐厅等。

在客厅里喝咖啡,主要适用于招待客人;在写字间里喝咖啡,主要是在工作间歇自己享用,为了提神;在花园喝咖啡,适合和家人休闲,也适合招待客人。以上场合中,喝咖啡不必排位次,时间也不长,重在交际和沟通。

在商务等正式宴请中喝咖啡,座次按通常的餐座排位即可。

(3)喝咖啡的礼仪

商务等正式场合喝咖啡时,商务人员要在饮用数量、配料添加、饮用方法等方面注意个人的行为举止。

① 咖啡的饮用数量

咖啡在正式场合只是一种交际的手段,一般饮用最多不要超过三杯咖啡。

② 咖啡的配料添加

喝咖啡时,常常会根据自己的需要往咖啡里加牛奶、糖块之类的配料。加牛奶时,动作要稳,不要倒得满桌都是;加糖时,要用专用糖夹或糖匙去取,不可直接下手;若配料是袋装的,在撕开时,要注意力度,以免打翻其他餐品。

咖啡匙的作用主要是加入牛奶或奶油后用来轻轻搅动,使牛奶或奶油与咖啡相互融合。加入小糖块后,可用咖啡匙略加搅拌,以促使迅速溶化。如果咖啡太烫,也可以用咖啡匙稍做搅动,之后应将咖啡匙平放在咖啡碟里,但不要用咖啡匙去舀咖啡来喝,也不要立在咖啡杯里。

喝咖啡时,为了不伤肠胃,往往会同时准备一些糕点、果仁、水果之类的小食品。用甜点时,要放下咖啡杯。喝咖啡时,手中不要同时拿着甜点在品尝。

③ 咖啡的饮用方法

在正式场合中,咖啡都是盛进杯子,然后放在碟子上一起端上桌的。碟子的作用主要是用来放置咖啡匙,并接收溢出杯子的咖啡。握咖啡杯的得体方法是:左手轻轻托着咖啡碟,伸出右手,用拇指和食指握住杯耳后,再轻缓地端起杯子,慢慢地移向嘴边轻啜。不宜满把握杯、大口吞咽,也不宜俯首去就咖啡杯。喝咖啡时,不要发出声响。添加咖啡时,不要把咖啡杯从咖啡碟中拿起来。若咖啡洒落在碟子上,可以用纸巾吸干。

空腹不能喝咖啡,咖啡也不可与茶同饮。喝咖啡不是为了充饥解渴,喝时不要端起杯子一饮而尽,或喝得很响而失礼于人。

如果坐在桌子附近喝咖啡,通常只需端杯子,而不必端碟子;如果离桌子比较远或站立、走动时喝咖啡,应用左手把杯、碟一起端到齐胸高度,再用右手拿着杯子喝。

喝咖啡时,要适时地和交往对象进行交谈,不能大声喧哗和乱开玩笑,以防破坏喝咖啡的现场氛围。

不要在别人正在喝咖啡时提出问题。自己喝过咖啡要讲话前,要先用纸巾擦擦嘴,免得咖啡弄脏嘴角而失礼。

资料:

咖啡的发展历程[1]

咖啡原产地是埃塞俄比亚西南部的咖法省高原地区。据说一千多年前,一位牧羊人发现羊吃了一种植物后,变得非常兴奋活泼,因此发现了咖啡。也有说法是由于一场野火烧毁了一片咖啡林,烧烤咖啡的香味引起了周围居民的注

---

[1] 参见百度百科"咖啡"。

商 务 礼 仪

意。人们最初咀嚼这种植物果实以提神,后来烘烤磨碎掺入面粉做成面包,作为勇士的食物,以提高作战的勇气。不过这些传说都缺乏历史文字佐证,只出现于后世的旅游传记中,因此无从考证咖啡起源的真正原因。

直到11世纪左右,人们才开始用水煮咖啡作为饮料。13世纪时,埃塞俄比亚军队入侵也门,将咖啡带到了阿拉伯世界。伊斯兰教义禁止教徒饮酒,宗教界认为咖啡这种饮料也刺激神经、违反教义,曾一度禁止并关闭了咖啡店,但埃及苏丹认为咖啡不违反教义,因而解禁,咖啡饮料迅速在阿拉伯地区流行开来,咖啡种植和制作的方法也被阿拉伯人不断地改进而逐渐完善。

15世纪以前,咖啡长期被阿拉伯世界所垄断,仅在回教国家间流传。当时主要被使用在医学和宗教上,回教医生和僧侣们承认咖啡具有提神、醒脑、健胃、强身、止血等功效。15世纪初,开始有文献记载咖啡的使用方式,并且在此时期融入宗教仪式中,同时也出现在民间作为日常饮品,咖啡成为当时很重要的社交饮品。直到16、17世纪,通过威尼斯商人和海上霸主荷兰人的贸易辗转将咖啡传入欧洲,这种充满东方神秘色彩、口感馥郁、香气迷魅的黑色饮料受到贵族士绅阶级的争相竞逐,咖啡的身价也跟着水涨船高,甚至产生了"黑色金子"的称号。当时的贵族流行在特殊日子互送咖啡豆以示尽情狂欢,或是送给久未谋面的亲友,有"财入袋、祝贺顺遂"之意,同时也是身份和地位的象征。"黑色金子"在接下来风起云涌的大航海时代,借由海运的传播,全世界都被纳入咖啡的生产和消费版图中。

资料思考:为什么咖啡能与茶叶、可可并称为世界三大饮料?咖啡作为饮品有哪些主要类型?

第四节　商务自助餐与鸡尾酒会礼仪

一、商务自助餐礼仪

自助餐是厨师将烹制好的冷、热菜肴及点心陈列在餐厅的长条桌上,由客人自己随意取食、自我服务的一种就餐方式。这种就餐形式源于8—11世纪北欧的"斯堪的纳维亚式餐前冷食"和"亨联早餐",相传这是当时的海盗最先采用的一种进餐方式。第二次世界大战时,这种进餐形式被引入美军后方驻地的军用食堂,发展成主食、甜品、热汤等供挑选的就餐形式。

1958年,东京帝国酒店又首创将所有料理放在桌上,客人依据喜好进行取食的自助形式。之后,自助餐的形式由餐前冷食、早餐逐渐发展成为午餐、正餐,又从便餐发展到各种主题的自助餐,如庆典自助餐、会议自助餐、商务谈判自助餐等。今天,自助餐已经由传统的客人取食菜肴成品发展到客前现场烹制、现烹现食,甚至还发展为由顾客自助食物原料,自烹自食的"自制式"自助餐。

在中国,自助餐就餐方式最早出现在20世纪30年代外国人在华开的大饭店。20世纪80年代末期后,中外合资宾馆将自助餐推广到中国的餐饮市场。

(一)商务自助餐的特点

1. 免排座次

正规的自助餐往往不固定用餐者的座次,如此,既可免除座次排列之劳,又便于用餐者自由地交流沟通。

2. 节省费用

自助餐多以冷食为主,不上高档的菜肴和酒水,故可节约主办者的开支,避免浪费。

3. 各取所需

参加自助餐时,用餐者对自己偏爱的菜肴,自行适量取用便可。

4. 招待多人

需要为众多的商务人士提供饮食时,自助餐是一种首选的用餐形式。它不仅可用以款待数量较多的来宾,还可以较好地处理众口难调的问题。

(二)商务自助餐用餐礼仪规范

1. 讲究排队取菜

自助餐讲究用餐者先来后到,排队取菜。不乱挤、不乱抢、不乱插队,更不能不排队。取菜前,先要准备好一只食盘,然后按序排队;轮到自己取菜时,应以公用的餐具将食物装入自己的食盘之内;然后将公用餐具放回专用浅盘,迅速离去。不要在众多的食物面前犹豫再三,让身后其他排队的人久等;更不要在取菜时翻捡,甚至直接下手或以自己的餐具取菜。

2. 注重顺序取菜

自助餐上取菜时的标准顺序依次应当是冷菜、汤、热菜、点心、甜品和水果。用餐者在取菜时,如果取菜无序、咸甜相克,既会让自己吃得不舒服,也会让人"侧目"。

3. 讲究多次少取

"多次"是量力而行,"少取"是为了避免浪费。

用餐者在自助餐上选取某一种类的菜肴时,应当只取一点,待回到自己桌位处品尝后,觉得它适合自己,就可以吃完后再取,直至自己感到吃好为止。如果为了省事而一次取用过量或者只挑选生鱼片、扇贝、牛排等比较贵的食物,则是失礼之举,会给别人留下贪婪、占有欲强烈、缺乏自制力的印象。如果商务人员是和客户一起单独吃自助餐,对方会怀疑该商务人员以后可能会占自己的便宜。

4. 切忌食物外带

不管是主人亲自操办的自助餐,还是对外营业的正式餐馆里所经营的自助餐,都是只允许用餐者在餐厅享用菜肴,不能在用餐完毕后携带食物离开。商务人士在参加自助餐时,不能外带食物,更不能要求侍者替自己"打包",这是非常失礼的行为。当然,除非某些特殊情况不能亲自来吃饭,需要别人帮自己打包带出,这应该清楚地告诉主办方,经过同意后方可外带。

5. 餐毕送回餐具

自助餐的服务人员配备比较少,因此,自助餐既强调用餐者自助,也讲究用餐结束后,用餐者能自觉地将餐具送至指定的回收区域。如果自助餐地点设在庭院、花园里,更要注意不能将餐具随手乱丢或毁损。有时在餐厅里就座用餐,有侍者负责收拾用餐者离去后留在餐桌上的餐具,但用餐者也应在离去前整理一下自己的餐具,不要让自己的餐桌看起来杯盘狼藉。

6. 适当关照他人

商务人士参加自助餐时,除了对自己用餐的举止表现要严加约束,还须与他人和睦相处、多加照顾。若同伴不熟悉自助餐,可以低声向其简要地介绍,但不能在餐厅里大声说话或叫喊。自助餐过程中,不可自作主张地为他人代取食物,更不允许将自己不喜欢或吃不了的食物处理给他人吃。在用餐的过程中,对于不相识的用餐者,在排队、取菜、寻位时,应当以礼相待,主动谦让。

7. 积极进行交际

商务人员参加自助餐的主要目的就是与他人进行交流,不应以不善交际为由,只顾自己埋头大吃或者来了就吃、吃了就走,而不同其他在场者进行正面接触。

参加自助餐时,商务人员要主动寻找机会,积极进行交际活动。应当找机会与主人(主办方人员)攀谈,应当与商界旧相识一叙,应当争取多结识几位新朋友。

在自助餐上,交际的主要形式是几个人聚在一起进行交谈。为了扩大自己的交际面,在此期间可以落落大方地多换几个交际圈。介入陌生交际圈的方法有:请求主人或圈内之人引见;寻找机会,借机加入;毛遂自荐。

二、商务鸡尾酒会礼仪

鸡尾酒会也称酒会,源起于西方,是商务便宴的一种形式。鸡尾酒会通常以酒类、饮料为主,并配以各种果汁,向用餐者提供不同酒类配合调制的混合饮料,即鸡尾酒[①]。此外,还备有小吃,如三明治、面包、小鱼肠、炸春卷等。因酒会上所提供的酒水、点心、菜肴均以冷食为主,故也称为冷餐会。

(一)鸡尾酒会的特点

以酒水、冷食为主的鸡尾酒会具有以下特点。

1. 不必准时赴宴

出席酒会时,来宾到场与退场的时间一般掌握在自己手中,完全没有必要像出席正规宴会那样,准时到场和准时退场。

鸡尾酒会不要提前到场,即使早到一分钟也是失礼的。如果是午餐酒会,用餐的时间通常是正午12时至下午1时45分;如果是晚餐酒会,通常是从下午6时30分至8时。客人可以迟到30分钟,但若再迟些便是对主人的不敬。

2. 服饰没有限制

鸡尾酒会属于一种比较自由轻松的宴请形式,若无特别要求,赴宴者在衣着方面不必刻意修饰,只要做到端庄大方、干净整洁即可。

3. 无须排席次

酒会上,不为用餐者设立固定座位,因此,宴请方也不用排桌次、位次。用餐者可站立,也可找个座位就餐。

4. 自由交际

鸡尾酒会因无席位限定,用餐者完全可以自由自在地随意选择自己交际的对象。

---

① 鸡尾酒是一种量少而冰镇的酒,它是以朗姆酒、威士忌、其他烈酒或葡萄酒为基酒,再配以其他材料,如果汁、蛋、苦精、糖等,以搅拌法或摇荡法调制而成,再饰以柠檬片或薄荷叶。

5. 自选菜肴

酒会上,用餐者享用的酒水、点心、菜肴均据个人口味和需要去餐台上或通过侍者选取。

(二) 商务鸡尾酒会用餐礼仪规范

商务酒会虽然礼仪从简,但也不是完全不讲礼仪。参加酒会时,有以下几方面的礼仪规范。

1. 掌握餐序

酒会上提供的餐食品种不一定多,但取用时一定要依照合理的顺序。标准的酒会餐序依次为开胃菜、汤、热菜、点心、甜品、水果。鸡尾酒可在餐前或吃完甜品时喝。

2. 排队取食

在用餐时,不论是去餐台取菜还是从侍者手里的托盘选择酒水,均应遵守秩序、认真排队、依次而行。忌长时间霸占餐点桌,以致别的客人等待很久才能取到食物。

3. 多次少取

选取菜肴时,不论是爱吃的还是尚未尝过的,都应一次只取一点,切记不要超标过量。取来的东西须全部吃完,否则是很失礼的。此外,也不要擅自替别人代取酒水、点心、菜肴,以免造成浪费。普通的鸡尾酒会一般给每人预备三杯酒。在一些特殊场合上,最上等的是香槟鸡尾酒。在酒会上,绝对不能把酒会上的东西外带回家。

4. 适度交际

参加酒会的人可以自选对象进行交际,但不要和别人说话时东张西望,好像生怕错过哪个更重要的人物,这是非常不礼貌的。也不要抢着和主人、贵宾谈话,让别人有和他们交谈的机会。

5. 礼貌告别、致谢

在各种(大型的酒会除外)酒会上,离开之前都应向主人或者主办方当面致谢,这是礼貌。如果因故而不得不中途告辞,则告别、致谢不能引人注目,以免使其他客人认为他们也该走了。

出席鸡尾酒会的客人应按请帖上写明的时间起身告辞。如果接到的是口头邀请(没有说明时间),告辞时间应选在酒会举行两个小时后。

鸡尾酒会后,并不一定非要向主人致谢。如果主人或者主办者是好友,可以在第二天上午和他们通一个电话,既祝贺酒会的成功,又可消除他们对酒会结果的担忧。

本 章 小 结

1. 宴请是商务交往中企业与客户间沟通感情的重要手段之一。常见的商务宴请形式有正式宴会、便宴、家宴、自助餐、鸡尾酒会、茶会、工作餐等。

商务宴请要做好筹备工作:确定宴请目的、对象、范围与形式;确定宴请时间、地点;发出邀请并注意邀请函的格式;制定宴会的菜单;安排宴会席位;布置现场。

商务宴请要热情迎宾,顺序就座,恰当地致辞祝酒和用餐交谈;礼貌送客,告别有道。

2. 民国时期形成的"八大菜系"特点充分说明了中餐的特色。

中餐礼仪重视座次安排:居右为高,中座为尊,面门为上,观景为佳,临墙为好。

商务宴请点菜:人均一菜是通则;一桌菜要有荤有素、有冷有热;要考虑参加宴请者的宗教信仰、健康状况、职业等特殊禁忌等。

中餐用餐中,使用筷子的忌讳很多,如忌三长两短、仙人指路、品箸留声等。此外,要做到正确使用勺子(调羹、汤匙)、碗、盘子(碟子)、汤盅、水杯、餐巾、牙签等中餐餐具。

商务宴请中餐要尊重传统习俗,举止文雅,注重宗教禁忌,尊重客人饮食习惯,礼貌道别。

中餐宴请饮酒时要顺序斟酒,礼貌拒酒;得体敬酒,控制饮量;尊重习俗,应付自如。

品茶要了解茶叶的历史,了解品茶的讲究,了解品茶的礼仪。

3. 西餐大体上可分为欧美式和俄式两大菜系。欧美菜系主要包括英、法、美、意菜,以及少量的西班牙、葡萄牙、荷兰等地方菜。

西餐宴请要事先与餐厅预约。正式宴会座席排列按国际惯例:桌次的高低依距离主桌位置的远近而定;右高左低。

西餐的点菜是一门艺术。西餐的点菜有两种形式,一种是套餐,一种是随意点。套餐组成通常是前菜、汤、鱼、肉、甜点和咖啡。随意点菜的原则是：不重复同样的食材，不重复同样的口味，不重复一样的烹调手法，先淡后浓，先清后腻。

西餐餐具以餐盘放置的位置为准，左放叉，右放刀或匙，上放点心餐具，叉齿及匙面朝上，刀直摆时刀刃朝左，刀横摆时刀刃朝下。取用时，每上一道菜，就拿最外侧的左右一副刀叉。

商务西餐宴请中，要注意刀叉、汤匙、餐巾等主要西餐餐具的用法、餐语以及使用礼仪和禁忌。

西餐上菜的程序是头盘、汤、副菜、主菜、蔬菜类菜肴、甜品、咖啡、茶。西餐有法式、美式、俄式不同的上菜礼仪。

西餐用餐注重服饰搭配，讲究姿态礼仪，讲究规矩食用，注重礼仪禁忌。

西餐中所饮用的酒类很多，主要有红酒、白酒、玫瑰酒、香槟等。

西餐酒具有啤酒杯、威士忌酒杯、白兰地酒杯、红葡萄酒杯、白葡萄酒杯、鸡尾酒杯、香槟酒杯、甜酒杯等，但通常餐桌上摆放的酒具和水杯不超过4个。

西餐菜肴讲究餐前、餐中、餐后酒的搭配。西餐点酒要依据点酒、依客点酒、依价点酒、依规试酒、依法醒酒。饮酒的礼仪有依礼倒酒、依酒端杯、依次敬酒、依意敬酒、得体饮酒。

西餐中喝咖啡要注意时间、场合以及饮用数量、配料添加、饮用方法等礼仪。

4. 自助餐是源于西餐的一种就餐方式，具有免排座次、节省费用、各取所需和招待多人等特点。

商务自助餐讲究排队取菜、注重顺序取菜、讲究多次少取、切忌食物外带、餐毕送回餐具、适当关照他人以及积极进行交际等礼仪规范。

鸡尾酒会也称酒会，是便宴的一种形式。具有不必准时赴宴、服饰没有限制、无须排席次、自由交际、自选菜肴等特点。

商务鸡尾酒会讲究掌握餐序、排队取食、多次少取、适度交际、礼貌告别或致谢等礼仪规范。

本章实训练习

1. 请酒店工作人员现场演示并指导学生摆放中、西餐餐具。

2. 以小组为单位,设计一次商务鸡尾酒会的策划方案,并做演示。学生自评后老师再进行点评。

本章思考题

1. 分析中、西餐宴请礼仪的异同。
2. 自助餐和鸡尾酒会有什么区别?

本章参考文献

1. 都大明:《中华饮食文化》,复旦大学出版社 2011 年版,第 82—102 页。

2. [美]姜佩蓉、李佩仪:《佩蓉谈商务礼仪和沟通》,西木、于乐译,中华工商联合出版社 2012 年版,第 152—185 页。

3. [美]佩吉·波斯特、彼得·波斯特:《商务礼仪指南(第 2 版)》,李琳娜、刘霞译,电子工业出版社 2006 年版,第 155—197 页。

4. 商务礼仪百科,http://shangwuliyi.baike.com/category-1014.html。

5. 《中餐礼仪大全》,http://www.chinabaike.com/article/16/19/26/2007/20070131075_5.html。

6. 《中餐礼仪》,http://baike.baidu.com/link?url=32XVLKtLHG3qBHNZ0dJaTDth8aC9uJitAjlza8aSVDqWFRni-45DYKu-EIPVpdbP。

7. 《西餐礼仪》,http://baike.baidu.com/link?url=z0osGqQV6M1VfkNrgQcg8Axw2PvgLj34cspyw2BO_ztQ9JHeUw3UoI86VSBnXO2k。

8. 《酒会的礼仪:鸡尾酒会的礼仪》,http://cj.hebei.com.cn/cjpd/cj_cjwhls/cj_zjc/201009/t20100915_2158837.shtml。

9. 徐克茹:《商务礼仪标准培训》,中国纺织出版社 2007 年版,第 167—203 页。

10. 李嘉珊、高凌云:《国际商务礼仪》,电子工业出版社 2007 年版,第 151—172 页。

11. 王家贵:《现代商务礼仪简明教程》,暨南大学出版社 2009 年版,第 162—184 页。

12. 茶侃网,http://www.chalook.net/。

13. 陈弘美:《用刀叉吃出高雅——西餐礼仪》,生活·读书·新知 三联书店 2012 年版。

14. 张玛莉:《成功有礼——餐桌礼仪和饮食主张》,广州出版社 2005 年版。

15. 《西餐上菜服务礼仪常识》,http://www.welcome.org.cn/xicanliyi/2011-11-18/xicanshangcai.html。

16. [美]王晴佳:《筷子:饮食与文化》,汪精玲译,生活·读书·新知三联书店 2019 年版。

17. 刘云:《中国箸文化史》,中华书局 2006 年版。

第七章　商务仪式礼仪

> 中规中矩的仪式礼仪既是对商务伙伴成功合作的恭祝,也是给予自己的支持、肯定和关怀。
>
> ——刘民英[①]

本章学习目标

1. 了解商务开业典礼的筹备、程序及礼仪要求;
2. 掌握举办商务剪彩仪式的筹备、程序及礼仪要求;
3. 掌握商务签约仪式的筹备、程序及礼仪要求;
4. 了解商务新闻发布会的筹备、程序及礼仪要求。

---

① 刘民英,本书作者。

商务礼仪

本章知识结构

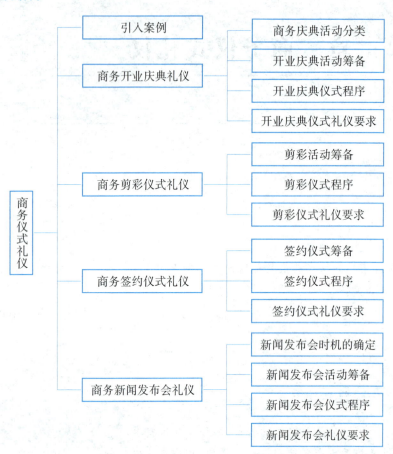

引入案例

给小学捐一间图书室[①]

2013年6月19日,作为嵩县首批旅游标准化示范酒店,投资3 000多万元的迪斯尼酒店开业了。与其他酒店开业时的歌舞欢腾、张灯结彩不一样,这么大的酒店开业,就只在门口放了一挂鞭炮。

[①] 参见曹杰:《洛阳酒店开业不做开业庆典 给小学捐一间图书馆》,《大河报》2013年6月20日。

第七章 商务仪式礼仪

嵩县迪斯尼酒店位于嵩县县城旅游综合服务区,是按三星标准建设的嵩县首批旅游标准化示范酒店。投资几千万的酒店,还差庆典这点钱吗?酒店董事长段全红说:"刚开始也有好多人建议我搞大型庆典,预算3万元钱。我想,这样做浪费资金还污染空气,不如把这些钱买成图书,在我们县一所乡村小学捐了一间爱心图书室。"

19日上午课间操后,嵩县何村乡瑶北坡小学的小学生们争相跑到位于校长室隔壁的爱心图书室阅读。六年级的黄冰小朋友选了一本《成功人际交往的8种方法》认真地看了起来。"我平时说话爱脸红,想学学人际交往。"黄冰腼腆地告诉记者,爱心图书室内存了很多类型的书籍,有作文书、历史故事、国学经典等,能学到很多很多的东西。

"我校有300多名学生,原来学校图书室没几本书能够供孩子们阅读,这次迪斯尼酒店的爱心捐赠丰富了我们的图书,也可以让更多的孩子通过课外阅读学习知识。"瑶北坡小学王建方校长说。

段全红董事长告诉记者,看到孩子们那么认真地阅读,他非常有满足感,以后还会不断地捐赠,充实爱心图书室的图书。

案例思考:如果你是一家公司的董事长,你会在公司开业时采用案例中的方式举办开业庆典仪式吗?为什么?

第一节 商务开业庆典礼仪

一、商务庆典活动分类

商务庆典活动是各种商务庆祝仪式的统称。商界所举行的庆祝仪式可以分为以下四类。

(一)开业庆典

开业庆典是商务经营活动正式开始时郑重地举行的庆祝活动。例如,当企业成立或者建立集团、确定新的合作伙伴、兼并分公司或连锁店开业时,都要举行庆典活动。

(二)周年庆典

周年庆典逢五、逢十进行,即在企业成立五周年、十周年以及倍数时进行的庆典活动。

(三)荣誉庆典

当企业荣获了某项荣誉称号、单位的产品在国内外重大展评中获奖之后,都会举行庆典活动。

(四)重大业绩庆典

当企业经销某种产品的数量突破10万台、销售额达到1亿元等重大业绩时,或者当某项巨大工程或重要任务完成竣工之际,会举行盛大的庆典活动以示庆贺。

庆典活动的规模与气氛代表了企业的风范与实力。来宾的出席情况、庆典氛围的营造以及庆典活动的整体效果是提高公众认知程度的最佳广告诠释。

不论是哪类庆典活动,都属于即时活动。每类庆典活动庆典前的准备、庆典过程中要注重的礼仪大体相同。本节主要介绍开业庆典仪式。

二、开业庆典活动筹备

(一)选择适当的时间

开业庆典的开业时间要善于选择,可以利用节假日借机扩大宣传,但也要考虑天气情况和周围居民的生活习惯,以免过早或过晚扰民。开业庆典活动不能选在忌讳的日子,如重大灾难的纪念日等。

(二)做好场地的布置

开业庆典仪式多在开业现场举行,企业的礼堂、会议厅、门前的广场及外借的大厅等均可以作为开业庆典的场地。

在选择具体地点时,应结合庆典的规模、影响力和企业的实际情况来决定。现场的大小应与出席者人数的多少成正比,人多地方小,会拥挤不堪;人少地方大,则有"门前冷落车马稀"的感觉。如果选择在室外举行庆典,要注意妨碍交通或治安的情形发生。

按惯例,举行开业庆典仪式时宾主一律站立,因此,场地现场可设也可不设主席台或座椅。为显示隆重与敬客,举行仪式的现场布置要在来宾尤其是贵宾站立之处铺设红色地毯,在场地醒目之处摆放来宾赠送的花篮、牌匾,在场地四周悬挂横幅、标语、气球、彩带和宫灯等。

来宾的签到簿、本企业的宣传材料、招待宾客的饮料、价格适中的精美纪念品等也须提前在开业现场摆放好。

(三) 做好设备的准备工作

对音响、照明设备以及开业庆典仪式举行之时所需的用具、设备,必须事先认真进行检查、调试,以防在使用时出现差错,尤其是来宾们讲话时使用的麦克风和传声设备。此外,还要准备一些欢快的乐曲在庆典举行前后播放,以烘托开业的欢乐喜庆气氛。

(四) 做好来宾的邀请工作

开业仪式影响的大小往往取决于来宾身份的高低与数量多少。地方领导、上级主管部门与地方职能管理部门的领导、企业的合作伙伴与同行企业的领导、社会团体的负责人、社会贤达、媒体人员等都是应予先考虑的邀请重点。

为慎重起见,用以邀请来宾的请柬应认真书写。被邀请人的姓名要书写整齐无误,请柬的内容要完整,文字要简洁,措辞要热情。请柬要向被邀请人致意问候,说明此次开业的具体活动时间、地点、内容、邀请原因、联系方式及日期等。

请柬应装入精美的信封,由专人提前送达被邀请人手中,以便对方早做安排。在典礼举行前一天,最好用电话再次确认对方是否出席开业庆典仪式。

案 例

开业庆典邀请函[①]

尊敬的某某先生/女士(或职务):

感谢您一直以来对杭州××汽车用品有限公司的支持与厚爱,使我公司的业务得以蓬勃发展。为更好地服务于广大新老客户朋友,提供更好的汽车用品展示和交流平台,我公司现已在浙江××汽配物流中心成立新的分公司。恰值汽车用品行业秋冬季新产品上市之际,我们特于9月2日至3日在东方豪生

[①] 参见王琳:《开业庆典邀请函》,http://www.kj-cy.cn/htm/20121111/12050.htm,2012年11月11日。内容有改动。

大酒店举办杭州××汽车用品有限公司的分公司开业庆典暨2013年秋冬季新产品推广会,诚邀您的光临!

  我们将特邀著名节目主持人主持开业庆典。我们还邀请了多位业内资深人士与行业专家,届时,大家将一起探讨和交流行业内各主要项目的发展趋势以及提升店面管理与项目盈利的方法和技巧。晚宴时,有歌舞表演和抽奖活动。敬请您在9月2日下午5点之前光临!

  让我们同叙友谊,共话未来,迎接更多的财富和快乐!

  此致

敬礼!

杭州××汽车用品有限公司
2013年8月28日

(五)准备开幕词、致谢词

准备开幕词、致谢词是开业庆典准备工作中的一个重要环节。开幕词、致谢词的撰写要言简意赅、热情洋溢但不失庄重,内容表述要控制在规定的发言时间内。

(六)做好媒体宣传

开业庆典需要围绕主题宣传,以扩大企业知名度。

- 选择有效的大众传播媒介,进行集中性的广告宣传。
- 邀请有关的大众传播界人士在开业仪式举行时到现场进行采访、报道,以便对企业做全面宣传。
- 举行开业仪式时给来宾的礼品馈赠属于宣传性传播媒介的范畴。赠送的礼品可选用本企业的产品,也可在礼品及其包装上印有本企业的标志、广告用语、产品图案、开业日期等。礼品要具有宣传性、荣誉性、独特性和实用性。

(七)做好接待服务的安排

开业庆典仪式前,要成立一个对此全权负责的筹备组。筹备组成员通常由企业的各方面相关人员组成,他们应当具备很强的协调、筹划、沟通、办事的能力。

在庆典的筹备组之内,应根据具体需要,设公关、礼宾、财务、会务组。其中,庆典礼宾人员应由年轻、形象较好、口头表达和应变能力较强者组成,负责来宾的迎送、引导、陪同、接待等服务。接待贵宾时,需由企业主要负责人亲自出面。

开业庆典前,还应为来宾准备好专用的停车场、休息室等。

(八) 做好庆典的策划书

庆典策划书是对未来庆典活动进行策划的文本,是实现庆典目标的指导。

开业庆典策划书应该包括实施项目名称、实施时间、指导思想、前期的广告宣传、前期的准备事宜、现场布置、开业庆典的工作日程和议程安排、开业项目预算等内容。

三、开业庆典仪式程序

开业庆典的具体程序是否规范关系到仪式举行的成功与否。拟定庆典程序时,应遵循"时间宜短不宜长"的原则。庆典仪式的时间应该控制在1小时之内,这样既确保了庆典的良好效果,又尊重了全体出席者,尤其是重要来宾。

规范的庆典仪式应包括以下程序。

(一) 迎宾

请来宾就位,现场安静,介绍嘉宾。

(二) 主持人宣布典礼开始

宣布庆典正式开始,全体立正、脱帽、向国旗行注目礼,奏国歌。(唱本企业之歌。)

(三) 致开幕词

开业企业负责人致开幕词。致辞内容是对来宾表示感谢,并介绍此次庆典的缘由等,重点应是报捷以及庆典的可"庆"之处。

(四) 致贺词

出席此次开业庆典的上级主管、协作伙伴等均应有代表致贺词。邀请嘉宾致贺应提前约好,不能当场推来推去。对外来的贺电、贺信等可不必一一宣读,但对其署名单位或个人应当公布。在进行公布时,可依照"先来后到"为序,也可以按照具体名称的汉字笔画进行排列。

(五) 揭幕(剪彩)

由主办单位的负责人和一位上级领导或嘉宾代表揭去盖在牌匾上的红布,宣告企业正式开业。参加典礼的全体人员鼓掌祝贺,同时可以燃放鞭炮庆贺。根据企业的需要,也可以在庆典仪式流程中增加剪彩仪式。

（六）安排文艺演出

以庆典的主题为旋律。

（七）来宾参观

如果安排了合影留念的环节，合影结束后，接待人员就可以引导来宾参观企业的有关展览或主要设施、特色项目及经营场所等。最后可以向来宾赠送纪念品，欢送来宾离去。如果举行庆典的企业有宴请，来宾参观完毕，就可以前往预订好的餐厅继续庆贺。

四、开业庆典仪式礼仪要求

开业庆典是商务形象的一种宣传。参加开业庆典的到场人员，尤其是主办方的商务人员，应注意礼仪规范。

（一）仪容整洁

仪容整洁是自尊和尊人的体现。所有出席开业庆典的男士应特别注意仪容的整洁，如眼部、鼻腔、口腔、胡须、指甲等；女士则要化淡妆。

（二）服饰规范

有统一制服的企业，应以制服作为本企业人员的庆典着装；无制服的企业，应规定出席庆典的人员须穿着正装。男士应穿深色西装套装（或中山装套装），配白衬衫、素色领带、黑色皮鞋；女士应穿深色西装套裙，配连裤肉色丝袜、黑色高跟鞋，或穿深色的西服套装。规范的服饰能起到正式、郑重的良好形象效果。

（三）遵守时间

遵守时间是基本的商务礼仪之一。参加庆典的出席者，尤其是开业方的最高负责人及员工，不能迟到、无故缺席或中途退场。如果庆典的起止时间已有规定，则应准时开始和准时结束，这体现着开业方的言而有信。

（四）态度友好

开业企业的人员遇到来宾，要主动热情问好。对来宾提出的问题，要立即予以友善的答复。不能围观来宾、指点来宾或是对来宾持有敌意。当来宾在庆典上发表贺词时，要主动鼓掌表示欢迎或感谢。

（五）行为自律

参加庆典的主办方人员有义务确保庆典的顺利完成。不要因自己的言行举止失当而使来宾对庆典作出不好的评价。在出席庆典时，主办方人员在举止行为方面应当注意的问题有：不要随意来去；不要在庆典举行期间到处乱走；不要和周围的人窃窃私语或开玩笑；不要有意无意地做出对庆典毫无兴趣的姿态，如看报纸、读小说、听音乐、玩手机游戏等。

第二节　商务剪彩仪式礼仪

商务剪彩仪式是指商界为了庆祝企业成立、周年庆典、开工、大型建筑物落成启用、道路或航道开通、展销会开幕等而举行的一项隆重的礼仪性的程序活动。剪彩活动既是对成绩的肯定和庆贺，又能使举办方借剪彩活动之机向社会各界做形象和产品的营销宣传。

剪彩仪式礼仪主要包括剪彩仪式的准备、剪彩人员的选定、剪彩的规范程序等方面。

资料：

剪彩的由来[①]

---

① 参见百度百科"剪彩仪式"。

商务礼仪

剪彩的由来有两种说法。

一种说法源于西欧。相传在古代,西欧造船业比较发达,新船下水往往会吸引成千上万的观众。为了防止人群涌向新船而发生意外事故,新船下水前,在离船体较远的地方,会用绳索设置一道"防线"。等新船下水典礼就绪后,才会剪断绳索让观众参观。后来绳索改为彩带,人们就给它起了"剪彩"的名称。

一种说法源于美国。据说,1912年,在美国的一个乡间小镇上,有家商店的店主慧眼独具,从一次偶然发生的事故中开启了剪彩风气之先,为商家创立了一种崭新的庆贺仪式——剪彩仪式。

当时,这家商店即将开业,店主为了阻止闻讯蜂拥而至的顾客在正式营业前耐不住性子,争先闯入店内购物,使守时而来的人们得不到公平的待遇,便随便找来一条布带子拴在门框上。谁曾料到这项临时性的措施竟然更加激发起挤在店门之外人们的好奇心,促使他们更想早一点进入店内,先购为快。事也凑巧,正当店门之外人们的好奇心上升到极点并显得有些迫不及待的时候,店主小女儿牵的一只小狗突然从店里跑出来,那只"不谙世事"的可爱的小狗若无其事地将拴在店门上的布带子碰落在地。店外不明真相的人们误以为这是该店为了开张所搞的"新把戏",于是立即一拥而入、大肆抢购。让店主转怒为喜的是,他这家小店在开业之日后的生意居然红火得令人难以想象。

向来有些迷信的店主追根溯源地对此进行了一番"反思",最后他认定,自己的好运气全是由那条被小女儿的小狗碰落在地的布带子所带来的。此后,在他旗下的几家连锁店陆续开业时,他便将错就错地如法炮制。久而久之,他的小女儿和小狗无意之中的"发明创造"经过他和后人不断地"提炼升华"便逐渐形成了一整套的仪式。它先是在全美,后是在全世界广为流传,成为今天盛行的"剪彩"仪式。

资料思考:剪彩礼仪的实质是什么?

一、剪彩活动筹备

(一)现场布置

剪彩仪式一般选择在展销会、博览会等正门外的广场、正门内的大厅或者即将启用的建筑、工程等现场进行。现场布置应注重各种庆典元素的和谐搭配,整体上追求点、线、面的完美结合,凸显立体感、色彩感。具体操作包括:搭台时,以写有剪彩仪式具体名称的大型喷绘作为背景;在场地入口处设置彩虹门;在通道和场地四周布置迎宾彩旗和鲜花;在场地适当位置悬挂条幅、摆放花篮等,以烘托喜庆吉祥的气氛。此外,还有灯光与音响的调试准备工作等。

(二) 确定剪彩人员

剪彩仪式上,对剪彩人员的礼仪要求很高,因此,应该慎重选定剪彩人员,剪彩前有必要对选定的剪彩人员进行事先培训。

1. 主持人

剪彩仪式的主持人可以由本企业的主要负责人或者职业主持人担任。如果是涉及民生类的剪彩仪式,为了显得亲和、朴素且隆重,主持人由本企业的主要负责人担任;如果是推广宣传的商业类剪彩,主持人可邀请职业主持人担任。主持人要具有感染力与丰富的主持经验,嗓音磁性,气质高雅,具有良好的个人形象及丰厚的文化底蕴。

2. 剪彩者

剪彩者是在剪彩仪式上持剪刀剪彩的人。根据惯例,剪彩者可以是一个人,也可以是几个人,但一般不多于五个人。通常,剪彩者多由上级领导、合作伙伴、社会名流、员工代表或客户代表担任。

3. 助剪者

助剪者是指剪彩的一系列过程中为剪彩者提供帮助的人员。助剪者多由东道主一方经过礼仪训练的女职员或礼仪公司的礼仪小姐担任。

助剪者可分为迎宾者、引导者、服务者、拉彩者、捧花者、托盘者。迎宾者的任务是在活动现场负责迎来送往;引导者的任务是在进行剪彩时负责带领剪彩者登台或退场;服务者的任务是为来宾,尤其是剪彩者提供饮料和安排休息之处;拉彩者的任务是在剪彩时展开、拉直红色缎带;捧花者的任务是在剪彩时手托花团;托盘者的任务则是为剪彩者提供剪刀、手套等剪彩用品。

通常,迎宾者与服务者不止一人。引导者既可以是一个人,也可以为每位剪彩者各配一名。拉彩者通常应为两人。捧花者的人数则需要视花团的具体数目而定,一般应为一花一人。托盘者可以为一人,也可以为每位剪彩者各配一人。有时,助剪者(礼仪小姐)也可身兼数职。

助剪者的基本条件是相貌姣好、身材颀长、年轻健康、气质高雅、音色甜美、反应敏捷、机智灵活、善于交际。

(三) 发送请柬

剪彩仪式的成功与否与参加剪彩的宾客、媒体、参加剪彩仪式的人数有关。因此,在剪彩仪式的准备工作中,邀请上级领导、知名人士、各职能部门负责人或代表、其他企业、新闻媒体方面等人士参加的环节显得尤为重要。请柬要精美、大方,写好的请柬要放入信封内,须提前几天邮寄或专人递交给有关单位和个人。重要人物的请柬,最好直接派人送去。

(四) 做好宣传工作

剪彩活动要通过媒介广而告之,以引起公众对剪彩举办方的关注。宣传工作包括剪彩仪式举行的日期和地点、企业的经营特色、对客户的馈赠和优惠、客户光临时应乘坐的车次、路线等。宣传工作要做得全面、到位、有特色,因为剪彩活动是企业形象的一次重要体现。

(五) 准备纪念品

剪彩仪式的举办方要准备带有企业标志、地址、电话、经营范围的文具或日常用品等纪念品赠送给来宾。纪念品通常要具备实用特质。

(六) 准备剪彩用具

1. 红色缎带

红色缎带是剪彩仪式之中的"彩"。按照传统,"彩"是由一整匹未曾使用过的红色绸缎,在中间结成数朵花团而成;也可用长度为两米左右的细窄的红色缎带或红布条、红线绳、红纸条作为变通。

红色缎带上所结的花团要生动、硕大、醒目。花团具体数目有两种模式:一种是花团的数目比现场剪彩者的人数多一个,如此,可使每位剪彩者总是处于两朵花团之间,显得非常正式;另一种是花团的数目比现场剪彩者的人数少一个。

2. 新剪刀

新剪刀是专供剪彩者在剪彩仪式上正式剪彩时使用的重要物品,每位现场剪彩者人手一把。剪彩时,忌讳补剪,因此,新剪刀必须崭新、锋利而顺手。剪彩仪式准备阶段应检查用以剪彩的剪刀是否已开刃以及是否好用,要确保剪彩者在正式剪彩时可以一剪就成功。剪彩仪式结束后,主办方可将每位剪彩者所使用的剪刀经过包装后,送给对方做纪念。

3. 白色薄纱手套

白色薄纱手套是专为剪彩者所准备的用品。剪彩仪式上,剪彩者要戴一副白色薄纱手套剪彩,以示郑重。准备白色薄纱手套时,要确保数量充足、大小适度、崭新、平整、洁白。

4. 托盘

托盘是剪彩仪式上托在助剪者手中用作盛放红色缎带、剪刀、白色薄纱手套的器皿。剪彩仪式上所使用的托盘要崭新、洁净,托盘的选择通常首选银色的不锈钢制品。

为了显示剪彩仪式的隆重、规范,使用托盘时可在其中铺上红色绒布或绸布。剪彩时,可用一只托盘依次向各位剪彩者提供剪刀与手套,并同时盛放红色缎带;也可为每一位剪彩者专配一位手托托盘的助剪者,剪彩的红色缎带也由专用托盘盛放。后一种方法更能显示出剪彩仪式的正式、隆重。

5. 红色地毯

红色地毯铺设在剪彩者正式剪彩时站立之处,目的是提升剪彩的品质,营造喜庆气氛。红色地毯的长度可视剪彩人数的多寡而定,其宽度应在一米以上。剪彩时,也可不铺设红色地毯。

二、剪彩仪式程序

剪彩活动是即时性活动,细微的疏忽都有可能导致无可挽回的消极影响,因此,剪彩仪式的程序必须有条不紊、做法规范。

按照惯例,剪彩既可以是开业仪式中的一项具体程序,也可以独立出来,由其自身的一系列程序所组成。独立而行的剪彩仪式包括五个基本程序。

(一) 嘉宾入场

剪彩仪式开始前5分钟,嘉宾在礼仪小姐的引领下集体入场。剪彩现场通常只为剪彩者、来宾和本单位负责人安排座席。嘉宾中的剪彩者应前排就座,座位上应事先摆放好座席卡。

(二) 仪式开始

由企业主要负责人宣布仪式开始,奏乐,现场燃放鞭炮礼花(有的地方禁鸣则免),全体到场者热烈鼓掌。此后,主持人介绍到场的嘉宾,并对他们的到来表示感谢。

(三) 宾主致辞

由主办方、上级主管部门、合作方的代表以及社会知名人士先后发言。发言应言简意赅地介绍、致谢与祝贺。

(四) 进行剪彩

助剪者在欢乐的乐曲声中登场,引领剪彩者站立在主办方确定的位置。若是隆重的剪彩仪式,剪彩者的站位需要事先彩排。拉彩者与捧花者面带微笑,在既定位置上拉好红绸及彩球。当剪彩者剪断红绸、彩球落盘时,全体人员热烈鼓掌庆贺。

(五) 后续活动

剪彩过程结束后,主办方可根据剪彩内容安排文艺演出、参观、联谊、座谈、签名、题词、合影、赠送纪念品、就餐等后续庆祝活动。最后,主办方热情地欢送来宾离去。

三、剪彩仪式礼仪要求

1. 主持人庄重大气,善于协调

剪彩主持人是剪彩仪式中的主角之一,衣着妆容、言行举止都关系到举办剪彩仪式的企业形象,因此,主持人要着装正式、庄重大气、亲切自然,要善于把握与调节现场的喜庆气氛。

2. 剪彩者着装正式,不卑不亢

在剪彩仪式上担任剪彩者是一种很高的荣誉。剪彩仪式档次的高低往往也同剪彩者的身份密切相关。需要由数人同时担任剪彩者时,应分别告知每位剪彩者届时将与哪位助剪者协作。必要时,可在剪彩仪式举行前,将剪彩者集中在一起,进行彩排。剪彩者应着西服套装、套裙,头发梳理整齐,切忌戴帽子、戴墨镜、穿便装。

主持人宣布剪彩开始后,剪彩者应中止与他人的交谈,不可因为自己位高就无休止地高谈阔论或妄加评论活动或者他人。

3. 助剪者姿态优雅,礼仪规范

助剪者应化淡妆、盘头,穿款式、面料、色彩统一的单色(多为红色)旗袍或西装套裙,配肉色连裤丝袜、黑色高跟皮鞋。除戒指、耳环或耳钉外,不宜佩戴其他首饰。在剪彩活动中,助剪者应训练有素,具有较强的应变力和高度的责任心,做到礼仪规范、保持微笑、动作一致、整齐有序。

4. 剪彩仪式站位准确，配合默契

当主持人宣告进行剪彩后，助剪者应率先登场。在上场时，助剪者排成行行进，从两侧同时登台，或是从右侧登台均可。登台后，拉彩者与捧花者应当站成一行，拉彩者处于两端拉直红色缎带，捧花者各自双手手捧一朵花团。托盘者须站立在拉彩者与捧花者身后一米左右，并且自成一行。

在剪彩者登台时，引导者应在其左前方进行引导，使之各就各位。剪彩者登台时，宜从右侧出场。当剪彩者均已到达既定位置之后，托盘者应前行一步，到达前者的右后侧，以便为其递上剪刀、手套。

剪彩者若不止一人，登台时也应列成一行，并且使主剪者行进在前。在主持人向全体到场者介绍剪彩者时，剪彩者应面含微笑地向大家欠身或点头致意。

剪彩者行至既定位置之后，应向拉彩者、捧花者含笑致意。当托盘者递上剪刀、手套时，也应微笑着向对方道谢。

在正式剪彩前，剪彩者应首先向拉彩者、捧花者示意，待其有所准备后，集中精力，右手手持剪刀，表情庄重地将红色缎带一刀剪断。若多名剪彩者同时剪彩时，其他剪彩者应注意主剪者动作，与其主动协调一致，力争大家同时将红色缎带剪断。

5. 剪彩流程规范，秩序井然

按照惯例，剪彩后，红色花团应准确无误地落入托盘者手中的托盘里，切勿使之坠地。剪彩者在剪彩成功后，可以右手举起剪刀，面向全体到场者致意。然后放下剪刀、脱下手套于托盘之内，举手鼓掌。接下来，可依次与主人握手道喜，并列队在引导者的引导下从右侧退场。待剪彩者退场后，助剪者方可列队由右侧退场。

6. 剪彩仪式时间紧凑，以短为宜

剪彩仪式宜紧凑，忌拖沓。短则一刻钟即可，长则不宜超过一个小时。嘉宾发言应言简意赅，发言时间不超过 3 分钟，重点为介绍、致谢与祝贺。

第三节　　商务签约仪式礼仪

商务签字（签约）仪式是政府、组织、企业间通过谈判，在经济、文化、科技等领域缔结商务条约、协定时举行的仪式。国际上约定俗成的签字仪式有比较严格的程序及礼节规范。这既显示了签字仪式的正式性,也表明双方对缔结条约的重视及相互间的尊重。

一、签约仪式筹备

签字仪式的整个过程所需时间不长,程序较简单,但由于签字仪式涉及行业间、地区间、国家间的关系,且商务签约仪式往往是访谈、谈判成功的标志,有时甚至是历史转折的一个里程碑,因此,签字仪式一定要认真筹办。

(一)签约仪式前的筹备

1. 签字厅的布置

由于签字的种类不同以及各地、各国的风俗习惯不同,因而签字仪式的安排和签字厅的布置也不尽相同。签字厅有常设专用的,也有临时以会议厅、会客室来代替的,但一般都选择较有影响的、结构庄严的、宽敞明亮的、适宜于签字的厅室。

2. 签字文本的准备

负责为签字仪式提供待签合同文本的主方,要与有关各方一同指定专人负责合同的定稿、校对、印刷、装订、盖火漆印等工作。按常规,应为在合同上正式签字的有关各方均提供一份待签的合同文本,必要时还可再向各方提供一份副本。

签署涉外商务合同时,按照国际惯例,待签的合同文本应同时使用有关各方法定的官方语言,或是使用国际上通行的英文、法文等。此外,也可同时并用有关各方法定的官方语言与英文或法文的合同文本。

待签的合同文本应以精美的白纸印制而成,按大八开的规格装订成册,并以高档质料(如真皮、金属、软木等)作为签约合同的封面。

3. 签字仪式所需物品的准备

要准备好摆放座席卡、茶水、矿泉水、笔、鲜花、无线话筒、签字用的签字桌、桌布、签约文具、国旗、馈赠来宾的纪念宣传性礼品及场地设备等物品。

签字桌一般为长方桌,桌后并列设置签字人的座位,座位之间应有1.5米左右的距离。桌面上覆盖台呢,台呢颜色的选择要考虑各方的习惯与忌讳。桌后放两把椅子,面对正门的主左右客作为双方签字人的座位。座前桌上摆放各方保存的文本,文本前方分别放置签字用的用具。若是商务涉外签字仪式,签字桌中间摆放一个旗架,悬挂签字双方的旗帜,主方国与客方国旗帜悬挂的方位是面对正门客右主左,即各方的国旗须插放在该方签字人座椅的正前方。

(二)签字仪式人员的确定

1. 签字人

签字人是指代表政府、组织或企业进行签字的人员。根据文件性质由缔约各方确定签字人,一般由主谈人或更高一级的负责人签字,双方签字人的身份大体相当。

2. 助签人

助签人的职能是洽谈有关签字仪式的细节并在签字仪式上帮助翻阅与传递文本、指名签字处。双方的助签人由缔约双方共同商定。

3. 出席签字仪式的人员

出席签字仪式的人员基本上应该是参加会谈或谈判的全体人员。如一方要求让某些未参加会谈或谈判的人员出席签字仪式,应事先取得对方的同意,另一方应予以认可,但应注意双方人数最好大体相等。有些企业、政府等组织为了表示对签字仪式的重视,往往由更高级别或更多的领导人或高层管理者出席签字仪式。

二、签约仪式程序

签字仪式是签署合同的高潮,它的时间不长,但程序规范、庄严、隆重而热烈。签字仪式的正式程序有以下四项。

(一)签字仪式正式开始

各国签字仪式的程序大同小异。以中国为例:双方参加签字仪式的人员步入签字厅,签字人入座后,双方的助签人员分别站立于签字人员的外侧,协助翻揭文本及指明签字处。其他人员分主方、客方,按身份顺序站立于后排,客方人员按身份由高到低从中向右边排,主方人员按身份高低由中向左边排。当一行站不完时,可以按照以上顺序并遵照"前高后低"的惯例,排成两行、三行或四行。

(二) 签字人正式签署合同文本

签字人正式签署合同文本通常的做法是:先签署己方保存的合同文本,再签署他方保存的合同文本。每个签字人在由己方保留的合同文本上签字时,按惯例应当名列首位。因此,每个签字人均应首先签署己方保存的合同文本,然后再交由他方签字人签字(由助签人交换),其含义是在位次排列上轮流使有关各方均有机会居于首位一次,以显示机会均等和各方平等。

(三) 签字人交换各方正式签署的合同文本

签字人交换正式签署的合同文本时,各方签字人热烈握手,互致祝贺,并可相互交换各自使用过的签字笔,以示纪念。

(四) 饮香槟酒庆贺

交换已签的合同文本后,有关人员应当场喝上一杯香槟酒,这是国际上约定俗成的用以增添喜庆色彩的做法。商务合同正式签署后,应提交有关方面进行公证,才能正式生效。

三、签约仪式礼仪要求

1. 着装正式

签字人、助签人及随员在出席签字仪式时,应当穿着深色西装套装、西装套裙,并配以白色衬衫与深色皮鞋。签字仪式上的其他工作人员和礼宾人员,可穿工作制服或旗袍等礼仪性服装。

2. 仪态端庄

商务签约仪式是正式的商务活动。参加签约仪式的人员言行举止要友好、大方得体,微笑示人。握手致意、名片交换、鼓掌等礼仪要规范。

服务人员端上祝贺的香槟时,签约人员应以职务高低、先客后主的顺序依次各取一杯,双方人员依次碰杯祝贺。碰杯只是用于表示庆祝的形式,每次碰杯后可使杯口与嘴唇相触,也可饮一点,但不可大口饮用,更不可一饮而尽,最后由服务人员端走酒杯。

3. 位次正确

举行签字仪式时，座次排列的具体方式有三种基本形式，分别适用于不同的具体情况（如下图所示）。

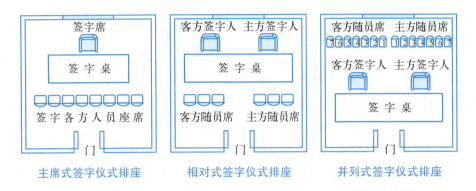

主席式签字仪式排座　　相对式签字仪式排座　　并列式签字仪式排座

（1）并列式

并列式排座是举行双边签字仪式时最常见的形式。它的基本做法是签字桌在室内面门横放。双方出席仪式的全体人员在签字桌之后并排排列，双方签字人员居中面门而坐，客方居右，主方居左。

（2）相对式

相对式签字仪式的排座与并列式签字仪式的排座方法基本相同，只是相对式排座将双边参加签字仪式的随员席移至签字人的对面。

（3）主席式

主席式排座主要适用于多边签字仪式。其特点是签字桌仍须在室内横放，签字席仍须设在桌后面对正门，但只设一个，并且不固定其就座者。举行仪式时，所有各方人员（包括签字人在内）皆应背对正门、面向签字席就座。签字时，各方签字人应以规定的先后顺序依次走上签字席就座签字，然后退回原处就座。

4. 遵时守信

出席签约仪式时，必须遵守约定的出席时间和发言时间。

签订合同与协议，要把双方的权利、义务写清楚，必要时还应加上附件说明，写清容易在将来产生歧义之处。合同或协议一经签订，就要认真守信履行。

第四节　商务新闻发布会礼仪

新闻发布会简称发布会,有时也称记者招待会。商务新闻发布会是当企业作出了某项重要决策、研制生产了某种新产品、推出了某项对社会有重要影响的革新项目或者遇到法律纠纷、顾客批评、舆论谴责、诬告等问题时,企业会主动通过媒体把相关信息通过新闻界客观而公正地报道并广泛传播给公众的一种有效沟通方式。

商务新闻发布会形式正规,地点确定,人物、事件都比较集中,除了邀请记者、新闻界(媒体)负责人、行业部门主管之外,还有各合作企业的代表及政府官员等。

对媒体而言,新闻发布会时效性强,参加发布会免去了媒体预约采访对象和采访时间的困扰。因此,新闻发布会是媒体获得新闻最重要的一个途径。

对公司企业来说,报刊、电视、广播、网站等媒体集中发布(时间集中、人员集中、媒体集中),扩散迅速,新闻传播面广。因此,举办新闻发布会是自身联络、协调与新闻媒体之间的一种最重要的手段。

一、新闻发布会时机的确定

(一) 确定召开新闻发布会的必要性

召开商务新闻发布会前要确认:新闻发布会要发布什么新闻?这一新闻是否有价值?是否有开新闻发布会的必要性?

通常,召开商务新闻发布会的情形有以下几种:

- 企业有新的产品问世;
- 企业的经营方针有变化;
- 企业高层管理人员的变更;
- 企业规模有扩大,新的分公司或分厂建立;
- 企业合并;

- 企业创立周年纪念日；
- 企业的产品获奖；
- 企业发生重大责任事故等，引起公众关注。

(二) 确定新闻发布会的主题

新闻发布会一般针对企业意义重大、媒体感兴趣的事件而举办。新闻发布会的主题应有较大的新闻价值，否则会出现新闻发布会少有记者到场的尴尬局面。

新闻主题要单一，内容要简明扼要，不能浪费时间。否则会给记者留下不好印象，此后再召开类似的新闻发布会时，记者的到会率会减少。

一个新闻发布会不能同时发布几个主题新闻。每个新闻发布会都有一个主题名称，此主题名称会体现在新闻发布会的一切表现形式上，包括请柬、会议资料、会场布置、纪念品等方面。

新闻发布会的名称要避免使用"新闻发布会"的字样。因为我国对新闻发布会有着严格的申报和审批程序，对企业而言，只要将新闻发布会的主题名称定义为"某某信息发布会"或"某某媒体沟通会"，就会免去没有必要的烦琐程序。

(三) 确定新闻发布会的时间

新闻发布会确定主题后，就要选择好恰当的召开时间。在时间选择上要避开重要的政治事件和社会事件，以免媒体对这些事件的大篇幅报道冲淡了企业新闻发布会的宣传效果。

新闻发布会一般选在周一、周二或周三的上午10时或下午3时召开为佳，如此，有利于提高记者的到会率。新闻发布会是双向的沟通互动，先由企业发布新闻，后由记者提问。企业发布新闻的正式发言时间不超过1小时，应留有时间让记者发问。发布会后，一般要为记者准备工作餐，选择自助餐的形式有利于记者与企业充分地交流和进行深入的采访。

二、新闻发布会活动筹备

(一) 新闻发布会会场选址

新闻发布会的选址要与发布的新闻主题相一致，同时，要考虑到交通便利程度、场地设备硬件等因素，如电话、传真、打字、照明设备等。新闻发布会的场地可以选择户外(事件发生的现场,便于摄影记者拍照),也可以选择在室内。根据发布会规模的大小,室内发布会可以直接安排在企业的办公场所或者选择酒店、新闻中心等场所举行。酒店有不同的星级,从企业形象的角度而言,重要的发布会宜选择五星级或四星级酒店。

(二) 新闻发布会会场布置

新闻发布会会场的布置能体现出一个企业的文化。因此,要注意会场的环境布置,气温、灯光、噪声等问题都要全面考虑。

会场设有记者或来宾签到处,签到处最好设在入口或入场通道处。会场座次安排要分清主次,特别是在有贵宾到会的情况下。在每位记者席上要摆放相关的资料,以便记者们能深入地了解新闻发布会的内容。

(三) 确定新闻发布会工作人员

1. 新闻发布会主持人

新闻发布会的主持人一般由企业的宣传负责人担任。主持人的作用在于把握主题范围,掌握会议进程,控制会场气氛,促成会议顺利进行。此外,在必要时还要承担消除过分紧张的气氛、化解对立情绪、打破僵局等大任。

2. 新闻发布会发言人

发言人一般由企业主要负责人或部门负责人担任。发言人要透彻地掌握本企业的总体状况及各项方针政策;面对新闻记者的各种提问,需要头脑冷静、思维清晰、反应灵敏;具有很强的语言表达能力,措辞精确,语言精练、流畅,发表的意见具有权威性。

举办新闻发布会的企业要为发言人配设助理人员,协助发言人准备主题材料、发言稿、新闻稿、宣传材料、记者提问的提纲等。此外,还要准备新闻通稿以及背景材料、照片、录音、录像等,以便开会前分发给记者,供他们提问和写新闻稿时参考。

3. 新闻发布会服务人员

新闻发布会服务人员要严格挑选,从外貌到自身的修养均要合格,并注意服务人员的性别比例。服务人员的主要工作有:

- 安排与会者签到;
- 引导与会者入座;
- 准备必要的视听设备;

- 分发宣传材料和礼品；
- 安排餐饮工作；
- 安排摄影师拍摄会场情况，以备将来宣传和纪念之用。

(四) 确定邀请参加新闻发布会的名单

应邀参加者的范围主要根据公布事件、消息发生的范围和影响而定。如事件或消息只涉及某一城市，一般就请当地新闻单位的记者参加。企业确定了具体时间后，要提前1—2周向应邀记者发出书面邀请，以便新闻记者能充分安排好时间。不是所有被邀请的媒体记者都能出席新闻发布会，为使新闻发布会圆满成功，企业最好在新闻发布会正式举行的前一两天，电话确认被邀请记者能否出席新闻发布会。

三、新闻发布会仪式程序

(一) 迎宾签到，分发资料

新闻发布会现场的背景布置和外围布置需要提前安排。一般在大堂、电梯口、转弯处有礼宾人员做引导。如果新闻发布会会场是在企业内部举行，也要酌情安排人员做记者以及来宾的引导工作。

在签到接待处，有举办方管理人员出面迎宾，以示对新闻发布会的重视。参加发布会的人员应在签到簿上签上自己的姓名。

主办方提供给媒体的资料，一般以广告手提袋或文件袋的形式在新闻发布会前发放给新闻媒体。袋中资料的摆放顺序依次为会议议程、新闻通稿、演讲发言稿、发言人的背景资料介绍（应包括头衔、主要经历、取得成就等）、企业的宣传册、产品说明资料（如果是新产品新闻发布）、有关图片、纪念品（或纪念品领用券）、企业新闻负责人名片（供新闻发布后进一步采访、新闻发表后联络）、空白信笺、笔（便于记者记录）。

(二) 发布新闻，记者提问

发言人、来宾和新闻单位记者按时就座后，主持人宣布会议开始，介绍到场嘉宾。然后由发言人措辞准确、重点突出、详略得当地发布新闻、介绍情况。之后由记者提问，发言人逐一回答。新闻发布会的时间要控制在1.5小时左右。当主持人宣布新闻发布会结束后，应按发布会的预先安排，由相关人员引领记者、来宾进行参观企业或使用产品等其他活动。

(三)归类分析,效果评估

新闻发布会结束之后,要及时对发布会的效果进行评估,以确定是否达到了发布会预定的目标,为今后再次举行新闻发布会提供借鉴。

新闻发布会后,要全面收集与会记者在媒体上发表的文章,计算发稿率并归类分析,作为今后邀请记者的参考数据。对已发稿的记者,要给予特别的致谢,加强同他们的联系。电话征询记者对会议的接待、服务的意见,发现问题要及时道歉。

四、新闻发布会礼仪要求

(一)服饰得体

参加新闻发布会的主办方人员应着装正式,男士着深色西装套装,配以白色衬衫与深色皮鞋;女士着西装套裙,配以肉色长筒袜与有跟的黑皮鞋,化淡妆。服饰要简洁大方,显示出稳重、优雅的气质。

(二)座次规范

发布会一般需摆放座席卡,以方便记者记录发言人姓名。摆放原则是"职位高者靠前靠中,自己人靠边靠后"。要注意席位的预留,一般要多准备一些座席。

(三)秩序井然

主持人和发言人要注意言谈举止和会场的气氛引导。在发言冷场时,应适时引导记者提问;在记者争相提问时,要维持好会场秩序。

发言人事先应准备好回避敏感问题的方式和技巧,避免在新闻发布会上造成对立情绪,要善于控制和化解不利因素带来的会场气氛。

(四)言行一致

举办方对待各家媒体记者应一视同仁,不能厚此薄彼。新闻发布会发言人的言谈要与宣传口径保持一致,发布会前主办方要准备记者问答备忘提纲,并在事先取得一致意见,尤其是主答和辅助答者要达成共识。

在发布会的过程中,对记者的提问应该认真作答;对无关或过长的提问,可以委婉、礼貌地制止;对涉及企业秘密的问题,可以直接、礼貌地告知提问记者,但不宜采取"无可奉告"的告知方式;对复杂而需要大量解释的问题,可以先简单答要点,会后再与提问记者交流。

案例

拒不道歉的风波①

李洪元在 2005 年进入华为,在华为任职 13 年,是一位资深员工。最终选择离开华为有多种原因,逆变器的举报事件是一个关键点。

离职前,李洪元就职于逆变器部门,在工作期间发现部门造假等一些问题后,在 2016 年 11 月 21 日以"一名华为员工"的身份向集团投诉邮箱发了匿名邮件。一年之后,公司审计组对逆变器部门开展了调查。随后,人力资源部找到李洪元,告知他合同到期了,并表示不想续约。

于是,离职谈判开始,双方在 N+1 和 2N 的赔偿上有些争议。按照李洪元对记者的说法,当时部门领导同意了 2N 的方案,还包括年终奖。与此同时,李洪元将对话录音,这也成为他的重要证据。

在确定离职后,2018 年 3 月,李洪元收到 383 651.24 元和应补发的工资。然而,年终奖并未到位。

因此,李洪元开始起诉华为,要求赔偿年终奖,其间也经过多次开庭,也期望通过媒体来扩大影响。直至 2018 年 10 月,诉讼的结果还未有定论,各方都在等待解决方案。

谁知,2018 年 12 月,李洪元因涉嫌敲诈勒索罪被深圳市公安局刑事拘留。其间,李洪元的罪名有过变更。

一开始,公安机关以其侵犯商业秘密为由进行拘留,但是 2018 年 12 月 16 日,公安机关对李洪元进行了三次讯问后,确认他不存在侵犯商业秘密的违法行为。

2018 年 12 月 28 日,华为公司补充报案材料,再次控告李洪元于 2018 年 1 月 31 日与部门领导何某东洽谈离职补偿过程中,采用敲诈的方式,迫使何某东同意私下给付额外补偿金 33 万元,以换取他不闹事、不举报、顺利离职的承诺。何某东迫于压力,不得不同意给他 33 万元。李洪元的罪名又变成了敲诈勒索。

---

① 参见林波:《华为回应来了!李洪元案疑窦丛丛,律师怎么看?》,《21 世纪经济报道》2019 年 12 月 2 日。内容有改动。

2019年1月22日,李洪元被逮捕,但最终因"犯罪事实不清、证据不足",于2019年8月23日被释放,总共被羁押了251天。

律师在《法律意见书》里写道:"《司法鉴定意见书》及录音资料文字版证明当时的商谈是在双方有说有笑的基础上进行的,最终经过2小时12分24秒的充分协商,达成了离职补偿协议,整个过程并无李洪元实施威胁或要挟的语言。"

"你告去啊!"大概可以用这4个字,来概括公众等了整整一天的华为对李洪元案的回应[①]。

2019年12月2日晚间,华为针对前员工李洪元事件发布回应:"华为有权利,也有义务,并基于事实对于涉嫌违法的行为向司法机关举报。""我们尊重司法机关,包括公安、检察院和法院的决定。如果李洪元认为他的权益受到了损害,我们支持他运用法律武器维护自己的权益,包括起诉华为。"

总之,就是华为有权告,没有错,有事找警察。

的确,关押李洪元251天的是深圳市司法机关。但是,深圳市司法机关已经通过国家赔偿的形式"认错"了。李洪元的《不起诉决定书》和《国家赔偿决定书》和判决书一样,属于生效的法律文书,其记载的内容属于"法律事实":李洪元没有犯罪。他是清白的。但是,举报他并使他入狱的正是华为。

路上踩到别人一脚,还要说声对不起,因为华为的举报,导致一个公民丧失人身自由长达251天,于情、于理就不应该说声道歉吗?非要等到对方起诉,才说这句人之常情的话吗?法律是底线,企业的价值观不应该挣扎在法律的底线上。狼性不应该吞噬人性。

平心而论,之前,很多人都在心里面暗暗给华为准备了一个"台阶"下:希望这是一场误会,希望华为的回应中能给出"反转"的信息,希望这是个别中层干部的僭越所为,希望他们不代表华为的价值观,希望任总能及时处理渎职的干部,能和李洪元"相逢一笑泯恩仇"……他们真心希望华为干不出这样把离职员工推进大牢的事。

---

① 参见沈彬:《拒不道歉的华为:没有同理心,让人害怕》,澎湃新闻,2019年12月2日。

但是，华为的冷冰冰的回应打了所有人的脸：我就是有权举报。

要明白，华为的举报是经生效法律文书确认的"失实"的举报。甚至李洪元的《刑事赔偿决定书》也明确了："向李洪元原工作单位（华为技术有限公司）……发函，为其消除影响，恢复名誉。"

以华为之大，以华为之强，可以在法律范围内，让一个员工的生活天翻地覆。但是，能力越大，责任越大；狼性之外，还当有同理心和悲悯。企业有大的目标，员工更有小的尊严，不能为了大的目标而随便轻视个体的小尊严。此案对于华为不过是 30 万元的离职补偿（李洪元工作 12 年本有权要求签无期限合同，华为不续签，就要承担劳动法上的违约责任），对于员工却是 251 天的牢狱之灾，是和亲爷爷的生离死别，对家庭来说是天塌下来的大事情。

这两天里，海量的"花粉"都粉转黑了，是因为他们感觉华为变了：变成了一个让他们陌生的庞然怪物，变得失去人应有的同理心，变得蛮横霸道，甚至肆无忌惮。

既然华为已经把皮球踢给了深圳市司法机关，也希望深圳市公安、检察机关能够站出来做出澄清：到底当初华为提供了怎样的举报材料，才让你们先后用了职务侵占罪和敲诈勒索罪两项罪名关押一个公民？这些举报材料中有没有不实的成分？如果不实，华为工作人员是否构成了诬告陷害罪？

华为的巨轮轰隆隆碾过，却不屑向被压倒的小草说一声道歉。于是，所有小草都生气了。再大的企业，也是由一个个劳动者组成的；再大的道德光环，也不能侵蚀一个公民的尊严和人身自由。

案例思考：根据此案例的内容，为华为设计一场新闻发布会。举办这场新闻发布会应注意哪些方面的礼仪？

本 章 小 结

1. 商务庆典活动属于即时活动，是各种商务庆祝仪式的统称。商界所举行的庆祝仪式大致分为开业庆典、周年庆典、荣誉庆典和重大业绩庆典四类。

开业庆典前的筹备工作是：选择适当的时间；做好场地的布置；做好设备的准

备工作;做好来宾的邀请工作;准备开幕词、致谢词;做好媒体宣传;做好接待服务的安排;做好庆典的策划书。

规范的庆典仪式包括的程序有：迎宾;主持人宣布典礼开始;致开幕词、致贺词;揭幕(剪彩);安排文艺演出;来宾参观等。

参加开业庆典仪式的人员应注意仪容整洁、服饰规范、遵守时间、态度友好、行为自律等方面的礼仪。

2. 剪彩活动的筹备工作包括：现场布置;确定剪彩人员;发送请柬;宣传工作;准备纪念品以及红色缎带、新剪刀、白色薄纱手套、托盘、红色地毯等剪彩用具。

独立举行的剪彩仪式的程序是：嘉宾入场;仪式开始;宾主致辞;进行剪彩以及后续活动等。

剪彩仪式要求主持人庄重大气,善于协调;剪彩者着装正式,不卑不亢;助剪者姿态优雅,礼仪规范;剪彩仪式站位准确,配合默契;剪彩流程规范,秩序井然;剪彩仪式时间紧凑,以短为宜。

3. 商务签字仪式是企业、政府等组织间通过谈判,在经济、文化、科技等领域缔结商务条约、协定时举行的仪式。国际上约定俗成的签字仪式有比较严格的程序及礼节规范。

签约仪式前的筹备工作包括：签字厅的布置;签字文本的准备;签字仪式所需物品的准备;签字仪式人员的确定。

签字仪式的正式程序有：签字仪式正式开始;签字人正式签署合同文本;签字人交换各方正式签署的合同文本;饮香槟酒庆贺。

参加签约仪式的商务人员应该注重着装正式、仪态端庄、位次正确、遵时守信等礼仪规范。

4. 商务新闻发布会是企业与媒体、大众的一种有效沟通方式。新闻发布会要确定召开的必要性,确定新闻发布会的主题,确定新闻发布会的时间。

新闻发布会的筹备工作包括：新闻发布会会场选址、会场布置,确定新闻发布会的主持人、发言人及服务人员,确定邀请参加新闻发布会的名单等各项工作。

新闻发布会举办通常选择在上午10点或下午3点举行,具体的程序有：迎宾签到,分发资料;发布新闻,记者提问;归类分析,效果评估等。

新闻发布会上应注意服饰得体、座次规范、秩序井然、言行一致等方面的礼仪。

本章实训练习

1. 学生 15 人为一组,自定商务签约仪式的主题,以小品的形式模拟宾主双方签约仪式的过程。演示之后,学生自评,最后由教师进行点评。

2. 学生 15 人为一组,自定一家企业的商务新闻发布会主题,并以此设计撰写召开的方案。由同学分别饰演其中的不同角色,模拟演示新闻发布会的场景过程。模拟演示之后,学生自评,最后由教师进行点评。

本章思考题

商务庆典活动有哪些类型?不同的商务仪式礼仪要求有哪些相同点?

本章参考文献

1. 李月华、周一萍:《商务礼仪》,华中科技大学出版社 2012 年版,第 66—88 页。

2. 《签字仪式的礼仪》,http：//wenku.baidu.com/view/2a7b541ea300a6c30c229f10.html。

3. 《新闻发布会》,http：//wenku.baidu.com/view/7cb7fb629b6648d7c1c7466b.html。

4. 李兰英、肖云林、葛红岩、郑陵红:《商务礼仪(第二版)》,上海财经大学出版社 2012 年版,第 136—159 页。

第八章　中国主要贸易伙伴国商务礼仪

在全球化浪潮面前，你要么准备充分，要么顽固不化、迷失方向。要是你没有胸怀世界并全面地思考问题，你就理应甚至一定会被解雇。

——彼得·德鲁克[①]

本章学习目标

1. 了解并掌握亚太地区中国主要贸易伙伴国的商务礼仪；
2. 了解并掌握欧美地区中国主要贸易伙伴国的商务礼仪；
3. 了解并掌握非洲和中东地区中国主要贸易伙伴国的商务礼仪。

---

① 彼得·德鲁克（1909—2005），美国人，现代管理学之父。

本章知识结构

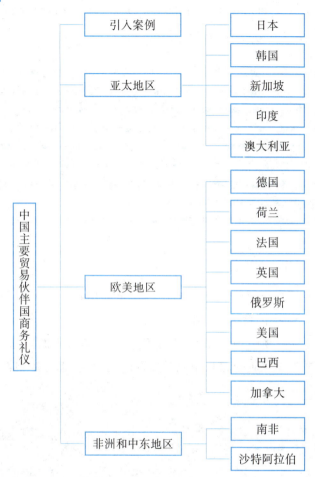

引入案例

2018年中国对外进出口贸易主要国家和地区数据分析[①]

据中国海关统计，2018年，我国年度进出口总值再创新高，连续多年居全球第一，外贸进出口总值达 4.62 万亿美元，增长 12.6%；其中，出口为 2.48 万

[①] 参见《2018年中国对外进出口贸易主要40个国家和地区数据分析》，https://www.coowor.com/news/view/20190522161213JLHO.html，2019年5月22日。

亿美元,增长 9.9%;进口为 2.14 万亿美元,增长 15.8%;贸易顺差达 3 517.6 亿美元,收窄 16.2%,为 2013 年以来最低。

图1　2010—2018 年中国货物进出口总额　　　货币单位:万亿美元

2018 年我国主要贸易伙伴进出口数额全面增长。根据海关统计数据,美国、日本、韩国、中国台湾、德国、澳大利亚、越南、巴西、马来西亚、俄罗斯均以千亿美元规模占领中国 2018 年进出口贸易总额前十的国家和地区的席位,其中,巴西与俄罗斯的增长率高达 25% 以上。欧盟仍是中国 2018 年最大的贸易伙伴。

图2　2018 年中国对外进出口前十的国家和地区及增长率　　　货币单位:万亿美元

2018年中国对外出口继续领先。对外出口额前十位的国家和地区分别为美国、日本、韩国、越南、德国、印度、荷兰、英国、新加坡及中国台湾。

2018年中国对美国出口4 784亿美元,同比增长11.3%。中美贸易顺差扩大,连续第二年刷新2006年有统计以来的最高纪录。

图3 2018年中国对外出口前十的国家和地区及增长率　　　货币单位:万亿美元

2018年我国外贸市场多元化取得了积极进展,在与传统贸易伙伴保持良好增长速度的同时,也积极拓展与全球其他国家和地区的经贸往来。其中,2018年我国与"一带一路"沿线国家、非洲、拉丁美洲进出口增速分别高出整

图4 2018年中国对部分"一带一路"国家出口前十及增长率　　　货币单位:万亿美元

体3.6、6.7和6个百分点。贸易总额大部分都有了显著的提高。我国与"一带一路"沿线国家的贸易合作潜力正在持续释放,成为拉动我国外贸发展的新动力。

在国内扩大进口的大背景下,2018年第一至四季度,我国进出口规模分别为6.76万亿人民币、7.36万亿人民币、8.18万亿人民币和8.21万亿元人民币,逐季提升。其中,第三、四季度的进出口规模均超过8万亿人民币,处于较高的水平。对外进口额前十的国家和地区分别是韩国、日本、中国台湾、美国、德国、澳大利亚、巴西、越南、马来西亚及俄罗斯。韩国以超2 000亿美元水平连续三年成为中国最大的进口来源国。

图5　2018年中国对外进口前十的国家和地区及增长率　　货币单位:万亿美元

表1　2018年中国对外进出口贸易主要国家和地区贸易总额
(增长率是与2017年同期比较)　货币单位:万亿美元

国家和地区	2018年贸易总额	增长率	2018年进口额	增长率	2018年出口额	增长率
美国	6 335.8	8.6%	1 551.8	0.8%	4 784	11.3%
日本	3 277.1	8.1%	1 806.6	9.0%	1 470.5	7.1%
韩国	3 134.1	11.8%	2 046.5	15.3%	1 087.6	5.9%
中国台湾	2 262.3	13.1%	1 775.9	13.9%	486.4	10.6%
德国	1 838.7	9.4%	1 063.3	9.7%	775.4	9.0%

续　表

国家和地区	2018年贸易总额	增长率	2018年进口额	增长率	2018年出口额	增长率
澳大利亚	1 530.8	12.2%	1 057.5	11.3%	473.3	14.2%
越南	1 478.4	21.2%	639.6	27.0%	838.8	17.1%
巴西	1 112.7	26.7%	776	31.8%	336.7	16.3%
马来西亚	1 085.9	12.9%	632.1	16.1%	453.8	8.8%
俄罗斯	1 071.1	27.2%	591.4	42.9%	479.7	12.0%
印度	955.1	13.2%	188.3	15.2%	766.8	12.7%
泰国	875.1	9.2%	446.3	7.3%	428.8	11.3%
荷兰	851.7	8.6%	123.3	9.4%	728.4	8.5%
新加坡	827.8	4.4%	337.3	−1.5%	490.5	9.0%
英国	804.5	1.8%	239	7.0%	565.5	−0.3%
印度尼西亚	773.5	22.1%	341.6	19.6%	431.9	24.3%
加拿大	635.2	22.6%	283.7	38.9%	351.5	12.0%
沙特	632.8	26.2%	458.5	44.4%	174.3	−5.1%
法国	628.9	15.5%	322.2	20.2%	306.7	10.8%
墨西哥	580.3	21.6%	140.2	18.8%	440.1	22.6%
菲律宾	556.7	8.5%	206.2	7.2%	350.5	9.3%
意大利	542.3	9.1%	210.6	2.7%	331.7	13.6%
阿联酋	458.8	11.8%	162.3	31.8%	296.5	3.2%
南非	435.4	11.1%	272.9	11.9%	162.5	9.7%

案例思考：你是否了解中国主要对外贸易伙伴国的基本国情和商务礼仪？

随着世界贸易经济的一体化发展，中国的涉外商务活动日趋频繁。在涉外商务活动中，商务人员既代表个人、企业自身的组织形象，又在一定程度上反映了中国整体的商务形象。商务人员只有掌握涉外商务客源国的国情、礼仪习俗等方面的知识，遵循涉外礼仪规范，注重跨文化交流的差异性，才能有助于提升个人、企业乃至中国在国际商务交往中的形象，并成功取得互惠互利的经济效益。

第一节 亚太地区中国主要贸易伙伴国商务礼仪

一、日本

(一)基本国情

1. 简史

日本的历史可以追溯到约一万年前的无土器文化时代。1—2世纪,日本列岛出现了一百多个小国家。3世纪末兴起的大和国于4世纪末、5世纪初基本上统一了日本,其首领称大王,后改称天皇。7世纪后,日本参照中国唐代的政治经济制度进行大化改革,建立了以天皇为绝对君主的中央集权制国家。12世纪后期,镰仓幕府建立,日本出现了第一个军事封建国家。17世纪,德川家康统一了日本列岛。

1856年,美国东印度舰队开启了日本近代史。1868年,明治天皇实施明治维新改革。随着日本国力的强大,19世纪末至20世纪上半叶,日本发动了对俄国、中国等一系列战争。

第二次世界大战结束后,日本成为美国的托管国。1952年,日本独立后充分吸收美国的资金,学习、借鉴西方的先进工艺、科技和管理经验,迅速成为世界经济强国。

日本是世界上唯一在宪法中没有赋予君主任何权力的君主制国家。政治体制实行三权分立:最高权力机构和唯一立法机关归两院制国会;司法权归法院;内阁为最高行政机关,内阁总理大臣(首相)是日本最高行政首脑。

日本实行多党制,主要政党有自由民主党、社会党、公明党等。目前(2020年),执政党为自由民主党和公明党联盟。

2. 国名、国旗、国徽

面积377 835平方公里的日本国简称日本,别称大和、东瀛、扶桑、东洋等。"日本"意为"朝阳升起的地方"、"日出之国",源自圣德太子呈递给中国隋朝的国书中"日出处天子"。日语中的"日本"一词有多种读法,日本人一般读作"にっぽん"

(Nippon)或"にほん"(Nihon),时至今日,日本政府仍没有规定其标准读音,因此,两种读法并存。

日本国旗为"日之丸"或"日章旗",也称"太阳旗"。国旗呈长方形,长与宽的比例为3∶2(标准国旗长度尺寸)。旗面为白色,正中有一轮红日。白色衬底象征着纯洁,红日居中象征着忠诚。

日本国旗

日本皇室家徽

日本国徽是一枚皇家徽记,由于法律没有确立正式的国徽,习惯上,日本皇室(天皇家)的家徽"十六瓣八重表菊纹"(即菊花纹章)被作为国徽使用。但日本内阁所使用的徽章"五七梧桐花纹"也常在国际场合及政府文件中作为国徽章使用,如日本入境许可贴纸的底纹。

3. 人口、民族、语言、宗教

日本人口总数为1.27亿(2019年)。日本是世界上少有的民族单一的国家,主要民族为大和族,北海道约有1.6万阿伊努族,但已基本失去了其体制上的特征和固有的文化。

日本是单一语言的国家,通用语言为日本语。以东京语为基础的日本"标准语"或"共通语"普及全国。

日本人的宗教信仰十分奇特,一个人信仰两种以上的宗教现象很多。日本人口中67%的人为佛教徒,33%的人信奉神道教、基督教、伊斯兰教或是无神论者。神道是日本固有的自然宗教,源起于古代历史神话,其祭祀场所为神社(神宫)。

4. 对外经济贸易

日本是中国第二大外资来源地,中国是日本最大的出口市场。中日经贸合作规模随两国经济总量增长而逐年扩大。2018年,中日双边贸易额达3 276.6亿美元,同比增长8.1%,继2017年后继续保持在3 000亿美元之上。中日贸易额分别占中国和日本对外贸易总额的7%和20%以上。投资方面,截至2018年年底,日本累计在华投资设立企业51 834个,实际到位金额1 119.8亿美元,稳居对华投资国别排行榜首位,是唯一一个累计对华投资超千亿美元的国家。高峰时的投资额约是20世纪80年代末的20倍。

  日本的服务业,特别是银行业、航运业、保险业和商业服务业占GDP的比重最大,而且处于世界领导地位。首都东京不仅是日本第一大城市和经济中心,更是世界数一数二的金融、航运和服务中心。第二次世界大战后,日本的制造业得到迅速发展,电子产业和汽车制造业最为发达。日本是世界第一大动漫强国,其动漫产业模式完整,且具有鲜明的民族特色,已成为日本的经济支柱,年产值230万亿日元。

  外贸在日本国民经济中占重要地位。20世纪50年代,日本确立了贸易立国的国策。主要进口商品有原油、天然气等一次能源和食品、原材料等;主要出口商品有汽车、电器、一般机械、化学制品等。主要贸易对象是中国大陆、美国、东盟、韩国、中国台湾、中国香港、德国等。

  中日贸易对中日局势的反应敏感,贸易数据反映了领土争端对日本经济的影响。2012年9月,日本对华出口同比减少14.1%。从口红到汽车,众多日本品牌无一幸免。其中,日本汽车对华出口同比减少44.5%,汽车零部件也下降了17.5%。2012年,中日双边贸易额3 294.5亿美元,同比下降3.9%,日本从中国第四大贸易伙伴退居为第五大贸易伙伴。2018年是《中日和平友好条约》缔结40周年,双方举行了一系列纪念活动,将两国关系的改善推向了新的阶段。2018年,日本与中国双边货物进出口额为3 175.3亿美元,同比增长6.8%。

(二)日常礼仪

1. 见面礼

  日本人商务会晤要互相问候,脱帽行鞠躬礼或握手礼。施鞠躬礼时,面对平辈、同事,要行15°礼节;面对主管、长辈、宾客,要行30°鞠躬礼;致谢意、歉意或告别时,要行45°鞠躬礼;初次见面,要行90°鞠躬礼,男士双手垂下贴腿鞠躬,女士将左手压在右手放在小腹前鞠躬,并说"您好"、"初次见面,请多关照"、"打扰您了"。比较熟悉的人见面互相鞠躬,以两三秒钟为宜;遇见好友,腰弯的时间要稍长些;遇见社会地位比较高的人或长辈时,要等对方抬头以后方可抬头,有时甚至要鞠躬几次。熟人或老朋友见面或告别时,也可以握手或拥抱。

日本人初次见面会互相交换名片。通常,拜访者先向主人递交名片,年轻人或地位低的人主动向年长的或比自己地位高的人递交名片,并用尊敬的目光注视对方。如果双方都没有准备名片,日本人会主动向对方进行简单的自我介绍。日本人很注重对方的目光,但在见面交谈中,不能盯着对方。

在办公室以外的商务场合遇见同事或熟人要讲话时,日本人会按照"不给别人添麻烦"的原则,到一旁低声说话,谈话时很注意让对方在交通过往的安全处。

日本的乡村礼仪方式较多。日本虾夷族(阿伊努)人的见面礼是先双手合十,然后缓缓举向额前,掌心向外,男拍胡须,女拍上唇,再相互握手。女子在送亲友告别时,一般多施跪礼(屈膝下跪);男子的告别礼是摇屐礼(手持木屐在空中摇动)。

2. 称呼礼仪

日本人的姓名顺序为姓前名后。最常见的姓名由四字组成,如小坂正雄、吉田正一、福田英夫等。前两字为姓,后两字为名。但日本姓与名的字数并不固定,两者往往不易区分,因而事先一定要了解清楚,在正式的场合应把姓与名分开书写,如"二阶堂 进"、"藤田 茂"等。

日本人对称谓头衔很讲究,他们喜欢在对方的姓前加头衔,或称呼对方"某某先生"。在日本,只有家人和非常亲密的朋友之间才以名字相称。日本人处处说敬语,特别是下级对上级、年幼者对年长者、学识浅者对学识深者说到自己时,都使用谦称,如"后辈"、"鄙人"等。商务场合多使用突出集体性的敬语称呼,如"我们"、"贵国"等。

资料:

日本人的姓名[①]

在日本的古代,只有贵族有姓有名。到 19 世纪,姓也只限于武士、巨商和村里有权势的人,一般平民只有名而无姓。

明治八年(1875 年),为了便于编造户籍和课税征役,日本政府规定"凡国

---

① 参见百度百科"日本人姓名"。

民,必须起姓"。举国上下兴起一股取姓的热潮。住在青木村的就姓青木,住在大桥边的就姓大桥;家门口长棵松树的就叫松下;门前有一座山的,就姓山口。

以地名为姓的有上野、田中、河内、上原、市原、陆前、近江屋、吉冈屋、三河屋、肥厚屋;以职业为姓的有味香、味美、那妓男、猪饭、服部、锻冶、古井丸。有些人以古代武士的名当姓用,像酒井、本多、上杉,这都是古代武士的名。也有的怕官府处罚,慌不择姓,以鱼、蔬菜、寺院、职业作姓,例如,铃木是神官拿在手中的标志。有些有文化的人就选择福寿、长命、千年、松竹、朝日等好听的词作姓。松、鹤、龟等长寿象征以及百、千、万也成了姓。

1898年,政府制定了户籍法,每户的姓这才固定下来,不得任意更改。由于日本人的姓来得突然,来得特殊,它的内涵也与众不同。世界各国的姓多是表示血缘关系的,而日本的姓却很少有这个意义,同一个姓的不一定有血缘关系,不是一个姓的倒可能是叔叔、爷爷。日本小孩子可以在外人面前直接称呼父母的名,这在大多数国家是不允许的。

日本天皇没有姓。日本人认为,天皇不是人,是神,神是无姓的。一般女子出嫁后要改用夫姓,但是平民嫁到皇家却仍然用娘家的姓。皇子文仁的妻子叫川岛纪子,川岛就是娘家的姓。

日本姓复杂得连日本人也不知道怎么读,听到名字也弄不清楚汉字如何写。有调查表明,全日本一天交换的名片高达400万张,就是说每一秒钟就有231组人在交换名片。在日本,如果把对方的名字叫错是非常失礼的事,为了避免弄错,绝大多数日本人都在用汉字写的名字旁边用假名注明日语的读音。

资料思考:比较中国和日本人姓名发展的异同。

(三) 服饰礼仪

日本人很注重服饰礼仪。在商务活动中,男士一定要西装革履,且颜色深沉严肃,一般为黑色或藏蓝色。女士则穿着深色职业西装套裙,化职业淡妆。与日本人商务交往时,要特别注意衣物、脸面和头发等洁净,不能有异味。在日本,上班族每天都要更换衣服。如果一位男士第二天上班还穿着和昨天一样的衣服,那就要被怀疑没有回家;女士上班每天换一套服装是"铁律"。

日本人严格遵守不同场合穿不同服装的礼仪。日本的民族服装为和服,一般

第八章　中国主要贸易伙伴国商务礼仪

在本民族的节日或婚庆嘉喜日、出席茶道等活动时穿和服。商务活动中，如果参加日本的茶道宴请，一般茶室都会准备和服给客人。和服着装时讲究和服左襟和右襟的盖法。穿时右襟领贴胸口，左襟领再盖在右襟领上，此穿法称为"右前"，反之则为"左前"。生者是"右前"，即左搭右（襟领）；死者是"左前"，即右搭左，因为日本人认为，死后的世界与生前的世界是相反的。

（四）馈赠礼仪

日本深受中国儒家思想的影响，在馈赠上极为重视"礼尚往来，来而不往非礼也"之道。日文中馈赠一词称作"赠答"，即赠送和还礼。日本人很注重还礼，如突然接受礼品无物可还时，有半张纸或一盒火柴也要放入对方送礼的容器里，表达自己想还礼的心情。

按照日本习俗，奇数代表"阳"、"吉"，偶数代表"阴"、"凶"，故日本人送礼数目要送奇数。礼品的颜色也很有讲究，吉事送礼为黄白色和红白色，不幸事送礼应为黑色、白色或灰色等。

日本人送礼非常讲究装潢。常常是大盒套小盒，包装好几层，然后再系上一条好看的红白纸绳，最外层还要结上缎带，这是日本送礼的一种习俗。日本人认为绳结之处有人的灵魂，标志着送礼人的诚意。为满足顾客的这一需要，日本有专门印好的似纸绳结的包装纸，以装饰礼品。

在日本，赠送礼物是传统礼仪。对重视"面子"的日本人而言，馈赠作为形式比内容更为重要。在首次商务会晤中，一般要送商务性礼物。如果没有准备够分发给在座所有人的礼物,要在与受礼者独处时再送,以避免不必要的尴尬。给日本商务客人送礼物,即使是小小的纪念品,对方也会认为这不仅表明了送礼者的诚意,而且也是彼此友情的象征。

日本人接受礼物时,要等送礼者再三坚持相赠后再双手接取礼物,并对此表示感谢。收礼者还礼的价值不应明显低于接受礼品的价值。日本人习惯私底下打开礼物,问对方礼物价钱是不礼貌的行为。同样,评价对方买的东西便宜与否也是失礼的,日本人不愿让对方认为自己经济力量低下,只会买便宜货。

日本人送礼要选好日子,如7月15日(中元节)和1月1日(岁末或年初)。在这两个日子里,企业必须要给有业务往来或潜在的日本客户送礼。

日本人崇拜美国物品,喜欢苏格兰威士忌、白兰地酒和冻牛排等礼品。衬衫袖口的链扣子以及配套成对的钢笔和铅笔这类礼物也很受欢迎。不能给日本人送装饰着狐、獾、金银眼猫等图案的物品。因为日本人认为狐狸是贪婪的象征,獾则代表狡诈,金银眼的猫会让人感到丧气。

日本商人经常邀请商业伙伴赴宴,丰盛的宴席几乎总是设在饭店或夜总会里,宴请往往要延续好几个小时。在私人家里招待商务客人是很难得的事。如果去日本人家做客,按习惯,应给女主人送上一盒糕点或糖果,而不是鲜花。

(五) 餐饮礼仪

1. 饮食特点

讲究菜肴质精量小,注重菜品的营养价值。口味不喜太咸,爱甜、酸和微辣味。偏爱凉拌、煎、炒、蒸、炸、串烤等烹调方法制作的菜肴。喜爱中国的京菜、沪菜、粤菜和不太辣的川菜。

习惯以米饭为主食,逢年和过生日喜欢吃红豆饭,以示吉祥。地理环境决定了日本独特的饮食习惯,日式料理的最大特点就是以鱼、虾、贝类等海鲜品为烹饪主料,热吃、冷吃、生吃、熟吃皆可。

喜欢酱和酱汤,因为汤里含有大量的蛋白质和铁质,容易消化。日本人一般不吃肥肉和猪内脏,还有人不吃羊肉和鸭子。

喜欢饮酒、绿茶、红茶和香片花茶,形成了独特的茶道。

2. 日式料理餐饮礼仪

(1) 讲究到场次序

参加正式宴会时,晚辈要比长辈先到,下属要比上司先到。

(2) 讲究用餐座次和点餐的礼仪

宴会上,主人会安排客人的座位。离门最远而坐的客人是最重要的客人,主人或买单者则坐在近门处,主宾面对主人或买单者而坐。坐好后,由尊而卑,客人会得到一块温毛巾。男人可用毛巾擦脸、臂和手,女人一般只擦手。

公司或者其他宴请聚会,由下属或者主人拿起菜单,询问上司或者主宾想点什么菜。一般先点酒,然后再点基本必点的菜。

(3) 讲究用餐时的坐姿礼仪

日本人通常在饭店请客。日本的酒席一般设在一个房间里,房间的地板铺着榻榻米,上面摆一张矮桌。客人进房门之前,必须摘掉帽子、手套和鞋子,但还可以穿袜子,服务人员会把客人的鞋子摆放好。当坐在榻榻米上用餐时,除了跪坐外,轻松的坐法有盘腿坐和横坐式。盘腿坐就是把脚交叉在前面,臀部着地,这是男性的坐法。横坐是双腿稍许横向一侧,身体不压住双脚,这是女性常用的坐法。

(4) 讲究上菜的程序礼仪

日本料理少油、低盐,以鱼类、豆类和谷物为主,是世界饮食最健康的食物。日本料理遵循健康的规律,上菜有着严格而细致的程序。

日本料理的上菜顺序分为六步:

开胃小菜:类似西餐的沙拉。以毛豆、海带、海藻等凉菜为主。

生冷:即生鱼片和生贝类、螃蟹、龙虾等。生鱼刺身还分为白和赤,应先吃油脂较少的白身鱼,如加吉鱼;后吃油脂丰富的赤身鱼,如金枪鱼、三文鱼等。同时,还可以搭配各种寿司一起吃。

天妇罗:即油炸食品。将新鲜的鱼虾和时令蔬菜裹上浆放入油锅炸成金黄色,吃时蘸酱油和萝卜泥调成的汁,鲜嫩美味。这是日本料理中唯一要用到油的食物。

烤鱼:烤鱼多选青鱼、加吉鱼等白身鱼。日本烤鱼不加油,只用文火长时间烤制。与清蒸、红烧、水煮等烹饪方法相比,烤鱼能更好地保护脂肪酸、蛋白质、维生素和矿物质不流失。

各种煮食:食材以猪肉、牛肉为主,以海带、冬笋、蘑菇等蔬菜为辅。日本料理对煮食的汤要求极高,多采用木鱼花汤、鲜虾汤和豚骨汤等。

主食:一般为拉面、炒饭和饭团。除拉面外,其他主食要配着大酱汤一起吃。

日本料理的上菜顺序遵循健康的观念,即严格按照由冷到热的顺序。富含蛋白质、氨基酸等营养物质的鱼类一定要先吃,吃完鱼再吃肉食,有利于鱼类中的营养更好地被肠胃吸收。因此,即便吃自助式日本料理,也应该按照这个顺序来吃。

(5) 讲究餐食的方式

日式料理用餐时,每人都有一个漆盘,各人吃各人的。吃生鱼片时先把酱油和芥末放入小盘子,然后把酱油和芥末搅拌在一起作为调味料。吃生鱼片时,最好是用筷子,可以先把生鱼片在调味料中蘸一下再吃,但要注意不能把生鱼片整个放在调味盘中,如果蘸的调味料过多,生鱼片的颜色会很深,这是不符合礼仪的。

日本人喝汤时,左手拿碗,右手拿筷子,把碗端到嘴边喝,一边喝,一边用筷子搅动。喝汤必须发出声响,这代表汤很好喝,也是对厨师表示尊敬。

日本人吃面条时,面端上来后不能马上吃,一般要先欣赏面的样子,闻它的味道,然后才开始吃。日本人直接从汤碗把面吸啜入口。日本人的习俗文化中,吃面时发出响声是表示面食很美味,也是对厨师表示赞赏的方式。吃面之前不能加调料,否则是表示不相信厨师煮的面。但是吃了几口之后,可以按照自己的口味随便添加调料。喝面汤时,日本人一般端起碗喝,但也可用汤匙舀着喝。

虽然寿司源自中国,但经过发展,却成了日本的著名食物。在日本吃寿司比较好的方式是用手,把一块寿司约 1/4 位置蘸上调料,然后直接放入口中,一口吃下去。

(6) 讲究筷子使用的禁忌

日式料理多使用筷子,筷子的使用有很多忌讳。例如:

忌"插筷",即把筷子直插饭中,这是日本人供奉祭祀死者时的举止;

忌"舔筷",即用舌头舔筷子,日本人认为这样极不雅观;

忌"移筷",即一口接着一口连续夹菜,中间都不停下来,日本人认为这是贪婪的表现;

忌"掏筷",即用筷子从菜中掏弄着吃,日本人认为这是缺乏礼教的行为;

忌"挑筷",即用筷子动了一个菜不吃,又动另一个菜,日本人认为这种挑剔的举止会让人耻笑;

忌"跨筷",即把筷子跨放在碗碟上面,日本人认为这会令人联想起不幸的事情;

忌"剔筷",即以筷子代牙签剔牙,日本人认为这样既不卫生,又会令人作呕;

忌"迷筷",即拿筷子在餐桌上游寻食物,日本人认为这是一种缺乏教养的表现;

忌"同筷",即用同一双筷子让大家依次夹拨食物,日本人认为这样会使人联想起佛教火化仪式中传递死者骨骸的场面。

忌"指筷",即用筷子指人,日本人认为这是一种对别人不尊重的表现。

此外,日本人用餐中,还忌给客人的饭盛得过满过多,忌一勺就盛好一碗饭。

(7) 讲究饮酒的礼仪

日本人年满20岁者才可以喝酒。他们斟酒讲究满杯,酒杯不能拿在手里,要放在桌子上,右手执壶,左手抵着壶底,倒酒时不能碰到酒杯。喝酒时,用一只手端酒杯。

在酒席上,每个人都必须给旁边的人倒一杯酒或汽水,特别是旁边人的年龄比较大或地位比较高时。接受倒酒的人要拿着酒杯道谢。和日本人喝酒时,主人斟的第一杯酒一定要接受,否则是失礼的行为,但第二杯酒可以拒绝。日本人一般不强迫人饮酒,空的杯子表示还要喝酒,如果不想喝了,要在杯子中剩一些酒。

(8) 讲究用餐的细节礼仪

日本人碗里有剩饭表示还要吃。如果不要再吃了,就必须把所有的饭吃光。用餐中,拿碗时必须要先放下手中的筷子,这是日本餐饮礼仪中很重要的一个细节。

日本人给客人倒水或倒茶一般只倒至八分处。因为满杯有"时间到了"、"该走了"的逐客令之嫌。

在正式的宴会上,日本人有急事要离开时,会悄然而去不做正式的道别。因为他们认为正式道别会扰乱宴会气氛,这是对其他客人的不尊重。

忌客人吃一碗饭就够,第二碗象征性也应再添点。因为日本人认为只吃一碗象征着无缘。

忌用餐过程中整理服饰或头发。因为日本人认为这是不卫生和不礼貌的举止。

(9) 其他餐饮礼仪

日本是个不收取小费的国家,但消费额超过一定金额时,餐厅会按日本政府规定收取一定比例的服务税。给日本餐厅服务员小费有时会被视为无礼的行为。

3. 茶道礼仪

日本茶道追求"和、敬、清、寂",是融宗教、哲学、伦理、美学为一体的文化艺术活动。日本茶道被视为最高礼遇,一般用来招待最尊敬的客人。茶道礼仪的特点主要体现在主人与客人之间,客人为上,主人为下。主人要时时处处站在客人的立场考虑问题，客人也要站在主人的立场多为主人着想。主人与客人要互相理解、互相关心、互相配合，形成一个整体，才能圆满地完成茶会。

按照茶道传统，宾客应邀入茶室时，主人跪坐门前表示欢迎，从推门、跪坐、鞠躬以至寒暄都有规定的礼仪。头一位进茶室的必须是来宾中的一位首席宾客（称为正客），其他客人则随后入室。参加茶事的客人根据身份的不同，所坐的位置也不同。正客须坐于主人上手（左边）。

来宾入室后，宾主均要行鞠躬礼。有站式和跪式两种，且根据鞠躬的弯腰程度可分为真、行、草三种。"真礼"（站式鞠躬 90°）用于主客之间，"行礼"（跪式鞠躬 55°）用于客人之间，"草礼"（跪式鞠躬 65°）用于说话前后。

客人饮茶时，口中要发出"啧啧"的赞声。一次茶道仪式的时间一般在两小时左右。在此期间，主、客的行、立、坐（女性坐姿如下图所示）、送、接茶碗、饮茶、观看茶具以及擦碗、放置物件和说话都有特定礼仪。茶道结束后，主人须再次在茶室格子门外跪送宾客，同时接受宾客的临别赞颂。

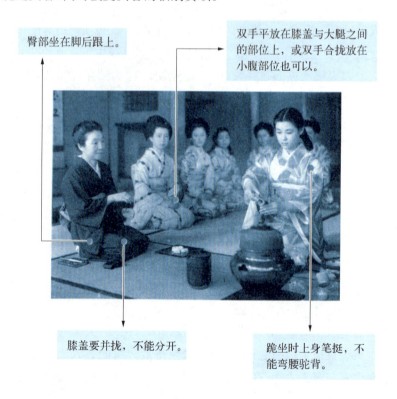

臀部坐在脚后跟上。

双手平放在膝盖与大腿之间的部位上，或双手合拢放在小腹部位也可以。

膝盖要并拢，不能分开。

跪坐时上身笔挺，不能弯腰驼背。

(六) 商务谈判礼仪

1. 注重遵时的礼仪

前往日本从事商务活动,宜选择在 2—6 月和 9—11 月,其他时间日本人多休假或忙于过节。

日本人工作认真,效率很高,所以,在商务谈判中时间观念很强,不能迟到。一般的谈判不超过三刻钟,力争在较短的时间里解决问题。但日本人又是有耐心、严谨的,他们也会为一场重要谈判苦苦拖延,等待时机。

日本人的时间观念很强,安排日程常以小时为单位来计算。商务拜访一定要预约时间,突然的访问是失礼的表现。商务会见一般要避开清晨、深夜及用餐时间。

2. 讲究客套礼仪

日本人很重视谈判的准备阶段。他们会花很多时间来讲究礼仪客套,比如向对方做自我介绍、重温友好合作的经历、馈赠礼品、设宴款待、安排游览风景名胜等。日本人认为,建立友好与互相信任的关系是开展业务的前提,是商务谈判的一种感情投资,有利于谈判的成功。

3. 讲究谈判者身份地位对等的礼仪

日本人的身份地位很严格,在与他们谈判时,要派遣具有相当职务的人才会引起他们的重视。许多日本企业都提供自己高层管理人员的简历信息给谈判对手。在与日本人谈判中,高层管理人员的作用属于礼仪内涵,通常只是在谈判后参加签署合同的仪式。有时候,高层管理人员也参加早期的非事务性活动,地点选择在饭馆、高尔夫球场等非正式场所,这种非正式谈话的话题 98% 与体育、政治和家庭有关,只有 2% 与商业有关。日本高层管理人员常常通过这些非正式的交往对谈判另一方企业的正直、可信、履约能力作整体判断。

案 例

非正式的谈判交流渠道中较低层行政人员的作用[①]

一家美国大公司寻求和一家日本小公司合作,谈判在双方的高层管理人员

[①] 参见《在国际商务谈判中》,http://wenku.baidu.com/view/4acf43858762caaedd33d44e.html,2011 年 10 月 12 日。内容有改动。

之间没有取得结果,但日方明显对谈判的很多方面都表现出兴趣,美方决定采取"暂时搁置"的策略。但两个月后,日方什么消息也没有。三个月后,美方公司的低层行政人员受到日方低层行政人员的邀请。一杯茶后,日方解释了推迟的原因,"我有一些事要告诉你,但我的老板却不便对你的老板讲"。他谈了美方提出的价格和公司更名的问题。这些问题如果在谈判桌上提出,双方的谈判早就有了互惠互利的结果,但日方认为在谈判桌上向一个高地位的买者提出反对意见是失礼的,也是不合适的。

案例思考:非正式的交流渠道中较低层行政人员在谈判中起什么作用?

4. 重视信赖中间人

日本商人喜欢通过中间人来发展和建立业务关系,解决彼此间出现的争端冲突。中间人通常是与双方都有联系的银行、贸易公司等。中间人安排双方的初次见面,之后则由双方自行联系。因此,与日本人谈判时,找一个双方都了解信任的中间人做介绍,谈判效果会更好。

5. 重视名片的礼仪

日本人在商务谈判中很注重名片的作用。他们认为名片表明一个人的社会地位,因此总是随身携带,并在递接名片、保存名片方面严守礼仪规范。

6. 注重给双方面子的礼仪

日本商人比较重视建立长期的合作伙伴关系。他们在商务谈判中十分注意维护对方的面子,也希望对方能这样做。因此,应注意不要公开批评日本人,如果他们在同事和对方面前没面子,他们会感到羞辱不安,谈判极可能因此而中断。

7. 注重措辞的礼仪

日本人对自己的感情常加以掩饰,不易流露,不喜欢伤感的、对抗性的和针对性的言行风格。日本人在商务或其他场合不会直截了当地说"不"。日本人有一种习惯,与他人谈话时频繁地随声附和、点头称是,但这些不代表他们同意对方的意见。

在商务谈判中,日本人即使自己持有明确的意见,但他们也避免"我的意见是这样的"等直接的表达方法,而采用"恐怕这样吧?"和"我想这么考虑,你看如何?"这种婉转的措辞,以便给谈判对方留有考虑和判断的余地。

（七）风俗禁忌

忌朝北晾衣,忌夜间衣服晾晒在室外。日本有用衣服"招魂"的习俗,为死者洗用过的衣服,要面北而洗,夜半晾晒。洗完晾干后,必须整整齐齐叠好,收藏一段时间后再用棒敲打几下,生者才能穿用。因此,人们在日常浆洗衣服时,都绝不朝北晾晒,而且夜间也不挂在外面。按日本古俗,正月初一以及每月的1日、15日、28日、彼岸日等不得洗衣,因为畏惧这一天祭祀对象的魂灵飘游而过时附在晾晒的衣服上。

日本人忌讳"死"字,忌讳一切发"死"音的词,如"4"、"9"。忌讳用梳子、手绢做礼物,因为梳子的日语发音与"苦死"的音相同,手绢则会让人联想到擦眼泪,意味着分离。

忌讳紫色,认为紫色是悲伤的色调;最忌讳绿色,认为绿色是不祥之色。

忌讳三人一起合影。他们认为中间被左右两人夹着,这是不幸的预兆。

日本人送花忌讳多:

- 忌送荷花或摆设有荷花图案的器皿、图画,因为佛教中荷花常常出现在丧事上。
- 忌送山茶花给病人,山茶花凋谢时整个花头落地,意为不吉利。
- 忌送仙客来花,仙客来花在日文中的读音为"希苦拉面",而"希"同日语中的"死"发音类同。
- 忌送盆景花,盆景花意味着"扎根",日语中的"扎根"与"卧床不起"是同音词。
- 日本人对菊花或装饰菊花图案的物品有戒心,因为它是皇室家庭的标志,一般不敢也不能接受这种礼物或礼遇。

忌把盛过东西的容器再给人重复使用;忌在洗脸水中再加热水;忌讳晚上剪指甲;忌讳睡觉或躺卧时头朝北(据说停尸才头朝北)。

忌讳第二次世界大战的话题。

忌用"残疾"之类的词语称呼残疾人,应该称他们为"眼睛不自由的人"、"腿脚不自由的人"、"耳朵不自由的人"等。

忌送易碎和易破物品给结婚的人,因为"破碎"意味着婚姻易破裂。

日本人用餐时,忌说"一片"、"三片",因为发音与"杀人"、"杀身"谐音。

很多日本人认为男性的厄运年是35、42、61岁,女子的厄运年是19、33、37岁。其中,男子42岁和女子33岁被称为大关,因此,正值此岁数的人,忌讳说出岁数。

二、韩国

(一) 基本国情

1. 简史

大约70万年前,朝鲜半岛就有人类居住。4世纪以后,朝鲜半岛形成了高句丽、新罗、百济"三国时代"。7世纪统一的新罗国建立。10世纪改国名为高丽。14世纪末,李氏王朝时始称朝鲜,意为"朝日鲜明"之意。16世纪末和17世纪初,朝鲜王朝由于遭到后金和倭的攻击而采取闭关锁国的政策。1876年,朝鲜沦为日本殖民地。1897年,大韩帝国成立。1905年日俄战争结束后,大韩帝国成为日本的保护国。1910年,朝鲜半岛正式并入大日本帝国领土。

第二次世界大战后,美、苏两国以北纬38°线为界,托管朝鲜半岛南北区域。1948年,南北区域分别独立为朝鲜民主主义人民共和国和大韩民国。1950年,朝鲜战争爆发。1953年,参战各方签署停战协议,朝鲜半岛沿北纬38°线非军事区划被分为两个国家。

韩国政体为三权分立制。总统作为国家元首拥有最高行政权,由国民直选产生,任期5年,不能连任,无权解散国会;国会是一院制立法机关;最高司法机构是大法院;韩国还设有宪法法院,用于保护宪法和保障国民的基本权利。

韩国实行多党制,主要政党有共同民主党、自由韩国党等。目前(2020年)的执政党为共同民主党。

2. 国名、国旗、国徽

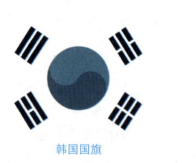
韩国国旗

韩国国徽

面积100 210平方公里的大韩民国简称韩国,国名来源于古代朝鲜半岛南部的辰韩、马韩、弁韩等"三韩"部落。"Han"在古韩语中表示"大"或"一"的意思。历史上,"韩"多作政权的别称。1897年,朝鲜王朝改国号为"大韩帝国"。韩国的英文名Korea源于古名"高丽"。

国旗为太极旗,横竖比例为3∶2,白地代表土地,中间为太极两仪,四角有黑色四卦。太极的圆代表人民,圆内上下为弯鱼形两仪,上红下蓝,分别代表阳和阴,象征宇宙。四卦中,左上角的乾代表天、春、东、仁,右下角的坤代表地、夏、西、义,右上角的坎代表水、秋、南、礼,左下角的离代表火、冬、北、智。整体图案意味着一切都在一个无限的范围内永恒运动、均衡和协调,象征东方思想、哲理和神秘。

国徽中央为一朵盛开的木槿花。木槿花的底色为白色,象征着和平与纯洁,黄色象征着繁荣与昌盛。花朵的中央被一幅红蓝阴阳图代替,它不仅是韩国文化的传统象征,还代表着国家行政与大自然规律的和谐。一条白色饰带环绕着木槿花,饰带上写着"大韩民国"四字。

3. 人口、民族、语言、宗教

韩国人口总数为5 116.4万(2019年),韩民族(朝鲜族)占全国总人口的99%,是单一民族国家。韩国人出生后骶骨附近会有蒙古斑,所以被认为是蒙古人的后代。

韩国语言中的10%左右是朝鲜语固有词,69%左右是汉语的变音,还有10%左右是英语的变音,剩下的则是其他语言的变音。韩语与朝鲜语基本相同,但在发音和外来语以及部分语法及单词的用法上稍有不同,在发音和外来语上表现得尤为突出。

韩国宪法保障宗教自由。根据2005年韩国的社会统计调查显示,53.1%的韩国人信教。佛教徒占宗教人口的43%;其次为基督新教徒,占34.5%;天主教徒占20.6%;1.9%信奉儒教、萨满教、伊斯兰教、本土宗教天道教。2012年3月3日,韩国时任总统李明博在首尔举行的第43届国家早餐祈祷会上,跪下做祈祷。外界称韩国已经变成了基督教国家[①]。

4. 对外经济贸易

韩国是世界第七大出口国和第九大进口国,是全球第一个与欧盟、美国两大经济体都签署自贸协定的国家。截至2019年年底,中国继续保持韩国第一大贸易伙

---

① 参见《韩国已经变成基督教国家》,http://www.chinacath.org/article/other/zhengjiao/2012-04-17/15741.html,2012年4月17日。

伴国、出口国及进口国的地位。

20世纪60年代,韩国经济开始起步。1998年,韩国成为OECD(经济合作与发展组织)成员国。2011年年底,韩国年度累计出口5 150亿美元,累计进口4 850亿美元,成为全球第九个贸易额突破1万亿美元大关的国家。韩国经济实力雄厚,钢铁、汽车、造船、电子、纺织等是韩国的支柱产业。韩国是世界上最大的造船国;在半导体领域处于领先地位,是世界上第二大手机生产国。

中韩双边贸易从20世纪80年代末期开始,至1992年两国建交以后进入快速增长阶段。中国对韩国出口的大多数是低附加值的资源密集型和劳动密集型产品,尤以原料型产品及制成品为主,如纺织原料及制品、矿产品和农产品等。1985年,韩国开始对华投资。到2004年,韩国对中国的投资超过美国和日本,中国成为韩国对外投资最大的国家。2013—2018年,中韩双边贸易额整体有小幅增长趋势。2015年、2016年,受中国经济减速、韩国不顾中方强烈反对与美国联合部署萨德导弹系统等因素影响,中韩贸易额明显下滑;2017年,中韩贸易额快速回升;2018年,韩国与中国双边货物进出口额为2 686.4亿美元,同比增长11.9%,继续保持较快的增长速度。2013—2018年,韩国对中国一直保持贸易顺差态势。2018年,韩国对中国的贸易顺差为556.8亿美元,较上年同期增加25.8%。

(二)日常礼仪

1. 见面礼

韩国人见面或道别时的传统礼节是45°的鞠躬。韩国人初次见面时,有通报姓氏和交换名片的习惯。商务会见要预先约定时间,见面、道别时一般使用握手礼。晚辈、下级走路时遇到长辈或上级,应鞠躬、问候,站在一旁,让其先行,以示敬意。男人之间见面打招呼互相鞠躬并握手,握手时或用双手,或用右手,并只限于点一次头。和韩国官员打交道一般握手或是轻轻点一下头。女人一般不与人握手,而采用鞠躬礼或点头致意礼。

韩国人见面交谈时,忌谈本国政治、经济、妻室等话题,但喜欢询问个人情况。韩国人见面或分手时要尊称和敬语问候及致道谢辞。问候语与中国相似,例如,在吃饭的前后时间,就问"您吃了吗?"遇见生意人,就问"您生意兴隆吗?"道谢时一定要低头致谢,这是非常重要的礼节,低头的程度视对方的年龄、上下级关系而不同。

韩国人待客热情。见面时,一般用咖啡、不含酒精的饮料或大麦茶招待客人,有时候还加上适量的糖和淡奶。不接受这些茶点是不礼貌的。

2. 称呼礼仪

韩国是单一的朝鲜族国家。根据李氏王朝末期的文献记载,朝鲜民族的姓氏共有496个。1960年,韩国调查结果为411个,是世界上姓氏最少的民族之一[①]。韩国人的名字一般都由三个字组成,姓在前,名在后。父姓世代相传,女性婚后不改姓。金、李、朴、崔、郑为"五大姓",约占韩国人姓氏的一半以上。

韩国人在称呼上多使用敬语和尊称,很少会直接称呼对方的名字,只有长辈对晚辈可以这样称呼对方。要是对方在社会上有地位和头衔,韩国人一定会屡用不止。在社会交往中,相互间可称为"先生"、"夫人"、"太太"、"女士"、"小姐"等;对有身份的人,可称对方为"先生"、"阁下",也可加上职衔、学衔、军衔等,如"总统先生"、"总统阁下";韩国男人介绍自己的妻子时,会说"我夫人"或"我太太";关系亲密的朋友之间,往往在对方名字之后加上"兄弟"、"姐姐"、"妹妹"等称谓,如"鸿哲兄弟"、"美延姐姐"等;对男性也可称"君",但往往同其姓名连称,如"郑溶君";对不相识的男性年长者,可以称"阿炯吉"(大叔、大伯),对不相识的女性年长者,可以称"阿妈妮"(大婶、大娘)。

在商务等正式场合交往中,若是对方拥有能够反映其地位的头衔,韩国人在称呼对方时就一定会采用头衔称呼。

(三) 服饰礼仪

韩国服饰最初主要是受中国唐代服饰的影响。李氏朝鲜中期后,韩服(特别是女装),逐渐向高腰、襦裙发展,同中国服饰的区别逐渐增大。但官服、朝服等重要

男纱帽

外套 外套是短衣和裤子上面所穿的衣服,可在外出时穿。

裤子 裤子指男性所穿的下衣。根据体形宽松制作,以适合坐式生活为特点。

绣花鞋 丝绸上有花刺绣的绣花鞋,对衬托韩服有重要作用,可修饰裙边线条。

短衣 短衣相当于上衣,男女装有差异:男式以线条粗、平坦为特点,女式以装饰华丽、曲线短而美丽为特点。

领沿 领沿指领子部位白色的线。笔直但围绕颈部和整体曲线很协调。

长衣带 为扣好短上衣,在两个前衣襟上各缝有长带。女性短上衣的长带垂落在长裙前面,也有装饰的作用。

袖口 袖口是指短衣的袖子下方,其特征为传统韩屋飞檐的曲线似的自然柔美。

裙子 裙子为女性的下衣,裙子做成褶皱形和背心相连而成,分为单裙、衬裙、套裙等。

纹样和优雅的线条、色彩一起,更加突出韩服美的是花纹。裙子的边、袖领肩部等部位加上花纹,更加突出华丽的风格。纹有植物、动物、自然等。

足套 足套像现代的袜子,男女的样子相同,但男用足套以笔直为特点。

① 王兴斌:《中国旅游客源国概况(第2版)》,旅游教育出版社2004年版,第55页。

礼服仍一直延续着较多的中国特色。朝鲜战争期间，西式服装进入韩国。

韩国人非常注重给人留下的印象，因此，在商务、政务活动中，通常都穿保守式样的西式职业套装。正式场合着装露透、衣冠不整、光脚穿鞋的行为是失礼的，也会让别人看不起。

在韩国人心中，韩服是韩国的传统服装，优雅且有品位。逢年过节、婚礼等场合穿韩服已经上升为一种规范，如果有晚辈违反，长辈便不会接受他们的请安。逢年过节和上街不穿韩服也会被陌生人指为粗鲁、没有礼貌。一些在韩国召开的重要国际会议场合，韩国人也会给客人准备传统韩服着装。例如，2005年11月，亚太经济合作组织领导人峰会在韩国釜山举行，韩国特意为出席会议的领导人制作了韩服。

韩国人崇尚白色①，认为白色象征着纯洁。韩国国旗是白色的，结婚的请柬、丧礼的请柬、新年的红包都是白色的，韩民族被称为"白衣民族"②。

（四）馈赠礼仪

韩国是个崇尚礼尚往来的国家，在生活、工作、商务往来中常常互赠礼品，表达情意。

在赠送礼品时，可以选择鲜花、酒类和工艺品。酒是送给韩国男人最好的礼品，但不能送酒给妇女，除非送礼者表明酒是送给她丈夫的。韩国男性多喜欢名牌纺织品、领带、打火机、电动剃须刀等；女性喜欢化妆品、提包、手套、围巾类物品和厨房里用的调料；孩子则喜欢食品。

如受邀到韩国人家里去吃饭或赴宴，应带小礼品，最好挑选包装好的食品。但不送国外烟做礼品。如果送钱，礼金则要装在白色而不是红色的礼袋中。

韩国商人常常会送当地出产的手工艺品给初次来访的客人，但要等客人先拿出礼物来，然后再回赠自己的礼品。韩国人接受物品均用双手，接受的礼品不会当面打开。

---

① 参见王彦朝：《韩国人为何喜欢白色？》，新华网韩国频道，2015年11月14日。
② 一说，韩国人喜欢穿白衣服的传统要追溯到朝鲜时代（1392—1910）实行的严格身份等级制度。朝鲜人被划分为两班、良民、贱民等等级。两班相当于国家的王公贵族，占当时人口的四分之一，穿着华丽；而占人口四分之三的百姓则只能穿着极为朴素的颜色，白色成了百姓喜爱的颜色。一说，韩国崇尚白色是源于对太阳神的崇拜，因为太阳在晴天时是白色的。可能是因为这种原因，较淡的颜色（如淡蓝色、金黄色等）也深受韩国人的喜爱。一说，中国古代书籍也能找到韩国人崇尚白色的记载。《诗经·商颂》云："相土烈烈，海外有截。"武王灭商后，箕子带着一部分百姓移民到了现在的朝鲜半岛，东夷族尚白，故韩国人依旧保留了东夷尚白的习俗。

(五)餐饮礼仪

1. 餐饮特点

喜爱食用药膳。生姜、艾蒿、五味子、枸杞子、人参等药材被广泛用于烹调中,调理出各种食物和茶品。调料和香料在韩国也被用作药品。

喜辣、香、蒜味。喜欢中国川菜;喜欢吃牛肉、猪肉、鸡肉和海味;不爱吃羊肉、鸭子、香菜以及放糖或花椒的菜肴,厌油腻;烧烤时,喜欢加辣椒、胡椒、大蒜等辛辣调味品。

以米饭为主食,再配上几样菜。早餐习惯吃米饭,不吃粥。主食主要是大米饭混合小米、大麦、大豆、小豆等杂谷而做的杂谷饭。副食有酱汤、野菜、炖食、火锅、泡菜等。这种吃法不仅能均匀摄取各种食物,也能达到均衡营养的目的。

喜欢烧酒、清酒、啤酒,但妇女多不饮酒。喜喝茶、咖啡。

2. 韩式料理餐饮礼仪

(1) 讲究餐桌的摆设

韩国人招待客人时,要先按照用餐的人数决定餐桌的形状。有独桌、共餐桌、3人餐桌、4人餐桌,超过4人时,摆为圆桌或四方桌。按照韩国的传统,应该把食物和勺子、筷子一同摆在桌子上。

(2) 讲究用餐时的坐姿

韩国人宴请时,宾主一般都是围坐在一张矮腿方桌周围。盘腿席地而坐。在用餐情况下,不可用手摸脚、伸直双腿或是双腿叉开。在任何场合的坐姿都不能出现叉腿的举止。

(3) 讲究用餐气氛

韩国人对边吃饭边谈话非常反感,因此,用餐时不宜高谈阔论;不能让勺子和筷子碰到碗而发出声音;嘴里吃东西时也不能发出大的响声。

(4) 讲究餐具的使用礼仪

韩国饮食风格介于中国和日本之间,多数人用餐使用筷子。饭勺只能用来吃饭喝汤,筷子只能夹菜,吃饭不能捧碗。为了环保,韩国人会为用餐者提供铁餐具。

与上级或者长辈一起用餐时,上级或者长辈先动筷子后,下级和晚辈才能动筷子用餐;用餐的速度要适度,与别人保持同步,上级或者长辈放下汤匙和筷子时,下级或晚辈才能放下餐具。用餐时,不可以用筷子对别人指指点点,用餐完毕后应将筷子整齐地放在餐桌的桌面上。

在冷面店或排骨店用餐时,要会使用剪面和肉的剪刀。递剪刀给别人时,应当把剪刀的尖端朝向自己,把剪刀的手柄端朝向对方递过去。

(5) 讲究用餐时敬重他人之礼

受人敬菜时,要礼貌地推让两次,第三次才欣然接受。不能把盘中的菜吃得很干净,否则是对主人的不敬。饭后被人邀歌时不可拒唱。

(6) 讲究敬酒的礼仪

韩国人在酒席上按身份、地位和辈分高低就座、斟酒,位尊者先举杯,其他人依次跟随。级别与辈分悬殊太大者不能同桌共饮。下级、晚辈若被允许与上级、长辈同席,也不能当着上级、长辈面饮酒,若要饮酒,须转过身去饮用。

经允许,下级、晚辈可向上级、长辈敬酒。敬酒者要用右手拿酒瓶,左手托瓶底,上前鞠躬、致祝辞,然后为上级、长辈斟酒,且要一连三杯,但敬酒人自己不饮。身份高低不同者饮酒碰杯时,身份低者应将酒杯举得低一些,用自己杯子的杯沿去碰对方酒杯的杯身,不能平碰,更不能将杯举得比对方高,否则会被认为是失礼。

在宴会上,韩国人习惯互相斟酒,喝交杯酒。拒绝喝别人的敬酒是不礼貌的。如果不想再加酒了,就在杯中剩一点酒。

韩国人喜欢单数,在喝茶或喝酒的时候,主人总是以1、3、5、7的数字单位来敬酒、敬茶、布菜,忌讳用双数停杯罢盏。对醉酒的人,韩国人持一种宽容态度。

韩国人午餐一般不喝烈性酒,但会慢慢喝完一小杯葡萄酒或一杯啤酒。晚餐饮酒比较随意。若被邀请参加晚宴,忌自斟自饮,只能由服务人员或主人来斟酒。

(7) 其他餐饮礼仪

韩国是不收取小费的国家,但延时服务可付适当小费,例如晚上12点以后。

(六) 商务谈判礼仪

韩国商人参照国际惯例,根据国情在长期的对外贸易谈判中积累了许多独特的经验,常能在不占优势的贸易谈判中战胜对手,有"谈判高手"之称。

1. 注重遵时的礼仪

前往韩国进行商务谈判,最好选择在 2—6 月和 11—12 月,10 月假日太多,圣诞节前后两周不宜进行商务活动。

韩国人非常遵时,与韩国人商务谈判切忌迟到以及拖延时间。若到韩国人的企业拜访,必须事先约好时间。会谈时间最好安排在上午 10—11 点和下午 2—

3点。

2. 重视谈判前的准备工作

韩国商人十分重视贸易谈判。谈判之前,他们都要通过海外咨询机构了解对方的全面信息,做好准备后才会与对方坐到谈判桌前。

3. 注重谈判中的接待礼仪

韩国人很重视交往中的接待,宴请一般在饭店或酒吧举行,且宴请招待比较频繁。业务洽谈往往在旅馆的咖啡室或附近类似的地方举行。大多数办公室都有一套会客用的舒适的家具,在建立商务关系之前,非常注重接待中言行举止是否合乎礼仪。

4. 重视名片礼仪

韩国商界人士大多都通晓英语,有的还通晓中文。在商务交往和谈判中,他们会持英文、中文、韩文对照的名片,以便谈判对方了解自己的相关信息,且非常注意接递名片的礼仪。

5. 重视行为举止的礼仪

韩国人重视对谈判对象的印象。商务谈判时,若能遵守韩国人的生活方式,能增加韩国人对自己的好感。例如,商务用餐时,不能边吃边谈话,因为韩国人认为吃饭出声会引起人们的反感。

(七)风俗礼仪禁忌

1. 忌数字"4"和"13"

"4"的发音与"死"相同。韩国基督教徒多,因此忌讳"13"。

2. 忌对国旗、国歌、国花不敬

韩国政府规定,公民对国旗、国歌、国花必须敬重。电台会定时播出国歌;影剧院放映演出前放国歌,观众须起立。外国人在上述场所如表现过分怠慢,会被认为是对韩国和朝鲜族的不敬。

3. 忌不尊男子的行为

韩国不谈妇女解放,韩国有男尊女卑的传统。进出门、上下车时,妻子要让丈夫先行;须帮助丈夫脱下外套;坐下时,妻子要主动坐在丈夫的后面;妻子不可在丈夫面前高声谈论。

男女双方见面,女性总会先向男性行鞠躬礼、致意问候;男女同座,男性在上座,女性在下座;致辞以"先生们、女士们"开头;在宴会、会场等社交场合,男女分开活动；在任何场合，韩国人都不大声说笑，女性笑时要用手遮掩住嘴。

4. 忌节日、日常生活不合风俗习惯

- 逢年过节相互见面时，不能说不吉利的话，更不能生气、吵架。
- 农历正月头三天不能倒垃圾、扫地，更不能杀鸡、宰猪。
- 寒食节忌生火。
- 渔民吃鱼不许翻面，因忌翻船。
- 忌到别人家里剪指甲，否则两家死后结怨。
- 吃饭时忌戴帽子，否则终身受穷。
- 睡觉时忌枕书，否则读书无成。
- 忌杀正月里生的狗，否则三年内必死无疑。

5. 忌对长辈不尊

韩国人对尊重长辈的礼节很重视。几个人在一起，要根据身份和年龄来排定座次。身份、地位、年龄都高的人排在上座，其他人就在低一层的地方斜着坐下。

长辈进屋时，大家都要起立；早晨起床和饭后都要向父母问安；父母外出回来，子女都要迎接；跟长辈同坐时，坐姿要端正；用餐时，切不可比年长者先动筷子；小孩绝不会吃得比父母快或比父母早离开座位；绝不说长辈的坏话，更不会背地里批评长辈。

未征得同意，不能在长辈面前抽烟，不能向其借火或接火。乘车时，要让位给老年人；不得当着长者的面抽烟、戴墨镜。用餐时，席地盘腿而坐，晚辈在长辈面前应跪坐在自己的脚底板上，不能把双腿伸直或叉开，否则会被认为是侮辱人的行为。

6. 忌在特定地点拍照

照相在韩国受到严格限制，军事设施、机场、水库、地铁、国立博物馆及娱乐场所都是禁照对象，在空中和高层建筑拍照也都在被禁之列。

7. 忌谈朝鲜半岛政治

因为历史、政治原因，忌讳在韩国人面前提"朝鲜"二字，也不要把"首尔"说成是"京城"[①]。

---

① 1910年，日韩合并后改首尔为"京城府"。

三、新加坡

(一) 基本国情

1. 简史

新加坡的历史可追溯至 3 世纪,原住民是从马来半岛迁徙而来的马来人("海人")。12 世纪,狮子王朝建立。15 世纪为马六甲王朝,16 世纪中叶开始隶属于柔佛王国。1824 年,新加坡成为英国的殖民地,英国把新加坡作为远东转口贸易的重要商埠和东南亚的主要军事基地。1926 年,新加坡与马六甲、槟榔屿合并为英国的海峡殖民地。1942 年被日本占领。第二次世界大战结束后,英国恢复了对其的殖民统治。1959 年 6 月,新加坡成立自治邦,实行内部自治,英国保留其国防与外交权利。1963 年,新加坡与马来亚、沙捞越和沙巴组成马来西亚联邦。1965 年 8 月 9 日,新加坡退出联邦,成立新加坡共和国,属于英联邦成员国。

新加坡实行一院议会制(内阁制)。民众直选产生的总统为国家元首;总理来自国会多数党,其领导的内阁拥有行政权,并由独立的公共服务委员会管理公务员的聘用及处分。

新加坡实行多党制,主要政党有人民行动党、工人党、新加坡民主党等。新加坡独立以来,人民行动党一直是唯一的执政党。

2. 国名、国旗、国徽

面积 724.4 平方公里(2018 年 12 月)的新加坡,国名是梵语"狮城"之谐音。据马来史籍记载,1320 年左右,苏门答腊的室利佛逝王国王子乘船到此岛,见一头勇猛之兽,受古代印度文化影响较深的当地人告知王子此兽为狮子,遂有"狮城"之称。

新加坡国旗又称星月旗,由红、白两个平行相等的长方形组成,长与宽之比为 3∶2,左上角有一弯白色新月和五颗白色小五角星。红色代表了平等与友谊,白色象征着纯洁与美德。新月表示新加坡是一个新建立的国家,而五颗小五角星代表着国家的五大理想,即民主、和平、进步、公正和平等。

新加坡国徽是以国旗图案为基础设计的,中心是红色盾徽,一轮上弯的新月托着排列成圆环的白色五角星,它的含义与国旗相同。盾徽两侧各有一只猛兽,左侧金色的鱼尾狮代表"狮城"新加坡,右侧带有黑色条纹的金虎表示马来西亚,反映了新加坡原来与马来西亚的联系。国徽基部是金色的棕榈枝和一条用马来文写着新加坡的国歌名 Majulah Singapura(前进吧,新加坡)的蓝色饰带。

新加坡国旗

新加坡国徽

3. 人口、民族、语言、宗教

新加坡人口为579.1万(2019年),其中,360多万人为新加坡公民,53万人为永久居民,居住在狮城的外籍人士约160万人。新加坡公民主要有四大族群,分别是华人(74.1%)、马来族(13.4%)、印度裔(9.2%)和欧亚裔/混血(3.3%)。

新加坡是一个多语言的国家,拥有英语、汉语、马来语、泰米尔语四种官方语言。为尊重新加坡岛上原住民使用的语言,马来语被定位为新加坡的国语。新加坡采用英语作为政府机构以及种族社群之间的主要通行语和教学语。为改变不同籍贯华人使用方言的习惯,政府在1979年推广"讲华语运动"。目前,超过七成的华人能说华语(汉语普通话)。

新加坡的官方文字为英文,公函、商务往来和其他经济业务性质的书信通常以英语为主。官方使用的中文是与中国一致的简体汉字。

新加坡是一个多民族、多元文化的移民社会,近86%的新加坡人有宗教信仰。宗教为佛教、基督教、伊斯兰教、锡克教、犹太教、印度教等。

4. 对外经济贸易

新加坡名列全球最富有国家第四。1965年后,新加坡经济迅速发展,被誉为"亚洲四小龙"之一。新加坡的经济模式被称为"国家资本主义",拥有著名的裕廊工业区。新加坡是继伦敦、纽约和香港之后的第四大国际金融中心。

1990年,新加坡与中国建交。新加坡是中国出口石油、轻纺产品、食品和土特产品的市场,是东南亚最早与中国开展经济合作的国家,工商企业于1981年开始在中国进行投资。

对外贸易是新加坡国民经济的重要支柱。2018年,新加坡对外货物贸易总额约7 736亿美元,同比增长9.2%。其中,进口3 665亿美元,增长10.6%;出口4 071亿美元,增长7.9%。主要进口商品为电子真空管、原油、加工石油产品、办公及数据处理机零件等。主要出口商品为成品油、电子元器件、化工品和工业机械等。主要贸易伙伴为中国、马来西亚、欧盟、印度尼西亚、美国。

新加坡对外投资推行区域化经济发展战略,大力向海外投资。对外直接投资、海外直接投资多集中在金融服务业和制造业。主要直接投资对象国为中国、印度尼西亚、马来西亚、澳大利亚、英国,主要直接投资来源国为美国、日本、英国、荷兰、中国。

(二)日常礼仪

1. 见面礼

新加坡政府注重保护各民族的传统,因此,新加坡的礼仪与习俗也呈现出多元化的特点。新加坡人见面和告别时多行握手礼,华裔老人中还保留有相互作揖的习惯,马来人则行摸手礼(先用双手互相接触,再把手收回放到自己胸部),而印度人行合十礼。新加坡人不习惯西式的拥抱礼、亲吻礼。

商务交往初次见面时,名片必不可少。新加坡人用双手递交或接受名片。新加坡政府规定,官员不使用名片。

2. 称呼礼仪

新加坡人称呼别人多用敬语、谦词,不论什么民族,都可以使用先生、女士、小姐、太太的称呼。

(三)服饰礼仪

新加坡气候湿热,但新加坡室内空调的温度基本保持在20度左右。在政务活动和商务交往中,新加坡人着装正式。男士穿职业正装,打领带;女士则穿套装或深色长裙。新加坡政府部门规定职员在工作时间不准穿奇装异服。

新加坡人的国服是一种以胡姬花作为图案的服装。在国家庆典和其他一些隆重的场合,新加坡人经常穿着国服。

华人日常着装多为长衫、长裤、连衣裙或旗袍;马来人最爱穿"巴汝"、沙笼;锡克人则是男子缠头,女子身披纱丽。在公共场所,穿着过分随便者会被禁止入内。

(四)馈赠礼仪

新加坡严格的反腐败法禁止赠送任何可能被视为行贿的物品,但允许赠送公司纪念品。新加坡人通常在建立了良好的私人关系后才赠送礼物,如果应邀去新加坡人家里做客,最好的礼物是送鲜花、巧克力和包装精美的家庭工艺品等。

(五) 餐饮礼仪

1. 饮食特点

新加坡是一个多民族的国家,有华人、马来人、印度人、欧洲人等,种族的多元化造就了新加坡饮食丰富多彩的特点。新加坡有中式菜肴、西式快餐、日本料理、韩国烧烤、泰国餐、印尼餐,还有马来、印度等风味的饮食。

新加坡华人绝大多数的祖籍为广东、福建、海南和上海等地,口味上喜欢清淡,偏爱甜味,讲究营养。他们平日爱吃米饭和各种海鲜,不太喜欢面食。粤菜、闽菜和上海菜很受新加坡华人的欢迎。

娘惹是新加坡的特色菜。娘惹菜系是由中国菜系和马来菜系合并而成的马六甲菜肴,融合了甜酸、辛香、微辣等多种风味,口味浓重,所用的酱料都由至少十种以上的香料调配而成。叻沙是娘惹美食中最具盛名的佳肴。

2. 餐饮礼仪

(1) 各民族餐饮礼仪禁忌各异

马来人信仰伊斯兰教,忌食猪肉、狗肉、自死之物和动物的血,不吃贝壳类动物,不饮酒;印度人则绝对不吃牛肉。用餐时,马来人、印度人都不用刀叉、筷子,而惯于用右手直接抓取食物,对其他人用左手取食的做法很难容忍。

(2) 以茶礼待客

新加坡人,特别是华人,大多喜欢饮茶。当客人到来时,新加坡人通常都会以茶相待。每逢春节来临之际,新加坡人常会在清茶中加入橄榄饮用,称之为"元宝茶"。他们认为,喝这种茶可以令人财运亨通。

(3) 其他餐饮礼仪

新加坡是不收取小费的国家。餐厅账单里已有服务费,但如用餐者觉得服务人员的服务非常好,可以给小费以示鼓励。

(六) 商务谈判礼仪

1. 注重遵时的礼仪

到新加坡从事商务活动,最好是在每年的3—10月,这样就可以避开圣诞节和华人的新年。新加坡高层管理人员经常出差,若要与他们会谈,应事先预约。

2. 讲究沟通的礼仪

新加坡人认为私人关系和商务关系同等重要。在谈判时,新加坡人很有耐心,他们不会直接说"不",而是采用婉转的说法。谈判时,应注意新加坡人谈话中的一些暗示。此外,商务会谈中最好不要吸烟,这样会破坏谈判关系。

3. 重视商务宴请的礼仪

新加坡人很重视商务宴请礼仪,商务交往中常相互宴请,应邀赴约要准时,迟到会给人留下极坏的印象。如不能及时到达,必须预先通知对方,以表示尊重。新加坡人虽讲究宴请排场,但不会挥霍浪费。

4. 注重谈判面子的礼仪

在国外商人的眼中,新加坡商人勤奋、诚实、谦虚、可靠。与新加坡人谈判,不仅必须以诚相待,更重要的是要给对方面子。应使用"多多指教"、"多多关照"的谦语。

5. 重视乡土观念

新加坡的华人乡土观念极强,与其进行贸易谈判,采用方言交谈,有时可以起到一种独特的融洽、亲近关系的作用,有助于谈判的顺利进行。

6. 注重礼仪禁忌

新加坡人对"恭喜发财"这句祝颂词极其反感。他们认为,这句话带有教唆别人去发不义之财和损人利己的意思。此外,在商业活动中,忌讳使用宗教词句和图像。商务谈判中,忌跷二郎腿,尤其忌将鞋底朝向新加坡人。

(七)风俗礼仪禁忌

在新加坡,禁止使用宗教词语和象征性标志。

新加坡人讲究社会公德。人们不在公共场所嚼口香糖;过马路不闯红灯;"方便"之后拉水冲洗;在公共场合不吸烟、吐痰和随地乱扔废弃物品。否则,必受处罚,需交高额罚金或吃官司,甚至受鞭刑。

新加坡人喜欢红色、白色。他们认为,红色是庄严、热烈、喜庆、吉祥的象征,能起到激励人们奋发向上的作用;白色是纯洁与美德的象征。忌讳代表不吉利之意的黑色、紫色。

新加坡华人喜爱传统民俗的吉祥字,如"囍"、"福"、"吉"、"鱼",以及吉祥画中的苹果、荷花、竹子、蝙蝠、大象等。忌讳数字"4"与"7"。华语"4"的发音与"死"相仿,而"7"则被视为一个消极的数字。新加坡华人认为"3"表示"升","6"表示"顺","8"表示"发","9"则表示"久"。

与新加坡人交谈,特别忌谈个人性格、当地政治和种族关系等问题。

四、印度

（一）基本国情

1. 简史

古印度是世界四大文明古国之一,公元前 2500 年,印度河流域就有古印度人创造的印度河文明(哈拉帕文明)。公元前 1500 年左右,印度进入恒河文明时代,种姓制度开始盛行。公元前 3 世纪中叶,孔雀王朝国王阿育王统一了除南印度迈索尔地区以外的整个印度半岛。此后,印度进入一个长期的列国时代。8 世纪,阿拉伯人入侵印度,引进了伊斯兰文化。1526 年统一的莫卧儿帝国成为当时世界上最富庶的国家。1757 年以后,印度逐步沦为英国的殖民地。

1877 年,英国维多利亚女王加冕为印度帝国的皇帝。1947 年,英国提出蒙巴顿方案,将印度分成以印度教为主的"世俗"印度和较小的伊斯兰教国家巴基斯坦独立分治。1950 年 1 月 26 日,印度宣布成立印度共和国,但仍为英联邦成员国。

印度政体为联邦共和制,是世界上最大的民主体制国家。印度总统是国家元首,但其职责是象征性的。总理为行政首脑,由议会中的多数党领袖担任,行政权力由以总理为首的部长会议(内阁)控制。印度议会实行两院制,由上院联邦院和下院人民院组成。印度宪法多达 395 条和 1 000 多项具体条款,号称是"世界上最长的宪法"。

印度实行多党制,主要政党有国民大会党、人民党等。目前(2020 年)的执政党为人民党。

2. 国名、国旗、国徽

面积约 298 万平方公里(不包括中印边境印占区和克什米尔印度实际控制区等)的印度共和国简称印度,别称婆罗多、天竺、身毒等。印度国名源于印度河的梵文名(Sindhu)。

印度国旗为长方形,长、宽比为 3∶2。全旗由橙、白、绿三个相等的横长方形组成,正中心有一个含 24 根轴条的蓝色法轮。橙色象征勇气、献身与无私,也是印度教士法衣的颜色;白色代表真理与和平;绿色则代表繁荣、信心与人类的生产力。神圣的"阿育王法轮"象征着真理与道德,也代表印度古老的文明。法轮的 24 根轴条代表一天的 24 小时,象征国家时时都向前进。

印度国旗

印度国徽

印度国徽图案来源于孔雀王朝阿育王石柱顶端的石刻。圆形台基上站立着三只金色的狮子,象征信心、勇气和力量。台基四周有四个守卫四方的守兽:东方是象,南方是马,西方是牛,北方是狮。雄狮下面中心处是具有古老印度教色彩的法轮,两边的守兽象征具有悠久历史的农业以及坚定不移的决心和毅力,图案下面有句用梵文书写的、出自古代印度圣书的格言"唯有真理得胜"。

3. 人口、民族、语言、宗教

印度的总人口为13.24亿(2019年),是仅次于中国的世界第二大人口国。印度民族和种族众多,号称"民族博物馆",其中,斯坦族大约占印度总人口的一半,是印度最大的民族。印度各个民族都拥有各自的语言,宪法承认的官方语言有22种之多,其中,印地语被定为国语,30%的人口使用。由于历史原因,虽然1965年终止了英语唯一官方语言的地位,但英语依旧是全国性的通用语言,主要在政治和商业交往场合使用。

印度是一个多宗教的国家,世界四个主要的宗教——佛教、印度教、耆那教和锡克教都源于古印度。大部分印度人信仰印度教,其他宗教还有伊斯兰教、锡克教、耆那教、基督教、佛教等。佛教虽起源于古印度,但目前教徒只占总人口的5%,佛教的传播对印度周边的国家影响巨大。

4. 对外经济贸易

印度是世界上经济发展最快的国家之一。1991年,印度爆发经济危机,新国大党政府在印度开始实行经济自由化改革,借由外国贸易及直接投资逐步转型为自由市场。印度目前是世界第十大进口国及第十九大出口国,主要出口产品为石油制品、纺织品、珠宝、软件、工程器材、化工制品及皮革等,主要进口产品为原油、机械、宝石、肥料及化工制品等，近年，印度已成为软件业出口的霸主。印度最重要的贸易伙伴是美国、欧盟、日本、中国和阿拉伯联合酋长国。2011年，中国与印度的双边贸易额突破700亿美元，中国成为印度第一大贸易伙伴，印度则排名中国贸易伙伴第十一位。2013—2018年，中印双边贸易额整体有增长趋势。2017年，中印贸易没有受到洞朗对峙等一系列事件的影响，贸易额大增21.4%，达到845.4亿美元，增速更是创下自2013年以来的新高。尽管2018年中印贸易额增速有所回落，但依然保持6.8%的增速，贸易额首次突破900亿美元大关。

（二）日常礼仪

1. 见面礼

印度的传统见面礼是伴随"那摩斯戴"（印地语，意即"您好"）问候语的双手合十礼。两手空着时，则合十问候；若一手持物，则举右手施礼，切不可举左手。合十的高低也有讲究。对长者宜高，两手至少与前额相平；对晚辈宜低，可齐于胸口；对平辈宜平，双手位于胸口和下颌之间。

拥抱也是常见之礼。久别重逢或将远行或有大事发生时，则要拥抱。拥抱时，彼此将双手搭在肩上，先是把头偏向左边，胸膛紧贴一下，然后把头偏向右边，再把胸紧贴一下。有时，彼此用手抚背并紧抱，以示特别亲热。

在很重要的场合，印度人对特别尊敬的长者用额头触其脚、吻其足或摸其足。现在多用的是摸足礼，先屈身下蹲，伸手摸一下长者的脚，然后再用手摸一下自己的额头，以示头脚已碰。

献花环在印度是欢迎客人常见的礼节，主人要献上一个花环，戴到客人的脖子上。客人越高贵，所戴的花环越粗越长。

印度人认为吉祥痣可以驱邪避灾，因此，点吉祥痣（用朱砂在前额两眉中间涂上一个圆点）也是印度人欢迎宾客的礼数。有时候，印度人为了表示隆重欢迎，不仅向宾客献上花环，而且还给客人点上吉祥痣。

许多家庭妇女忌见陌生男子，不轻易和外人见面。但如果邀请男人参加社交活动时，应请他们偕夫人同来。

商务见面时,通常行握手礼,男士不能和女士握手,更不能在公共场合与单身女人说话。英语是印度的商业语言,商务见面时应递英文名片。

2. 称呼礼仪

印度早期并没有姓,后来种姓制度流行,但使用的姓氏也很有限,直到18世纪末,印度才在阿拉伯人和欧洲人的影响下普遍使用姓氏。在印度,姓氏是地位高低的符号,婆罗门和刹帝利是两个高级种姓,吠舍是古印度普通劳动者,首陀罗是失去土地的自由民和被征服的达罗毗荼人。种姓职业世袭,互不通婚。

印度人起名要举行仪式,一般名在前,姓在后。例如弗罗兹·甘地,弗罗兹是名,甘地是姓。印度人姓名复杂,常因民族、地区、种姓、宗教而不同。例如,西印度人一般先说本人名,再说父亲名,最后才是姓;南印度人往往还把村名和姓名连在一起,冠在姓名之前,使人从他的名字就可以直接知道他是什么地方的人。

称呼印度男人,只称呼姓,不称呼名;对妇女则只称呼名,而不称呼姓。夫妻之间严格遵守不直呼姓名的规定。女子婚后随夫姓,例如已故印度总理尼赫鲁的女儿英迪拉·尼赫鲁与费罗兹·甘地结婚后,随姓甘地,即英迪拉·甘地。

印度人尊敬长者,以"古鲁"称呼,意即"老师"、"长者"。对大人物用"圣雄"尊称,如圣雄泰戈尔、圣雄甘地等。"巴尔"意为"先生"、"老爷"。日常生活中使用最多的是在姓名之后加一个"吉",以加重语气,表示尊敬和亲热,如古鲁吉(老师)等,这种称呼在面对面交谈及演说时常用。

由于宗教、种姓、职位的不同,称呼习惯也很不相同。对穆斯林和基督教徒,应称其为"萨赫伯(先生)"。如称一位穆斯林老人为"哈吉",这个叫法意为"去过麦加的朝圣者",无论他是否去过,他都会非常高兴。

印度是个多民族、多宗教的国家,不同宗教信徒的名字各有特点。穆斯林名字与埃及和伊朗等中东国家的人名相仿,如穆罕默德·伊克巴尔、阿卜杜拉·拉赫曼等;男性锡克教徒的名字后半部分多带"辛格",如印度前总理曼莫汗·辛格就是锡克教徒。

(三) 服饰礼仪

有五千多年历史的纱丽是印度最具特色的国服。最早的纱丽只是在举行宗教仪式时穿,后来逐渐演变为妇女的普通装束。除纱丽外,印度妇人还有一种衣服也比较普遍,上衣比较宽松,长至膝部,叫古尔蒂;下身则是紧身的裤子,叫瑟尔瓦,再加一条纱巾往脖子上一围,长长地向后飘去。首饰是印度妇女日常生活中一种不可缺少的装饰品。即使是家境清贫的妇女,也要佩戴一些不值钱的金属或塑料首饰。自古印度人就认为,向女子赠送首饰是男子应尽的义务,女子也应充分利用首饰来打扮自己。

印度男子最为普通的服装是托蒂,托蒂是一块三四米长的白色布料,缠在腰间,下长至膝,有的下长达脚部。除托蒂外,上身加了一件肥肥大大的衬衣,名为古尔达。天冷时,再加一件披肩。在一些特别重要的场合,经常会看到个别上穿古尔达、下围托蒂、足踏拖鞋的老人,这种打扮是最有身份的标志。

印度城市男子的服装已趋西化,西装是最为普遍的男士服装。在商务场合,男士要穿正规的西服套装。有身份的政府官员在正式场合也常穿一种很像中山装的上衣,紧紧的衣领,胸部有一兜,再别支钢笔。

(四) 馈赠礼仪

到印度家庭做客时,可以带水果和糖果作为礼物,或给主人的孩子们送些礼品。

因为牛是印度教的神物,所以不能送牛皮制品给印度教徒;不可送猪皮制品给回教徒,那是对伊斯兰教的不敬。

(五) 餐饮礼仪

1. 餐饮特点

喜欢分餐进食,注重菜品酥烂。口味不喜太咸,偏爱辣味,对炸、烤、烩、烧、煮等烹调方法制作的菜肴偏爱,喜爱中国的粤菜、苏菜。

印度饮食南北方差异很大。北方人以小麦、玉米、豆类等为主食,尤其喜欢吃一种叫恰巴提的薄面饼;南方和东部沿海地区的人们以大米为主食,爱吃炒饭;中部德干高原则以小米和杂粮为主。副食爱吃鸡、鸭、鱼、虾、羊肉等和蔬菜,调料喜用黑茴香、黑芥末子、咖喱汁、黄豆粉等。

印度教徒、锡克教徒、伊斯兰教徒均戒酒。印度人没有喝热水的习惯,一般喜欢喝凉水或者饮用红茶、牛奶和咖啡、奶茶等。南方人喜欢喝浓咖啡,北方人喜欢喝茶。

2. 餐饮礼仪

(1) 尊重宗教饮食礼仪禁忌

印度的食物在世界上独具特色,也许没有一个国家的饮食文化像印度那样具有如此明显的宗教色彩和如此深刻的文化意蕴。在印度,越有文化、越有地位的人越吃素,印度虔诚的佛教徒和印度教徒都是素食主义者,耆那教徒更是严格吃素,吃素的人占印度人口一半以上。因此,请印度人吃饭,先要搞清楚对方是不是素食者,严格的素食者不吃鸡蛋,但喝牛奶。有些虔诚的印度教徒,吃饭前还要做祷告。信奉印度教和锡克教的人,忌吃猪肉、牛肉。

受宗教禁忌的影响,宴会上印度人几乎不劝酒。印度抽烟的人极少,公务和商务往来从未有人敬烟。印度的烟一包是10支装,烟比中国的烟短。口袋里装一包烟、一个打火机的印度人不多,一些烟民宁愿买一支抽一支。

印度人进厨房前,先要脱鞋。他们认为穿鞋进去既不礼貌,也不圣洁。就餐时,印度教徒最忌讳在同一个容器里取用食物,也不吃别人接触过的食物。别人清洗过的茶杯,也要自己再洗一遍后才使用。

(2) 尊重他人的饮食习惯礼仪

在印度,一方面,吃得讲究,禁忌很多;另一方面,又不排除人们互相宽容。这具体体现在许多家庭在饮食问题上"一家两制",甚至"一家多制"。一些中国姑娘嫁给印度人后,吃素的丈夫们一般不允许在家里做荤菜吃,但不反对妻子在外面吃。一些印度朋友尽管自己吃素,但在宴请中国朋友时,会主动准备好一些荤菜。在印度做客,餐后一般不说致谢的话,而是赞扬主人的食品很好吃。

(3) 讲究饮食忌口礼仪

印度没有野味店。印度人不吃鳝鱼、泥鳅、甲鱼、乌龟、蛇、狗肉、猫肉、鸽子肉等;不吃各种肉类的下水杂物;不吃菇类、笋类、木耳。

(4) 注重用餐方式和等级礼仪

受过西方教育的印度人或中产阶级,在比较正式的场合用刀叉或勺子吃饭,但多数印度人(包括上流社会的人)通常更习惯于用手抓饭吃。在北方,人们用右手的指尖吃东西,把食物拿到第二指关节以上是不礼貌的;在南方,人们用整只右手搅拌米饭和咖喱,并把它们揉成团状,然后食用。印度人认为吃饭中很多快感来自触觉,更重要的是,用手抓饭可以提前了解食物的温度。

印度人就餐时,常有一个公用的盛水器供水,喝水时不能用嘴唇接触盛水器,而要对准嘴往里倒。用餐后,印度人通常给客人端一碗热水放在桌子上,供客人洗手。饭后,会端上一盘绿色麦粒状的香料,供大家咀嚼,以消除口中的异味。

印度人等级越高,荤食者越少;等级较低者,才吃荤(羊肉)。印度教徒素食者多,喜欢分餐制,最忌在同一食盘里用菜。在印度人的餐桌上,主人会殷勤地为客人布菜,客人不能自行取菜。客人不能拒绝分的食物和饮料,吃不了盘中的食品,也不会再给别人,因为印度人认为接触到的食品就已经变为污染物。一些印度人在就餐前还要弄清他们的食物是否被异教徒或非本社会等级的人碰过。

(5) 注重饮食环保

在印度街头的小吃摊、小吃店及寺庙里,人们通常用一种干树叶压制成的盘子来盛食物,有的餐馆则给每个吃饭的人一片新鲜的大树叶子,用来盛米饭等食物,很环保。

(6) 其他餐饮礼仪

印度是收小费的国家,若有人说出"Basksheesh",就是请付小费的意思。可以根据环境及情况付小费,通常付的小费越多,所接受的服务越佳。餐厅服务员的小费约为账单的5%。但总消费额在300卢比以下,则为10%。如账单中已收了服务费,则不必再给小费。也有不按照百分比给小费的,一般的餐厅给10—20卢比就可以了。

(六) 商务谈判礼仪

1. 遵时的礼仪

若商务活动前往新德里,最好选择每年的6—10月;若是前往孟买,最好选择在9—10月,以免酷热或梅雨。此外,商务访问印度时,要事先了解该国的节假日。

在印度访问企业或政府机关,宜穿西服,并事先预约时间,按时赴对方约定的地点。但到了约定的时间,印度人十有八九会迟到。如果想把会面商谈时间定在上午10:00,那就要告诉印度商人会谈的时间是在9:00或9:30。

2. 遵循习俗思维的礼仪

印度人请客时通常会请在座有钱或者受人欢迎的人买单,因此,在商务谈判中,他们会很自然地说:"你们的资本比我们的多,所以,这一笔费用该由你们支付。"

印度商人善于钻营,急功近利,喜欢凭样交易。商业洽谈中,应多出示样品,介绍经济实惠的品种给印度人。许多印度商人在英美受过教育,商务谈判中,他们往往细细研究,费时较久。商务谈判时,切忌在印度人面前谈论印度的赤贫、庞大的军费及外援等话题。

3. 谈判报价的礼仪

印度人做生意喜欢砍价。他们会以成本和劳动力价格低为由一开始就砍一半的价格,但要求产品质量按国际标准衡量。谈判往往到了最后,印度商人还要求有个特殊的折扣,此时,谈判的另一方可以马上终止谈判,明确表示不谈了。如果为了表示友好,答应再给些折扣,最终的结果会是不得不让出最后一点利益给印度人。因此,谈判报价时要留有较大的余地。

与印度人谈判中的报价,最好是口头报价,书面的报价最好不要显示出自己公司企业的名称,更不能在报价上签名。印度客商习惯拿东家的价格给西家看,再拿西家的价格给东家看。因此,不要轻易给印度商人正式书面报价,特别是在有竞争对手的情况下。

（七）风俗礼仪禁忌

忌讳白色,习惯用百合花作悼念品;忌讳弯月图案,视1、3、7、13为不吉祥数字,因为湿婆神有3只眼睛,第三只眼睛是毁灭性的,印度人死后有13天丧期。

印度人喜欢谈论文化方面的成就、印度的传统以及外国的事和外国人的生活等话题。忌讳有关宗教矛盾、工资、两性以及与巴基斯坦的关系等话题。

忌讳抚摸小孩的头,在印度如摸小孩的头,对方一定翻脸。

凡进入回教寺庙者,不能穿短裤或无袖背心,要脱鞋。

凡进入锡克教寺庙者,头上须罩一块洁净的布或手绢等,然后脱鞋方可进入。

进入奉牛为神圣的印度教寺庙,要脱鞋,且绝不可使用皮鞋、皮表带、皮带、手提包等牛皮制品,否则会被视为犯了禁戒,不得入其寺门。

妇女在怀孕期间,忌做衣服、照相。印度人认为,第四胎生女孩会倾家荡产,第五胎生女孩会家财万贯。吃奶的孩子不能照镜子,据说照了镜子就会变成哑巴。孩子掉的第一颗乳牙要包在牛粪团里,放在房顶上。

出门时看见伐楼拿鸟在头上盘旋,是大吉大利;遇见花或装满水的罐子,也是吉利的;看到母牛、鹦鹉、鹿、雨伞、水果、蜜蜂、大象,以及听到钟声、鹰叫声和诵经声,都是吉利的象征。

遇见蛇、猫、寡妇、行乞僧,听到喷嚏声或其他难听的声音,以及出门滑了一跤或头碰了框等,都被认为是不吉利的,应该立即回家休息一会儿,喝点水,然后再出门。

印度人表示同意或肯定的动作是摇头,或先把头稍微歪到左边,然后立刻恢复原状,表示"Yes"、"知道了"、"好的";用点头表示不同意;手抓耳朵表示自责;召唤某人的动作是将手掌向下摆手指,但不能只用一个指头;指人时忌讳使用一两个指头,正确的做法是要用整个手掌。

印度人认为,吹口哨是冒犯人的举动,特别是对着妇女吹口哨。在饭店、商店等服务性行业中,若用吹口哨的方式来招呼侍者则被视为是冒犯他人人格的失礼行为。

印度人认为,把孩子放在浴盆里洗澡是不人道的。因为不流动的水为死水,孩子浴后会遭灾、夭折。

印度人办公室和商业机构里的写字台只能放在东北或西南角,否则要遭到敌人的长期折磨。同样,水井也是挖在东北角或西南角。

晚上睡觉忌头朝北,脚朝南。印度人认为阎罗王是住在南方的。

太阳落山后,不能理发、剪指甲、给洗衣工脏衣服;不能给别人针以及其他白色的东西;不能提理发工和蛇的名字;不能给别人火种或火柴。

五、澳大利亚

(一)基本国情

1. 简史

四万多年前,土著居民就居住在澳大利亚。17世纪,西班牙人、荷兰人先后途经此地,荷兰人命名此地为新荷兰。1770年,英国航海家库克船长将澳大利亚东海岸命名为新南威尔士,宣布为英国属地。1788年,第一个英国殖民地在悉尼建立。1901年,六个英国殖民州统一为澳大利亚联邦,成为英国的自治领地。1927年,澳大利亚首都迁往堪培拉。1931年,澳大利亚成为英联邦中的一个独立国家。

澳大利亚的政治体制采用英国议会制度,实行政党政治和责任内阁制,英国女王是名义上的国家元首。联邦议会由代表英王的总督(英国女王任命)、参议院、众议院组成,拥有联邦立法权。总督在行使权力前须征得联邦行政委员会(内阁)的同意,联邦行政委员会首脑是联邦总理,总督的权力受制于总理,总理是众议院多数党的领袖。

澳大利亚的政党有自由党、工党、国家党、绿党等。目前(2020年)的执政党为自由党。

2. 国名、国旗、国徽

面积769.2万平方公里的澳大利亚联邦简称澳大利亚。Australia由拉丁文terra Australis(南方的土地)变化而来。欧洲人在17世纪初发现这块大陆时,以为这是一块直通南极的陆地,故取名澳大利亚,意是"南方大陆"。

澳大利亚的国旗是长方形,长与宽之比为 2∶1。旗底为深蓝色,左上方是红、白"米"字,"米"字下面为一颗较大的白色七角星,右侧有四颗较大的白色七角星与一颗较小的白色五角星。国旗的左上角为英国国旗图案,表明澳大利亚与英国的传统关系。一颗最大的七角星象征组成澳大利亚联邦的六个州和联邦区。五颗小星代表南十字星座,表明该国处于南半球。

澳大利亚国旗

澳大利亚国徽

澳大利亚国徽的左边是一只袋鼠,右边是一只鸸鹋,这两种动物均为澳大利亚特有,它们一般只会向前走,不轻易后退,象征着一个永远迈步向前的国家。国徽的中间是一个盾,盾面上有六组图案,分别象征这个国家的六个州。红色的圣乔治十字形(十字上有一只狮子、四颗星)象征新南威尔士州,王冠下的南十字形星座代表维多利亚州,蓝色的马耳他十字形代表昆士兰州,伯劳鸟代表南澳大利亚州,黑天鹅象征西澳大利亚州,红色狮子象征塔斯马尼亚州。盾形上方为一枚象征英联邦国家的七角星,周围饰以澳大利亚国花金合欢,底部的绶带是英文书写的"澳大利亚"。

3. 人口、民族、语言、宗教

澳大利亚的总人口为 2 533 万(2019 年),是外来移民人口比例占绝大多数的国家,外来移民数量居世界第一,主要来自英格兰、爱尔兰、苏格兰、意大利、德国、中国及希腊。

英语是澳大利亚的通用语言。原住民则部分保留着土著母语,但如今很多年轻的原住民只会使用英语。

澳大利亚 3/4 人口为基督教信徒,此外还有佛教、伊斯兰教等。

4. 对外经济贸易

澳大利亚是一个后起的发达资本主义国家。2011 年的国内生产总值(GDP)

全球排名第十三,人均生产总值 65 477 美元,排名世界第六。澳大利亚农牧业发达,自然资源丰富,有"骑在羊背上的国家"、"坐在矿车上的国家"和"手持麦穗的国家"之称,是世界屈指可数的产金大国。

澳大利亚为贸易强国,是世界十大农产品出口国和六大矿产资源出口国之一。小麦出口量高居世界第二位。主要出口产品有煤、黄金、铁矿石、原油、天然气、铝矾土、牛肉、羊毛、小麦、糖、饮料等;主要进口商品有航空器材、药物、通信器材、轿车、精炼油和汽车配件等。

日本、美国、新西兰、中国及新加坡是澳大利亚最重要的贸易伙伴。2011 年,中国与澳大利亚的双边贸易额达到 1 200 亿美元,是排名第八的中国对外贸易伙伴。2013—2018 年,中澳双边贸易额整体呈先减后增的趋势。2015 年,受国际市场不景气、中国经济增长放缓等因素影响,中澳双边贸易额大幅下滑 16.4%,直到 2017 年才明显回暖。2018 年,澳大利亚与中国双边货物进出口额为 1 431.3 亿美元,同比增长 14%。

(二) 日常礼仪

1. 见面礼

澳大利亚人日常或正式场合见面或道别行握手礼。澳大利亚有"女士优先"的良好社会风气,对妇女极为尊重。澳大利亚男女见面,男士喜欢很有教养地赞赏女士的容貌、才气和文雅的举止。

澳大利亚土著居民握手的方式是两人中指相互勾住,而不是全指掌相握。他们有一种嚼骨告别的礼俗,每当亲朋好友之间彼此告别,就要在口中放一根骨头,并用牙齿使劲地咬嚼它,使它发出"格格"的声音,人们以此来表达互相珍重和盼望重逢之意。

2. 称呼礼仪

澳大利亚人初次见面时通常互相称呼对方为"先生"、"夫人"或"小姐",熟悉之后就直呼其名(只称呼名,不称呼姓)。老板和员工间、上级和下级间、教师和学生间也是如此称呼。

澳大利亚人与英美人一样,名在前,姓在后。妇女结婚后,使用丈夫的姓。在家庭成员和亲密朋友之间,不分老幼,互称名字,以表亲切。

(三) 服饰礼仪

一般场合下,澳大利亚人不必西装革履,只要穿便服即可。但在商务、典礼、宴会、婚礼、剧院等正式场合,一定是穿西装、套裙。在澳大利亚的达尔文市,当地人的穿着自成一体,他们在正式场合穿衬衫、短裤和长袜。这种穿法被称作"达尔文装"。

澳大利亚人注重着装得体,有时却比较随意。在悉尼和墨尔本的市中心,平日中午常常可以看见笔挺西服的白领人士和朋友、同事聚在一起,坐在建筑物门前的台阶上吃着三明治或热狗等简单的午餐。

澳大利亚的土著居民习惯于赤身裸体,或在腰上扎上一块围布。土著居民佩戴额箍、鼻针、臂环、项圈等多种饰物,有时他们还会在身上扎上一些羽毛,并且涂上各种颜色。

(四)馈赠礼仪

若是应邀到澳大利亚人的家里做客,给女主人带上一束鲜花或一瓶酒是很受欢迎的礼物。馈赠的礼物要根据澳大利亚人不同的文化背景赠送。例如,有英国文化背景的澳大利亚人喜欢红茶、橘子汁、苏格兰威士忌、脆饼等礼物;亚洲和南欧的澳大利亚人则喜欢其来源国的礼物。

案 例

澳大利亚公司的见面礼[①]

董月所在的公司总部在澳大利亚。今年上半年,董月被公司派到总部工作。上班第一天,行政部经理就把她叫了过去。这个60多岁的老头从抽屉里拿出一个包装精美的盒子,说是公司给董月的礼物。还说,每一个新员工到公司后都会得到礼物。

中午时间,董月打开盒子一看,竟然是一包安全套。她怀疑是行政部经理搞错了,或者是一个恶作剧。但是听人说,这个老头一向严肃谨慎,看来是不可能搞错的。董月又猜测,是不是公司在提醒员工,工作期间不能怀孕生子呢?可是转念一想,澳大利亚地广人稀,政府一直在鼓励生育,每个孩子出生,政府还会每月发放折合5 000元人民币的养育费用。看来,这个推测依然解释不通。

---

① 参见笑了:《澳大利亚公司的见面礼》,《辽宁日报》2012年9月13日第A06版。

商务礼仪

带着疑问,董月请教了公司同事。同事像看外星人一样看着她:"董,这是公司发给你用于自我保护的。如果你在下班路上遇到歹徒,要和你发生性关系,你就让他戴上安全套。这个安全套你不能和老公或者情人用,否则,就是挪用公共财产。"

董月像听天书一样听着同事的话,难道歹徒还会听你的?不过,后来的事情让董月相信了同事的话。一个叫科里郎特斯的歹徒因为失恋而怒火中烧,在强奸一个女孩子的时候,因为没有按照要求戴上安全套,被判了终身监禁,全国的报纸都报道了这个事情。在极度崇尚自由的澳大利亚,终身监禁是最严重的刑罚。同事们都议论,科里郎特斯如果能按照要求戴上套子,断然不会受到最严重的刑罚。在同事们的议论中,董月才知道,因为澳大利亚人口稀少,警察非常稀缺,很多小的案件,警察局根本无暇顾及。因此,在澳大利亚有很多诸如发放安全套之类的消极防范措施,而只有在伤害到人身的时候,警察才会重拳出击,并且必然给予最严重的惩罚。

现在董月才明白,单位给女员工发放安全套绝对不是笑话或者恶作剧,而是真正地做到了尊重人权。而这些消极的防范措施也起到了积极的效果,不法分子都知道政府的底线,基本不会做出伤害人身安全的事情。因此,在警察极度稀缺的澳大利亚,治安才会那么井然有序。

案例思考:你认为此案例中的公司礼物是否适合于中国企业采用?这其中涉及哪些不同的跨文化思维方式?

(五) 餐饮礼仪

1. 餐饮特点

澳大利亚人注重菜品的量少质精,讲究菜肴的色彩。口味一般不喜太咸,爱甜酸味,不吃辣,对煎、炒、炸、烤等烹调方法制作的菜肴偏爱,喜欢中国菜。

主食乐于吃面,副食爱吃鸡、鸭、鸽、鱼、海鲜、牛肉及蔬菜。澳大利亚人的早餐(7—8点)一般是冷牛奶麦片、面包黄油、果酱面包片、烤面包等;午餐(12:30—13:30)偏好汉堡包三明治、肉馅饼、油炸鸡块;晚餐(19:30左右)通常是传统的英式餐肉加蔬菜,总有土豆或土豆泥。早茶(10:30左右)、午茶(16:00左右)以咖啡、茶为主,配饼干、小点心等甜食。

喜欢啤酒和葡萄酒,爱喝咖啡、红茶和香片花茶。

2. 餐饮礼仪

(1) 注重待客的礼仪

澳大利亚人宴请客人虽然简单,却待客热情。通常首先是请客人喝一碗汤,再上主菜、甜食和水果,然后来一杯波特甜酒,喝杯咖啡。为了表示对来客的热情欢迎和祝福,澳大利亚人会在饭后的水果布丁中放进一些钱币,这些钱币有一分、两分、五分、壹角等,谁吃到的钱币多,就预示着谁的运气好。澳大利亚人喜欢吃烤肉,许多家庭备有烤炉,因此,澳大利亚人常常会请客人到家里吃烤肉。

(2) 讲究用餐着装的礼仪

如果应邀去澳大利亚朋友家吃饭,且大家彼此很熟悉,穿着就可不必太严肃,否则一定要穿西装、系领带。

(3) 注重西餐桌上的礼仪

澳大利亚人很注意餐桌礼仪。例如,宴会上,主人宣布开始吃时,其他人才可以开始吃;用餐时,嘴里所有的食物嚼完吞下后,才可以吃下一口;吃肉排要从左边切起;吃鱼时,吃完上面的鱼肉后不要将鱼翻身,而应用刀叉挑去整副鱼骨后再吃下面的鱼肉;吃冰激凌蛋糕应从自己面前的一侧吃。

(4) 注重餐饮交往的礼仪

如果被邀请去澳大利亚人家吃饭,应该在第二天给主人打个电话或寄一张明信片,表示感谢和对昨天餐食的赞赏。

(5) 其他餐饮礼仪

澳大利亚原则上不收小费。餐厅团体用餐免给小费;私人点菜用餐,如服务令人满意,可给占消费总额 10% 的小费作为鼓励。

(六) 商务谈判礼仪

1. 重视遵时的礼仪

去澳大利亚商务活动最好选在 3—11 月,12 月至次年 2 月为休假期。圣诞节及复活节前后一周不宜去访。

拜访商界或政府办公室,须先预约。澳大利亚人时间观念强,商务谈判时,要有准时赴约的良好习惯。

2. 注重商务用餐的礼仪

澳大利亚的商务活动大多在小酒店进行。要仔细确定饭钱由谁付,付钱过于积极或忘记付钱都不好。通常由提议喝一杯的人付账,不可各自付账,除非事先说好。

不同国家后裔的澳大利亚人在商务用餐中有微妙的差异。例如,和英国后裔的澳大利亚商人一起用餐,不可在餐中提起生意;和美国后裔的澳大利亚商人餐桌交谈,可以边吃边谈生意,而且还会谈得很起劲。

3. 注重谈判双方职权对等

澳大利亚人重视办事效率,不愿把时间浪费在不能决策的空谈上。因此,谈判时,他们希望谈判双方具有一定的职位,且有决定权。

4. 注重谈判的实质内容

商务谈判时,澳大利亚人尽力避免在讨价还价上浪费时间。他们在价格上往往不太计较,但对产品质量要求相当严格,一旦发现质量问题,对方将不客气地提出索赔。

5. 注重公私分明的礼仪

澳大利亚人公私分明,下班时间一到,就会离开办公室。他们讲求平等,不喜欢以命令的口气指使别人。因此,在商务谈判中,要特别注意交谈的礼仪。

(七)风俗礼仪禁忌

忌讳兔子。在澳大利亚人眼里,兔子是一种不吉利的动物,碰到了兔子,可能是厄运将临的预兆。

澳大利亚的基督教徒有周日做礼拜的习惯,忌周日和他们商务邀约。受基督教的影响,澳大利亚人忌讳"13"以及"星期五恰逢13号"。

澳大利亚人不喜欢将本国与英国处处联系在一起。虽然私下会对自己与英国存在某种关系而津津乐道,但在正式场合,他们忌讳别人将两国混为一谈;不喜欢听"外国"或"外国人"这一称呼;忌讳在公共场合制造噪声。

忌讳议论种族、宗教、工会、私生活、等级、地位等话题,和澳大利亚人谈论跑马则是非常受欢迎的。

忌欺辱弱者。澳大利亚人崇尚博爱精神,乐于保护弱者。除了保护老人、妇女、孩子、弱小种族、私生子的合法地位外,他们还将保护动物看作自己的天职。

忌对他人失礼。澳大利亚人乘出租车时,总习惯与司机并排而坐,即使是夫妇同时乘车,通常也要由丈夫在前面,妻子独坐后排。因为他们认为这样才是对司机的尊重,否则会被认为是失礼的。

第二节　欧美地区中国主要贸易伙伴国商务礼仪

一、德国

(一) 基本国情

1. 简史

公元前,德国境内就居住着日耳曼人。2—3世纪逐渐形成部落。843年,德意志从法兰克帝国分裂出来。962年,建立了神圣罗马帝国。18世纪初,普鲁士崛起。1871年,以普鲁士为主体的统一的德意志帝国建立,该帝国1914年挑起第一次世界大战。1919年,魏玛共和国成立。1933年,希特勒上台并实行独裁统治。1939年,德国发动第二次世界大战。1945年5月8日,德国战败投降。

第二次世界大战后,由美、英、法、苏四国组成盟国管制委员会接管德国最高权力。1948年6月,美、英、法三国占领区合并。1949年5月23日,合并后的西部占领区成立了德意志联邦共和国。同年10月7日,东部的苏联占领区成立了德意志民主共和国,德国从此正式分裂为两个主权国家。随着东欧剧变,1990年10月3日,东德和西德终于统一为德意志联邦共和国。

德国是共和制、民主制、联邦制、法制国家和社会福利制国家。国家政体为议会共和制。联邦总统为国家元首。议会由联邦议院和联邦参议院组成。联邦议院行使立法权,监督法律的执行,选举联邦总理。联邦政府(内阁)由总理和各部部长组成。

德国实行多党制,主要政党有德国社会民主党、联盟90/绿党、基督教民主联盟等。目前(2020年)的执政党为基督教民主联盟。

2. 国名、国旗、国徽

领土面积357 376平方公里的德意志联邦共和国简称德国,也称"人民之国",英语中对德国的称呼"Germany"来源于日耳曼人。

德国国旗呈长方形,长与宽之比为5∶3,自上而下由黑、红、金三个平行相等的横长方形相连而成。黑、红、金三种色彩象征泛日耳曼民族争取统一、独立、主权的雄心。黑色象征严谨肃穆；红色象征燃烧的火焰和激发人民憧憬自由的热情；金色象征真理的光辉绝不会被历史的泥沙掩埋。

德国国旗

德国国徽

德国国徽以土黄色盾牌为背景，背景上是一只黑色的雄鹰，雄鹰的喙和两爪为红色。据说，该图案是由法兰西国王查理一世的军队从罗马帝国传入德国的。德国人对雄鹰有虔诚的崇敬。在古罗马时代，雄鹰被看作至高无上的上帝的象征，它保护着上帝的子孙和信徒不受侵害。

3. 人口、民族、语言、宗教

德国总人口 8 298 万(2019 年)，是欧盟人口最多的国家；每平方公里的人口密度是 231 人，是欧洲人口最稠密的国家之一。主要是德意志人，有少数丹麦人和索布族人。外籍人口 1 062.39 万，占人口总数的 12.8%，其中土耳其人最多，约 148.35 万。德语为通用官方语言。

德国居民中有 33.7% 的人信奉基督教新教，33.2% 的人信奉罗马天主教，5% 左右的人信奉伊斯兰教，此外还有佛教、犹太教和印度教等。

4. 对外经济贸易

德国是世界第四经济大国，也是欧洲最大且最具影响力的经济体。德国在对外贸易方面一直处于世界的绝对领先地位，被誉为"出口冠军"，同 230 多个国家和地区保持贸易关系。德国主要工业部门有电子、航天、汽车、精密机械、装备制造、军工等，产品以品质精良著称，技术领先，做工细腻，但成本较高。

德国出口业素以质量高、服务周到、交货准时而享誉世界。主要出口产品有汽车、机械产品、化学品、通信技术、供配电设备和医学及化学设备；主要进口产品有化学品、汽车、石油天然气、机械、通信技术和钢铁产品。主要贸易对象是西方工业国，一半以上的进出口来自或销往欧盟国家。2011 年，中国与欧盟双边贸易额突破 5 672.1 亿美元,欧盟高居中国对外贸易伙伴的榜首,其中,德国位居欧盟首位。2016 年,中国首次超过美国,成为德国的最大贸易伙伴。2018 年德国与中国之间的双边货物贸易额达 1 993 亿欧元,德国从中国总进口额为 1 062 亿欧元,德国向中国出口总额为 931 亿欧元,德国对华贸易逆差约为 130 亿欧元。

(二) 日常礼仪

1. 见面礼

德国人见面采用握手礼。握手时,目光一定要坦然地注视对方,握手的时间宜稍长,晃动的次数宜稍多,握手所用的力量宜稍大一些。在街上遇到熟人不用握手,问候就可以。问候语为"您好!"或"神保佑你"等。接电话时,德国人会报上姓名而不是问候语。

初次见面时,要递名片,并注意名片上对方的头衔。做自我介绍时,不用带称谓,只介绍自己的姓名便可。用"很高兴见到你"问候德国人不太合适,因为德国人更希望由自己决定是否愿意见到你。不过,仍有一些德国人这么说。

德国人不会在相互介绍时说"你好吗?"德国人只对认识的人这么说,并由此开始对话交谈。德国人很少赞美别人,见面时,别人的称赞会让他们不好意思,甚至产生怀疑。

2. 称呼礼仪

德国人绝对忌讳用错称谓。德国人好友间私下可能会使用昵称,但在工作中绝不使用昵称,即使在一起工作了几十年的同事,也依旧是互相称为"先生"、"女士"、"夫人"。

在德国,如果不确定某人的尊称,最好用较高级的尊称作称谓;称呼已婚妇女不要用她丈夫的称谓;称呼一位有地位的女性,可以称她为"女士";德国人称呼大学教授为"教授先生"或"教授夫人",而不是称呼他们的姓氏。

德国人常在交谈时用"sie"(德语"你"的正式形式),也会用"sie"来称呼教授、博士或其他获得高等学位的人;"du"(德语"你"的非正式形式)是德国年长者和地位高的人最开始使用的,通过宗教仪式允许后才把它用在好友之间的称呼。

(三) 服饰礼仪

德国人注重穿着得体、整洁,不喜欢过于随意、邋遢的奇装异服。在商务场合,男士穿深色西装,系深色领带;女士穿职业套装或套裙。在休闲场合,男士穿休闲裤、衬衣和毛衣;女士穿裤装或休闲裙子、毛衣。

赴宴或到剧场、歌剧院,德国男士穿西服正装,女士则穿礼服,略施粉黛。如果不能确定特定的场合要穿什么服装,德国人会询问举办方或酒店礼宾部,因为有些酒店和餐馆要求着装正式。

德国人对发型较为重视,男士不宜剃光头,以免被人当作"新纳粹"分子。在德国东部地区,已婚者都戴着金质戒指。

（四）馈赠礼仪

德国人有当着赠送者的面直接打开礼物看的习惯。受邀去德国人家里做客,最好给主人带小礼物,最受欢迎的礼物是巧克力、包好的奇数(但不能是13枝)黄玫瑰或香水玫瑰,但忌讳送石竹(悲伤之意)、海芋百合和黄色或者白色的菊花(只用于葬礼)。

德国人通常不会在商务会面时赠送、交换礼物,但可以在交易成功时赠送小礼物,如图书、肯塔基的烈性威士忌、古典音乐碟片、土特产等。不受德国人欢迎的礼物有尖的东西(刀具、剪刀、伞被认为是不幸的)、私人物品、昂贵的物品、葡萄酒(德国人对自己的窖藏葡萄酒很有自信)等。

（五）餐饮礼仪

1. 饮食特点

德国人口味重,爱吃油腻食品,吃饭讲究实惠,爱好"大块吃肉,大口喝酒"。早餐简单,午餐和晚餐一般是猪排、牛排、烤肉、香肠、生鱼、土豆和汤类等,晚餐是一天中最丰盛的一餐。

主食为黑麦、小麦和土豆。面包是德国人最喜爱的食品,人均面包消费量高居世界榜首,每人每年要吃掉80千克面包。喜欢吃奶酪、香肠,配以生菜色拉和水果。

德国人最爱喝啤酒。德国是世界著名的啤酒王国,德国人均啤酒消费量居世界首位,是世界"第一啤酒肚"。德国人也爱喝浓咖啡、葡萄酒、矿物质水和加酒的柠檬水、白兰地等。

2. 餐饮礼仪

（1）注重预约礼仪

德国人举办大型宴会时,一般会在两周前发出请帖,并注明宴会的目的、时间和地点。一般宴会的请帖则是在8—10天前发出。德国人很少会邀请别人到自己家或者外面吃饭,但当他们邀请某人家宴时,这个邀请很真诚,他们很希望被邀者也能高兴地接受邀请。

(2) 注重次序礼仪

德国人在宴会上注重以右为上的传统和女士优先的原则。进门时，男士走在女士的后面。长者、地位高的人进来时，房间里的人都要站起来。

宴请时，主人说"享受您的食物吧"之后，参加宴请的人才可以用餐。客人们通常会回礼说："谢谢，您也请吧。"

(3) 讲究用餐的特殊规矩

德国人宴请宾客时，桌上摆满酒杯、盘子等。用餐时，有特殊的礼仪规矩。例如，吃鱼用的刀叉不得用来吃肉或奶酪；若同时饮用啤酒与葡萄酒，宜先饮啤酒，后饮葡萄酒，否则被视为有损健康；食盘中不宜堆积过多的食物；不能用餐巾扇风；只能用叉子切土豆、饺子、三明治和水果。

在德国，只有得到要求时，服务生才会拿出账单来。召唤服务生时，举起手，眼睛看着服务生，然后轻轻点头。

(4) 注重敬酒礼仪

在德国，"Prosit"（祝你好运）是非正式场合的祝酒词；"Zum Wohl"（祝你健康）是正式场合的祝酒词，但也可以在各种场合这样说。

宴会上，主人或者地位高的人举杯并说出祝酒词后，其他人才能开始喝酒；主人致祝酒词时，要先和周围每一位宾客碰杯（只能握住杯柄）并说"祝你健康"，然后喝酒，接下来看一下桌上的每一个人，轻轻举一下杯子，再把杯子放下来。如果是商务宴请，代表团的领队或地位高的人一定要回敬主人的祝福。

(5) 讲究节俭

德国在世界上是屈指可数的富裕国家之一，但视浪费为罪恶，他们认为互相监督是一种社会责任。德国人招待客人讲究节约、简单，饭菜仅够主、客吃饱，营养足够即可。

(6) 其他餐饮礼仪

德国是小费国家，虽然用餐账单中通常包括了10％—15％的服务费（"Bedienung"这个词出现在账单中，意为"服务"），但还是要留1—2欧元在桌子上。如果账单中不包括服务费，就要付占消费总额10％—15％的小费（欧美小费标准）。

(六) 商务谈判礼仪

1. 注重遵时守信的礼仪

遵时守信是德国人的标志。德国人认为拖沓不守时是自私、粗鲁的表现，他们希望其他人也能准时出席商务会议和社交活动。如果迟到了,要及时通知对方,并且最好有个让人信服的理由。此外,过早抵达也被视为不礼貌的行为。约定好的商务会谈尽量不要改期或取消。

按德国商人的礼俗,上午10时前下午4时后不宜预约会面商谈。8月份是多数企业的夏季休假时间。

德国人工作勤奋,虽然他们每天的工作时间比其他欧洲同行要短,但他们坚持准时下班,加班时要有加班费。德国人总是提前一周就制定好会议或商务谈判的进程,而且一切都能按照进程准时开始和结束。

德国人有重合同、讲信用的传统,他们认真对待谈判中的每一个细节,解决所有问题后才会签订合同,因此,他们执行合同非常严格。

2. 重视名片礼仪

德国人对工作严肃认真,思考深刻敏锐。他们在谈判时态度明朗,谈生意时一般使用商业名片。德国人通常会随身带许多名片,在适当的时候递名片给他人。许多德国人能听懂、看懂且会说英语,商务名片可以用英语印刷。

3. 注重谈判的姿态礼仪

德国人对工作一丝不苟,在商务谈判场合举止庄重、有风度。谈判时,德国人通常要寒暄一阵后再开始谈正题。与德国人谈判,很难见到他们皱眉头、抓耳挠腮、跷二郎腿等漫不经心的动作。德国人把这些行为视作不尊重他人和缺乏教养的表现。

4. 谈判态度严谨

德国人把工作看得很重要,他们竞争心强,善于商谈,产品质量上乘,服务到位。因此,德国人在谈判中非常自信,很少在谈判中做出让步。如果需要,谈判另一方可以请德国人最信任的银行和工商联合会做介绍人,这有助于和德国人的谈判。

5. 重视商务社交礼仪

社交对商务谈判和交易成功的作用至关重要。德国人通常在酒店举行商务会谈等活动。非正式的午餐通常是社交性的,不要在这个时候和德国人谈生意。

德国人对外国合作者很热情,他们喜欢用好酒好菜来款待合作伙伴,在他们看来,宴会的作用就是互相交流和享受美味菜肴。如果想和德国贸易伙伴建立良好的关系,最好的方法就是宴请。德国人通常不会和配偶一起出席商务宴会。

(七)风俗礼仪禁忌

德国人忌用茶色、红色或深蓝色;忌数字"13"和"黑色星期五";忌四个人交叉握手或在交际场合进行交叉谈话。

交谈中忌议论打垒球、篮球或美国式橄榄球、宗教、纳粹、两德统一、党派之争等话题,最好谈德国的原野、个人的业余爱好以及足球之类的体育项目。

德国人认为,在路上碰到了烟囱清扫工便预示着一天要交好运。跟别人打招呼时,切勿身体立正,右手向上方伸直,掌心向外,因为这一姿势是过去纳粹的标准行礼方式。

忌提前为别人过生日;忌打听别人的隐私;忌询问别人患了什么病;忌未经预约而突然拜访。

德国人对国花矢车菊最为推崇。忌讳随意送玫瑰或蔷薇给他人,前者表示求爱,后者则专用于悼亡。

二、荷兰

(一)基本国情

1. 简史

在铁器时代,荷兰地区就已有人类居住。最迟至公元前650年,随着日耳曼人大迁徙,定居在今天荷兰北部的北海日耳曼人和南部的蓝尼-霍瑟日耳曼人部落的一部分成为荷兰人的祖先。公元前58年,荷兰被编入罗马帝国最北方的地区。

16世纪前,荷兰长期处于封建割据状态。16世纪初被西班牙统治。1581年,荷兰北部七省成立了尼德兰联省共和国。1602年,荷兰东印度公司成立,自此垄断亚洲贸易长达两百年。1609年,阿姆斯特丹证券交易所成立。随着荷兰在世界各地建立殖民地和贸易据点,17世纪成为荷兰的"黄金时代"。1648年,西班牙正式承认荷兰独立。1652—1674年,英荷之间发生了四次战争,荷兰海上强国的地位最终被英国所取代。

1795年,法国占领荷兰。1815年,荷兰和现在的比利时、卢森堡组成了尼德兰王国。1830年,比利时独立。1890年,卢森堡独立。荷兰在第一次世界大战中保持中立。1940年5月,德国占领荷兰,直至第二次世界大战结束。战后,荷兰经济再度繁荣发展,成为比荷卢经济联盟、欧洲经济共同体(欧盟前身)和北约的成员国。

荷兰政体为议会制君主立宪[1]。国王有权任命政府成员,但实际上通常会按照选举结果建立联合政府,再由国王宣布政府首脑的任命。最高立法机关是两院制的国会,议会由下议院和参议院构成。

荷兰实行多党制,主要政党有基督教民主联盟、工党、社会党、自由民主人民党等,目前(2020年)的执政党为自由民主人民党。

2. 国名、国旗、国徽

国土总面积41 528平方公里的荷兰,由荷兰本土(12个省),博纳尔、圣尤斯特歇斯和萨巴3个海外特别行政区,以及阿鲁巴、库拉索、圣马丁3个海外属地组成。荷兰的正式国名为尼德兰王国(荷兰语:Koninkrijk der Nederlanden;英语:The Kingdom of the Netherlands),中文称作荷兰。尼德兰之意为"低洼之国"。从15世纪开始,尼德兰(Netherlands)被作为国名使用。在七省成立的尼德兰联省共和国时期,由于荷兰省(Holland,现分为北荷兰省和南荷兰省)是当时联省共和国中最大、最富裕且最有权力的省份,人们便常用"Holland"指代整个国家,中文译名"荷兰"就来自"Holland"一词。

荷兰国旗呈长方形,长与宽之比为3∶2,自上而下由红、白、蓝三个平行相等的横长方形相连而成。红色代表革命胜利;白色象征自由、平等、民主,还代表人民纯朴的性格特征;蓝色表示国家面临海洋,象征人民的幸福。

荷兰的国旗

荷兰的国徽

---

[1] 政治学家认为荷兰是协商民主政体的典型样本。

荷兰的国徽是一顶红色貂皮华盖,如开启的幕布,下部嵌有一条写着威廉亲王的誓言"坚持不懈"(Je Maintiendrai!)的蓝色饰带,两只跨立的金狮翘着尾巴,口吐红舌,护着一面蓝色盾徽。盾徽顶部是威廉一世御玺上所用的王冠,中央是一只头戴王冠的金狮,右前肢挥舞着一把出鞘的利剑,左前肢挥动着一束金色箭翎,它们象征着国王的权力。蓝色盾面上布满金色的小长方块,象征着自由。

3. 人口、民族、语言、宗教

人口1 726万(2018年)的荷兰是世界上人口密度最高的国家之一,人口密度超过400人/平方公里。人口中的76.9%为荷兰族(Dutch),其他民族主要包括欧盟成员国、土耳其、印度尼西亚、苏里南、摩洛哥、荷属安地列斯群岛、阿鲁巴岛人等。

荷兰语①是荷兰的官方语言,弗里斯兰省讲弗里斯语。91%的荷兰人至少会使用两种语言,有78%的人会说英语。荷兰是目前欧洲最世俗化的国家之一,有一半左右的人不参加宗教活动。荷兰的主要宗教有天主教、新教,此外,还有伊斯兰教、佛教、犹太教和印度教等。

4. 对外经济贸易

荷兰自古便是贸易强国,17世纪上半叶就有"海上马车夫"之称,首都阿姆斯特丹在当时的地位可与当今的纽约②相提并论。如今,荷兰在对外贸易方面仍处于世界领先地位。荷兰是仅次于美国和法国的世界第三大农产品出口国。荷兰的主要进口产品有工业原料、原油、半成品和机械等。荷兰60%的产品供出口,主要是石油制品、电子产品、船舶和农产品等。

荷兰以贸易立国,对外贸易额高于国内生产总值,外贸对整体经济运行至关重要。目前,荷兰是中国在欧盟的第二大贸易伙伴和第三大外资来源国,中国是荷兰在欧盟以外的第二大贸易伙伴。2011年,中荷双边贸易额达681.5亿美元,创历史最高纪录。2018年上半年,荷兰与中国双边货物进出口额为524.5亿美元,增长12.5%。其中,荷兰对中国出口61亿美元,下降3.8%;荷兰自中国进口463.5亿美元,增长15.1%。荷兰与中国的贸易逆差达402.5亿美元。

---

① 荷兰语属印欧语系日耳曼语族西支,分布于荷兰、苏里南和比利时(比利时语也称弗拉芒语)。南非、加勒比海荷属安地列斯群岛也有使用。
② 1609—1664年,纽约为荷兰所占,被称为新阿姆斯特丹。1664年被英国占领后,定名为纽约。有纽约州与纽约市之分。

(二)日常礼仪

1. 见面礼仪

商务、社交等正式场合见面或告别时,荷兰人会目视对方,行握手礼,且要与在场的每一个人握手,即使是孩子。荷兰人打招呼一般不说"你好",而是说"很高兴见到你"。与年长者、陌生人及地位高的人打招呼时,不能说"Hi",应该说"早上好"、"下午好"或"晚上好"。荷兰人与亲朋好友见面时才行拥抱礼,亲密者吻双颊。

2. 称呼礼仪

荷兰人的姓名是名字在前,姓氏在后,男子的名字多以辅音结尾,女子的姓名则以元音结尾。例如,丹恩(Daan)和艾玛(Emma)分别是2011年荷兰最受欢迎的男孩名和女孩名。荷兰妇女在婚后改用夫姓,也有人会在夫姓后再加上原来的姓,中间是一个连接号,这就成了复姓。有爵位封号的人往往会将爵位封号加在姓与名之间。

荷兰人通常以"先生"、"夫人"、"小姐"(仅用于小于18岁的少女和女教师,与她们的地位无关)、"女士"来称呼他人,但熟人间直接称呼名字,亲密者间则用昵称,正式场合才会全称姓名。专业称谓对荷兰人很重要,正式场合应该使用专业称谓,如律师、工程师、医生、教授等。职场中,各部门的年轻同事间通常会改用昵称或者"jij"("你"的非正式用法)来相互称呼。商务交往中,在荷兰人特别建议使用他们的昵称前,最好还是用姓氏来称呼他们。

正式信函,尤其是涉外服务或商业信件往来,要使用正确的头衔称呼,切忌错误或随意地使用称谓。

(三)服饰礼仪

荷兰人在正式场合的穿着与欧陆国家大同小异,男子庄重,女子典雅秀丽。如商务活动中,荷兰商务男士通常穿保守式样的西服套装,系领带;女士则穿剪裁合体的套装或套裙。

荷兰人平日一般都穿休闲装,喜欢色彩鲜明的搭配,但却不会穿有很多装饰的衣服,只有在乡村或节日庆典、文艺演出时才能看到穿传统服装的人。风车、木鞋、郁金香、雪茄烟是荷兰"四宝"。木鞋是由一块整木雕刻而成,外观呈船形,鞋底厚实,鞋头突翘,往鞋里垫一些干草,可防潮御寒。在荷兰,木鞋还是一种定情之物,荷兰男人最少也得做一双精美的木鞋送给未婚妻,并挂在新房的墙上。一些乡下地区,农夫偶尔在田里或是马厩工作时还穿木鞋。

荷兰的高级餐厅要求男士穿西装、系领带。在剧场,正式和非正式的男士服装都可以(庆典场合时需要正式着装),女士通常穿礼服或者衬衣配裙子。

(四) 馈赠礼仪

荷兰人有直接查看礼物的习惯。当被邀请到荷兰人家里做客时,要带礼物给主人,礼物要精心包装。最受欢迎的礼物有鲜花(要送单数,以5枝或7枝为宜)、葡萄酒、巧克力、糖果、图书等;不受欢迎的礼物有刀、实用的东西、贵重的东西等。

(五) 餐饮礼仪

1. 饮食特点

荷兰人饮食讲究菜肴嫩滑清爽,注重菜多、量足、质高。口味一般不喜太咸,喜欢甜、酸味道,对煎、炸、烧、炒等烹调方法制作的菜肴偏爱,喜爱中国的苏菜、粤菜。

主食以面食和米饭为主,对奶油炒饭、什锦炒饭、银丝卷、炒面等都极感兴趣。副食爱吃猪肉、羊肉、牛肉、鸡、火腿、腊肠、奶酪、鸡蛋。蔬菜喜欢洋白菜、土豆、西红柿、洋葱、胡萝卜、豌豆、辣椒等。调味则爱用精盐、胡椒粉、番茄酱。由胡萝卜、土豆和洋葱混合烹调而成的"大烩菜"为荷兰国菜。

荷兰人重视晚餐(正餐),对早、午餐要求简单。早、午餐多为冷餐,一般是面包涂黄油就奶酪、酸奶,喝咖啡或牛奶。

荷兰人爱喝啤酒、杜松子酒、干琴酒、葡萄酒、鸡蛋酒,喜欢喝浓黑咖啡、汽水、矿泉水、酸牛奶、红茶等。

2. 餐饮礼仪

(1) 注重节俭的礼仪

荷兰人收入较高,社会福利好,但他们大多保持勤俭的传统,不大吃大喝、铺张浪费。荷兰人注重适度的原则,不愿意看到有人吃太多的食物或者要求第二次和第三次加餐。

(2) 讲究上菜程序的礼仪

荷兰正餐的第一道上汤,第二道上蔬菜,第三道上肉菜,第四道上奶酪制品,第五道上甜点,次序稍有错乱会被视为失礼。荷兰人习惯边吃边聊,一顿晚餐常常要吃两三个小时。

(3) 讲究用餐细节礼仪

- 无论什么原因,荷兰人都会认为半途离席是粗鲁的表现;

- 荷兰人倒咖啡时只倒杯子的 2/3；
- 就餐时手臂不能放在桌面上；
- 不能与远处的客人高声说话；
- 在饭后一小时内应告别；
- 荷兰人好客，没有事先约会也可以登门。

（4）讲究敬酒礼仪

荷兰人在各种场合都会说祝酒词"proost"（干杯）。他们致祝酒词的方法是：先说"干杯"，轻轻喝一点杯中的酒，再致一次祝酒词，然后看每一位客人的眼睛，最后和每一个人碰杯后放下自己的酒杯。荷兰西部的人敬酒的方法则是：举杯致祝酒词，然后注视每一位客人，并喝下杯中的一口酒。

（5）其他餐饮礼仪

荷兰是一个自我服务的国家，荷兰人只为自己觉得舒服的服务付小费，奢侈的小费是一种侮辱。如果餐厅账单中包括占消费总额15%的服务费，付账时也可以多付一些，凑齐整数欧元作为额外的奖励。如果账单中不包括服务费，则付占消费总额5%—10%的小费为服务的奖励。要把小费直接交给服务生或酒侍，而不是把钱留在桌子上。

（六）商务谈判礼仪

1. 讲究遵时的礼仪

与荷兰人进行商务活动，3—5月和9—11月是最适宜拜访的时间，6—8月则是荷兰人的度假时间段。如有商务访问，一定要事先约定。荷兰人的时间观念很强，有准时赴约的好习惯。但若因特殊原因而无法及时到达，只需解释清楚即可。

2. 注重商务谈判的效率

荷兰人守秩序，做事有板有眼，一切细节都安排得有条不紊。平时，他们喜欢按照精确的日程表有计划地工作和生活，不喜欢临时去做某件事。荷兰人是很乐意跟陌生人做生意的，包括外国人，这就意味着无须中间人就可以和潜在的荷兰客户或合伙人联系。

荷兰人交谈直爽，他们喜欢非常扼要地进入谈判正题，而避免礼貌的和迂回的表述。商务谈判时，荷兰人会直接拿出最好的方案，他们希望谈判的另一方也能如此，以确保谈判的效率。

3. 注重谈判的礼仪细节

荷兰商务人士大多讲一口流利的英语,但在商务谈判初次见面时,带一位翻译会显得更有礼貌。见面要交换名片,名片最好一面印有荷兰语或英文。荷兰人性格坦率,办事果断,自信心强,待人礼貌,善于体谅他人。与商业伙伴相处开诚布公,直言不讳,有时甚至不讲情面,最看不起商务交往中办事拖沓者。

荷兰人很注重交流距离,彼此之间至少要保持一臂间隔。商务谈判时,除握手以外,尽量不要有任何身体上的接触。荷兰人重视注视行为,通常他们在谈判桌上都会保持平和、适度的目光接触。同荷兰人交谈时,即使是在随意的社交场合,也不能把手插在口袋里。

4. 讲究谈判守信的礼仪

荷兰商人对谈判讲究信义,不随意许诺。合同一旦签订,会严格遵守商业信用。荷兰人的"是"可以被认为是肯定的承诺。

(七)风俗礼仪禁忌

荷兰人喜欢黄色,忌讳"13"和"星期五"。

荷兰人会按号排队。如果没有号码,他们会根据道德习惯决定下一个该轮到谁。

忌讳谈金钱、私人话题、宗教、皇室、个人成就等话题。喜欢的话题有政治、足球等。

荷兰人忌讳在公开场合与他人有身体接触。因此,他们常常在电车、地铁、火车上用钱包、手肘、雨伞为自己开路,以保持适当的空间。

忌讳别人打听其私事;在外人面前就座时,忌讳抖腿、剔牙;在赞扬他人"很有头脑"时,荷兰人常以手指头敲太阳穴来表示,但忌用食指轻拍额头中间表示"疯狂",荷兰人认为这是一个非常粗鲁的手势;上楼梯时,男士在前,女士在后。

荷兰的古城史塔荷斯特被视为"神秘的女人村"。这里的妇女对现代化设施、器械及社会风尚很反感,甚至表示憎恶,特别忌讳别人拍照。

荷兰人把风车视为国宝。风车既是他们排水、磨面和锯木加工的工具,又是具有观赏价值的特殊工艺品,还是他们用以传递各种不同信息和感情的特殊机器。他们若把风车摆成十字形,表示这部风车正在等待顾主上门;若有出殡的队伍经过,风车会立即停止转动,以示哀悼。在每年5月份第二个星期六的"风车日",全国所有的风车都会启动旋转,以供游人观赏。

荷兰人喜欢国花郁金香,人们不仅用它来作装饰品,而且是表示友情的最好赠礼花。忌用菊花、杜鹃花、石竹花送人。

三、英国

(一) 基本国情

1. 简史

约公元前 13 世纪,伊比利亚人从欧洲大陆来到大不列颠岛东南部定居。公元前 700 年以后,居住在欧洲西部的凯尔特人不断移居到不列颠群岛,其中有一支称为不列吞人,不列颠这一名称可能来源于此。

1—5 世纪,英国沦为罗马帝国属地。7 世纪开始,英国形成了封建制度,之后的 200 年被称为盎格鲁-撒克逊时代。1066 年,法国诺曼底公爵征服了英格兰。1338—1453 年,英法之间进行了百年战争。1536 年,英格兰与威尔士合并。1588 年,英国击败了西班牙的无敌舰队,树立了海上的霸权。1689 年,英国爆发光荣革命,宣布的《权利法案》限制王权,扩大议会权力,奠定了英国君主立宪制的基础。此后,英国议会君主制逐渐形成和发展,18 世纪英国确立了内阁负责制。1707 年,英格兰与苏格兰合并。

18 世纪 60 年代,工业革命首先在英国发生,到 19 世纪 30 年代末基本完成。1801 年,英国合并了爱尔兰,英国正式称为大不列颠及北爱尔兰联合王国。近代,英国不断对外扩张殖民地,到 1914 年,英国的殖民地比本土面积大 111 倍,号称"日不落帝国"。第二次世界大战结束后,英国殖民体系逐渐瓦解。1947 年,英国参与拟定并接受了马歇尔计划,得到美国大量援助,经济逐步复苏和发展起来。1973 年 1 月,英国加入欧洲共同体(欧洲联盟前身)。2020 年 1 月 31 日,英国脱离欧洲联盟。

英国的政体为议会制君主立宪制。国王是国家元首、最高司法长官、武装部队总司令和英国圣公会的最高领袖,但实权在内阁;内阁由首相、枢密大臣和政府的重要大臣组成,首相由议会多数党领袖担任;议会是最高司法和立法机构,由国王、上院和下院组成。

英国实行多党制,主要的政党有保守党、工党、社会自由民主党、社会民主党等。目前(2020 年)的执政党为保守党。

2. 国名、国旗、国徽

由苏格兰、威尔士和北爱尔兰组成的面积24.41万平方公里的大不列颠及北爱尔兰联合王国,其主体是英格兰,因此,习惯上称为英国。

英国国旗呈横长方形,长与宽之比为2∶1,被称为"米字旗",由深蓝底色和红色、白色"米"字组成。旗中带白边的红色正十字代表英格兰守护神圣乔治,白色交叉十字代表苏格兰守护神圣安德鲁,红色交叉十字代表爱尔兰守护神圣帕特里克。

英国国徽是英王徽。国徽中心图案为一枚盾徽,盾面左上角和右下角为红地上三只金狮,象征英格兰;右上角为金地上半站立的红狮,象征苏格兰;左下角为蓝地上金黄色竖琴,象征北爱尔兰。盾徽两侧各由一只头戴王冠、代表英格兰的狮子和一只代表苏格兰的独角兽支扶着。盾徽周围用法文写着一句格言"恶有恶报",下端悬挂着嘉德勋章,饰带上写着"天有上帝,我有权利"。盾徽上端为镶有珠宝的金银色头盔、帝国王冠和头戴王冠的狮子。底部的绿地中有玫瑰(英格兰)、蓟(苏格兰)、韭葱(威尔士)及三叶草(爱尔兰)。

英国国旗

英国国徽

3. 人口、民族、语言、宗教

英国人口约6 618万(2018年),其中有三分之一人口居住在英格兰东南部(首都伦敦有720万)。英国人口中有68.5%为英国白人,16.47%为其他地区白人,5.3%为南亚人,6.00%为黑人,其余则为其他民族。

英国以英语为主要语言,英格兰以外的地区有其他官方语言,如威尔士语、苏格兰盖尔语等。英语是世界通行语言。

居民多信奉基督教新教,主要分英格兰教会(也称英国国教圣公会,其成员约占英国成年人口的 60%)和苏格兰教会(也称长老会,有成年教徒 59 万)。另有天主教会及伊斯兰教、印度教、锡克教、犹太教和佛教等。

4. 对外经济贸易

英国是全球最富裕、经济最发达和生活水平最高的国家之一,是世界重要的贸易实体、经济强国和金融中心。英国政府鼓励吸引外资。外资在英投资项目主要为计算机软件、信息技术、互联网、电子商务、电子和通信、医药和生物技术、管理行业、汽车、食品和饮料等。投资形式为收购、兼并现有企业、扩大生产规模、建立科研基地或跨国公司等。美国是对英最大投资国,其他主要投资国包括法国、日本、加拿大、德国、爱尔兰、挪威等。

英国与世界上 80 多个国家和地区有贸易关系,主要贸易对象是欧盟、美国和日本。服务贸易自 1966 年以来一直是顺差,主要进口产品有食品、燃料、原材料、服装、鞋业、电子机械设备、汽车等。主要出口产品有石油及相关产品、化工产品(包括医药制品)、烟草、饮料、机械设备等。欧盟是英国最大的贸易伙伴。

随着英国脱欧进程的加快,脱欧对英国对外经济贸易将产生巨大影响[①]。从 2013—2019 年英国进出口市场对欧盟的依赖度整体情况来看,英国贸易市场高度依赖欧盟,进出口依赖度均在 50%上下波动。但从变化趋势看,英国对欧盟的出口依赖度下降,从 2013 年的 49.9%下降至 2018 年的 46.2%;进口依赖度仍处在较高水平,从 2013 年的 54.3%增加至 55.6%。英国脱离欧盟,一方面,将使得欧盟的经济及其他影响力出现较大程度的下滑;另一方面,脱欧也将对英国的经济产生负面影响,英国将面临欧盟贸易关税的提升,这就增加了额外的成本。此外,脱欧还将使英国金融服务、创新、外来投资、消费及房地产等多方面受到影响,有可能使得英国 GDP 增速出现较大程度的下滑。为此,截至 2019 年 8 月,英国与智利、冰岛、挪威、瑞士、韩国等国家签署了自由贸易协定,约定签约国企业在英国脱离欧盟后继续正常经济往来。

英国脱欧将改变世界经济格局,也将增加中英贸易合作的机会。据英国税务与海关总署统计,2013—2019 年中英双边贸易额波动式变化,在 2015 年达到 910.3 亿美元的历史峰值后,受全球经贸大环境以及英国脱欧的一系列举措的影

---

① 参见朱琳慧:《"英国脱欧"最终日期延长到 2019 年 10 月 31 日! 解读"英国脱欧"对中英双边贸易发展的影响》,前瞻网,2019 年 7 月 8 日。

响,2016 年中英双边贸易额下降至 738.1 亿美元。2018 年开始,英国与中国的双边货物贸易额增至 821.0 亿美元,同比增加 12.0%。2019 年 1—3 月,英国与中国的双边货物贸易额为 203.9 亿美元,同比增加 8.8%。2018 年,中国为英国第六大出口市场和第四大进口来源地。英国对中国的出口额为 283.3 亿美元,增加 32.2%,占英国出口总额的 5.7%;英国自中国的进口额为 537.6 亿美元,增加 3.6%,占英国进口总额的 8.2%。英方贸易逆差为 254.3 亿美元,下降 16.5%。

(二) 日常礼仪

1. 见面礼仪

英国极为遵从"女士优先"的传统礼仪。握手是英国人在各种场合中使用最多的见面礼。英国人在商务会谈中,会边问候"您好"边同与会者轻轻握手。一般情况下,经常见面的同事在会议中不需要握手。

初次见面时,英国人通常很保守,容易给人留下冷漠、过度正式的印象。彼此互相了解后,才能感受到英国人的友好与热情。

英国男士还常用"揭帽点头"作为见面礼。英国人对公共场合不感兴趣,喜欢与他人保持一定的距离。一般英国人相见时不会使用拥抱礼、吻礼或者拍对方的后背、将胳膊搭在他人的肩上等,只有与自己的家人和非常亲密的朋友见面时,才会拥抱、亲吻或者亲密接触。虽然英国人非常友好,但在与陌生人见面交谈时,他们会有些急促不安,因此,不要在排队或乘地铁等场合与英国人交谈。

2. 称呼礼仪

要避免称英国人为"English",准确的称呼为"British"。

英国人在称呼上比较随意,通常不称呼对方的头衔,而喜欢称对方为"先生"、"女士"(适用于不同年龄段的女性)、"小姐"。但英国人会称呼对方的荣誉头衔,如爵士、女爵、勋爵等。

在商务场合,双方经过介绍以后,英国商人通常直接称呼对方的名字,不过外国人要等英国人称呼过自己的名字后才可以对英国人直呼其名。和英国人谈话,如果不知如何称呼对方,可以直接询问对方。

英国人姓名一般为教名(First Name)+中间名(Middle Name)+姓(Last Name)。教名是受法律承认的正式名字,一般是在婴儿接受洗礼时取的;中间名是父母或亲戚所取,一般取长者的名或姓;姓是家族沿袭下来的称谓。在英国,有时父子或祖孙的名字完全相同。女性在未婚时使用父母的姓,结婚后则改用丈夫的姓。父母与子女、兄弟姐妹以及好友间互相称呼时还使用昵称,昵称一般是把正规的名字字尾加以变化或者另取昵称,如"JOHN"变成"JOHNNY"。

英国老人讲究独立,不喜欢走路或乘车时别人搀扶或让座给他们,也不喜欢别人称自己"老"。

(三) 服饰礼仪

英国人讲究衣着,喜欢棕、黑等深颜色的传统服装,注重服装的质地,一套服装一般要穿八年之久,有节俭之风。一个英国男子一般有两套深色衣服、两三条灰裤子,男性的着装与职业有一定的联系。

在商务场合,男士通常穿黑色西服,系黑色领带,穿黛色或者条纹等颜色的衬衫,他们不穿斜纹软呢面料的西装,因为这看起来太休闲;女士则穿职业西装套裙、高跟鞋、长筒丝袜。

在英国学校、军团、大学或者俱乐部等场合,英国人很重视领带的花纹样式所表示的含义,例如,有条纹的领带是英国特种部队的服装标志,外国人要尽量避免系这种花纹的领带。

在非正式场合,英国男士一般衣着随意,商务高层管理者平时也会穿着夹克、衬衫或T恤衫、休闲裤、牛仔裤。在社交场合,英国人喜欢盛装参加化装舞会。在歌剧院,男士要穿上无尾的半正式晚礼服,女士要穿搭配得当的裙装晚礼服。在结婚典礼、游园会、正式午宴、正式比赛(如赛马)等场合,女士通常戴帽子。

在某些特定的正式场合,英国人还保留着传统服装。例如,法院正式开庭时,法官头戴假发,身穿黑袍;教堂做礼拜时,牧师要穿上长袍;每届国会开幕,女王前往致辞时,头戴王冠,随行王宫女侍都身着白色的长裙礼服;王宫卫士身穿鲜红的短外衣、黄扣黄束腰,头戴高筒黑皮帽;伦敦塔楼卫士戴黑帽,身穿绣着红色王冠及红色边线的黑衣;近卫骑兵是黑衣、白马裤、黑长靴、白手套,头戴银盔,上面飘着高高的红穗。

(四) 馈赠礼仪

英国人有收到礼物就打开看的习惯。如果去英国朋友家做客,到后立刻就要把准备好的礼物送给女主人。如果被邀请留下来住几天或度周末,在离开之前应特意再买束花送给女主人,这会使她非常愉快。离开后的第二天要发一封便函向主人致谢,并随附一件小礼品。

受英国人欢迎的礼物有鲜花(除了寓意爱情的红玫瑰和意味死亡的白色百合

花、菊花)、巧克力、葡萄酒或者香槟酒、图书、赠送者家乡的特产。如果能在举行宴会的那个早晨,将鲜花送给女主人,这种做法是一种非常优雅的馈赠礼物法。不受欢迎的礼物有苏格兰酒、波本威士忌或者其他酒类,英国人对酒的选择很严格,除非你知道男主人对酒的爱好。在英国,邀请对方午餐、晚餐、到酒吧喝酒或观看戏剧、芭蕾舞等,会被当作送礼的等价。

英国人一般不会在商务会议、谈判或者达成交易的时候互赠礼物。在圣诞节时,如果送给英国同事礼物,他们通常不会回赠对方。受英国人欢迎的商务礼物有领带、钢笔、图书、日记或者皮革笔记本、办公室装饰品等;不受欢迎的商务礼物有过于昂贵的礼物(有商业活动受贿嫌疑)、有对方公司标记的纪念品、俗气的小玩意等。

(五) 餐饮礼仪

1. 饮食特点

英国人饮食口味清淡,讲究鲜嫩,餐桌上调料品种类多,人们根据自己的口味选用调料。

英式菜选料的局限性比较大,虽是岛国,相比海鲜而言,英国人更喜欢牛肉、羊肉、禽类、蔬菜等。烹饪制作比较简单,以蒸、煮、烧、熏、炸见长,肉类、禽类、野味等多是整只或大块烹烤烧制。在佐料的使用上喜好奶油及酒类,在香料上则喜好使用肉蔻、肉桂等新鲜香料。

英式一日三餐各有特色。早餐(7:30—8:30)非常丰盛,一般有各种蛋品、麦片粥、咸肉、火腿、香肠、黄油、果酱、面包、牛奶、果汁、咖啡等;午餐(12:00 左右)简单,一般是三明治、咖啡等,但 16:00—17:00 一定要有下午茶,除了喝咖啡或茶外,还有蛋糕、饼干等;晚餐(19:00 以后)是丰盛的正餐,主要由鸡尾酒、开胃食品、鱼或肉、马铃薯、蔬菜、沙拉、餐后甜点、干酪等组成。英式菜的代表菜肴有煎鸡蛋、土豆烩羊肉、烤鹅填栗子馅、牛尾浓汤等。

英国人(尤其是妇女)喜欢饮茶,在英国乡下还盛行喝下午荤茶的风俗,即喝茶时附带吃鱼、肉等荤菜,以代替正餐。英国人还喜欢喝咖啡和酒。

2. 餐饮礼仪

(1) 注重餐饮节俭的礼仪

很讲究西餐细节礼仪的英国人,尤其是商人,一般不喜欢邀请商务客人至家中饮宴,聚会大多在酒店、饭店进行。英国人的宴会以节俭为主,如果是泡茶请客,主客加起来有五位,一定只烧五份水。

(2) 讲究餐饮度的礼仪

参加宴请时,主人提供的饮品,客人饮量以不超过 3 杯为宜。如果感到喝够了,可以将空杯迅速地转动一下,然后交给主人,这表示喝够了、多谢的意思。

(3) 讲究时间度的礼仪

如果被邀请到英国人家做客,晚到 10 分钟最佳。晚到半小时就显得太迟了,需要向主人致歉。在主人家坐得太晚是很不礼貌的,如果只是被邀请共进晚餐和聊天,客人要在 22:00—23:00 离开或者餐后 1 小时告别。

(4) 尊重他人用餐的礼仪

英国的宴请方式多种多样,主要有茶会和宴会,茶会包括正式茶会和非正式茶会。英国人在席间不布菜也不劝酒,全凭客人的兴趣取用,一般要将取用的菜吃光才礼貌。不喝酒的人在侍者斟酒时,将手往杯口一放即可。进餐时,吸烟被视为不尊重其他用餐者的失礼行为。

(5) 其他餐饮礼仪

英国是个小费国家。一般账单中会包括 10%—15% 的服务费。如果账单中不包括服务费,就要付 10%—15% 的小费。对一些附加的服务,要将零钱作为一种额外的小费。

(六) 商务谈判礼仪

1. 讲究守时的礼仪

到英国从事商务活动最宜在 2—6 月和 9 月中旬至 11 月进行,要避开 7 月和 8 月,这段时间多为工商界人士休假期。圣诞节、复活节前后两周也不宜开展商务活动。商务拜访要提前预约,不速之客会让英国人讨厌。

商务会晤和谈判要按预约时间准时到,提前几分钟到达最好,过早到或迟到都是失礼的。但若是在英国人家里举行商务社交活动,准时到达是不礼貌的,客人至少要比邀请函约定的时间晚 10—20 分钟到达,一定不能提前到达。

2. 重视商务交流的礼仪

英国人注重商务交流时的礼仪,语言表达清晰、简练,不浪费双方的时间和精力。英国人会提前制定好商业协议,以备沟通交流所需,他们不喜欢冷不防的交流电话。英国工商界人士办事认真,不轻易动感情和表态,他们视夸夸其谈为缺乏教养和不尊重他人的表现。

3. 信赖重视中间人

英国商人很信赖中间人。如果拥有一个与双方关系都良好的第三方中间人进行商业联系,对商务谈判能起到至关重要的作用。

4. 重视商务社交礼仪

英国人喜欢在饭店、酒馆进行商务午餐。在就餐过程中,英国人会讨论生意方面的问题,但他们不会在此就达成共识。

在社交场合或者感谢客户的宴会中,英国人通常会和自己的配偶一同前往。如果宴会是在家中举办,除非主人首先提到商务话题,客人是不能提及这类话题的。

英国人会很愉快地接受宴会邀请,但他们喜欢简单朴素的宴会,因此,在邀请英国人参加商务社交宴会时,不要给他们留下奢侈浪费的印象,这不利于商业交往。

商务女士若要邀请英国男士进行商务午餐,她应该同时也向其妻子发出邀请。如果这顿正餐由商务女士来支付,她就应该在发出邀请时向英国男士说清楚,并且要提前向餐厅服务生安排好支付方式。

(七)风俗礼仪禁忌

因为宗教原因,英国人忌讳数字"13",尽量避免用餐时13人同桌,如果13日又是星期五的话,则认为是非常不吉利的日子。

英国人不喜欢大象,认为大象笨拙、令人生厌;非常忌讳黑猫,黑猫从面前走过,会被认为是将要遭遇不幸的预示。

忌杀狗和吃狗肉,不吃动物的头、爪。英国人星期五不食肉,在圣诞节前一日要守"大斋",一天只食一顿饱饭,其余各餐只吃半饱或更少。

忌四人交叉式握手;忌点烟连点三人;忌排队时的插队行为;忌谈个人私事、家事、婚丧、年龄、职业、收入、宗教等问题。

忌买东西时讨价还价,英国人认为这是很丢面子的事情,一件商品的价钱合适就买下,不合适就走开。若是购买一件贵重的艺术品或数量很大的商品时,也需小心地与卖方商定一个合适的价钱。

忌不尊重女士。在英国,女士优先是一个人人皆知的行为准则。

英国人从不在梯子下走过;在屋里不撑伞;从不把鞋放在桌子上;人像从不做装潢。

忌手背朝外,用手指做"V"形手势,这是蔑视他人的一种敌意做法。

四、法国

(一) 基本国情

1. 简史

数十万年前,法国就有人类居住。公元前10世纪前后,凯尔特人进入"铁器时代",史称"野蛮的高卢人",聚集地称为法兰西。公元前57年,该地成为罗马帝国高卢省的一部分。5世纪,法兰克人移居于此。根据843年《凡尔登条约》,法兰西东部部分形成后来的德意志,中部是后来逐渐消亡的勃艮第,而西部则逐渐成为现在的法兰西。英法百年战争后,15世纪末,法国逐渐形成了中央集权制和君主专制政体的国家。17世纪到18世纪上半叶是法国封建统治最强盛的时期,路易十四是当时欧洲最强大的君主,号称"太阳王"。

1789年7月14日(1880年,法国将7月14日定为国庆日),巴黎人民攻占巴士底狱,从此,法国进入"革命世纪",法兰西第一共和国成立。1804年,拿破仑·波拿巴建立法兰西第一帝国。1814年,波旁王朝复辟。1848年,法国二月革命后建立了第二共和国。1852年,拿破仑三世建立第二帝国。1870年普法战争后,第三共和国成立。

法国是第一次世界大战的战胜国,于1919年6月28日签订了标志战争结束的《凡尔赛和约》。第二次世界大战期间,德国入侵法国,第三共和国覆灭。1944年,法国解放,但超过本土20倍的法国殖民地体系逐渐解体。1946年,法兰西第四共和国成立。1958年9月,法兰西第五共和国诞生。

法国的政体为总统制。总统为国家元首和武装部队统帅,可以任免总理并批准总理提名的部长;总统主持内阁会议、最高国防会议和国防委员会;总统有权解散议会,并拥有"根据形势需要采取必要措施"的全权;总统不能履行职务或空缺时,由参议院议长暂行总统职权。法国议会实行国民议会和参议院两院制,拥有制定法律、监督政府、通过预算、批准宣战等权力。

法国实行多党制,主要政党有社会党、共和国前进党、共和国人党、国民联盟等,目前(2020年)的执政党为社会党。

2. 国名、国旗、国徽

面积551 602平方公里的法兰西共和国简称法国,国名源于中世纪前期的法兰克王国。法兰克王国分裂后,西部法兰克王国沿用其名称并演变为法兰西,意为

"勇敢的、自由的国家"。

法国国旗三色旗是法国大革命时巴黎国民自卫队队旗。白色代表国王;蓝色和红色代表巴黎市民,是王室和巴黎资产阶级联盟的象征。今天的法国人认为,三色旗上的蓝色是自由的象征,白色是平等的象征,而红色代表了博爱,正如法国人民"自由、平等、博爱"的宣言。1946年的宪法确认其为国旗,三色带的宽度比为30∶33∶37。

法国国旗

法国国徽

法国采用大革命时期的纹章作为国家的标志。纹章为椭圆形,上绘有大革命时期流行的标志之一——束棒,这是古罗马高级执法官用的权标,是权威的象征。束棒两侧饰有橄榄枝和橡树枝叶,其间缠绕的饰带上用法文写着"自由、平等、博爱"。整个图案由带有古罗马军团勋章的环带饰品所环绕。

3. 人口、民族、语言、宗教

法国的总人口为6 699万(2019年1月,含海外领地),其中,本土人口为6 481万,是多民族国家,除了主体法兰西民族外,边境地区还有阿尔萨斯、布列塔尼、巴斯克、科西嘉、佛兰芒等少数民族,大约占总人口的7.9%。

法国通用法语。法国居民中85%信奉天主教,其余人信奉新教、伊斯兰教、犹太教等。

4. 对外经济贸易

法国是世界主要发达国家之一,国内生产总值居世界前列。法国是仅次于美国的世界第二大农产品出口国。第三产业在法国经济中所占比重逐年上升,其中,电信、信息、旅游服务和交通运输部门的业务量增幅较大,服务业从业人员约占总劳动力的70%。

法国是世界贸易大国。进口产品主要有能源和工业原料等；出口产品主要有机械、汽车、化工产品、钢铁、农产品、食品、服装、化妆品和军火等。

法国是西方大国中第一个与中华人民共和国建立大使级外交关系的国家。1964年1月27日，法国同中国建交，两国经贸合作在互利的基础上持续快速发展。2011年，法国是中国在欧盟的第二大贸易伙伴国，中国是法国在亚洲最大的贸易伙伴国。2018年，中国与法国的双边贸易总额突破600亿美元，达到629亿美元，同比增长15.5%，创出历史最高水平。2018年，法国对华直接投资增长28%，中国对法直接投资增长12%。截至2019年1月，中法两国的双向投资累计超过400亿美元。

(二) 日常礼仪

1. 见面礼

在商务交往中，法国人见面和道别时都行握手礼。法国人会和当天见到的所有人握手，但他们不会在同一天和同一个人握手两次。法国人握手时只是快速地轻握一下。法国人很注重尊重女士的礼仪，见面、告别时先向女士致意或道别。男士与女士握手时，由男士先伸出手，但客人不能先向地位高的人伸手。

法国人在社交场合与客人见面时，一般行握手礼。在男女之间和女士之间见面时，他们还常以亲面颊或贴面来代替相互间的握手。法国人还有男性互吻的习俗，两个男人见面，一般要当众在对方的面颊上分别亲一下。在法国一定的社会阶层中，吻手礼也颇为流行。施吻手礼时，注意嘴不要触到女士的手，也不能吻戴手套的手。

2. 称呼礼仪

在正式场合，法国人往往称呼对方的姓氏，但如果称呼别人"先生"、"夫人"、"小姐"时，不用加姓氏。法国人会用"vous"（"你"的正式形式）来称呼别人，即使是认识了几十年的人，也是如此。

法国人在好友、家人间使用昵称，同级同事间私下里也会称呼昵称。不论对谁，地位更高或者年长者都可以使用昵称或"tu"（"你"的非正式形式）来称呼对方。

已婚或者未婚的男士可以称呼18岁或者更年长的女士为"夫人"（除了女服务

生外,法国人常称呼她们为"小姐")。切忌称呼年龄大的女士为"老太太"。

法国人很重视学术和职业头衔,称呼时尽量要使用这些称呼,如教授、律师、博士等。法国人认为,和陌生人交谈时,要先说"您好",没有问候语的称呼和讲话是粗鲁的表现。

(三)服饰礼仪

法国服饰是世界时尚的代名词。法国人的着装可以传统,也可以随意,但一定是洁净、优雅和时髦的。一般场合下,男士可以穿彩色的、白色的或条纹的衬衫配传统的深色西装,女士可以盛装。但在商务场合,法国人穿着会保守些,男士一定要穿深色西服套装,女士会穿深色西装套裙,以示严谨、庄重。

在休闲或非正式的场合,男士可以穿衬衫、系领带,但高级餐厅要求男士穿衬衫、系领带,还要穿着西装上衣外套。

出席宴会庆典仪式时,法国人一般要穿礼服。男士所穿的多为配以蝴蝶结的燕尾服,或是黑色西服套装;女士则多穿连衣裙式的单色大礼服或小礼服。

法国人重视服饰搭配,在选择发型、手袋、帽子、鞋、手表、眼镜时,都十分强调要使之与自己的着装相协调。

(四)馈赠礼仪

法国人通常会当着赠送礼物者的面拆看礼物,但若是还有他人在场时,他们可能不会立即拆看。选择的礼物最好有特别的意义和美感,包装要精美。

去法国人家里做客要带些小礼物,如糖果、饼干、蛋糕、巧克力和鲜花(除了用于葬礼的菊花)等。但葡萄酒(除非是特别稀有的葡萄酒)是不受法国人欢迎的,因为法国人为自己窖藏的葡萄酒感到自豪,通常他们喜欢自己选葡萄酒。单数的礼品(特别是"13"数字的礼品)是最不受欢迎的。礼品可以在聚会的当天早上或者出席时送出。

商务礼物馈赠时,最好不要在见第一面时送,也不要把商务礼品送到法国人的家里。送礼物时要附带上赠送者的私人卡片,而不是名片。最受法国人欢迎的商务礼物有音乐碟片、艺术品、图书、办公用品等;最不受欢迎的礼物是带有公司标志的物品,法国人觉得这种礼物很俗气。

(五)餐饮礼仪

1. 饮食特点

法国人认为烹饪是艺术。他们注重菜肴的新鲜、原味。法国菜选料广泛,主要偏好牛肉、禽类、海鲜、蔬菜等,特别是蜗牛、松露菌、蘑菇、龙虾、鹅肝、鱼子酱。在配料上,酒、橄榄油、鲜奶油以及各式香料是他们的最爱。

法国人爱吃面食,面包的种类有很多。在肉食方面,法国人爱吃牛肉、猪肉、鸡肉、鱼子酱、鹅肝等,不吃肥肉、宠物、肝脏之外的动物内脏、无鳞鱼和带刺骨的鱼。此外,法国人大多爱吃奶酪。

法国的葡萄酒举世闻名,波尔多、朗格多克、勃艮第等名酒均产自法国。法国人讲究以不同品种的酒水搭配不同的菜肴。法国人还爱喝啤酒、矿泉水和咖啡等。

2. 餐饮礼仪

(1) 讲究上菜顺序

一顿标准的法国式大餐的上菜顺序主要为冷盘菜、汤类、主菜和甜品。

第一道菜是冷盘菜,一般是沙丁鱼、火腿、奶酪、鹅肝酱和沙拉等,用于开胃。

第二道菜是汤类,汤分为清汤、蔬菜汤、肉汤、海鲜汤,一般要配面包一起食用。

第三道是主菜,先上鱼类再上肉类。鱼类包括淡海水鱼、贝类和软体动物类;肉类有牛羊肉、家禽等,其中;牛排是主菜的主打菜,常用的烹调方式有烤、煎、铁扒等。

用完主菜后就是甜品。法国人爱好甜食是出了名的,如蛋糕、冰激凌、馅饼、酥饼、布丁等,种类口味多样。

大餐中酒是不可缺少的,饭前一般要喝度数不高的甜酒,习惯称之为"开胃酒";吃肉时喝红葡萄酒或玫瑰酒;吃海味时喝白葡萄酒或玫瑰酒;饭后要喝一点儿带甜味的"消化酒";宴请还要喝香槟酒,以增加席间欢乐的气氛。

(2) 讲究用餐时的礼仪

法国人注重西餐用餐礼仪。用餐时,他们允许两手放在餐桌上,但却不许将两肘支在桌子上。在放下刀叉时,他们习惯于将其一半放在碟子上,另一半放在餐桌上。

(3) 讲究敬酒礼仪

法国人在各种场合都会说的祝酒词是"祝你健康"。喝酒时要等每个人都拿起酒杯,由主人先说祝酒词之后才能喝酒。

(4) 注重尊重女士的礼仪

法国人在餐桌上敬酒先敬女士,后敬男士,即使女士的地位比男士低也是如此。走路、进屋、入座时,都要让女士先行。

(5) 其他餐饮礼仪

法国是小费国家,一般账单中会包括10%—15%的服务费,但你也可以在桌子上留一些零用钱作为优质服务的额外奖励。如果账单中不包括服务费,你要付10%—15%的服务费。如果你不确定账单中是否有小费,最好问一下服务生。

(六) 商务谈判礼仪

1. 讲究遵时的礼仪

法国人认为守时是一种礼貌。如果迟到了,要讲出理由。私人聚会时可以迟到5分钟,但必须准时出席商务谈判和宴请等活动。商务会谈要提前两周进行预约,但不要在法国人假期来临时预约与他们进行谈判,因为法国人认为享受生活和工作一样重要。

2. 注重商务名片的礼仪

名片用英语或法语印刷都可以,名片上要有专业学位和职业称谓。随身要携带大量名片,因为法国人经常交换名片。商务谈判交换名片时,递送名片的方式要正确。

3. 重视商业与私生活分明的礼仪

法国商人在商务往来中是正式、保守的,注重商业联系的适用、专业和有序性。在商务活动和会谈时,不要和法国人谈论私生活,因为法国人把私生活和商业关系分得很清楚。

4. 尊重语言、仪态的礼仪

商务谈判时,即使法国人能听懂并且会说英语,但最好还是和他们用法语进行谈判,因为没有哪个民族会像法国人如此热爱和努力地保护自己的语言。法国人把标准的法语书写看作是受过良好教育的标志。

法国人天生热情乐观,富有幽默。在商务谈判前,他们会认真地做好准备工作,但在谈判时,会以比较轻松幽默但富有逻辑性的言语开始谈判话题。

法国人有耸肩膀表示高兴的习惯。他们在与人交谈时,喜欢相互站得近一些,认为这样显得亲切。谈话过程中经常用手势来表达某种意思。

商务礼仪

5. 重视商务社交礼仪

法国人经常在酒店举办商业活动。法国人认为,宴会是社交场合,是享受美味佳肴、葡萄酒和随意交谈的地方,有关法国的历史、古迹和旅行等是法国人喜欢的宴会话题,不要在宴会上与法国人谈生意。商务谈判过程中,法国人在双方没有建立信任关系前,是不会签订重大合同的,因此,商务社交宴会是增进彼此友谊的最好途径。

(七) 风俗礼仪禁忌

忌一根火柴点三支烟。点烟时,一根火柴最多只能点两支烟,第三支烟要用另一根火柴点。据说第一次世界大战时,法国士兵在战壕里吸烟,点第一支烟时,德国士兵拿起了枪;点第二支烟时,德国士兵进行瞄准;点第三支烟时,德国士兵开枪了,所以,第三人是牺牲者。

法国人大多信奉天主教,其次才是新教、东正教和伊斯兰教。忌讳数字"13"与"黑色星期五"。

喜爱蓝色、白色与红色,忌讳黄色与墨绿色。法国人视鲜艳色彩为高贵,认为蓝色是宁静和忠诚的色彩,红色是积极向上的色彩。法国人把黄色花朵看作不忠诚的表示,墨绿色则是第二次世界大战中纳粹军服的颜色。

忌谈第二次世界大战、纳粹统治;忌打听政治倾向、工资待遇以及职业、年龄、子女、健康等个人隐私。

视马为勇敢的象征;视孔雀为祸鸟;仙鹤是蠢汉和淫妇的象征。

法国人把每一种花都赋予一定的含义,所以,选送花时要格外小心。送花的支数不能是双数,男士不能送红玫瑰给已婚女子。菊花意为哀悼。

五、俄罗斯

(一) 基本国情

1. 简史

9世纪末,东欧草原上的东斯拉夫人建立了基辅罗斯。13世纪初,基辅罗斯被蒙古人占领后,分裂成多个国家。1547年,莫斯科大公伊凡四世加冕称沙皇,俄罗斯成为一个独立的国家。1613年,罗曼诺夫王朝建立。17世纪中期,乌克兰和俄罗斯合并成统一的国家。1721年,彼得一世宣布俄罗斯为帝国。叶卡捷琳娜二世时期,被称为"帝国的黄金时期"。1812 年,俄罗斯击败了入侵的拿破仑军队。1917 年,世界上第一个社会主义国家政权——俄罗斯苏维埃联邦社会主义共和国成立。1922 年 12 月 30 日,苏维埃社会主义共和国联盟正式成立。1941 年,德国入侵苏联。第二次世界大战结束后,苏联致力于经济发展并成为世界超级大国之一。1991 年,苏联解体,俄罗斯联邦、白俄罗斯、乌克兰成立俄罗斯联邦。1993 年 12 月 12 日,新的独立的俄罗斯第一部宪法规定国家的名称为"俄罗斯联邦",与"俄罗斯"意义相同。

俄罗斯实行法国式的半总统制的联邦国家体制。立法、司法、行政三权分立又相互制约与平衡:总统是国家元首;俄罗斯联邦政府是国家权力最高执行机关,由联邦政府总理、副总理和联邦部长组成,各联邦主体的权利和地位平等;俄罗斯联邦议会是俄罗斯联邦的立法机关,采用两院制,上议院称为联邦委员会,下议院称为国家杜马。

俄罗斯实行多党制,主要政党有统一俄罗斯党、俄罗斯共产党、俄罗斯自由民主党等。目前(2020 年)的执政党为统一俄罗斯党。

2. 国名、国旗、国徽

国土面积 1 709.82 万平方公里的俄罗斯联邦简称俄罗斯,是世界上领土面积最大的国家。9 世纪,在建立以基辅为中心的古罗斯国家过程中,逐步形成了俄罗斯人的祖先古罗斯部族人(东斯拉夫人),并成为此后国家的名称。

俄罗斯国旗

俄罗斯国徽

俄罗斯国旗呈横长方形,长与宽之比约为 3∶2。旗面由三个平行且相等的横长方形相连而成,自上而下分别为白、蓝、红三色。俄罗斯幅员辽阔,国土跨寒带、亚寒带和北温带三个气候带。国旗用三色横长方形平行相连,表示了俄罗斯地理位置上的这一特点。白色代表寒带一年四季白雪茫茫的自然景观;蓝色代表亚寒带气候区,象征俄罗斯丰富的地下矿藏和森林、水力等自然资源;红色是温带的标志,象征俄罗斯历史的悠久和对人类文明的贡献。

1993年11月30日,俄罗斯采用十月革命前伊凡雷帝时代的以双头鹰为图案的国徽。红色盾面上有一只金色的双头鹰,鹰头上是彼得大帝的三顶皇冠,鹰爪抓着象征皇权的权杖和金球。鹰胸前是一个小盾形,上面是一名骑士和一匹白马。双头鹰的由来可追溯到15世纪,双头鹰原是拜占庭帝国君士坦丁一世的徽记。拜占庭帝国曾横跨欧亚两个大陆,它一头望着西方,另一头望着东方,象征着两块大陆间的统一以及各民族的联合。

3. 人口、民族、语言、宗教

俄罗斯的总人口为1.46亿(2019年),有194个民族。其中,俄罗斯族占77.7%,其他主要少数民族有鞑靼、乌克兰、楚瓦什、巴什基尔、莫尔多瓦、白俄罗斯等。

俄语是俄罗斯联邦的官方语言,但各共和国有权规定自己的国语,并在该共和国境内与俄语一起使用。俄罗斯人多信奉东正教,其次为伊斯兰教、天主教、犹太教等。

4. 对外经济贸易

苏联曾是世界第二经济强国,苏联解体后,俄罗斯经济一度严重衰退。2000年以后,俄罗斯经济快速回升,连续8年保持增长(年均增幅约6.7%),外贸出口大幅增长,投资环境有所改善。俄罗斯的主要出口产品有能源、金属及其制品、化工产品、机械和设备、粮食、木材及纸浆制品等;主要进口产品有化工产品、纺织制品、鞋、机电产品等。

2012年,中俄贸易额创历史新纪录,达881.6亿美元,较上一年增长11.2%。2014年中俄双边贸易额达到953亿美元,中俄两国明确提出合作目标,希望双边贸易额在2015年突破1 000亿美元、2020年达到2 000亿美元。然而,从2015年开始,俄乌争端愈演愈烈,世界经济陷入停滞,国际油价跌跌不休,欧美制裁接踵而至,中国经济也进入结构调整升级阶段,多重不利因素叠加导致预期计划没有实现。2016年,中俄双边贸易额恢复增长,年度增长额达8.7%。2018年中俄双边贸易额达到1 070.6亿美元,首次超过1 000亿美元,创历史新高,增幅达到

27.1%,增速在中国主要贸易伙伴中位列榜首,中国继续保持俄罗斯第一大贸易伙伴国地位。

(二) 日常礼仪

1. 见面礼仪

俄罗斯有"左主凶,右主吉"的传统说法,因此,俄罗斯人会面时,不能伸左手和对方握手或递送物品。握手的力度表示关系的亲近与否,同不熟悉的人握手,只能轻轻地握。俄罗斯人一般不与初次见面的女士握手,而是鞠躬。握手时,忌依着门槛或隔着门与他人握手。

久别重逢时,俄罗斯人大多会与对方热情拥抱。迎接贵宾时,俄罗斯人通常要向对方献上面包和盐,这是给予对方的一种极高的礼遇。主人手捧面包,客人躬身接过面包,先对面包示以亲吻,然后掰一小块,撒上一点盐,品尝一下,表示感谢。在古俄罗斯,盐很珍贵,只有款待贵宾时才能在宴席上见到,而面包在当时则是富裕和地位的象征。

在比较隆重的场合,男士会对女士行吻手礼,以表尊重;长辈吻晚辈的面颊三次,通常从左到右再到左,以表疼爱;晚辈对长辈表示尊重时,一般吻两次;女士好友相遇时拥抱亲吻,男士好友间则只互相拥抱;亲兄弟姐妹久别重逢或分别时,则拥抱亲吻。

俄罗斯人也有见面、道别行鞠躬礼的传统,他们认为人的头是生命的体现。低头象征把头伸到外面,推出自己,献给对方;鞠躬有降低自己、突出他人地位之意,不论对象是谁,鞠躬是向土地躬身,因为是土地养育了人。

俄罗斯人在家里迎接客人的仪式也有规定:重要的客人由主人在屋子的过道迎接,一般的客人由主人在房间里等待。客人进门后要脱下外套、手套和帽子,摘下墨镜。最尊贵的座位位于家中的圣像下,主人坐在贵宾的右手。告别时,客人要先向圣像祈祷,然后与主人行吻礼。主人则视客人的尊贵程度决定是否将客人送至屋门外。一般说来,年长者是不到年幼者家中做客的。

朋友久别重逢,寒暄问候时忌论胖谈瘦,俄罗斯人觉得这是在形容其臃肿、丑陋。见面打招呼忌问"你去哪儿?"俄罗斯人认为这是在打听别人的隐私。

2. 称呼礼仪

俄罗斯人的姓名一般由三节组成,即本人名+父名+姓。女性结婚后一般随丈夫姓,有的保留原姓。在俄罗斯人当中,不同的场合、不同的对象有着不同的称呼,例如,在正式公文中要写全称,在非正式文件中一般是名字和父名缩写;表示有礼貌和亲近关系时,用本人名+父名;平时长辈对晚辈或同辈朋友之间只称本人名;对已婚妇女必须称呼其名+父名,以示尊重;工作关系中可称呼姓和职务。

在正式场合,俄罗斯人使用"先生"、"小姐"、"夫人"的称呼。俄罗斯人很看重社会地位,对有职务、学衔、军衔的人,则以其职务、学衔、军衔相称。

(三)服饰礼仪

俄罗斯是多民族国家,有属于本民族的服饰。典型的俄罗斯民族服装是:男子斜襟长袖衬衣,通常在领口和下摆有绣花,穿时在衬衣外面系一根腰带。衬衣一般是用麻纱布、白棉布做成,也有用色彩鲜艳的花布做成。裤子稍肥,是用白布或染色的花布做成。在寒冷的季节,人们一般穿厚呢子外衣或毛皮外衣,头戴毡帽,脚穿皮靴。

女子的服装一般是用麻布做的有垫肩的长衬衣。在俄罗斯的北部和中部地区,已出嫁的女子在衬衣外面要穿一件无袖长衣"萨拉方",在南部地区则穿一种手工编的带有方格图案的毛料裙子。在俄罗斯民间,已婚妇女必须戴头巾,并以白色的为主;未婚姑娘则不戴头巾,但常戴帽子。

俄罗斯人十分注重仪表,在商务等正式场合,男士、女士都穿着正装,他们认为不扣好纽扣或把外衣搭在肩上是不文明的表现。

(四)馈赠礼仪

送俄罗斯人礼品最好送名牌,特别是西方名牌货,从一盒万宝路香烟到一条LEVIS牌牛仔裤都会使他们十分满意。俄罗斯商人认为礼物不在于贵重而在于别致,太贵重的礼物反而使受礼方过意不去,常会误认为送礼者另有企图。

去俄罗斯人家里做客,赠送鲜花是最好的礼物。花要为3枝、5枝或9枝单数(只有在追悼亡人时,花才送双数),颜色以一种为宜,两种也可,花束越鲜艳、数量越多越好,但忌讳多种花的颜色混杂在一起。

(五)餐饮礼仪

1. 餐饮特点

俄罗斯人讲究餐台设计,注重菜品要量大、实惠。一般以咸、甜、酸、辣、油大为适口,天热时,吃菜乐于清淡些。偏爱炸、煎、炒、烤、焖、煮、烩等烹调方法制作的菜肴,喜欢中国的京菜、粤菜、川菜、津菜。

俄罗斯人爱吃黑麦面包、黄油、酸牛奶、酸黄瓜、咸鱼等食品;喜欢用盐来招待客人,常用面包夹盐待客,以示热情和礼貌。俄罗斯人一般对晚餐要求较为简单,对早餐和午餐较为重视。

受地理环境影响,俄罗斯人爱喝烈性酒、啤酒、茶、"格瓦斯"[①]饮料等。

2. 餐饮礼仪

(1) 注重餐饮细节礼仪

俄罗斯人吃饭不用碗而是用盘子,盛汤用深盘。用餐左手持叉,右手持勺或刀子。如果只用叉子,可用右手。吃饭时刀不能乱响,不能嚼出声来。汤剩不多时,左手向外抬起盘子,右手用勺子向外盛汤而不是向里。喝茶时,茶勺用完后应放在茶碟上,不能把勺留在茶杯里喝茶。

参加俄罗斯人的宴请时,宜对其菜肴加以称道,并且尽量多吃一些。俄罗斯人将手放在喉部,一般表示已经吃饱。

(2) 注重饮酒、茶的礼仪

俄罗斯人爱喝酒,特别爱喝烈性酒,其中,最爱喝伏特加。一般会喝酒的人酒量都很大。他们也爱喝红茶,茶里一般放柠檬片和糖,喝茶时吃果酱、面包、黄油、点心等。水火壶是俄罗斯人日常生活中的必需品,家家户户都离不开它。自古以来,用水火壶煮茶喝一直为俄罗斯人所喜爱。俄罗斯人常说:"水火壶一开,就把客人留下来了。"

(3) 其他餐饮礼仪

虽然俄罗斯政府是不赞成收小费的,但在现实中,不论餐饮、住宿还是坐出租车,一般结付账时都要加10%—15%的小费。

(六) 商务礼仪

1. 注重遵时的礼仪

节假日、4—6月是俄罗斯人的度假季节,不宜进行商务活动。俄罗斯人很守时,商务拜访等要事先预约。

---

① "格瓦斯"是盛行于俄罗斯、乌克兰和其他东欧国家的一种酒精含量只有1%左右的饮料,用面包干发酵酿制而成,颜色近似啤酒而略呈红色。"格瓦斯"最早起源于俄罗斯,距今已有一千多年的历史。

2. 注重见面的礼仪

俄罗斯商人有着俄罗斯人特有的冷漠与热情的双重性格。商务活动初次交往时，他们非常认真、客气，见面或道别时，要握手或拥抱以示友好。俄罗斯商人非常看重自己的名片，一般不轻易散发自己的名片，除非确信对方的身份值得信赖或是自己的业务伙伴时，才会递上名片。

拜访俄罗斯客户时要清楚地介绍自己，并把同伴介绍给对方。进入俄罗斯客户的会客室后，要等对方招呼才能入座。吸烟应看当时的环境并征得主人同意才行。

3. 讲究着装的礼仪

多数俄罗斯商人做生意的节奏缓慢，讲究优雅。俄罗斯人较偏爱灰色、青色，在商务谈判时衣着庄重、保守。在俄罗斯商人眼里，衣着服饰考究与否不仅是身份的体现，还是此次谈判是否重要的主要判断标志之一。

4. 注重谈判行为细节的礼仪

在商务谈判时，俄罗斯商人对合作方的举止细节很在意。站立时，身体不能靠在别的东西上，而且最好是挺胸收腹；坐下时，两腿不能抖动不停。在谈判前，最好不要吃散发异味的食物；在谈判休息时，可以稍放松，但不能做一些有失庄重的小动作，如伸懒腰、掏耳朵、挖鼻孔或修指甲等。

5. 注重保持长期合作关系

俄罗斯商人不在意商务宴请的排场、菜肴，而主要看是否能尽兴。俄罗斯商人十分注重建立长期关系，尤其是私人关系，在酒桌上，这种关系最容易建立。

(七) 风俗礼仪禁忌

忌数字"13"，偏爱"1"、"7"。在俄罗斯，"13"被人们视为是凶险、不吉祥的象征；"1"代表开始，标志着从无到有；"7"被认为是个完整的数目，通常被视为最吉祥、最幸福的数字，最受俄罗斯人的偏爱。

忌交谈话题是政治矛盾、经济难题、宗教矛盾、民族纠纷、苏联解体、阿富汗战争以及大国地位问题。

俄罗斯人认为，知道产妇产期的人越多，婴儿出生就越困难，甚至会招致邪恶。所以，在婴儿降生前，对产期绝对保密。

俄罗斯人有右吉左凶的观念。他们认为，心情不好可能是起床时左脚先着地的原因；学生在考场不要用左手抽签；穿衣时，俄罗斯人必定先穿右袖，先穿左袖是不吉利的；右颊长痣是吉痣，左颊长痣是凶痣。俄罗斯人至今还有向左肩后吐三次唾沫消灾的习俗。

俄罗斯人对盐十分崇拜，视之为珍宝，也是祭祖用的供品，认为盐有驱邪消灾的力量。如果有人不慎打翻了盐罐或不小心将盐撒在地上，便意味着家庭可能发生不和，是一种凶兆。一旦发生此事，为了防止不吉利，他们总习惯将打翻的盐捡起来一些撒在自己的头上消灾。

俄罗斯人认为，镜子是神圣的物品，打破镜子意味着灵魂的毁灭，打破一面镜子会招致七年噩运，因此，不要打破镜子。万一打破了镜子，其消灾避祸的方法是：抓一把盐从左肩扔向自己身后，或摸一下木头，或向碎镜片上吐口水。他们还认为，婴儿不满一岁不能照镜子。相反，打碎杯、盘、碟则意味着富贵和幸福。因此，在喜筵、寿筵和其他隆重的场合，他们还特意打碎一些碟盘表示祝贺。

俄罗斯人认为，在家里打扫卫生时，如果径直往门外扫会把家中的好运气扫走，所以要往里扫，往房子中间扫，然后用簸箕装好带出门外。新年和周五忌讳打扫房间，否则会给家里带来严重不幸，甚至有人死亡。5月间不能用老式白桦长扫帚扫房间，也不能过早地清扫客人曾经停留过的房间。

俄罗斯人认为，猫用爪洗脸意味着有客人来；猫全身缩成一团，预示着天气要变冷。乔迁之喜时，猫第一个跨过新房的门槛。因为传说俄罗斯人的祖先把保护家宅的责任托付给了猫，猫有四只利爪，如第一个进新房，就能制服新房中可能隐藏着的魔鬼和恶神，保护家宅安宁。但早晨出门过马路时碰上猫预示着不吉利。

俄罗斯人不喜欢黑猫，认为它不会带来好运气。但如果有一只陌生的黑猫进入住宅，尤其是不请自来的，则是好兆头，千万不能把它赶跑，否则，会把屋内的好运气带走。

俄罗斯人通常认为马能驱邪避灾，会给人带来好运气，所以对马怀有特殊的感情。他们相信马掌表示祥瑞，代表威力，又具有降妖的魔力。在农村，不少农民喜欢把马头形的木雕钉在屋脊上，以示吉祥如意，祈求四季平安。

俄罗斯人视蜘蛛为吉祥动物。当傍晚时分，蜘蛛在地板上、墙上或窗上爬行时，不能吓它。千万不能弄死蜘蛛，哪怕只是一只，否则，会招来极大的不幸或灾难。

俄罗斯人不喜欢兔子，认为兔子是一种怯弱的动物，当兔子从自己面前跑过时是不幸的预兆，也不能带兔子（死活都算）上船。忌用一根火柴点三根蜡烛，也不能在同一房间内同时点燃三根蜡烛,这些都是不吉利的。如果有人不注意点燃了三根蜡烛,那就得赶紧熄灭一支,否则就将招来灾祸。

忌送尖利的东西,如刀、别针等物,如一定要送,则应讨回一枚硬币,或用要送的尖东西扎对方一下。忌送手帕,因为送手帕预示着分离;若是两个人用同一手帕擦汗,那就预示终会分离。忌在家里和公共场所吹口哨,口哨声会招鬼魂。忌在桥上或桥下告别,这样的告别意味着永远地离去。

不论任何场合,都忌用手指指点他人,俄罗斯人认为这是对人的莫大污辱;在他人面前,忌将手握成拳头,大拇指在食指和中指间伸出,俄语中称此手势为"古基什",是蔑视和嘲笑的粗鲁行为;美国人常用的 OK 手势,在俄罗斯则是非礼的表示。

六、美国

(一) 基本国情

1. 简史

美国原住民为印第安人。15 世纪末,欧洲各国开始殖民美洲。16 世纪至 18 世纪,英国在北美洲建立了 13 个殖民地。1776 年 7 月 4 日,13 个殖民地代表签署了《美国独立宣言》。1789 年,美国联邦政府正式成立。1861 年至 1865 年,美国南北战争爆发,最终废除了奴隶制。1776 年以后的 100 年内,美国的领土扩张到了太平洋沿岸。

1917 年,美国卷入第一次世界大战。1941 年 12 月 7 日日本偷袭珍珠港后,美国加入了第二次世界大战同盟国。第二次世界大战结束后,美国政治、经济、科技等方面快速发展。1991 年,苏联解体,美国赢得了"冷战"的最终胜利,成为世界上唯一的超级大国。

美国政治体制为三权分立的联邦共和制。各州拥有较大的自主权。美国国会为最高立法机构,由参议院和众议院联合组成;行政权属于总统,国家元首和政府首脑的职权集中于总统一人;司法机构设联邦最高法院、联邦法院、州法院及一些特别法院,联邦最高法院有权宣布联邦和各州的任何法律无效。

美国实行多党制,主要政党有民主党、共和党、绿党、改革党等。目前(2020年)的执政党为共和党。

2. 国名、国旗、国徽

领土面积937万平方公里的美利坚合众国简称美国。1776年7月4日,《独立宣言》宣布成立美利坚合众国时,将美洲的名称作为国家名称。1787年,美国宪法正式肯定了这一国名。

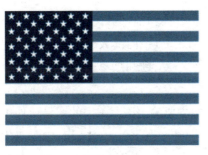

美国国旗

美国国徽

美国的国旗为星条旗,呈长方形,长与宽之比为19∶10。主体由13道红白相间的宽条组成(7道红条,6道白条);旗面左上角为蓝色长方形,其中分9排横列着50颗白色五角星。红色象征强大和勇气,白色代表纯洁和清白,蓝色象征警惕、坚忍不拔和正义。13道宽条代表最早发动独立战争并取得胜利的13个州,50颗五角星代表美国现有50个州。

国徽主体为一只胸前带有盾形图案的白头海雕(秃鹰),秃鹰是力量、勇气、自由和不朽的象征。盾面上半部为蓝色横长方形,下半部为红、白相间的竖条,其寓意同国旗。鹰之上的顶冠象征在世界的主权国家中又诞生一个新的独立国家——美利坚合众国;顶冠内有13颗白色五角星,代表美国最初的13个州。鹰的两爪分别抓着橄榄枝和13支箭,象征和平和武力。鹰嘴叼着的黄色绶带上用拉丁文写着"合众为一",意为美利坚合众国由很多州组成,是一个完整的联邦。

3. 人口、民族、语言、宗教

美国的总人口为3.3亿(2019年),白人占80%(包括拉美裔白人),其余分别为非洲裔、亚裔等。

英语是官方语言。截至2011年年底,美国有近290万人说汉语,汉语成了继英语、西班牙语之后的美国第三大语言。

人口中约54.6%信仰基督教,23.9%信仰天主教,1.7%信仰犹太教,1.6%信仰东正教,0.7%信仰佛教,0.6%信仰伊斯兰教,1.2%信仰其他宗教,16.1%无宗教信仰(少部分人群属于多宗教信仰被重复统计)。

4. 对外经济贸易

美国是世界最大、最重要的经济体。全球多个国家的货币与美元挂钩,美国的证券市场和债券市场是世界经济的晴雨表。

美国拥有丰富的矿产资源,包括黄金、石油和铀,但许多能源的供应都依赖于外国进口。美国是全球最大的农业出口国之一,中西部大平原地区的农业产量使其被誉为"世界粮仓",主要农产品有玉米、小麦、糖和烟草等。美国的工业产品主要有汽车、飞机和电子产品等。

美国是飞机、钢铁、军火和电子器材的主要输出国。美国的贸易伙伴主要是加拿大(19%)、中国(12%)、墨西哥(11%)、日本(8%)等。2012年,中美双边贸易总值为4 846.8亿美元,占我国外贸总值的12.5%。美国是中国第二大贸易伙伴、第一大出口市场和第五大进口来源地。2013—2018年,中美双边贸易额整体呈平稳增长态势,仅在2016年受大环境影响出现了下滑。2018年全年,美国与中国双边货物进出口额为6 598.4亿美元,增长3.75%,但增幅较2017年大幅下降。2018年,美国前五大货物贸易伙伴为中国、加拿大、墨西哥、日本和德国。由于美中贸易争端的持续,2019年第一季度中美双边贸易额显著下降,降幅高达14.9%,中国降为美国第三大货物贸易伙伴,排在墨西哥、加拿大之后。

(二)日常礼仪

1. 见面礼仪

美国人见面礼仪很简单。美国商人较少握手,即使是初次见面,也不一定非先握手不可,时常是点头微笑致意,礼貌打招呼,互相问安。

美国人握手遵循"尊者先伸手"的原则,握手时不可用力。男士间见面,忌攀肩搭臂。美国人说话往往做手势,与他们谈话时一般应保持120—150 cm的距离,最少也不得小于50 cm。

因为美国人时常搬迁,他们认识新朋友的常用办法是见面可能会问"你在什么地方工作?""有几个孩子?""房子有多大?""有没有假期?"等。美国人认为这些问题不算是纯粹的私人问题,他们只是想以此作为交谈的开始,本意是友善的。

美国人见面打招呼可能就只是"嗨",答话时,往往也是简单地说"是"、"不是"、

"当然"、"对"等,但这并不表示美国人怠慢、粗鲁。美国人见面时,如果遇到别人特别客气的称赞或道谢,他们可能会难为情地不知该如何回答。

2. 称呼礼仪

美国12岁以上的男子都可以称作"先生",但多数美国人不喜欢用"先生"、"夫人"、"小姐"、"女士"之类的称呼,认为太郑重其事。美国人注重友好的、不拘礼节的关系,不注重地位头衔,很少用正式的头衔来称呼别人。美国人认为,自己称呼一个人的名字,仍一样可以表示对他的尊敬。美国人相互介绍时会连名带姓,但认识后,他们喜欢别人直接叫自己的名字,并视之为亲切友好的表示。

(三)服饰礼仪

美国人的衣着总体上比较随便,穿衣以宽大、舒适为原则。春秋季,美国人一般下身着长裤,上身在衬衣外面再穿一件毛衣或夹克,宽松舒适。夏天也会穿短裤、短裙。

在正式的商务、社交等场合,美国人比较注重服饰礼节。着装正式整洁,服装质地好,特别讲究鞋要擦亮,手指甲要清洁。美国多数公司要求职员上班时穿职业套装。职业套装一般选用色调柔和的毛料质地,以蓝、灰、棕色和青色居多。

美国一些场合仍有一定的着装规范和要求。去歌剧院时,女士习惯穿礼服,男士也要衣冠楚楚,打蝴蝶式领结。参加重要聚会时,男士要身着西装,打领带,女子则以裙服为主,质地考究。在宴会和舞会上,也都要穿着比较讲究的正式服装。

拜访美国人时,进门一定要脱下帽子和外套;在室内不摘墨镜的人,被美国人视作"见不得阳光的人";穿睡衣、拖鞋会客或外出是失礼行为。

在美国,穿黑皮裙的女性会被认为是特殊职业者;女士不可在男士面前脱下自己的鞋子或撩动自己的裙下摆,否则有故意挑逗之嫌;女士在公共场合艳妆或补妆,会被视为缺乏教养或"身份可疑"。

(四)馈赠礼仪

除了节日和特殊情形(圣诞节、生日、婚礼和探视病人等),美国人通常不送礼。美国人接到别人的礼物时很难为情,如果他们又没有什么东西回礼,就更加如此。

应邀去美国人家做客或参加宴会,最好给主人带一些小礼品,如化妆品、儿童玩具、本国特产或烟酒之类。对家中的摆设,主人喜欢听赞赏的语言,而不愿听到询问价格的话。

美国人在商务交往中,彼此关系没熟之前不要送礼。送礼宜在双方关系融洽和谈判成功之后。礼品价格最好在20—30美元,讲究礼品包装。

(五) 餐饮礼仪

1. 饮食特点

喜欢咸中带甜的菜肴,喜吃甜食,口味清淡。美国烹饪吸收了美国原住民的烹饪法和食材,如火鸡、马铃薯、玉米、南瓜等都成了美国文化不可或缺的一部分。苹果派、比萨饼、汉堡包来源于或改良自欧洲,是美国速食文化的象征。

主食是肉、鱼菜类,副食是粮食。一日三餐比较随便,没有过多讲究。一顿简单的早饭一般是果汁、麦片、烤面包及咖啡;午餐(12—14点)是三餐中最简单的,主要有蔬菜、三明治、汉堡、馅饼、热狗和一杯饮料;晚餐(18点左右)比较丰富(美语中dinner也有正餐之意),一般都会先来一份果汁或是浓汤,然后再上牛排、猪排、烤牛腩、炸鸡、炸虾、火腿和烤羊排等主菜。美国人普遍喜欢海味和蔬菜,水果经常是菜肴中不可缺少的配料。美国人很喜欢中国菜。

美国人一日三餐要喝饮料,喜欢在饮料中加上糖和冰块。正餐中多配葡萄酒、啤酒或牛奶,而烈酒只在酒吧中饮用。餐后喜吃甜品,喝茶或咖啡。

2. 餐饮礼仪

(1) 注重餐饮妆容礼仪

用餐前,会简单梳妆,让自己既不太正统,也不太随便。进餐时不戴帽子,女士专用帽例外。

(2) 注重餐前的宗教礼仪

在美国,饭前主人要做谢饭祷告,此时,客人要么加入谢饭祷告,要么保持安静,以示尊敬。如果被邀请的客人有不同的信仰,主人的谢饭祷告不会进行宗教仪式。

(3) 注重餐饮中的细节礼仪

在正式的宴会上,食物应该同时送到餐桌上的每一位,但还是要等主人拿起餐具之后客人才能拿起餐具进餐。用餐时,不能拿着餐具指人或手舞足蹈地说话。

美国式的用叉法是右手拿刀,左手拿叉;右手不拿刀时,可以拿叉。按美国人的习惯,你不一定要吃餐桌上所有的菜,但到最后你盘子里的菜没有吃完,是不礼貌的行为。

美国人习惯喝点加冰的饮料和葡萄酒,大型宴会喝鸡尾酒。美国人一般不喝烈性酒,喝酒不能大口大口地喝,不能发出响声,宴请中不能喝醉,不能劝酒。吃饭时也尽量不要发出响声,否则,会被认为是没有教养的行为。

(4) 注重用餐后的礼仪

用餐结束时,美国人会把自己用过的餐具整理好,放在原来的位置上,并把剩下的东西收拾干净。

如果你被美国人邀请在餐厅就餐或者参与一个正式的宴会,在结束的时候不要提出把剩余的食物打包的要求。虽然主人常常会客气地请客人把剩余的食物带回家,但是作为客人不可先提出此要求。

(5) 其他餐饮礼仪

美国是小费国家,不论餐饮、住宿还是坐出租车,一般结账时都要付 10%—15%的小费。晚间用餐小费需比白天多一些。

(六) 商务谈判礼仪

1. 重视遵时的礼仪

商务活动时间不宜选在 6—8 月以及圣诞节与复活节前后两周,这是美国人度假的时间段。凡事都要提前预约,美国人不喜欢事先没安排妥当的不速之客来访。商务访问即将抵达时,要先通个电话告知。

美国人注重效率,时间观念很强,谈判风格干脆爽快、直入主题。美国商界流行早餐与午餐约会谈判,因此,与美国人谈判时必须遵时,过早去或迟到都是不礼貌的。

2. 注重沟通礼仪

美国商人喜欢表现自己的随和与幽默感。在谈判开始前的相互介绍时,擅长幽默风趣沟通的人,比较容易被他们接受。

3. 注重谈判明确性的礼仪

美国人在谈判中,"是"、"否"的回答明确。当无法接受对方提出的条款时,会很明确地告诉对方,不含糊其词,让对方产生不明确的感觉。商务谈判结束时,美国人会及时地把有关计划或反馈意见告诉对方。

4. 尊重人格的礼仪

美国人喜欢"一对一"谈判。谈判中,他们会顾及不损伤对方的人格,绝不指名批评某人。

5. 重视谈判过程的礼仪

美国人在谈判中关心商品的质量、包装和报价后价格的兑现。不喜欢那些态度傲慢、小单不做大单做不来、猜忌心重、电话邮件不讲礼貌(邮件中要用"could"、"would"、"please"、"I'd like to"等谦词)、对生产工艺一知半解的谈判者。

6. 重视合同守信的礼仪

美国商人关注利益,积极务实,在谈判中尽量做到全面平衡。美国人的法律观念很强,重视合同签订的内容。合同一旦签订,会严格按照合同行事。

(七) 风俗礼仪禁忌

忌讳"13"、"星期五"、"3"。美国人认为,这些数字和日期都是厄运和灾难的象征。

喜欢猫头鹰、白猫,忌讳蝙蝠、镰刀、锤头等;认为狗是人类最忠实的朋友,厌恶吃狗肉的人;喜欢驴、大象,驴代表坚强,大象代表稳重,它们分别成了共和党和民主党的标志。

忌盯视他人、冲着别人伸舌头、用食指指点交往对象、用食指横在喉咙之前。美国人认为,这些体态语言都具有侮辱他人之意。

忌个人空间受到侵犯。在美国,碰到别人要及时道歉,坐在他人身边要先征得对方认可。

忌听别人说自己长胖了。美国人大多认为"胖人穷,瘦人富"。与黑人交谈时,忌讳"黑"一词和打听对方的祖居之地。

忌谈年龄、宗教信仰、私生活等。如有人向美国人提出这些问题,他们通常会回答"不知道"。

七、巴西

(一) 基本国情

1. 简史

巴西土著居民为印第安人。1500 年,葡萄牙人将此命名为"圣十字架"。16 世纪 30 年代,葡萄牙在巴西建立殖民地。1807 年,拿破仑入侵葡萄牙,葡王室迁往巴西。1820 年,葡王室迁回里斯本,王子佩德罗留在巴西任摄政王。1822 年 9 月 7 日,巴西宣布独立,建立了巴西帝国。1824 年,巴西颁布宪法。1825 年,葡萄牙承认巴西独立。1889 年 11 月 15 日,丰塞卡将军发动政变,推翻帝制,成立了巴西合众国。20 世纪 30 年代,巴西开始工业化。1960 年,巴西首都由里约热内卢迁往巴西利亚。1964年,巴西发生军人政变,建立了右翼军人独裁统治,直到1985年才结束。

巴西政体是总统联邦共和制。总统是政府首脑和国家元首,有权任命内阁。巴西的立法机构是两院制,由参议院和众议院组成。

巴西实行多党制,主要政党有劳工党、民主工党、民主运动党、社会自由党等。目前(2020年)的执政党为社会自由党。

2. 国名、国旗、国徽

面积851.49万平方公里的巴西联邦共和国简称巴西,是拉丁美洲最大的国家。"巴西"一词出自巴西海岸的红木,巴西红木在葡萄牙语中称为"pau-brasil",brasil意为"像炭火一样红"。

巴西的国旗为绿色长方形,长与宽之比为10∶7,中央为黄色菱形,菱形中央是深蓝色圆形天球仪。圆形白色绶带上书以葡萄牙文"秩序与进步"。圆形上有白色五角星,象征国家的26个行政区,星星的位置是1889年11月15日8点50分新政府成立当天里约热内卢星星排列的位置。绿色和黄色是巴西的国色,绿色象征森林,黄色象征矿藏和资源。

巴西国旗

巴西国徽

国徽图案中间突出一颗大五角星,象征国家的独立和团结;大五角星内的蓝色圆面上有五个小五角星,代表南十字星座;圆环中有27个小五角星,代表巴西各州和联邦区;大五角星周围环绕着用咖啡叶和烟草叶编织的花环,背后竖立一把剑,剑柄在五角星下端,绶带上用葡萄牙文写着"巴西联邦共和国"和"1889年11月15日"。

3. 人口、民族、语言、宗教

巴西的总人口为2.108亿(2019年),大西洋沿岸人口稠密,内陆地区较为稀少。由于历史原因,巴西人口的种族构成十分复杂。巴西人口中的53.74%为白种人,38.45%为混血种人,6.21%为黑人,其余为亚洲人和印第安人。

巴西的官方语言为葡萄牙语,西班牙语、英语为其主要外语。巴西是世界上天主教徒最多的国家,64.6%的居民信奉天主教,22.2%的居民信奉基督教福音教派,少数居民信奉新教和犹太教。

4. 对外经济贸易

巴西是金砖国家之一,也是南美洲国家联盟成员,其经济实力居拉美首位。巴西属于自由市场经济与出口导向型经济,国内生产总值超过1万亿美元,是世界第七大经济体和美洲第二大经济体。巴西是世界第一大咖啡和蔗糖的生产国及出口国,素有"咖啡王国"之称。

巴西主要的进口产品有石油、化工原料、光学仪器、小麦等;主要的出口产品有钢材、交通运输设备、铁矿砂、纸浆、皮鞋、咖啡、糖、大豆、橙汁等。巴西主要贸易对象为美国、欧盟、日本、中东及拉美邻国。2011年,中国与巴西的双边贸易额达到842亿美元,巴西的顺差为206亿美元,继续排名中国第九大贸易伙伴和金砖国家最大贸易伙伴之位。2018年,巴西与中国双边货物进出口额为989.4亿美元,增长32.2%。其中,巴西对中国出口642.1亿美元,增长35.2%,占巴西出口总额的26.8%,提高5.0个百分点;巴西自中国进口347.3亿美元,增长27.1%,占巴西进口总额的19.2%,提高1.1个百分点。巴西与中国的贸易顺差达294.8亿美元,增长46.2%。中国是巴西贸易第一大出口国和第一大进口国。

(二)日常礼仪

1. 见面礼仪

在正式场合,巴西人最常用的见面礼节是微笑、握手、赠送名片。

巴西人性格热情奔放、幽默风趣。一般场合相见,巴西人往往以拳礼相互表示请安和致敬(行此礼要先握紧拳头,然后向上空伸出拇指);巴西人与亲朋好友、熟人相见时,大多习惯施拥抱礼或吻礼;妇女之间最常用的见面礼是吻礼,即脸贴脸用嘴发出空吻声,以此表示她们的亲热之情,吻时嘴不接触脸;男士与女士见面和分手时一般总是握手为礼。

沐浴礼是巴西土著居民迎宾的特殊见面礼。当客人抵达,主人便邀请客人入室(河)洗浴。客人沐浴的时间越久、次数越多,就表示越尊重主人。有时,主人还会陪同客人一边沐浴,一边交谈。

巴西土著居民在欢迎贵宾时，通常还会善意地举行专门的仪式。先由一名巫师朝客人的脸上吹气，以驱除对方有可能带来的疾病。接下来，由男主人泪流满面地发表欢迎演说，他们认为眼泪是对和平使者最好的欢迎。最后，由女主人使用一种以树汁、唾液调制而成的特殊颜料，把客人的脸蛋涂抹成红色或者黑色。

2. 称呼礼仪

巴西人的姓名一般都是葡萄牙式的，通常由三个部分构成，即本人名＋母亲的姓氏＋父亲的姓氏。一般情况下，巴西人喜欢彼此直呼其名，有时则会采用以本名加上父姓组合而成的简称。一个人的姓名全称，只有在极为正式的场合才有可能使用。

巴西赤道森林里的印第安人有不把自己名字告诉陌生人的特殊习俗。他们认为把自己的名字说出来，会给自己带来损害。

(三) 服饰礼仪

在商务、政务等正式场合，巴西人一定要穿保守的西服套装或套裙，领导人则穿三件套的西服套装。商务女士则要特别注意修剪指甲。

在一般的公共场合，巴西男性穿短衬衫、长西裤，女性则穿高领带袖的长裙。巴西女性爱戴首饰，喜欢色彩鲜艳的时装，通常都喜欢赤脚穿鞋。巴西黑人妇女的着装独树一帜，她们爱穿短小紧身的上衣、宽松肥大的花裙，身披一块又宽又长的披肩。

在巴西的那简斯第地区，妇女们所戴帽子的方式是情感的标志。按照当地风俗，帽子戴得偏左，表示"未婚"；帽子戴得偏右，表示"已婚"；帽子扣在前额上，则表示"别理我，烦着呢。"

(四) 馈赠礼仪

巴西人特别讲究人际关系和馈赠礼仪。与巴西人在建立友好关系前，不要送公务或商务性礼品。选择礼品的首要考虑要素是符合收礼者的需要和口味，而不是礼品的昂贵程度。送礼最好在商务会谈后、气氛轻松时或者吃饭时。

在双方已建立较好的个人关系以后，不应再送商务范畴的礼品，应改送最受巴西人欢迎的"给孩子的礼物"（巴西人特别喜爱孩子）。受邀去巴西人家里做客（给客人的一种最高礼遇），要带些礼物送给主人，如鲜花（忌送代表死亡的紫色花）、玩具、书籍等。他们在接受别人送礼时，习惯当着送礼者的面打开礼品包，然后致以谢意。不要特别赞赏巴西人家里的物品，否则，他们会坚持将此物品送给赞赏者，不接受是失礼的表现。

巴西人不论在什么地方买了礼品,首先要把原来包装的纸剪掉一点。因为他们认为包装纸是管运气的,不要把别人的好运气都带走。

商务女士给异性同事或客户送礼时,要选择不带任何感情色彩的礼品。送礼时忌送数为"13"的礼物,忌送刀子等尖锐物品。巴西人还忌送手帕,他们认为手帕与眼泪是联系在一起的,容易带来令人悲伤的事情,也可能引起吵嘴等不如意的事情。因此,当有人不经意将手帕作为礼物送给巴西人时,他们会非常有礼貌地当场付钱,表示是自己花钱买下这块手帕的,以避免不幸的事情发生。

(五)餐饮礼仪

1. 饮食特点

巴西人以欧式西餐为主,讲究菜肴量少而精,注重菜肴的营养成分。一般不喜太咸,爱麻辣味道,喜欢中国的川菜。偏爱用清蒸、滑炒、炸、烤、烧等烹调方法制作的菜肴。

主食以黑豆饭为主。巴西的国菜"脍豆"就是用猪蹄、杂碎和黑豆做原料,放在砂锅内一起炖制的。烤肉是巴西人最喜欢吃的风味菜之一。副食喜欢鱼、牛羊肉、猪肉、鸡和各种水产品。喜欢西红柿、白菜、黄瓜、辣椒、土豆、洋葱等各种蔬菜。调料喜用棕榈油、胡椒粉、辣椒粉等。

巴西有"咖啡王国"之称。巴西人最爱喝咖啡,也喜欢红茶、葡萄酒、香槟酒等。

2. 餐饮礼仪

(1) 注重用餐时间的安排

巴西人的宴会安排多选择在晚上,地点在旅馆、私人俱乐部或夜总会里进行。巴西人的晚餐很迟,最早也得到晚上 8 点,安排在餐馆里的晚餐持续的时间会更长,所以要有熬夜的准备。设晚宴请客,要礼貌地询问男士是否愿意与夫人同来。

(2) 注重饮酒的礼仪

虽然巴西人喜欢饮酒,但不劝酒,不灌酒。进餐时,要入乡随俗、热情、礼貌,但不要醉酒。不管男女,喝醉酒在巴西上层人士看来是粗俗的行为。

(3) 注重与异性共餐的礼仪

女士最好不要邀巴西男士共进晚宴,除非有其他人一起赴宴,否则,邀请可能被误解;女士也不要接受巴西男士的单独邀请。

(4) 其他餐饮礼仪

巴西是收取小费的国家。大多数餐厅通常会在账单上加10%的服务费,但如果服务特别好,给服务生小费也是可以的。如果账单里不包括服务费,一般按惯例要付消费总额10%—15%的小费。

(六) 商务谈判礼仪

1. 守时的礼仪

去巴西进行商务活动的最好时间是4—10月,要避开12月中旬至次年2月末的酷暑时段,此时是巴西人的度假期。

商务等会谈事先一定要预约,会晤的最佳时间是上午10—12点或下午3—5点。和巴西商人进行商务谈判时,要准时赴约。但巴西人和大部分拉美人一样,对时间和工作的态度比较随便,他们通常会比预约时间迟10分钟或15分钟到。不过,里约热内卢和圣保罗的商人非常注重效率,很守时。

2. 讲究商务会谈地点的选择

与巴西人进行商务会谈最好约在办公室,而绝对不能约在饭馆或酒吧。会晤时,要备有咖啡。

3. 讲究名片的礼仪

与巴西人商务见面,互相握手后要赠送名片。名片的印刷要精美,内容要简洁,质地要好,巴西人很在乎这一点。

4. 注重签名的礼仪

巴西人极为重视亲笔签名的礼仪,对使用图章落款的做法,巴西人很不习惯。不论是写便条还是送礼物,巴西人都会亲笔签下自己的姓名,否则,会被认为是不重视交往对象的行为。

5. 信赖重视中间人

巴西商人愿意随着信任和长期关系的发展而保持商务往来。初次见面时,带上一张双方共同认识人的名片或者找一家双方都信赖的中间商,对商务谈判极其有益。

6. 重视沟通交谈的礼仪

虽然巴西人的生活节奏很快,但商务谈判时不要急于将谈话内容转向商务,最好花几分钟时间谈谈天气、运动等话题,这是良好沟通的基础。

(七) 风俗礼仪禁忌

巴西人大多数信奉天主教,少部分人信奉基督教新教、犹太教及其他宗教。他们忌讳数字"13"、"666"(基督教中,"666"指上帝赋予世上未得救的人的象征性数字)。

喜欢兰花(国花,代表爱情),认为蝴蝶是吉祥物。不喜欢紫色、棕黄色、深咖啡色等颜色。巴西人认为,紫色表示悲伤;人死恰似棕黄叶落下;深咖啡色则会招来不幸。

忌吃奇形怪状的水产品和用两栖动物肉制作的菜品。

忌用拇指和食指连成圆圈,并将其余三指向上升开,形成"OK"的手势。巴西人认为,这是一种非常下流的表示。

忌未经许可私入他人宅门。巴西人认为不怀好意的歹徒才会有如此举动。

忌开带有种族意识的笑话,忌谈论阿根廷、政治、宗教以及其他有争议的话题。

八、加拿大

(一) 基本国情

1. 简史

加拿大原住民为印第安人与因纽特人。1535年,探寻"新世界"的法国航海家杰克斯·卡蒂埃尔首次使用"Canada"来指他所到达的魁北克。16世纪起,加拿大沦为法、英殖民地。1756—1763年,英、法在加拿大爆发七年战争,法国战败,1763年签订的《巴黎和约》使加拿大正式成为英属殖民地。1926年,英国承认加拿大的平等地位,加拿大始获外交独立权。1931年,加拿大成为英联邦成员国,其议会也获得了同英议会平等的立法权,但仍无修宪权。

20世纪下半叶,魁北克省的法语居民请求独立,但两次全民公决(1980年和1995年)中独立一方以40%和49.4%的得票率险负。之后,加拿大修改了相关法律,法案规定在魁北克全民公决中所提出的问题足够明确且得到明显多数的支持时,魁北克可以与加拿大政府进行脱离联邦的协商程序。1982年4月,英国女王批准英国议会通过的《加拿大宪法法案》生效,加拿大从此获得了立法和修宪的全部权力。1982年4月17日,加拿大国会通过新宪法,加拿大事实上从英国独立,7月1日的自治领日改名为加拿大日。

加拿大政治体制为联邦制和议会君主立宪制,尊英王为加拿大国家元首,总督为英王在加拿大的代表。议会由参议院和众议院组成,参众两院通过的法案由总督签署后成为法律,总督有权召集和解散议会。加拿大政府实施内阁制,由众议院中占多数席位的政党领袖出任总理并组阁。

加拿大实行多党制,主要政党有自由党、保守党、新民主党、魁北克集团等。目前(2020年)的执政党为自由党。

2. 国名、国旗、国徽

加拿大领土面积为998.467万平方公里,位居世界第二。"Canada"一词源于印第安语的"Canada",意为"群落"或"村庄"。1791年,当魁北克被划分成上加拿大和下加拿大殖民地时,"加拿大"一词首次被官方启用。上、下加拿大于1841年再次统一,成为加拿大省。1867年,英国将加拿大省、新不伦瑞克省和诺瓦斯科舍省合并为一个联邦,成为英国最早的自治领。联邦成立时,新国家定名为加拿大。

加拿大国旗

加拿大国徽

1965年被正式采用的加拿大国旗为长方形,长宽之比为2∶1。旗面从左至右由红白两色组成,两侧的红色代表太平洋和大西洋,白色正方形象征加拿大广阔的国土。中央绘有一片11个角的红色枫树叶,11个角代表着加拿大的7个省和4个自治州。枫树是加拿大的国树,也是加拿大民族的象征。

1921年制定的加拿大国徽为盾徽。图案中间为盾形,盾面下部为一枝三片枫叶。上部的四组图案是三头金色的狮子、一头直立的红狮、一把竖琴和三朵百合花,分别象征加拿大在历史上与英格兰、苏格兰、爱尔兰和法国之间的联系。盾徽之上有一头狮子举着一片红枫叶,既是加拿大民族的象征,也表示对第一次世界大战期间加拿大牺牲者的悼念。狮子之上为一顶金色的王冠,象征女王是加拿大的国家元首。盾形左侧的狮子举着一面联合王国的国旗,右侧的独角兽举着一面原法国的百合花旗。底端的绶带上用拉丁文写着"从海到海",表示加拿大西濒太平洋,东临大西洋。

3. 人口、民族、语言、宗教

加拿大的总人口为 3 716 万(2019 年),主要为英、法等欧洲后裔,土著居民约占 3%,其余为亚洲、拉美、非洲裔等。人口主要集中在南部五大湖沿岸。英语和法语同为官方语言。居民中信奉天主教的占 45%,信奉基督教的占 36%。

4. 对外经济贸易

加拿大是西方七大工业国家之一。制造业、高科技产业、服务业发达,资源工业、初级制造业和农业是国民经济的主要支柱。加拿大以贸易立国,对外贸依赖较大,经济上受美国影响较深。

加拿大森林和矿产资源丰富,原油储量仅次于委内瑞拉和沙特,居世界第三。主要出口汽车及零配件、其他工业制品、林产品、金属、能源产品等;主要进口机械设备、汽车及零配件、工业材料、食品等。主要贸易对象是美国、中国、日本、欧盟国家。

1970 年 10 月,中加两国正式建交。1973 年,两国签定双边贸易协定,中国和加拿大的双边贸易关系正式确立。1989 年,加拿大对华贸易达 19.7 亿美元,其中,中国对加拿大出口达到 10 亿美元,中国成为加拿大第十二大贸易国。到 2018 年,中国已经成为加拿大的重要合作伙伴之一,仅次于美国,中国为加拿大第二大出口国和第二大进口国。从中加双边贸易额占加拿大贸易总额的比重来看,占比不足 10%,但这一比重从 2013 年的 7.72% 增至 2018 年的 8.75%。2018 年,加拿大与中国双边货物进出口额为 795.0 亿美元,增长 8.9%。从 2013—2018 年中加贸易格局来看,加拿大呈贸易逆差状态,中方呈贸易顺差状态。2016 年,中加发布联合声明,同意采取进一步行动开创中加战略伙伴关系发展新局面,双方宣布了一系列重要合作进展并签署相关合作文件,包括到 2025 年实现双边贸易额在 2015 年的基础上翻一番(超过 1 300 亿美元)[1]。

(二) 日常礼仪

1. 见面礼仪

加拿大人与客人相见时,一般都行握手礼,亲吻和拥抱礼仪适合熟人、亲友间。在双方握手以后,他们会说"见到你很高兴"、"幸会"等。

---

[1] 参见朱琳慧:《2018 年中国与加拿大双边贸易全景图》,前瞻网,2019 年 6 月 25 日。

熟人见面问候时说"hello",见面做介绍时遵循"尊者优先知晓"的次序。加拿大人很反感那种扯开嗓门向所有宾客介绍自己的方式。商务见面时,名片使用不太广泛,一般只需和公司高级职员交换。在与他人见面谈话时,加拿大人可能会把手放在对方的肩膀上以示亲近。

2. 称呼礼仪

加拿大人喜欢别人称呼他们的名字,如果称呼长辈或官方工作人员,男士姓氏前加"Mr",女士则是"Ms"。

魁北克人用"Tu"("你")指代朋友,而"vous"("您")用来体现对方的威望,表达尊敬之意。在隆重的场合,加拿大人总是连名带姓地做介绍。

(三)服饰礼仪

在加拿大,不同的场合有不同的装束。日常生活中,加拿大人的着装以欧式为主。上班时间,他们一般穿西服、套裙;参加社交活动时,他们往往要穿礼服或时装;在休闲场合,他们则讲究自由着装。每逢节假日,尤其是在欢庆本民族的传统节日时,各民族大都有穿着自己传统民族服装的习惯。

参加婚礼时,女士不宜打扮得喧宾夺主,不宜穿白色或米色系列的服装,因为象征纯洁的白色属于新娘。到朋友家做客或参加宴会,男士要穿整套深色西装,女士则应穿样式庄重的衣裙,化妆不宜太浓。参加葬礼,男士要着整套西装,打素色或黑色领带,女士则穿素色衣裙,款式要保守,不宜穿金戴银和化浓妆,要表现出自己对死者的哀悼。

在加拿大从事商务活动,宜穿保守式西装。参加派对、晚宴,一定要提前询问主人派对或晚宴是正式、半正式还是比较随意的,以此决定自己的着装和妆容。

(四)馈赠礼仪

应邀去加拿大人家做客或参加宴会,可以带一盒巧克力、一瓶酒或一束花,让对方能感受到你的用心。

去加拿大人家度周末或住几天,则应给女主人带点礼品,如一瓶酒、一盒糖等。离开主人家后,回到家中应立即给女主人写封信,对受到的款待表示感谢。节假日访问亲友,通常也需要带一些礼物。

加拿大人讲究礼品包装。他们一般用彩色礼品纸包裹礼物,扎彩带,装饰彩花,礼品上附有签名贺卡,接受礼品者会当面打开并致谢。

在商务活动中赠送礼品,最好赠送具有民族特色的、比较精致的工艺美术品。

送的礼品不可太贵重,否则会被误认为贿赂。切忌送带有本公司广告标志的物品,他们会误认为这是在做广告。出席商务性的宴会,如对方在请柬上注明"请勿送礼",应尊重对方,不要携带礼品出席宴会。

(五) 餐饮礼仪

1. 饮食特点

加拿大人饮食口味清淡,不喜吃辣,偏爱甜味。讲究菜肴的营养和质量,注重菜肴的鲜和嫩。加拿大生活习俗及饮食习惯与英、法、美相仿,但受地理环境的影响,特别爱吃烤制食品。

以面食和米饭为主食。喜欢吃牛肉、鸡、鸡蛋、沙丁鱼、野味类等。喜欢西红柿、洋葱、青菜、土豆、黄瓜等蔬菜。爱用番茄酱、盐、黄油等调料。对煎、烤、炸等烹调方法制作的菜肴偏爱。喜爱中国的苏菜、沪菜、鲁菜。

加拿大人早、午餐较简单,晚餐丰盛。传统菜肴为法国菜。加拿大蒙特利尔市被誉为"烹调之都"。加拿大的快餐业发展快,种类繁多,如热狗、意大利馅饼、汉堡包、希腊肉棍、美国炸鸡、墨西哥玉米面卷肉、中国份饭等。

加拿大人忌食虾酱、鱼露、腐乳以及怪味、腥味的食物和动物内脏。

加拿大人爱饮白兰地、香槟酒,习惯饭后喝咖啡、吃水果。

2. 餐饮礼仪

(1) 注重禁烟、禁酒的规定

加拿大有严厉的禁烟、禁酒的规定。在公共场所吸烟都是违法的,例如,列治文市禁止在公共场所、校园吸烟;禁止在9米之内的公共汽车候车亭、路标、客户服务区(包括庭院、门、窗和进气口)吸烟。加拿大多数地区一般规定年满18岁方可购买香烟,阿尔伯塔省则是19岁以上。如发现有人在酒楼、餐馆吸烟不加制止或者是纵容其吸烟,可能会被处以5 000加元罚款(魁北克省的罚款金额则高达10万加元)。除禁止在餐馆吸烟的城市外,多数加拿大餐馆也会分吸烟区及非吸烟区,用餐时,注意不要坐错了区域。

加拿大对酒的饮用也有规定,餐厅、酒吧只可在早上11时到凌晨1时卖酒,饮酒者只能在领有酒牌的地方或住宅内喝酒,在这些地方以外饮酒都是违法的。在部分省,禁止售卖烈性白酒,因此,在加拿大请客吃饭一般都不备烟酒。

(2) 注重餐饮中的细节礼仪

加拿大人热情好客。亲朋好友之间请吃饭一般在家里而不去餐馆,他们认为这样更友好。客人来到主人家,进餐时由女主人安排座位,或事先在每个座位前放好写有客人姓名的卡片。在餐桌上,男女主宾一般分别坐在男女主人的右手边。饭前先用餐巾印一印嘴唇,以保持杯口干净。

加拿大人认为正确、优雅的吃相是风度的体现。进餐时,左手拿叉,右手拿刀,刀用完后,放在盘子边上。吃东西时不能发出声音,不宜说话,不可当众用牙签剔牙,不能把自己的餐具摆到他人的位置上。

在加拿大,还有一种请吃饭的方式更加随便,即自助餐或冷餐会形式。由主人把饭菜全部摆在桌上后,客人可各自拿一个大盘子(或由主人发给),自己动手盛取自己喜欢吃的食品,可以离开餐桌随便就座,以便客人与主人、客人与客人之间更好地交谈。

(3) 注重用餐节俭的礼仪

如果自己的餐盘里剩有食物,这会被加拿大人认作是一种不礼貌的行为。

除非在高级餐厅,加拿大人一般都会叫服务生把剩余食品打包,以免浪费。

(4) 其他餐饮礼仪

加拿大是小费的国家。餐馆用餐,一般收7%的货品及服务税,但账单不加服务费,如果顾客觉得服务很好,通常会给15%的服务费。

(六) 商务谈判礼仪

1. 重视遵时的礼仪

与加拿大人进行商务活动,时间不宜选在6—8月以及圣诞节、复活节前后两周,这是加拿大人度假的时间段。

加拿大人时间观念强,凡事都要提前预约,准时赴约,但不宜过早到达。如有事稍晚几分钟,他们一般不会计较,迟到者也不必为此作过多的解释。但法裔加拿大人不如英裔加拿大人的时间观念强,例如,魁北克省的会议议程比较灵活,计划有些显得随意。

2. 注重谈判明确性的礼仪

加拿大商人崇尚办事立竿见影。与加拿大人谈判时,切忌绕圈子、讲套话。

加拿大人不喜欢夸大或贬低产品的宣传,他们厌烦高低价策略。

3. 尊重人格的礼仪

切忌对加拿大客户说"你长胖了"、"你长得胖",此言自带贬义,因为很多加拿大商人无暇锻炼身体。

4. 重视谈判过程的礼仪

加拿大企业的高层管理者对谈判的影响较大,应将注意力集中在他们身上,以使谈判尽快获得成功。

与加拿大法裔商人谈判时,应力求谨慎,在没有弄清对方的意图和要求时不要贸然承诺。要备有法文资料和合同,签订的合同往往详尽而冗长,主要条款和次要条款都要详细明了和准确,否则很难签约。

与加拿大英裔商人谈判时,引见介绍很有效。生意导向型的英裔加拿大人一般很快就与商务伙伴进入谈判,然而进入决定价格的商谈阶段时,谈判会很艰难且费时,但一经签约,就很可靠。

(七)风俗礼仪禁忌

加拿大人大多数信奉新教和罗马天主教,少数人信奉犹太教和东正教。他们忌讳"13"、"星期五"。

加拿大人将白雪作为吉祥物,堆放在住宅四周,筑成雪墙,认为这样可以阻挡妖魔。

忌打破玻璃制品,忌打翻盐罐;忌食动物内脏和肥肉;忌说"老"字,养老院称"保育院",老人称"高龄公民";忌在家吹口哨、讲不吉利的话;忌吃饭时谈悲伤的事。

加拿大人不喜欢外来人把加拿大与美国进行比较,尤其是拿美国的优越方面与之相比。

忌谈论工资、个人财务状况、婚姻、子女等隐私问题。

第三节 非洲和中东地区中国主要贸易伙伴国商务礼仪

一、南非

(一)基本国情

1. 简史

南非最早的土著居民是桑人、科伊人以及后来南迁的班图人。15世纪末,葡萄牙人抵达好望角。1652年,荷兰移民定居于此。1806年,英国夺占"开普殖民地",荷裔布尔人被迫向内地迁徙,并于1852年和1854年先后建立了奥兰治自由邦和德兰士瓦共和国。1867年和1886年,南非发现钻石和黄金,英国人通过英布战争(1899—1902年)吞并了奥兰治自由邦和德兰士瓦共和国。1910年5月,英国将开普省、德兰士瓦省、纳塔尔省和奥兰治自由邦合并成南非联邦,成为英国的自治领地。1961年5月31日,南非退出英联邦,成立南非共和国。南非白人政权长期以立法和行政手段推行种族歧视和隔离政策,1994年4月至5月,南非举行了首次由各种族参加的大选,曼德拉出任南非首任黑人总统,非国大、国民党、因卡塔自由党组成民族团结政府,标志着种族隔离制度的结束和民主平等新南非的诞生。

南非的政体是总统内阁制。总统由选民选举产生,内阁首相兼任副总统,由总统任命国民议会多数党领袖产生。司法机构由宪法法院、最高法院、高级法院、地方法院及国家检察总局和各级检察机关组成。立法机构由国民议会和地方议院组成。

南非实行多党制,主要政党有非国大党(南非非洲人国民大会)、民主联盟、人民大会党、因卡塔自由党等。目前(2020年)的执政党为非国大党。

2. 国名、国旗、国徽

面积1 219 090平方公里的南非共和国简称南非,得名于它位于非洲大陆南部的地理位置。当地人称其为"阿扎尼亚",该词源于阿拉伯语,意为"黑人的土地"。

南非国旗启用于1994年4月27日。国旗呈长方形,长与宽之比为3∶2。由红、绿、蓝、白、黑、黄六种颜色组成,呈流向一条平线的V形。旗面上区为红,下区为蓝,各占旗宽的三分之一,代表鲜血。旗面中央是一个呈横Y形的三色条,占旗宽的三分之一,象征着聚合不同的南非民族共同发展,一起走向今后的道路。用来

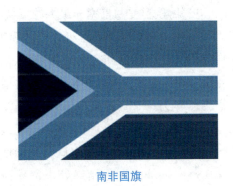

南非国旗

南非国徽

区隔红区、蓝区和连接旗杆罩布处的是黑色三角形。三色条的中间色为绿色,宽度占旗宽的五分之一,代表土地;绿色的两侧各有金色和白色,各占旗宽的十五分之一,金色代表金子,白色代表白人;以金色一端连接黑色三角形,黑色代表黑人。

南非国徽启用于2000年4月27日。太阳象征光明的前程;展翅的鹭鹰是上帝的代表,象征防卫的力量;万花筒般的图案象征美丽的国土、非洲的复兴以及力量的集合;鹭鹰双脚平放的长矛与圆头棒象征和平以及国防和主权;鼓状的盾徽象征富足和防卫精神,盾上取自闻名的石刻艺术的人物图案象征团结;麦穗象征富饶、成长、发展的潜力、人民的温饱以及农业特征;象牙象征智慧、力量、温和与永恒;两侧象牙之间的文字是"多元民族团结"。

3. 人口、民族、语言、宗教

南非的总人口为5 652万(2017年),有黑人(80.7%)、有色人(8.8%)、白人(8.0%)和亚裔(2.5%)四大种族。南非的官方语言有11种,通行英语。白人、大多数有色人和60%的黑人信奉基督教新教或天主教;亚裔人约60%信奉印度教、20%信奉伊斯兰教;部分黑人信奉原始宗教。

4. 对外经济贸易

南非是非洲最大的经济体,其国内生产总值约占撒哈拉以南非洲国家经济总量的三分之一,对外贸易占全非洲的24%。南非实行自由贸易制度,是世界贸易组织(WTO)的创始会员国。欧盟与美国等是南非传统的贸易伙伴,与亚洲、中东等地区的贸易也在不断增长。南非的主要出口产品有黄金、金属及金属制品、钻石、食品、饮料、烟草、机械及交通运输设备等制成品;主要的进口产品有机械设备、交通运输设备、化工产品、石油等。

外国资本主要来自欧美,尤以欧洲为主。对南非累计投资额中,欧洲占了近70%,美洲占了近20%。中国与南非于1998年建交,是目前南非最大的贸易伙伴,南非则是中国在非洲最大的贸易伙伴。2011年,中国与南非的双边贸易额为599亿美元,中国对南非主要出口电器和电子产品、纺织产品和金属制品等,从南非主要进口矿产品。2013—2018年,中国与南非的双边贸易额整体呈先减后增的趋势。2012—2016年,南非经济发展持续低迷,作为一个资源出口依赖国家,受国际大宗商品价格下跌影响,导致南非一度陷入严重的经济危机,与中国的贸易表现低迷。2017年,南非对华贸易额开始回升。2018年,南非对华进出口贸易额增长至257.8亿美元,增速为8.1%。2013—2018年,南非对中国始终处于贸易逆差状态,且贸易逆差总体有扩大趋势。2018 年,南非对中国的贸易逆差进一步扩大至 84.6 亿美元,较上年增长 27.2%。

(二) 日常礼仪

1. 见面礼仪

南非以英式礼仪为主,但受宗教和种族的影响,南非的黑人依旧遵从传统礼仪习俗。

在正式的商务、公务、社交等场合,握手礼是南非人普遍采用的见面礼节。握手要有一定力度,如果握得有气无力,南非人会认为对方是虚情假意、毫无诚心。南非黑人有独特的握手礼,即先用自己的左手握住自己的右手腕,再用右手去与人握手。如果是特别亲热者,则先握一下他的手掌,然后再握对方的拇指,最后紧紧地握一下他的手。

有些黑人也会行拥抱礼或者亲吻礼。女子相见,通常双膝微屈,行屈膝礼。在南非的乡下,妇女们相见,会一边围着对方转,一边发出有节奏的尖叫声。南非黑人送客时往往列队相送,载歌载舞。

2. 称呼礼仪

受英式礼仪的影响,南非人称男性为先生,称女性为夫人、女士、小姐。南非的黑人非常敬仰自己的祖先,他们认为祖先不仅有消除灾祸的本领,而且还拥有惩罚子孙的力量。所以,他们特别忌讳外人对其祖先的名字表现出失敬的言行举止。在有些部族,还禁止儿媳直呼公公的名字。

南非黑人的姓名大多已经西方化,但称呼时仍喜欢在姓氏之后加上相应的辈分,如乔治爷爷、海伦大婶。不能直呼黑人为"Africa",而应称为"South Africa"。

(三) 服饰礼仪

在商务、公务等正式场合,南非人讲究穿着颜色偏深、样式保守的职业西装或套裙。城市里的南非人穿着打扮基本西化。日常生活中,南非人大多爱穿休闲装,如白衬衣、牛仔装、西装短裤。很多南非黑人偏爱色彩鲜艳的服装色彩,尤其爱穿花衬衣。

南非民族众多,信仰各异,生活环境不同,衣着服饰式样繁多。一些南非黑人还保留着穿本民族服装的习惯,并且不同部族的黑人在着装上往往还会有自己的特色。例如,有的部族的男人喜欢用兽皮做成斗篷,将自己从头到脚遮在里面;有的部族的男人则喜欢上身赤裸,仅在腰间围上一块腰布。黑人妇女的打扮也具有不同的特色。例如,聪加部族的妇女最喜爱的化妆品是用赭石粉和动物油制成的油彩;她们喜欢把贝壳做成盛开的花饰戴在头上;用苇秆做成"鼻栓";妇女前面4颗门牙须拔掉,因为该部族认为这是一种美。有的部族的已婚妇女通常比未婚妇女佩戴的首饰要少得多,据说这种做法有助于使其表现出对自己丈夫的忠贞。

此外,科萨族男子多数仍赤身裸体,最多在腰间围一块布遮住下身,年长一些和较有地位的男人则披毯子或裹棉布。未婚女子一般也是裸露上身,而已婚妇女则把全身包得严严实实,还要围上镶有花边和珠子的围裙。所有的女人都喜欢戴一种"头巾帽"。

波波族妇女在丈夫离家外出时把头发留长,称为"夫去不理发"。马可洛洛部落妇女在嘴唇上穿个孔,孔里穿一个叫"呸呸来"的铁环。布须曼人将猎得的鸟类的头割下,加工成饰物戴在自己的头上。

(四)馈赠礼仪

南非人有收到礼物就打开看的习惯。如果去南非人家里做客,可以送巧克力、葡萄酒等。

南非商人在达成交易后才互赠礼物。受南非人欢迎的商务礼物有领带、图书等;过于昂贵的礼物、有对方公司标记的纪念品等则不受欢迎。

在南非,黑人部族习惯以鸵鸟毛或孔雀毛赠予贵宾,客人得体的做法是将这些珍贵的羽毛插在自己的帽子上或头发上。

(五)餐饮礼仪

1. 饮食特点

南非白人平日以吃西餐为主。南非黑人的主食是玉米、薯类、豆类。

南非黑人喜欢吃牛肉和羊肉,但一般不吃猪肉和鱼。

南非黑人不喜欢生食。

南非人很喜欢喝称为"南非国饮"的如宝茶,英语意为"健康美容的饮料"。宝茶、钻石、黄金被称为"南非三宝"。

2. 餐饮礼仪

(1)待客热情的礼仪

南非人把宾客临门视为荣幸,会殷勤招待,用咖啡待客是比较常见的礼节。在南非黑人家里做客,主人一般都会送上刚挤出的牛奶或羊奶或自制的啤酒,客人一定要多喝,最好一饮而尽,若是百般推辞,坚决不喝一口,主人必定会很不高兴。

(2) 尊重宗教信仰的礼仪

信仰印度教的南非人不吃牛肉;信仰伊斯兰教的南非人则不吃猪肉。

(3) 其他餐饮礼仪

南非是收取小费的国家。很多餐厅的收费中都没有附加特别的服务费,所以,通常情况下,顾客会多支付自己消费总金额的10%—15%作为小费。对酒店、餐馆停车场和加油站的服务人员也应该适当地给予一些小费,以表示对他们服务的感谢。

(六) 商务谈判礼仪

1. 重视守时的礼仪

去南非商务活动的时间最好选在2—5月和9—11月,要避免圣诞节与复活节前后前往。南非有不少犹太商人,要注意避开犹太节日。南非许多商人一年有两次度假,时间在12月至次年1月和6—7月。

与南非人商务会谈拜访,必须要提前预约。南非人自己很守时,也不希望谈判的另一方过早到或迟到。

2. 讲究商务会谈的地点

南非商人十分保守,交易方式力求正式、低调。因此,许多生意是在私人俱乐部或对方家中谈成的。

3. 重视商务谈判名片、语言的礼仪

在南非进行商务活动,持英语名片最为方便。在商务谈判桌上,只允许使用英语对话。

4. 讲究商务谈判者职权对等的礼仪

南非人注重商务谈判的效率,通常谈判由具有决定权的负责人出面商谈,因此,他们也希望谈判另一方的商谈代表也具有决定权。

5. 注重语言的礼仪

南非人为人处事非常大胆、直爽,商务谈判中使用手段或说话兜圈子的行为不受南非人欢迎。

6. 注重仪态沟通的礼仪

在商务谈判中,南非人很注意仪态礼仪的表示。例如:

- 举起和挥动右手并竖起大拇指,双目注视,表示尊敬;
- 用拇指和食指拈出"哒哒"的声音,表示对话题很感兴趣,完全同意对方的意见；
- 用手指头迅速地刮自己的耳朵，表示话不投机或完全不同意对方的见解；
- 一只手抹另一只手的手背，表示此事与己无关；
- 两手手掌朝上，表示疑问；
- 一只手掌拍另一只手掌，表示惊异和奇怪；
- 五指握拳不停地挥动，表示诅咒和谩骂；
- 用手指指某人，然后张开手掌，举起手左右转动，这是在骂某人是傻瓜；
- 用食指朝着某人，表示蔑视或看不起；
- 伸出手并张开五指，或是用手指刮别人的鼻子，双方势必有一场激烈的争吵，甚至会发生斗殴；
- 南非人不会有当众剔牙、摸皮带、拉裤子和脱鞋等失礼行为。

7. 讲究商务交易的礼仪

不管是与南非的荷兰裔或英国裔的企业做生意，他们交易的订约、交货、付款等都很遵守约定，付款方式也很规矩。

（七）风俗礼仪禁忌

信仰基督教的南非人，忌讳数字"13"和"星期五"。

和南非黑人交谈时，忌为白人评功；忌评论黑人部族或派别之间的关系及矛盾；忌非议黑人的古老习惯；忌祝贺对方生了男孩。

忌诋毁南非原始宗教。有很多南非的黑人信仰本部族传承下来的原始宗教，他们相信存在一种神秘力量，支配着人世间的一切。

忌杀戮羚羊。在南非的许多地方，羊被视为宠物，人们对双角卷曲的羚羊尤为喜爱。

二、沙特阿拉伯

（一）基本国情

1. 简史

7世纪，伊斯兰教创始人穆罕默德的继承者建立了阿拉伯帝国；8世纪为鼎盛时期，版图横跨欧、亚、非三洲；11世纪开始衰落；16世纪为奥斯曼帝国所统治。沙特阿拉伯始建于1750年的阿拉伯半岛中部地区，一位名为穆罕默德·本·沙特的当地国王与一名伊斯兰改革家穆罕默德·阿卜杜勒·瓦哈卜一起建立了新的政体。在此后的150多年中,沙特阿拉伯的势力时起时落,为争夺半岛的控制权不断地与埃及、奥斯曼帝国发生冲突,并先后两次失去政权。1926年,阿卜杜勒·阿齐兹·本·阿卜杜勒·拉赫曼·阿勒沙特成为沙特阿拉伯的国王。第二年,沙特脱离英国独立。1932年9月23日,沙特阿拉伯王国建立。1938年3月3日,在沙特阿拉伯发现的石油改变了国家的命运。

沙特阿拉伯是政教合一的君主制国家,禁止政党活动。沙特阿拉伯没有宪法,《古兰经》和《圣训》是国家执法的依据。国王也称"真主的仆人",行使最高行政权和司法权。1993年12月29日成立的沙特协商会议是国家政治咨询机构。

2. 国名、国旗、国徽

面积225万平方公里的沙特阿拉伯王国简称沙特。国名取自沙特阿拉伯王国的创始人之名。在阿拉伯语中,沙特是"幸福"的意思,"阿拉伯"则指"沙漠",意为"幸福的沙漠"。

沙特阿拉伯的国旗呈长方形,长与宽之比为3∶2。绿色的旗地上写着伊斯兰教的清真格言:"万物非主,唯有安拉;穆罕默德,主之使者。"下方绘有宝刀,象征圣战和自卫。绿色象征和平,是伊斯兰国家所喜爱的一种吉祥颜色。

沙特阿拉伯国旗

沙特阿拉伯国徽

沙特阿拉伯国徽的中心是一棵椰枣树,椰枣树是沙漠绿洲的标志。椰枣树的根部是两把交叉的阿拉伯金柄宝刀,体现了人民捍卫国家独立和宗教信仰的坚定信念。

3. 人口、民族、语言、宗教

沙特阿拉伯的总人口为3 255万(2019年),其中包括640万居住在该国的外国人。多数沙特阿拉伯人是地道的阿拉伯人,但也有一些人具有土耳其人、伊朗人、印度尼西亚人、印度或非洲人血统,他们主要居住在红海海岸地区。此外,沙特阿拉伯还有一定数量的亚裔人口,主要来自印度、巴基斯坦、孟加拉、印度尼西亚及菲律宾。沙特阿拉伯的国语是阿拉伯语,通用英语。

沙特阿拉伯是政教合一的国家。伊斯兰教为国教,约85%—90%的沙特阿拉伯人是逊尼派穆斯林,10%—15%的沙特人为什叶派穆斯林,教徒一天要做五次祷告。沙特阿拉伯管理着伊斯兰教最重要的两大圣地——第一圣地麦加和第二圣地麦地那,沙特阿拉伯国王是两大圣地的监护人。

4. 对外经济贸易

沙特阿拉伯是"石油王国",居世界首位的石油储量和产量使其成为世界上最富裕的国家之一。沙特阿拉伯实行自由经济政策,石油和石化工业是沙特阿拉伯的经济命脉。

沙特阿拉伯的进口产品主要有机械、电气和电子设备、运输设备、食品等;出口产品主要为石化、塑料和橡胶产品等。2012年,沙特出口总额为3 960亿美元,同比增长9%,非石油出口为488亿美元,同比增长4%;进口总额为1 280亿美元,同比增长7%,贸易顺差为2 680亿美元,贸易经常项目盈余为1 785亿美元。

沙特阿拉伯2011年进口和非原油产品出口总额前三大贸易伙伴国分别为中国、美国和德国。中沙双边贸易总额达644亿美元,同比增长49%。中国是沙特阿拉伯第一大贸易伙伴国,沙特阿拉伯为中国在中东地区第一大贸易伙伴国和全球第十四大贸易伙伴。沙特阿拉伯对外贸易实行自由贸易和低关税政策。由于大量出口石油,沙特阿拉伯对外贸易长期保持顺差。2018年,沙特阿拉伯进出口总额为4 185亿美元,其中,出口额为2 945亿美元,进口额为1 240亿美元,顺差1 705亿美元。沙特阿拉伯是中国"一带一路"重要国家,2018年双边贸易额达633.3亿美元。

(二)日常礼仪

1. 见面礼仪

在商务、社交等正式场合,沙特阿拉伯人相见时,会用强烈的眼神去接触对方,互问"您好"后绅士般地握手,接着再用"身体好"问候对方。有些沙特阿拉伯人还会以阿拉伯世界流行的问候语诚恳地去问候他人,即一方说"在你面前的,是你的亲人",另一方则说"在你面前摆着的,是平坦的大道"。

如果遇见亲朋好友,沙特阿拉伯人通常还会将自己的左手放到对方的右肩之上,然后轻吻对方的面颊。这种见面礼节体现着交往双方的关系非同寻常。

沙特阿拉伯的贝都因人还有一种独特的见面"碰额礼"。当贝都因人与他人相见时,彼此首先要用自己的鼻子去触碰对方的额头,然后再紧紧地拥抱在一起。但这一见面礼节不适合女性使用。

外国人在沙特阿拉伯务必要入乡随俗。异性间不要在公共场合拥抱亲吻,但沙特阿拉伯男子与其他民族的男子却可以手拉着手走在一起。沙特阿拉伯人认为,这种牵手见面礼节能说明双方亲密无间的关系。

当男士遇到沙特阿拉伯妇女时,通常不宜主动向其问候或行礼。沙特阿拉伯富有家庭迎客和送客时喜欢用熏香和喷洒香水这种阿拉伯人的传统待客方式,以示对客人的尊重和友好。

2. 称呼礼仪

沙特阿拉伯人的姓名由三或四节组成,即本人名+父名+祖父名+姓。沙特阿拉伯人用作姓名的词语,本身都有一定的含义,例如,"哈桑"意为"好","萨利赫"意为"正直"。

正式场合称呼沙特阿拉伯人时,要用其全名加头衔或者敬称。一般情况下,可略去其祖父名或是将其祖父名与父名一道略去。需要简称时,可只称对方的本人名字。若对方有一定的社会地位,则要以其姓氏作为简称。

头衔在沙特阿拉伯被广泛使用。"Sheikh"(音筛克)是对有钱的、有影响力的或者年长的男士的尊敬头衔;政府官员被称为"阁下"。

(三)服饰礼仪

在正式的商务场合,沙特阿拉伯男士会穿件西装或夹克,打条领带;女士不能穿裤装,要穿宽松的合适端庄的裙装,衣服领子要高,袖子要超过肘部或者更长,裙子的长度要超过脚踝。女士要随身准备一块头巾,以便需要时,用来罩住自己的头。

沙特阿拉伯男子的传统服装是一种长垂及地的宽松肥大、无领长袖的大袍,头上自右而左缠着一条长约一米左右的白色薄纱头巾。他们平时所穿的袍子以白色为主,只有参加丧葬活动时,才会穿黑色的长袍。

按照伊斯兰教的教规,沙特阿拉伯的妇女通常会身穿一件黑色长袍,将自己的周身包裹得严严密密。头上所戴的黑色面纱有三角形、正方形、五角形等多种形状,但必须严密地遮盖住面容,仅允许双眼露在外面。前往沙特阿拉伯的外国商女士,尽量不要穿着暴露身体的服装。

沙特阿拉伯人大多习惯于穿拖鞋或赤脚。拖鞋被分为三六九等,不同身份的人会穿不同档次的拖鞋,只有在极为隆重的活动里,沙特阿拉伯人才会穿皮鞋。

(四) 馈赠礼仪

商务交往中,沙特阿拉伯人虽喜欢礼物,但并不期望会得到礼物。赠送礼物给沙特阿拉伯人时,可以选择自己国家很有名的礼物,但不要送酒、女人相片、塑像、公仔、猪皮与猪毛制品、带有熊猫图案等物品或其他穆斯林民族禁忌的礼物。

与沙特阿拉伯男子交往时,不仅不要问候其夫人或恋人,还忌向她们赠送礼品。

如果到一个沙特阿拉伯商务人士家里做客,去时不必带礼物,但被邀请者要吃很多食物以表感激之情。不要夸奖沙特阿拉伯人家里的某件东西,那样做会被理解为向其索取。沙特阿拉伯商人往往很慷慨大方,他可能当场会把这些东西赠送给赞美者,如若不收,就是很失礼的举止。

(五) 餐饮礼仪

1. 饮食特点

讲究菜肴的色彩和食品的鲜嫩,偏爱烤、炸、煎等烹调方法制作的菜肴。喜爱中国的川菜、清真菜和素菜。沙特阿拉伯人认为甜一些、辣一点的食物最好吃。羊眼是席上之珍。

沙特阿拉伯人的主食是米饭、面食,爱吃大饼、面条。副食爱吃牛肉、羊肉、鸡、鸭。喜欢黄瓜、土豆、洋葱、西红柿等蔬菜。调料爱用番茄酱、胡椒粉、盐等。

沙特阿拉伯人喜欢喝红茶、驼奶、咖啡、矿泉水等饮料。贝都因人常把饮红茶或咖啡当成是娱乐,每天必饮。

2. 餐饮礼仪

(1) 严格遵循宗教饮食规定的礼仪

按照伊斯兰教的教规,沙特阿拉伯人忌食猪肉,忌食自死之物、未诵安拉之名宰杀之物和动物的血液。狗、马、驴、骡、蛇、虾、蟹、鳖、龟、无鳞鱼、贝壳类海鲜以及其他一切食肉的禽兽也在禁食之列。此外,沙特阿拉伯人还不得吸烟,不准许饮酒和其他一切含有酒精的饮料。

用餐时,沙特阿拉伯人一般席地而坐,以右手取用食物。有时,他们也会设置用餐专用的桌椅,但禁止用脚蹬踩。

每年的斋月,沙特阿拉伯人白天不能吃东西,餐馆也不准白天开门营业。

(2) 待客热情的礼仪

沙特阿拉伯人喜欢用咖啡敬客。客人要接过咖啡一饮而尽,在沙特阿拉伯人的传统习惯中,只有这样才是礼貌之举。饮过后,如想继续饮用,拇指与食指捏住小盅不动,主人便会给你再斟,若不想再饮,应按他们的习惯,将小盅左右一摇,主人便会知道你的意图。

用餐时,你不想吃的时候,主人或许还会强制性地要求你再吃一些。如果确实吃不下了,你要强调性地拒绝主人提供的食物,三次拒绝才能奏效。

(3) 注重邀请进餐的礼仪

招待阿拉伯客人,对穆斯林民族所禁止的食物和饮料要特别小心,但如果一个阿拉伯访问者在国外偶尔喝些酒,也不必感到惊讶。除了受过西方教育的阿拉伯人,传统的阿拉伯人在吃饭时会一直等着,直到他们被邀请了三次以后才开始吃饭,因此,要不断地劝说沙特阿拉伯客人尽量多吃。

(六) 商务谈判礼仪

1. 守时的礼仪

与沙特阿拉伯人商务会谈要避开斋月,西历中的斋月每年的时间不同。

和大多数阿拉伯国家一样,拜访沙特阿拉伯人之前,需要预约。但他们对于时间观念有自己特殊的见解。与他人相会,沙特阿拉伯人往往要晚到一会儿。在别人看来这是不守时,而在他们看来,这却是做人的一种风度。

此外,沙特阿拉伯人赴约之时,通常还会带上几个未被邀请的人,他们认为这样是给对方面子。与沙特阿拉伯人商谈的会议通常开始得很晚,谈判进展速度慢,持续时间很长。

2. 讲究性别的礼仪

沙特阿拉伯人普遍"重男轻女",因此,尽量不要派女士去与沙特阿拉伯人进行商务接洽或交际,否则,会事与愿违。商务交往中,如果夫妻同被邀请赴宴,妻子通常会被安排与其他妇女一起进餐。

3. 注重名片的礼仪

交换名片必须用右手(干净的),要认真保留名片,以备商务谈判后使用,因为沙特阿拉伯人很重视用电话、电子邮件或者传真同商业伙伴保持联系。

4. 信赖重视中间人

通过当地的中介来做生意已经成为沙特阿拉伯人的惯例,因此,找个可以信赖的、关系比较广泛的、合适的分销商和分销渠道的中介,是商务谈判成功的基础。

5. 注重细节表示的礼仪

一些沙特阿拉伯商务人士会用提供咖啡作为会议马上要结束的非语言信号,但有时这也是表示愤怒的一种方式。

为了避免将来的误解,与沙特阿拉伯人商务谈判时,要尽量把所有的内容都写到合同中去。

(七)风俗礼仪禁忌

忌讳左手递送东西或食物。沙特阿拉伯人大多信奉伊斯兰教,他们认为这种举动有污辱人的含义。

严禁崇拜偶像。沙特阿拉伯人心目中只有真主,因此,不允许商店橱窗中有模特以及出售小孩玩的洋娃娃等,任何人不得携带人物雕塑等偶像进入公共场所,否则会受到制裁。

男性不准随便进入女人房间,女人一般也不准在生人面前露面。男人之间即使是至亲好友聊天,也绝不可提及对方老婆,否则会被认为存心不良。

禁酒是沙特阿拉伯严格的法律。饮酒者如被抓获,要当众鞭打80下或被监禁6个月到1年,另外还要处以罚款。买酒、私酿酒或酒后开车者均要处以重刑,或受象首之刑。因此,沙特阿拉伯所有的餐馆和饭店都不供应酒类饮料,只向顾客提供各种不含酒精的啤酒和香槟等。

宗教界特别禁止在报纸和刊物上登载妇女照片,不少沙特阿拉伯人至今还反对照相,尤其禁止妇女照相。沙特阿拉伯是全球唯一不准女性开车的国家,直到2018年6月,沙特阿拉伯才正式解除了禁止女性开车上路的禁令。

禁止民众下象棋。沙特阿拉伯人认为,按照国际象棋的规则,车、马、象、兵卒都可以进攻和消灭国王和王后,这其中含有煽动作用。

沙特阿拉伯的甸蛮人把笑看作一种不友好的行动,看作对神明的亵渎,他们认为不笑才是对客人的友好或对长辈的尊敬和孝顺。

虽然卫星电视、录像机早已进入大多数沙特阿拉伯家庭,但沙特阿拉伯直到 2017 年 12 月才解除了对电影院长达 35 年的禁令,允许电影院从 2018 年年初开放。但还是有许多人担心电影院支持男女混合,或许会成为堕落的源泉①。

与沙特阿拉伯人交谈时,忌谈中东政治、宗教问题、女权运动、石油政策等。

资料:

餐馆取消性别隔离②

2019 年 12 月 8 日,沙特政府宣布,不再要求该国餐厅为女性设置单独的出入口及就餐区域,从政策上终结了这一持续几十年的性别隔离传统。

美联社报道,在一份冗长及充满专业词汇的声明中,沙特城市乡村事务部悄悄地宣布了这一决定。声明出于吸引投资及创造更多商业机会的目的,通过了对学校、商店等建筑规划的新要求。其中包括"取消对餐馆设置单身男性与(另一个)家庭出入口的要求"。而在两段技术性条文中间,声明提到餐馆"不再需要指定私人空间"。

---

① 参见赵怡蓁:《沙特解除 35 年禁令 明年起将重新开放电影院》,环球网,2017 年 12 月 12 日。
② 参见郭涵:《沙特终于宣布:餐馆取消性别隔离》,观察者网,2019 年 12 月 9 日。

报道认为,这项决定取消了沙特最引人注目的性别隔离限制。根据传统,没有任何关系的男女不能在公共场合汇聚,大部分公立教育机构及婚礼都保持性别隔离。

沙特街头的餐馆一般会设置两个出入口,女性只能从"家庭"出入口进出,并在餐厅内部的单独区域就餐,避免与单身男性接触。不过吉达、利雅得等沿海城市的上流餐厅早已取消这一传统。

近年来,沙特王储本·萨勒曼推行了全面的社会改革,允许妇女进入电影院以及观看演唱会。他也限制了沙特宗教警察的权力,后者主要负责性别隔离传统的执行。2019年8月,沙特政府颁布新法令,允许成年女性获得护照与外出旅行,不再需要男性监护人同意。

虽然这次的声明取消了相关的政策限制,但并未要求餐馆必须放弃单独出口与隔离空间。而在沙特的很多保守地区,当地家庭可能依然倾向于在有性别隔离的餐馆就餐。

资料思考:了解中东地区的国家有关性别隔离传统的风俗礼仪禁忌。

本章小结

本章根据2011年以后中国对外贸易伙伴国的排名顺序,对中国主要贸易伙伴国的商务礼仪进行了具体的分析阐述。

1. 亚太地区中国主要贸易伙伴国的商务礼仪包括日本、韩国、新加坡、印度、澳大利亚的基本国情、日常礼仪、服饰礼仪、馈赠礼仪、餐饮礼仪、商务谈判礼仪和风俗礼仪禁忌。

2. 欧美地区中国主要贸易伙伴国的商务礼仪包括德国、荷兰、英国、法国、俄罗斯、美国、巴西、加拿大的基本国情、日常礼仪、服饰礼仪、馈赠礼仪、餐饮礼仪、商务谈判礼仪和风俗礼仪禁忌。

3. 非洲和中东地区中国主要贸易伙伴国的商务礼仪包括南非、沙特阿拉伯的基本国情、日常礼仪、服饰礼仪、馈赠礼仪、餐饮礼仪、商务谈判礼仪和风俗礼仪禁忌。

本章实训练习

小张是中国上海某公司市场部经理的秘书。周一一早,经理通知小张,一周后,巴西(国家可自定)某公司的5名人员将来本公司考察,如果对本公司的产品等各方面都很满意的话,他们将订购大批本公司产品。经理要求小张制定一个接待计划。

请你根据巴西(国家可自定)的商务礼仪,替小张制定一份具体的接待计划。

本章思考题

1. 了解基督教、伊斯兰教、佛教、印度教相关的礼仪禁忌。举例说明宗教礼仪在国际商务交往中的重要性。
2. 对比说明亚太、欧美、非洲和中东地区中国主要贸易伙伴国(以本章所选国家为例)对待女士的礼节异同。作为一名中国的商务女士,前往上述国家和地区进行商务活动时,应该注意哪些方面的礼仪?

本章参考文献

1. 王兴斌:《中国旅游客源国概况(第2版)》,旅游教育出版社2004年版。
2. [美]鲁思·本尼迪克特:《菊与刀》,叶宁编译,沈阳出版社2009年版。
3. 《日本商务礼仪及忌讳》,http://www.glzy8.com/ceo/22969.html。
4. 韩国旅游发展局网,http://chinese.visitkorea.or.kr/chs/index.kto。
5. 印度之窗,http://www.yinduabc.com。
6. [美]玛丽·默里·博斯罗克:《欧洲商务礼仪手册》,李东辉译,东方出版社2009年版。
7. 《俄罗斯社交礼仪趣谈》,http://euroasia.cass.cn/news/94795.htm。

8. 金正昆:《国别礼仪金说》,世界知识出版社 2008 年版。

9.《荷兰风土人情》,http://www.zglxw.com/news/ouzhou_1366.html。

10. 李振澜、王树英、杜家贵、陈池:《外国风俗事典》,四川辞书出版社 1989 年版。

11. 中华人民共和国外交部网,https://www.fmprc.gov.cn。

图书在版编目(CIP)数据

商务礼仪/刘民英编著. —2 版. —上海:复旦大学出版社,2020.6(2023.8 重印)
ISBN 978-7-309-15015-5

Ⅰ.①商… Ⅱ.①刘… Ⅲ.①商务-礼仪 Ⅳ.①F718

中国版本图书馆 CIP 数据核字(2020)第 073911 号

商务礼仪(第二版)
SHANGWU LIYI (DIERBAN)
刘民英 编著
责任编辑/朱安奇

复旦大学出版社有限公司出版发行
上海市国权路 579 号 邮编:200433
网址:fupnet@fudanpress.com http://www.fudanpress.com
门市零售:86-21-65102580 团体订购:86-21-65104505
出版部电话:86-21-65642845
常熟市华顺印刷有限公司

开本 787×960 1/16 印张 33.25 字数 558 千
2020 年 6 月第 2 版
2023 年 8 月第 2 版第 4 次印刷

ISBN 978-7-309-15015-5/F·2690
定价:62.00 元

如有印装质量问题,请向复旦大学出版社有限公司出版部调换。
版权所有 侵权必究